KB238047

숨겨진 절대 권력자들의 세계 지배 음모

그림자 정부

숨겨진 절대 권력자들의 세계 지배 음모

그림자 정부

정치편

이리유카바 최 지음

해냄

진리를 알지니 진리가 너희를 자유케 하리라.

요한복음 8장 32절

세상에서 일어나는 모든 정치적인 일은 우연이란 있을 수
없고, 오로지 계획을 했기 때문에 일어나는 것이다.

프랭클린 D. 루스벨트

악을 행하는 사람은 우선 자기가 선을 행한다고 믿어야 한
다. 이데올로기, 그것은 '정의의 실현'이라는 악마의 행위를
발생시키고, 악마의 행위자에게 필요한 신념과 결심을 갖도
록 만든다. 그리하여 본인뿐만 아니라 모든 사람들에게 나쁜
일이 아니라 좋은 일을 하는 것으로 비치고, 따라서 그들은
비난이 아니라 찬사와 명예로운 소리만 듣게 되는 것이다.

알렉산더 솔제니친

하느님에게 충고하는 사람들의 음모 이야기

1950년 6월 25일 한반도에서 전쟁이 발발하자 UN(국제연합)의 안전보장이사회에서는 북한의 남침을 '침략 행위'로 규정하고 영국·미국·프랑스 등 16개국의 군대로 구성된 UN군을 파병하기에 이르렀다. 그것은 영국·미국·프랑스·소련·중국 등의 상임이사국으로 구성된 안전보장이사회에서 단 한 나라도 거부권을 행사하지 않은 결과였다. 표결에 들어가기에 앞서 소련 대표가 엉뚱한 일을 빌미 삼아 퇴장해 버렸기 때문에 만장일치의 결과가 나왔던 것이다.

그렇다면 "소련은 왜 결정적인 순간에 불참함으로써 형제국인 '조선민주주의인민공화국'이 남한까지 공산화할 수 있는 절호의 기회를 무산시키고 말았을까?" 하는 의문이 생긴다.

알려지기로는 소련 대표의 실수였다는데, 그렇다면 또 두 가지 의문이 생긴다. 하나는 소련처럼 치밀한 나라가 그런 일을 그토록 소홀하게 처리할 수 있을까 하는 것이고, 또 하나는 만약 '실수'가 사실이라면 그 악명 높은 스탈린이 소련의 UN 대표를 그냥 내버려두지 않았을 텐데, 그는 처벌은커녕 계속 UN에 남아 일을 했다는 점이다.

어떤 사람은 소련이 "안전보장이사회에서 거부권을 행사하면 세계로부터 '평화를 원치 않는 나라'라는 낙인이 찍힐까 봐" 그랬을 거라고 추정한다. 그러나 그것은 당시 소련이 공공연히 세계 적화를 최고의 목표로 내세워 맹진하고 있었으므로 설득력이 없는 견해다.

또한 그럼으로써 소련은 또 하나의 형제국인 중공을 전쟁에 끌어들인 셈인데, 1949년에 본토를 통일하여 국내를 정리하기에도 바빴을 중공으로 하여금 왜 한국전쟁에 참전하도록 만들었을까 하는 의문이 생긴다. 다시 말하면, 공산권의 맹주격인 소련이 같은 공산국가를 도와주어도 시원찮은데 왜 중공을 굳이 참전케 해서 그토록 많은 인명과 경제력을 상실하게 했을까 하는 의문인 것이다.

그런가 하면 한국전쟁 발발 직후 미국은 왜 대만해협에 제7함대를 보냈을까 하는 의문도 생긴다. 말로는 한반도의 분쟁이 대만이나 기타 지역으로 확산되는 것을 막고 중공의 대만 침공을 예방하기 위한 조치였다고 하지만, 설득력이 없는 이유다. 왜냐하면 안전보장이사회 상임이사국의 하나인 대만의 장 제스(蔣介石) 총통이 본토 회복을 얼마나 염원하고 있었는가는 온 세상이 다 아는 일이었고, 당시 중공은 대만을 침공할 만한 여유가 전혀 없었기 때문이다.

따라서 그때 대만이 본토로 진격했더라면 군사력이 분산된 중공을 쉽게 공략할 수 있었을 것이 분명하다. 그렇다면 미국이 7함대를 파견한 것은 대만을 보호하기 위한 것이라기보다 중공을 보호하기 위한 조치였던 셈이다.

이 밖에도 한국전 과정에서 의심이 가는 일은 한두 가지가 아니고, 세계 역사에도 이러한 의문점은 수없이 널려 있다.

내가 세계 역사의 이면사(裏面史)에 관심을 갖게 된 것은 오래 전 일이다. 캐나다에 와서 가깝게 사귀게 된 친구들 가운데 이면사 마니아들이 있었는데, 그들에게서 '이면사 역사가'의 저서를 소개받아 읽어본 다음부터였다. 그러다가 그들이 말하는 내용의 근거는 어디에 있나 궁금해서 점점 더 그런 책들을 힘써 구해 보게 되었고, 더욱 깊은 내용으로 빠져들게 되었던 것이다.

그 이면사들은 승자(勝者)의 논리로 점철된 교과서 역사만 배워온 나에게는 한마디로 충격이었다. 역사를 패자(敗者)의 논리, 패자의 시각에서 바라볼 수도 있다는 생각을 왜 진작 하지 못했는지……. 승자와 패자의 시각을 조화롭게 섞어서 역사를 바라보아야만 조금 더 진실에 가까이 다가갈 수 있다는 깨달음을 얻었던 것이다.

이 책은 버트런드 러셀의 말처럼 "하느님이 곤란을 겪고 있을 때 충고를 해줄 수 있을 정도"라는 '누상 정부(樓上政府)', 즉 '구름 위에 존재하는 정부' 또는 '숨은 정부'에 관한 이야기다.

이 책에는 히틀러, 루스벨트, 처칠, 엘리자베스 여왕, 러셀, 디즈레일리에서부터 현 미국 대통령 빌 클린턴에 이르기까지 수많은 명사들과 관련된 이면사와 비리가 소개되어 있다. 그것은 승자의 논리로만 세상을 보아온 사람들에겐 충격을 금할 수 없는 내용들일 것이다.

이 책에 거론된 사실들에 대한 판단은 전적으로 독자의 몫이다. 그러나 이면사 역사가들의 층이 점차 두터워지고 그 사실들이 하나하나 검증되고 있는 상황에 비춰볼 때, 그것들이 결코 허무맹랑한 이야기만은 아닌 것이 분명하다.

나는 이 책의 내용이 단순한 한 개인의 의견이 아니라 현재 연구, 증명되고 있는 엄연한 사실임을 객관적으로 밝히기 위해 수백 권의 서적을 참고했고, 그것들을 구체적으로 명시해 놓았다.

나는 이 책을 통해 보다 많은 사람들이 세계사의 흐름을 직시하고 미국과 서구 중심, 그리고 승자의 눈으로 세상을 보아오던 자신의 시각을 교정할 수 있기를 바란다.

4장 프리메이슨의 상징물

프리메이슨의 상징물이 있는 교회들 425

미국의 국가 휘장 | 미국의 1달러짜리 지폐에 숨겨져 있는 상징들 | 워싱턴

1

프리메이슨이 세상을 움직인다

숨은 정부의 거대한 힘

승자·패자의 등뒤에 공존하는 '숨은 정부'

인류는 20세기 들어 두 번의 세계전쟁을 치렀다. 이쪽이든 저쪽이든, 전쟁 중에 죽어간 용사들은 자신이 '자유를 위하여' 또는 '정의를 위하여' 목숨을 바쳤다고 믿으면서 숨을 거두었을 것이다. 또한 살아남은 사람들도 그렇게 믿으며, 그들을 위하여 매년 기념 행사를 하고, 그 영혼들에게 감사하고 있다.

승자는 말한다, 패자가 얼마나 악질이었고 전쟁 중에 얼마나 많은 악행을 저질렀는가를……. 또한 승자는 정의에 입각하여 자유를 수호하고 자유 세계를 보전하기 위하여 싸웠으며, 다행히도 승리하여 "정의는 반드시 이긴다"는 진리를 입증했다고 강조한다.

이때 승자는 백(白)이고 패자는 흑(黑)이 된다. 정의가 악마를 물리친 것이다. 그러나 승자든 패자든 자신은 무조건 '백'이고 '정의'며 상대편은 '흑'이고 '악마'라고 주장하게 마련이다.

아무튼 승자는 '흑'을 무너뜨린 다음, 새로운 적(敵)을 창조해 낸다. 그리고 적(敵)이 얼마나 잔혹한 악마이며 지구상에서 영원히 사라져 버려야 할 인류의 공적(共敵)인가를 다시 한번 되풀이하여 강조한다.

승자의 적은 왜 이리도 끊임없이 나타나는 것일까? 그러나 그것은 '나타나는 것'이 아니라 '만들어지는 것'이다. 누가 만드는가 하면, 승자의 뒤에 숨어서 백(白)을 조종하는 '거대한 힘'이다. 그 힘은 승자의 뒤뿐만 아니라 패자의 뒤에도 존재하고 있으며, 우리가 상상조차 할 수 없는 거대한 조직이다. 그 힘은 우리가 느낄 수도 없으며, 보이지도 않고, 보아도 알아볼 수 없는 조직이어서 '세계의 숨은 정부'라고 할 수 있다.

세상에는 민주주의·사회주의·공산주의를 비롯해서 시오니즘·나치즘·파시즘 등등 수많은 정치적인 사상들이 있으며, 그것들은 오랜 세월 동안 대립과 반목을 거듭해 왔고 현재도 갈등을 겪고 있다.

그 대립과 반목의 이해자나 갈등의 당사자들뿐만 아니라 세상 사람들은 그런 사상들과 상황이 자신들의 의지에 의한 것이라고 생각한다. 그러나 사실 그것들은 모두 숨은 정부에 의해 만들어진 것이며, 그 각본에 따라 서로 헐뜯으며 싸움을 거듭하고 있는 것이다.

작가 이안 플레밍(Ian Fleming)의 원작 소설로 1960년대부터 만들어져서 전세계적으로 인기 있던 〈007〉 시리즈 영화를 보면, 항상 하얀 페르시아 고양이를 무릎에 안고 있는 악당 두목이 등장한다. 그가 바로 사건을 뒤에서 조종하는 스펙터(SPECTER)라는 조직의 두목인데, 이를테면 그 스펙터는 숨은 정부를 형상화한 것이다.

플레밍은 2차 대전 당시 영국 첩보대 MI5의 심리 스파이로 활약했기 때문에 세계에 알려지지 않은 수많은 정보를 접해보았다. 따라서 세계를 진짜 움직이는 사람들이 누구며 그 조직이 어떻게 이루어져 있는지 잘 알고 있었기에 그러한 소설을 써낼 수 있었던 것이다.

숨은 정부는 어느 사상이건 어떤 세력이건 가리지 않고 그 뒤에 존재한다. 그들은 백이건 흑이건, 선이건 악이건 그것이 자신들에게 이익이 될 것인가에만 관심이 있기 때문이다.

이를테면 민주 진영과 공산 진영이 서로 대립해 싸운다고 하자. 숨은 정부는 그들이 주장하는 자유니 평등이니, 부르주아니 프롤레타리아니 하는 데에는 전혀 관심이 없다. 다만 그들이 다투는 와중에서 자신들은 어떤 실리를 취할 것인가에만 온 신경을 곤두세울 뿐이다.

북미 대륙의 자유경제 블록이며 유럽의 경제 통합, 아시아의 경제 몰락 등은 모두 그들이 짜놓은 각본에 의해 일어나고 있는 일이다. 그들은 우리가 거기에 따라 일희일비(一喜一悲)하거나 곤혹스러워하는 모습을 마치 한 편의 꼭두각시 인형극을 보는 것처럼 재미있게 구경하고 있다고 생각하면 된다.

대영제국이라 불릴 정도로 막강했던 영국은 1~2차 세계대전을 겪으면서 몰락하고 말았다. 그러는 동안 대부분의 영국 총리들은 영국을 위해서라기보다 숨은 정부를 위해서 일했다. 그중 일등 공신으로 처칠을 꼽을 수 있다.

그는 우리 나라의 이완용처럼 영국에게는 반역자이자 매국노인데, 아무것도 모르는 영국인들은 그가 조국을 파탄에서 구해낸 가장 위대한 애국자라고 굳게 믿고 있다. 숨은 정부의 ‘엘리트’들은 그만큼 교묘하게 국민을 기만하고 있다.

처칠 이후의 또다른 공신으로는 대처와 현재의 블레어 총리를 들 수 있는데 그들 역시 숨은 정부의 꼭두각시에 불과하다.

그런가 하면 미국의 빌 클린턴 대통령도 그들에 의하여 선택된 사람이다. 만인이 인정하는 전후 세계의 최강국인 미국 역시 대통령을 비롯한 참모들이 미국을 위해서 일하는 것이 아니다. 이들 역시 족쇄에 묶여 엘리트가 조종하는 대로 움직이는 꼭두각시일 뿐이어서, 그들의 뜻에 반하는 행동을 하면 언제든지 케네디나 닉슨처럼 되는 것이다.

이러한 사실은 1백여 년 전에 발견된 『시온[1]의 칙훈서(勅訓書)』를

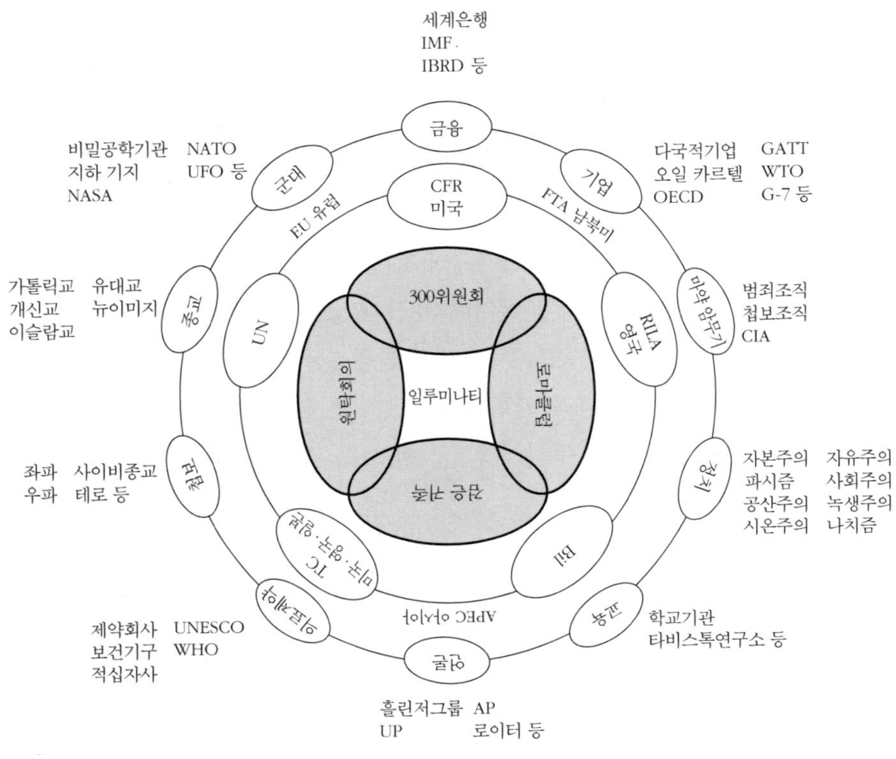

▲ 프리메이슨의 엘리트 조직표.

보면 잘 설명되어 있는데, 그것에 따르면 우리가 이미 알고 있는 근대
사뿐만 아니라 현재 진행되고 있는 일 역시 이미 그들의 계획이었다는
사실을 알 수 있다.

또한 이 책에는 전세계의 돈을 긁어모아 모든 나라와 전 인류에게
빚을 지게 하고, '전쟁'이라는 수단을 사용하여 그들을 정복하는 방법

1) 원래 '시온(Sion 또는 Zion)'이라고 하면 '이스라엘 사람' 또는 '유대 민족'을 말하지
만, 이 책에서의 '시온주의', '시온주의자'는 유대인들이 만든 정치적인 '주의(主義)',
'주의자(主義者)'를 가리키는 것이다. 이들은 유대인들 중 극히 일부일 뿐이므로 오해
하지 말기를 바란다.

이 설명되어 있는데, 거기에 씌어진 계획과 진행 과정이 현재 세계 곳곳에서 발생하고 있어서 새삼 놀라게 된다.

지금 한국에서는 경제 환난(煥亂)의 책임 소재를 찾고 그들을 엄벌하겠다며 청문회를 열고 재판을 하고 있으니, 엘리트들은 그걸 보고 무척 재미있어 할 것이다.『시온의 칙훈서』를 보면 그들이 보통 사람들은 물론이고 우리를 다스리는 위정자들을 얼마나 업신여기고 멸시하는지 엿볼 수 있는데, 생각이 있는 현대인이라면 반드시 일독해 보기를 권한다.

이『시온의 칙훈서』라는 것은 1백여 년 전인 19세기 말에 발견된 것이다. 엘리트들은『시온의 칙훈서』가 자기네들을 모함하기 위해 조작된 글에 불과하다고 강변하지만, 20세기에 접어들어 오늘날까지 발생하는 사건들을 살펴보면 소름이 끼칠 정도로 그 내용과 일치한다.

그 내용은 그들의 계획이었을 수도 있고 단지 지침서일 수도 있는데, 누가 썼든지 간에 그는 세상이 앞으로 어떻게 진행될 것이라는 사실을 정확히 파악했던 것만은 틀림없다.

위에서 '빚'에 대해 언급했지만, 지구상의 어느 나라도 빚을 안 지고 있는 나라는 없다. 하지만 근래 들어 세계 각국 정부의 빚이 기하급수적으로 증대되고 있는 것을 보면『시온의 칙훈서』내용이 너무나 실감난다.

사람들은 각국 정부가 대개 미국에 빚을 지고 있다고 생각한다. 그러나 사실 미국 정부도 빚에 쪼들리기는 마찬가지다. 그런데도 미국을 채권 국가로 생각하는 것은 돈을 빌려주는 회사나 사람들이 미국 국적을 갖고 있는 경우가 많기 때문이다.

그런데 그 많은 회사와 사람들의 뒤를 끝까지 캐들어가 보면 채권자는 불과 몇 사람으로 압축된다. 그 몇몇 사람들에 의해 그 많은 회사와 사람들이 조종당하는 것이며, 미국 정부도 그들의 한 고객에 불과한 것이다.

현재 각국 정부가 지고 있는 부채는 지불 불가능에 가깝게 늘어나 있다. 이론적으로는 빚을 갚는 것이 가능해 보이지만 아직 실제로 빚을 갚은 나라는 없다. 아니 상환은 고사하고 지금 있는 빚이 늘지나 않으면 다행이라 할 정도다.

예를 들어 내가 살고 있는 캐나다의 경우, 실제로 정부가 빌려쓴 돈은 280억 달러 정도밖에 안 되는데, 현재 정부의 빚은 약 6천억 달러다. 이자에 이자가 붙다 보니 그렇게 천문학적인 빚을 진 것이다. 이런 사정은 약 10배라는 규모의 차이가 있을 뿐, 미국도 마찬가지다.

미국은 세계대전 후 '지역 정책'이라는 것을 내세워 '제3세계'의 중요성을 강조했다. 일본을 제외한 아시아의 여러 나라들과 영국의 옛 식민지, 중동 지역 등을 포함한 제3세계는, 생산 자본국에 원자재를 공급하는 동시에 완제품을 팔 수 있는 시장이기 때문에 중요하다는 것이다.

이를테면 선진국들끼리 무리를 지어 자신들과 후진국들을 구별하고, 후진국들은 후진국으로서 선진국의 희생자 역할만 해야 한다는 내용이다. 다시 말하면, 정신적·감정적·물질적으로 강간을 하겠다는 뜻이었다. 그래서 그들은 후진국이 선진국 대열에 들어서는 것을 최대한 막으려고 노력했다.

당시 미국의 애치슨(Dean Acheson) 국무장관은 이렇게 말했다.

"사과 상자에 들어 있는 한 개의 썩은 사과가 상자 전체를 썩게 만든다."

또한 키신저(Henry Kissinger) 국무장관은 이렇게 말했다.

"제3세계에서의 경제 개혁이나 사회 개혁은 바이러스와 같아서, 하나를 허용하면 전 지역으로 확산될 가능성이 있다."

그래서 미국은 베트남·과테말라·니카라과·엘살바도르·브라질·칠레·도미니카공화국·그라나다·온두라스·이란·인도네시아 같은 중남미·아시아 등지의 나라에서 CIA 공작을 실시했고, 그 결과 그들

나라에서 내전이 발생해 수많은 사람들이 죄 없이 죽어간 사실을 우리는 알고 있다.

미국은 그렇게 해서 민주적인 절차를 통해 수립된 정부를 뒤엎고 자기네 말을 잘 듣는 독재 정부를 수립한 후 폭정을 계속하게 함으로써, 그 나라가 계속 빈곤 상태를 유지하도록 만들었던 것이다.

미국은 그 나라들에 파괴 공작을 펴기 위하여 CIA 요원들을 파견했고, 옛 나치스 당원이나 SS(친위대)[2] 장교들을 대거 채용하여 CIA 요원들과 함께 일하도록 했다. 그중 알 만한 사람으로는 나치스의 게슈타포(국가비밀경찰) 총수로서 '리옹의 백정'이란 별명을 가진 바비(Klaus Barbie)가 있는데, 그 밖에도 수많은 전범들이 전후에 CIA를 도와 일했다.

대부분 나치스 독일의 중견 장교였던 그들은 CIA의 도움을 받아 미국·캐나다를 비롯한 중남미 여러 나라들에 분산 입국했고, CIA로부터 보수를 받아가며 첩보 활동을 했던 것이다. 일본의 중견 장교들도 패망 후 그대로 제자리에서 미국의 보호를 받으며 사회 활동을 해오고 있다. 따라서 표면적으로는 일본이 민주주의를 채택했다고 하나 내적으로는 여전히 군국주의가 살아 있는 것이 하나도 이상한 일이 아닌 것이다.

각 계층에 침투하여 상당한 발언권을 획득하고 배후에서 조종하는 그들의 궁극적인 목적은 사회에 혼란을 일으키는 것이다. 그들의 수법은 첫째 혼란, 둘째 반응, 셋째 해결의 순서로 진행되며, 마지막 해결 단계를 끝마쳤다는 것은 그들이 그 사회를 완전히 정복했다는 의미다.

이상을 종합하면, 엘리트들은 제2차 세계대전이 끝난 직후 아래와

---

2)Schutz-staffel. 히틀러의 경호와 특수경찰의 임무를 수행한 나치스의 엘리트 군사 집단.

같은 계획을 세웠고 현재도 진행 중이다.

• 국제연합(United Nations:UN)이라는 조직을 만드는 한편, 그 아래에 세계보건기구(World Health Organization:WHO) 같은 기구를 만들어, 궁극적으로는 '세계 단일 정부'를 구성함으로써 그 단일 정부를 통해 지상의 모든 인간을 다스린다.

• 소비에트연방공화국을 이용하여 재래무기와 원자무기 등으로 무장을 증강하고 전쟁에 대해 두려움을 갖도록 적극 획책하여, 결과적으로 상호 군비 증강 경쟁을 벌이도록 한다. 또 북미와 유럽의 공동 방어 체제인 북대서양조약기구(North Atlantic Treaty Organization : NATO)라는 것을 조직하고, UN 평화군을 조직하여 조작된 분쟁에 참여하게 함으로써, 결국 세계군(world army)의 필요성을 인류에게 확신시켜 세계군을 창설하게 한다.

• 유럽·남북미·아시아 등 세 지역에서 각각 '자유무역지대'라는 것을 만들어 우선 경제적 연합체를 구성하고, 이를 관장하는 중앙은행을 만들어 단일 화폐를 사용하도록 한 후에 점차적으로 정치적 기구로 전환시킨다. 그러는 한편 선진국들을 규합하여 상호간 교역과 국경의 장벽을 없애도록 노력함으로써 세계의 모든 국가에 자유무역의 모범을 보여주어 '하나의 세계'를 지향하는 체제로 전세계를 흡수한다.

관세무역일반협정(GATT), 경제협력개발기구(OECD), 세계무역기구(WTO), 세계은행(World Bank:IBRD·IMF·BIS·IDA·IFC 등), 동남아시아국가연합(ASEAN) 등의 기구는 그런 이유 때문에 만들어진 것이다. 또 유럽공동시장·유럽공동체·유럽연합·북미자유무역(NAFTA) 그리고 요즈음 매스컴에 자주 보도되는 다자간투자협정(MAI)이나 국제식약품규정(CODEX) 따위 역시 그들이 의도한 목표에 도달할 수 있도록 치밀하게 구성한 한 단계다.

• 인간의 심리 작용에 대해 심도 깊게 연구하여, 개인 또는 집단 심리를 조작함으로써 인간의 행위를 조종할 수 있는 방법을 찾는다. CIA

등의 조직들은 최면술 비슷한 MK울트라(MKUltra:Mind Control, Remote Viewing) 같은 프로그램을 개발했고, 이를 꾸준히 발전시키고 있다.

• 사회 복지 국가를 건설하여 많은 국민이 정부의 프로그램에 의존하도록 한다. 실업자가 되면 국가에서 그들의 생활비를 충당함으로써 국민들을 점차 게으르고 비생산적인 인력으로 만든다.

그렇게 되면 자연히 국가 재정이 악화될 것이다. 어느 정도에 도달하면 이 제도를 폐지해 사회가 절대 다수의 빈민층과 극소수의 부유층으로 나뉘게 하며, 중산층은 되도록 형성되지 않도록 한다. 인간은 배가 고파야 지도자의 말에 순종하기 때문인데, 그렇게 되면 세계를 정복하는 일 또한 그만큼 쉬워진다.

• 엘리트들은 다국적 회사를 통하여 막대한 부를 축적하고, 종국에는 지구를 소유한다. 그래서 모든 개인과 회사는 물론이고 국가까지 모두 빚에 허덕이도록 함으로써 그들을 완전히 굴복시키고 통솔하기 편하도록 만든다.

신용카드로 전국민을 감시하는 세상

'신용카드'에 대해 깊이 생각해 본 일이 있는가? 신용카드 역시 엘리트들이 각 개개인의 행동을 감시할 수 있도록 만든 도구 가운데 하나다. 현찰 없이 번호를 이용하여 외상으로 상행위를 할 수 있도록 함으로써 첫째는 개인의 경제 활동을 총괄하고, 둘째는 이러한 개인 생활에 침투할 수 있는 상황을 이용하여 각 개인의 일거일동을 감시하는 것이다.

한국은 아직 신용카드의 역할이 절대적이지 않지만, 서구 사회에서는 신용카드가 없으면 호텔에 투숙하는 것은 물론 차를 빌리는 것도 불가능하며, 앞으로는 신용카드 없이는 사람 노릇조차 하기 어렵게 될 전망이다.

신용카드가 편리하기는 하지만 분실할 경우 현찰보다 훨씬 더 큰 손해를 볼 수 있으므로, 앞으로는 사람의 손등이나 이마에 '마이크로칩'을 넣는 방법도 연구 중에 있다. 그렇게 되면 그 사람의 건강·경력·경제 상태·가족 상황·친구 관계·사상 등 모든 정보를 한눈에 알아볼 수 있게 된다. 이것이 바로 조지 오웰(George Orwell)이 『1984년』이란 소설에서 말한 '큰형님들(Big Brothers)'이 지켜보는 세상인 것이다.

이미 영국에서는 원하는 사람에게 이 프로그램을 삽입해 주고 있는데, 분실할 염려도 없고 지갑을 들고다닐 필요가 없어서 인기(?)를 끌고 있으며, 미국 캘리포니아 주에서는 애완용 동물에게 이 제도를 실시하고 있다.

그런 식으로 인체 칩(biological chip)을 몸에 삽입한 사람들의 수가 어느 정도 많아지면, 원하는 사람만 실시하던 것이 모든 사람의 '칩 삽입'이 의무화되는 쪽으로 법제화될 것이다. 그때가 되면 엘리트들이 세상을 통치하기가 훨씬 수월해질 것이며, 사람들은 정부가 원치 않는 일을 하기란 거의 불가능해질 것이다. 결국 전국민이 원하든 원치 않든 간에 통치자의 말 한마디에 하나가 되어 움직이는 세상이 도래할 것이다.

한국에서도 초보적인 수준의 '전자주민증'을 이미 실시하고 있는 만큼, 멀지 않은 장래에 그렇게 될 것이라고 판단된다. 그렇게 되면 병원에서 아기가 태어나자마자 몸에 칩을 삽입하고 평생 동안 살아야 하는 날 또한 멀지 않을 것이다.

경탄을 금할 수 없는 것은, 이 끔찍한 계획의 대상자인 모든 인류가 엘리트들이 만들어놓은 그 길을 정도(正道)이자 최선의 길이라고 한 점의 의혹도 없이 믿으며 열심히 따라가고 있다는 점이다. 엘리트들의 계획에 대해 어느 정도 아는 사람들도 자신의 영달(榮達)을 위하여 그들을 따르며 다른 사람들을 그 길로 인도하고 있다.

프리메이슨은 누구인가

세상의 모든 비밀과 연관된 프리메이슨

인류의 역사에는 두 가지가 있다. '동양의 역사'와 '서양의 역사'라고 할지 모르지만, 서양 사람들에게 동양 쪽의 역사는 안중에도 없으니 그건 동양 쪽의 생각에 불과하다.

서양인들에게 두 가지 역사란, 우선 우리가 역사책에서 배우고 있고 잘 알려진, 즉 세상에 밝혀진 역사와 밝혀진 역사들의 이면사로서 세상에 알려지지 않은 역사를 의미한다.

이 그림자 속의 역사는 그야말로 그늘 속에서만 살아가는 사람들끼리만 알도록 되어 있으며, 그런 이면사의 존재 자체를 알고 있는 사람들은 그야말로 극소수에 불과하다. 서양에서도 사정이 이러니 하물며 동양에서는 더욱 말할 나위가 없다.

하지만 그들은 이집트 파라오의 신비에서부터 AIDS(후천성면역결핍증)의 비밀에 이르기까지, 세상의 거의 모든 비밀과 관계하면서 세계를 통치하고 있다는 사실을 우리는 알아야 한다.

▲ 피라미드는 프리메이슨 또는 엘리트들에게 대단히 중요한 의미를 갖고 있다. 프랑스 파리는 '오리엔트 총 종단'이 자리를 잡았던 곳이라 '세계 평화회의'를 주로 파리에서 갖는다. 때문에 루브르 앞에 유리 피라미드 를 건설했다. 사진은 1989년 G-7 정상회담을 하고 찍은 것이다.

우리가 알고 있는 유명한 수학의 대가들은 거의 모두 비밀 조직에 속 한 단원이었다. 그들은 수학자면서 철학자였는데, 그 이유는 수학과 철 학이 우주 신비의 기본이 되는 지식이었기 때문이다. 우리가 잘 아는 수학 공식 '$a^2+b^2=c^2$'이라는 피타고라스의 정리는 이들 조직의 철학 입문 공식인 것이다.

수학자들뿐만 아니라 영국의 많은 왕을 비롯해서 갈릴레오 갈릴레 이, 괴테, 레오나르도 다 빈치, 마이클 패러데이, 모차르트, 버나드 쇼, 벤저민 프랭클린, 볼테르, 빅토르 위고, 아이작 뉴턴, 조지 워싱턴, 지 그문트 프로이트, 카를 마르크스, 프리드리히 엥겔스 같은 수많은 인 재들이 이 비밀 조직의 단원이었다.

그들은 대개 부귀영화를 누렸지만 사회의 냉대를 받아 어려운 생활을 한 사람들도 있었고, 때로는 사형을 당하기도 했다. 이들은 대개 비밀 조직과 교회 세력의 마찰 때문에 핍박을 받았다. 물론 그것은 알려지지 않은 사실이며, 교회나 비밀 조직이나 결코 발설할 수 없는 사실이다.

이 비밀 조직은 현재도 분명히 활동하고 있으며, 단원들인 '메이슨(mason)'들은 이번 밀레니엄의 마지막 달인 1999년 12월 말에 이집트의 고대 유적인 '피라미드' 아래에서 모임을 가질 예정이다. 올해 말 세계 각국의 지도자들이 이집트에서 회합을 가질 예정인데, 그 회합을 위해 피라미드를 보수 공사하고 있다. 그 지도자들이 바로 비밀 조직의 단원들이며, 그들의 모임을 위해 공사를 하고 있는 것이다.

비밀 조직의 기원은 석공

비밀 조직의 기원을 거슬러 올라가면 메이슨이란 단어가 나타난다. 메이슨은 우리말로 석공(石工) 또는 미장이를 말하는데, 그 역사는 무려 기원전 2600년쯤부터 시작된다. 우리 나라의 개국, 그러니까 단군 왕검이 우리 나라를 연 기원전 2333년보다 약 270년 정도 앞선 역사니 그 기원이 대단히 깊다는 사실을 알 수 있다.

그러나 우리가 단기(檀紀)를 사용했듯이 그들 또한 '아노 도미니(anno Domini)'라고 하는 그들만의 연력(年歷)을 갖고 있는데, 그에 따르면 메이슨의 기원은 무려 기원전 4000년부터 시작된다. 아노 도미니라는 말이 본디 '신이 왕림하고 나서'라는 뜻이기 때문에, 결국 자기네들의 신은 기원전 4000년에 천지 창조를 했다는 것이다.

따라서 1999년인 올해가 그들에게는 '메이슨력(歷)' 5999년이 되는 것이다. 일반인이 메이슨이 되어 입문식을 마치면 그 다음주에 단원 증서를 받는데, 그 증서에 기입된 날짜는 이 메이슨력이다.

메이슨의 역사는 기원전 2600년경, '야발(Jabal)'이라는 사람에게서 시작된 것으로 알려져 있다. 그는 기하학을 발견하고 연구 발전시켜 체계화한 내용을 돌기둥 밑에 새겨놓았으며, 이것을 '노아의 홍수'가 지난 다음 이집트의 성현(聖賢) 헤르메스가 발견하여 깨치고 더욱 발전시켰다.

이 지식은 니므롯—아브라함—유클리드를 통하여 더욱더 체계화되었고, 수많은 메이슨들이 이 지식을 전수받았다. 솔로몬왕이 성전을 지을 때에는 8만 명의 장인(匠人), 즉 메이슨들이 일을 했다고 하니, 굉장히 많은 사람들이 이 학문에 심취하고 있었음을 짐작할 수 있다.

당시 큰 건물을 짓는 재료 중 으뜸으로 친 것은 돌이었다. 따라서 건물을 설계하고 돌을 다듬는 일까지 각 단계마다 기하학적 과학 지식이 상당히 요구되었으므로, 당시 메이슨은 상당히 존경받는 직업이었다.

게다가 성전을 짓는다는 것은 굉장히 신성한 일이어서, 특히 중요한 부분은 모두 사제(司祭)들이 도맡아했다. 사제들 중에서도 특히 석공 훈련을 받은 사람들만이 그 일을 했는데 그들 또한 '메이슨'이라고 불렸고, 사제이면서도 신성한 다른 기능을 갖고 있는 사람이었기에 특별히 존경을 받았다.

메이슨의 원조 히람 아비프

이스라엘의 솔로몬왕은 성전을 짓기 전에, '두로'의 왕 후람에게 '공교한 공장'을 보내줄 것을 요청한다. 후람 왕은 '히람 아비프(Hiram Abiff)'라는 메이슨을 보냈는데, 그는 성전 건축의 중요한 비법을 알고 있는 숙련공으로서 솔로몬왕 성전 건축의 책임자, 즉 '마스터 메이슨(Master Mason)'이 되었다(열왕기상 7장 13절, 역대하 2장 11~14절).

성전 건축 때는 몇십 명의 사제 메이슨과 더불어 수만 명의 메이슨이 함께 일했다. 그러나 성전 중에서도 가장 중요한 지성소에는 히람 아비프를 비롯하여 가장 믿을 만한 15명의 메이슨만이 들어가 일하도록 되어 있었다.

이 15명은 히람이 알고 있는 건축의 비법을 몹시 알고 싶어했으나 히람은 알려주지 않았다. 그들은 성전이 거의 다 완성될 무렵까지도 그 비법을 알아낼 수가 없었다.

그들은 함께 모여 논의를 하다가, 누군가가 어떠한 방법을 사용해서라도 그 비법을 알아내자고 제안했다. 그것은 히람의 생명을 위협하는 최후의 수단까지도 동원하겠다는 의미였고, 15명 중 12명은 그렇게까지는 할 수 없다며 자리를 떴지만 나머지 3명은 계획을 강행하기로 다짐했다.

히람은 매일 정오가 되면 신에게 감사의 기도를 드리곤 했는데, 3명은 그가 기도를 마치고 성전을 나갈 때 결판을 내기로 했다. 하지만 어떤 문으로 나갈지 모르기 때문에 각각 문을 하나씩 지키기로 했다.

히람은 여느 때와 마찬가지로 기도를 끝내고 남문으로 나가려고 했는데, 숨어 있던 메이슨이 나타나 "비법을 가르쳐주지 않으면 죽이겠다"고 협박했다. 그의 손에는 수직 자가 들려 있었다. 히람은 대답했다.

"이 세상에 단 3명만이 이 비법을 알고 있는데, 다른 두 사람의 동의 없이는 죽는 한이 있어도 가르쳐줄 수 없다. 인내심을 갖고 경건한 마음으로 열심히 일하다 보면 자연히 알 수 있을 것이다."

그 말을 듣자마자 메이슨은 갖고 있던 수직 자로 히람의 이마를 내리쳤다. 히람은 불의의 일격을 당하고 비틀거리면서 서문 쪽으로 도망쳤다. 다행히 치명적인 상처는 입지 않은 상태였다.

그러나 서문에도 다른 1명의 메이슨이 기다리고 있다가 수평 자로 히람의 얼굴을 내리쳤다. 그는 땅에 무릎을 꿇으며 쓰러졌다가 이내 정신을 차리고 얼굴은 온통 피투성이가 된 채 동문 쪽으로 도망쳤다. 히람은 동문에서도 습격을 당했고, 쇠망치로 이마 한가운데를 맞아 결국 숨을 거두고 말았다.

이렇게 숨을 거둔 히람 아비프는 마스터 메이슨으로서 일약 영웅으로 떠올랐고, 가장 모범적인 메이슨으로 메이슨의 원조처럼 숭앙받게 되었다.

이것이 솔로몬왕의 성전 건축을 중심으로 한 '프리메이슨(Free-mason)'[3]의 기원에 대한 이야기다.

그런데 이것으로는 히람의 비법에 대한 궁금증은 풀 수 없다. 그 비법이 얼마나 대단한 것이었기에 살인까지 저지르고, 또 히람은 목숨까지 버리면서 그것을 지켜야 했을까?

그렇다면 다른 이야기를 살펴보기로 하자.

고대 이집트 시대에 '라(Ra)'라고 하는 태양신이 '마아트(Ma'at)'라는 딸을 데리고 지상으로 내려와 이집트라는 나라를 세워 다스리게 되었다. 물론 이 왕은 신이기 때문에 죽지 않고 영생할 수 있었다.

진리와 정의의 여신인 마아트는 지혜의 신인 토트(Thoth)왕과 결혼하여 세 아들과 두 딸을 두었다. 첫째는 장남 오시리스(Osiris), 둘째는 차남 하로에리스(Haroeris), 셋째는 3남 세트(Seth), 넷째는 맏딸 이시스(Isis), 다섯째는 둘째 딸 네프티스(Nephthys)였다.

오시리스는 장남인데다가 총명하여 왕위를 물려받을 왕재로 백성들의 존경을 받고 있었다. 그러나 세트는 이를 시기하여 형인 오시리스를 죽이기로 작정했고, 그런 연후에는 왕위는 물론 오시리스의 부인이며 자기의 여동생인 이시스를 빼앗을 계획이었다.

세트는 비밀리에 오시리스의 몸치수를 재서 그의 체격에 꼭 맞는 관을 호화롭게 만들어놓았고, 어느 날 오시리스가 변방을 둘러보고 돌아왔을 때 큰 잔치를 벌였다. 잔치석상에서 세트는 그 관을 보이며 "누구든 여기에 몸이 꼭 맞는 사람에게 이 관을 선물하겠다"고 선언했다.

여러 사람이 관에 들어가 누워보았으나 맞지 않는 것은 당연했고,

---

3) '메이슨' 앞에 '프리(free)'가 붙은 이유는, 메이슨들은 거주 이전의 자유가 제한되거나 한 곳에 머무는 것이 보통인 일반 백성들과 달리 직업상 자유롭게 여행할 수 있었기 때문이다. 따라서 '프리메이슨'이라 하면, 그저 돌을 다듬고 쌓는 일반 메이슨과는 달리 건축 설계를 하거나 공정 감독에 종사하는 '고급 건축가'를 의미했다.

오로지 오시리스만이 딱 들어맞았다. 오시리스가 관 속에 누웠다가 나오려는 순간, 숨어 있던 자객들이 뛰쳐나와 재빨리 관 뚜껑을 닫고 꽁꽁 묶어버렸다. 그러고는 그 관을 나일강에 띄워버렸다.

관은 나일강을 따라 흘러 내려갔고, 지중해를 표류하다가 레바논의 해안가에 있는 비블로스(Byblos)라는 고장에 닿았다. 몇 날 며칠이 흐르자 관이 닿은 그 땅에서 '타마리스크'라는 나무가 자라기 시작했다. 향기가 아주 독특한 그 나무는 거대하게 자랐는데, 이를 신기하게 여긴 비블로스의 왕이 그 나무를 잘라 자기 성의 본관 기둥으로 썼다.

한편 남편이 실종되었다는 소식을 들은 이시스는 남편을 찾아 사방팔방을 헤매다 결국 비블로스에까지 다다랐고, 그 기둥을 보자마자 자기 남편임을 알아차렸다. 이시스는 비블로스의 왕에게 사연을 이야기하고 자기에게 기둥을 돌려달라고 간청했다.

비블로스의 왕은 그 기둥을 잘라 이시스에게 돌려주었고, 이시스는 그것을 다시 다듬어서 관 속에 넣은 다음 나일강 뱃길을 따라 고향 이집트로 향했다. 항해 도중 이시스는 오시리스의 관 위에 엎드려 정사를 하고 잉태하게 된다.

이집트에 돌아온 이시스는 은밀한 곳에 관을 숨겨놓은 다음, 델타(Delta)에 있는 케미스(Chemmis) 섬에 홀로 건너가 지내면서 아들 호루스(Horus)를 낳고 조용히 살게 된다.

이를 못마땅하게 여기던 세트는 어느 날 사냥을 나갔다가 파피루스 숲의 우거진 갈대밭에서 오시리스의 관을 발견한다. 그는 이시스가 다시는 오시리스를 찾을 수 없도록 14조각으로 토막을 내어 이집트 전역에 뿌려버린다.

한참 후에 이를 알게 된 이시스는 슬픔에 잠겼고, 무슨 수를 쓰든지 그 조각들을 찾겠다고 결심한다. 세트의 부인이 된 여동생 네프티스도 함께 찾아나서기로 하고, 두 여자는 전국을 찾아다닌다.

오시리스의 조각을 하나 둘씩 발견할 때마다 두 사람은 그곳에 사당을 짓고 그 안에 오시리스의 모형물을 모시도록 하여, 오시리스에 대한 숭배심을 백성들 사이에 널리 퍼뜨렸다.

두 여자가 전국을 헤매고 다닌 끝에 단 한 조각만 빼놓고는 모두 찾아 다시 합치게 된다. 찾지 못한 부분은 오시리스의 남근(男根)이었는데, 세트가 잘라 나일강에 던져서 모르미루스(Mormyrus)라는 물고기가 먹어버렸기 때문에 찾을 수가 없었던 것이다.

두 여자는 한 부분이 빠진 오시리스의 조각들을 다시 붙여놓고 그 옆에서 서럽게 울기 시작했다. 그런데 그들이 어찌나 서럽게 울었던지, 이를 불쌍히 여긴 태양신 라는 다른 신에게 비슷한 것을 만들어 대신 붙여놓도록 명령했다.[4]

오시리스가 죽은 후 세트가 왕위에 올랐으나 세트는 아버지 토트왕으로부터 신이 되는 비법을 물려받지 못한 채 왕위에 오를 수밖에 없었다. 그 비법을 알아야만 신이 될 수 있고 진정한 왕이 되어 백성들에게 추앙받을 수 있었으나, 토트왕은 세트가 괘씸하여 알려주지 않았던 것이다.

그런 상황에서 토트왕은 우연한 기회에 그 비법을 딸 이시스에게 알려준다. 이시스는 그 비법을 자기의 아들인 호루스에게 알려주었고, 그리하여 호루스는 나중에 신이면서 정식으로 자격을 갖춘 왕, 즉 '파라오'가 될 수 있었다. 이때부터 진정한 왕이면서 신이 되는 것을 '호루스'가 된다고 했다.

한편 기원전 1780년경에 가나안 땅에 살던 힉소스족이 이집트를 쳐

---

4) 오벨리스크(Obelisk)는 고대 이집트의 신전 입구에 세운 한 쌍의 뾰족 기둥을 말하는데, 하나의 암석으로 만들었으며 오시리스의 남근이 그 원형이다. 이것은 정기(精氣)가 가득 차서 발기된 남근을 상징하는데, 밑바닥이 사각형으로 되어 있고 꼭대기는 피라미드형으로 생긴 석탑이다. 오늘날 세워진 오벨리스크로는 1884년 미국의 수도 워싱턴에 세워진 높이 169미터의 워싱턴 기념비가 잘 알려져 있다. 워싱턴 대통령은 당시 미국의 마스터 메이슨이었다.

들어가서 원래의 이집트 지역인 하(下)이집트를 점령했고, 원래의 이집트는 남쪽의 테베로 피난을 가서 상(上)이집트를 만들어 두 개의 이집트가 생기게 되었다.

그러나 힉소스족의 아포피스(Apophis)왕은 이집트를 차지하고는 있었지만 온 백성의 추앙을 받는 참된 파라오가 될 수는 없었다. 진정한 파라오인 호루스가 되는 비법을 알지 못했기 때문이다.

아포피스왕은 그 비법을 알아내기 위해 테베의 젊은 파라오 타오(Tao) 2세에게 온갖 공갈 협박과 회유를 거듭했다. 그러나 아무리 기를 써도 비법을 알아내기가 불가능하다는 것을 깨닫고는, 마지막으로 자객 3명을 보내 생명을 담보로 협박하게 된다.

그러나 위에서 설명한 히람 아비프의 이야기대로, 타오 2세는 비법 전수를 끝내 거절하고 기원전 1753년에 살해당하고 만다.

그런데 타오 2세의 시체가 미라로 보존되어 있어서 검시를 한 결과, 히람 아비프의 상처 자리와 타오 2세의 상처 자리가 정확하게 일치했다. 따라서 결국 솔로몬 성전의 히람이라는 사람은 바로 타오 2세를 말하며, 프리메이슨들이 항상 말하는 '비법의 지식'이라는 것은 바로 호루스가 되는 비법을 말하는 것이라고 결론지을 수 있다.[5]

호루스는 세상을 밝혀주는 광명의 신이면서 모든 사람의 속마음을 꿰뚫어볼 수 있는 눈을 가진 신이다.

'광명'—불교식으로 말하면 해탈—이라는 것은 세상의 진리를 터

---

[5] 그로부터 약 2백 년이 흐른 뒤, 남쪽의 상이집트는 힉소스 정권을 물리치고 다시 전 이집트를 차지하게 된다. 그로 인해서 성경의 〈출애굽기〉가 나오게 되는데, 그 이유는 힉소스족의 아포피스왕 시절까지 거슬러 올라간다.

이 당시 유대인 요셉이 힉소스족의 아포피스왕 아래에서 큰 벼슬을 하면서 대단한 세도를 부리는데, 이 이야기는 창세기 30~42장에 나오는 '요셉'의 이야기와 거의 일치한다. 이집트 사람들의 유대인에 대한 미움은 바로 이때부터 싹텄던 것 같다.

그리하여 이집트 사람들은 나라를 되찾은 다음 유대인들을 노예로 만들었으며, 후에 모세가 유대인들을 이집트에서 대탈출시키는 〈출애굽기〉가 나오게 되는 것이다.

득하면 얻을 수 있는 것으로, 영어로는 'enlightenment(개명, 계몽)'
라고 하고, 빛을 발하는 것을 'illumination(조명, 계몽)'이라고 한다.
그리고 해탈한 사람을 '일루미나티(illuminati)'라고 하는데, 사전에는
'예지를 터득한 사람들' 또는 '(중세 독일에 있었던) 비밀 결사'라고 설
명되어 있다.

일루미나티는 프리메이슨의 한 지파인데, 18세기 후반부터 세계를
석권한 비밀 단체이며, 특히 신생국 '미국'의 탄생은 물론이고 현재의
미국과 불가분의 관계에 있는 조직이다. 이에 대한 이야기는 〈누상 정
부의 조직들〉 편에서 자세히 설명할 것이다.

마아트는 진리와 정의의 여신으로서 선행(善行)을 위한 선행을 하
는 신이다. 그리고 정(正) 또는 수직, 직선 또는 사각 등을 의미하며 우
주의 진리와 깊은 관계가 있는데, 우리가 배우는 수학이 바로 여기서
부터 출발한다.

이러한 마아트 신앙의 기본 철학이 피라미드의 건설과 직접 연관되
며, 그 교리는 다시 프리메이슨 철학의 근본이 된다.

프리메이슨의 교리(또는 철학)에는 성경과 이집트 신앙, '카발라
(Kabbalah) 철학'이 복합되어 있는 것처럼 보인다. 여기서 내가 '철
학'이라고 표현한 것은 종교적인 철학이라고 할 수 있는 믿음을 말하는
것인데, 특히 '유대교'의 경전인 '토라(Torah)'의 기본 철학이라고 할
수 있는 카발라 철학에 대해서 잠깐 살펴보자.

유대교 신앙은 중세기에 접어들면서 인도에서 발생한 '탄트라
(Tantra)'와 이슬람교의 '수피(Sufi)' 사상을 많이 받아들인 것으로 추
측된다. 이것은 남녀가 직접 연애하여 사랑하고 결혼하자는 사상
(courtly love:중세의 기사도적 연애)과 같은 것으로서, 기독교에 이 사
상이 들어간 시대와 같은 시기에 유대교에도 영향을 끼쳤다.

힌두교의 탄트라는 불교가 생기기 훨씬 전부터 존재하던 철학(또는
사상)이자 불교의 대부분 제식의 기본이 된 모체고, 수피즘은 이슬람

▲ 1878년 영국의 프리메이슨은 '클레오파트라의 바늘(Cleopatra's Needle)'이라는 거대한 오벨리스크를 런던에 건립했다. 이는 프리메이슨이 이집트의 사상적 영향을 강하게 받았다는 단적인 증거다.

의 모체에 해당하는 사상이라고 할 수 있다. 또 '기사도적 연애'는 영국의 전설적인 아서왕(King Arthur)의 부인과 왕이 가장 신임하는 원탁의 기사 '랜설롯(Lancelot)'이 연애하는 이야기다.

아서왕에 관한 이야기나 유대인들이 카발라 사상을 받아들인 것이나 모두 6~7세기경의 일인데, 카발라의 기본 정신은, 남성 신(하느님)과 그의 짝인 여성 신(쉐키나 Shekina)이 하나가 될 때 이 세상이 질서가 잡히고 조화로워진다는 데서 출발한다.

따라서 하늘에서 두 신이 성적(性的)으로 교합(交合)하는 것처럼, 하느님과 같은 형상을 가진 인간들도 지상에서 성교(性交)를 함으로써 성(聖)스러워질 수 있다는 이야기다.

유대교와 기독교에서는 이러한 관계를 부부간으로 한정하지만, 다른 종교에서는 확대 적용하여 종교 행사로 성교를 하거나 심지어는 그룹 섹스까지 스스럼없이 행하기도 한다. 따라서 인도의 탄트라 신앙에 의한 카마수트라의 돌탑에는 수많은 성교 체위가 당당하게 조각돼 있는 것이다.

다윗의 별과 성스러운 숫자 '13'

여러분은 유대인에 관한 영화를 관람할 때, 정삼각형 두 개가 위 아래로 겹친 별 모양의 '다윗의 방패' 또는 '다윗의 별', 아니면 '솔로몬의 휘장'이라고 불리는 상징 기호를 보았을 것이다.

나치스 독일 때 수용소에 수감된 유대인들의 가슴에서 많이 보았을 테지만 원래 이 별은 유대인의 것이 아니다. 그들은 12세기경에 이 별을 처음 알게 되었고, 17세기가 되어서야 자기들의 표징으로 삼았다.

이 별에서 아래로 향한 정삼각형은 여자를 상징하는 요니(Yoni, 음부)를 뜻하고, 위로 향한 정삼각형은 남자를 상징하는 링암(lingham, 남근)을 뜻하는데, 삼각형이 겹쳐져 있으니 두 성기가 결합되어 있다는 의미다. 이 '6각 별(Hexagram)'은 탄트라에서 건너온 상징으로, 이스라엘의 국기에도 들어 있다.

이것은 우리의 태극이나 음양 철학처럼, 우주의 힘이 남녀의 결합에서부터 생긴다는 상징이며, 이로 인해 하늘의 왕국을 이루어 지상을 통치한다는 의미를 갖는다. 유대교의 율법을 다루는 성전(聖典)이 놓인 곳에는 이 표식을 반드시 해놓는다.

그 다음에 중요한 것은 수상학(數相學, numerology)이다. 이것은 우리의 성명(姓名) 철학과 비슷한 것이고, 수학이라고도 할 수 있다. 이 철학에 따르면 알파벳, 글자의 획수, 숫자 따위에는 음양길흉(陰陽吉凶)이 따르기 때문에 그 배합이 잘 되어야 좋은 일이 일어나고 흉한

▶ 유대교 회당 '시나고그' 안의 모습. 6각 별은 이스라엘 국기와 마찬가지로 유대인들에게 가장 중요한 상징이다.

▼ 중세 영국 교회의 의자 옆에 조각된 6각 별.

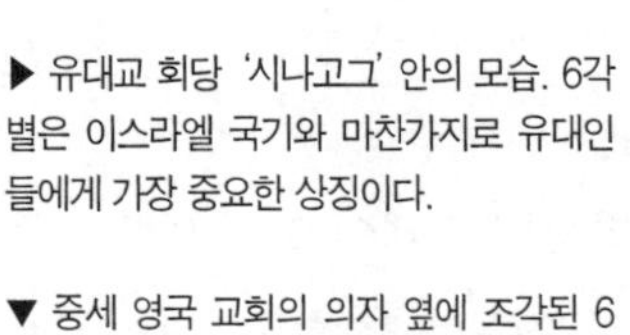

일을 예방할 수 있다. 그렇기 때문에 숫자나 개수를 옳게 맞추는 것이 참으로 중요한 일인 셈이다.

우리는 흔히 ‘4’를 죽을 사(死)자라 해서 싫어하고, 서양에서는 ‘13’이란 숫자를 흉한 숫자라 해서 싫어하고 있다. 물론 요즘은 미신이라고 잘 믿지 않지만, 공포 영화 제목은 〈공포의 444호실〉이니 〈13일의 금요일〉 같은 것이 여전히 인기를 끌고 있는 실정이다.

그런데 사실 ‘13’이란 숫자는 ‘흉’한 것이 아니라 ‘길’한 숫자다. 프리메이슨이 이 길한 숫자를 아무나 사용하는 것을 막기 위해 흉한 숫자라고 헛소문을 퍼뜨린 것이다. 서양에서는 병원에 가도 대개 13층이 없으며, 일부 호텔에도 13층이 없다. 그러나 프리메이슨의 세계에서는 오히려 13을 철저히 선호하고 있다.

예를 들어 미국을 상징하는 휘장을 보면, 독수리가 날개를 펴고 한쪽 발에는 화살을, 또 한쪽에는 감람나무를 쥐고 있다. 이것을 자세히 보면 화살과 잎사귀와 열매가 각각 13개씩 있다는 사실을 발견할 수 있다.

이 13을 두 번 더하면(13+13) 26이 되는데, 이것을 풀어쓰면 ‘10+5+6+5’가 되고, 각 숫자를 알파벳으로 풀면 ‘I·H·V·H’가 되며, 이것은 히브리어로 ‘여호와’라는 단어가 된다.

또한 ‘완벽한 도형’이라는 정6면체를 살펴보면, 6개의 면과 8개의 꼭지점과 12개의 모서리를 갖고 있다. 이것을 모두 더하면(6+8+12) 26이고, 26은 13을 두 번 더한 숫자니, 미국 휘장의 독수리가 양쪽 발에 13씩을 쥐고 있는 이유를 이해할 수 있을 것이다.

또 독수리 위에 있는 별 역시 13개고, 미국 국기의 줄도 13개다. 지금은 미국 국기에 주(州)의 수만큼 별이 있지만, 처음에는 별도 13개(13개 주)였다.

특기할 만한 것은, 남북전쟁 당시 남군 깃발의 별도 13개였다는 사실이다. 언뜻 13개 주가 연합했다는 뜻인 것 같지만, 당시 남군 정부에

▲ 미국을 상징하는 휘장. 독수리 머리 위의 별, 열매와 잎사귀, 그리고 화살이 모두 13개다.

실제로 가담한 주는 11개뿐이었는데도 구태여 13개의 별을 그려넣었던 것이다.

또한 독립한 직후에 만든 깃발에는 '76'이란 글자가 있었는데, 이것은 얼른 생각하면 미국의 독립 연도인 '1776년'을 나타내는 것 같지만, 7과 6을 합하면 역시 13이라는 숫자가 된다. 미국의 1달러짜리 지폐 뒷면에 있는 피라미드 역시 모두 13층이다.

이것은 결코 우연의 일치라고 볼 수 없다. 따라서 13이란 숫자는 실제로는 대단히 성스러운 숫자고, 그런 만큼 자기들끼리만 이 수를 사용하기 위해 정반대되는 소문을 퍼뜨려 보통 사람들은 사용하지 못하도록 했던 것이다.

프리메이슨과 유대인

여기까지 읽은 독자들은 내가 프리메이슨에 대한 이야기를 하고 있는지, 아니면 유대인에 대한 이야기를 하고 있는지 어리둥절할 것이다. 당연한 일이다. 왜냐하면 프리메이슨의 핵심 멤버는 거의 다 유대인일 뿐 아니라, 그 철학 자체가 유대인에 의해 출발한 것이기 때문이다. 그래서 프리메이슨이 모이는 비밀 사무실에 가면 위에서 말한 6각별이 항상 있다.

앞으로 '아메리카'라는 신대륙 발견에서부터 '미국' 건국에 이르기까지, 그 모든 것이 자연 발생적인 것이 아니라 사전 계획 아래에서 이루어진 것이라는 이야기도 나올 것이다.

무슨 헛소리인가 싶겠지만, 나 또한 처음에 그 소리를 들었을 때에는 믿을 수 없는 허튼수작으로 여겼다. 그러던 것이 여러 가지 참고 서적을 읽고 생각해 보고 여러 사람들과 의견을 나누다 보니 마침내 고개를 끄덕이게 되었고, 이제는 완전히 믿게 되었다.

이 책에서는 미국의 예를 많이 들었는데, 그것은 프리메이슨이 만든 유일한 나라가 바로 미국이기 때문이다.

돌 대신 사람을 다듬는 메이슨

다시 프리메이슨의 역사 쪽으로 이야기를 돌려보자.

위와 같은 내력을 가진 프리메이슨들은 특히 로마제국의 팽창을 기점으로 해서 전 유럽으로 퍼졌고, 지금의 노동조합 비슷한 조직인 '길드(guild)' 형태를 유지하게 되었다.

물론 이들은 같은 석공이라 해도 그저 돌을 다듬고 쌓아올리는 일반 기술자들과 달리 전체의 건축 설계라든가 공정 감독을 책임지는 고급 기술자였다. 따라서 일반 석공이야 현지에서 구할 수 있지만 고급 석공은 흔치 않기 때문에 멀리서 초빙해 와야 했다. 그래서 이들은 타지와 타국으로 여행할 수밖에 없었고, '프리메이슨'이라는 이름이 붙었던 것이다.

또한 이들이 짓는 건축물은 단순한 주택이 아니라 왕이나 영주의 신전이나 성이었다. 따라서 상류층과의 교제가 가능한 계층일 뿐만 아니라, 마스터 메이슨 정도가 되면 말단 석공에서부터 물자를 보급하는 상인 등을 비롯해 왕이나 영주까지 자유롭게 교제할 수 있었다. 그만큼 견문이 넓었으므로 일반인의 추앙을 받은 것은 물론 상류층의 신뢰도 두터웠다.

그들은 공사를 시작하게 되면 한 곳에 장기간 머물러야 했고 많은 일꾼들을 거느려야 했기 때문에, 석공들끼리의 친목 도모에 상당히 신경을 썼다. 뿐만 아니라 새로운 기술이 도입되거나 신참 석공이 들어오면 교육을 시켜야 했고, 동료 석공이 다치거나 늙거나 병이 들면 돌봐주어야 했기에 조직이 필요했는데, 그래서 생겨난 조직인 길드가 점차 비밀 조직으로 발전하게 된 것이다.

한편 조직을 유지하려면 그들만 따로 모일 수 있는 장소가 필요했고, 그래서 공사장 가까이에 회당을 만들었다. 그들은 이 회당을 '로지(lodge)'라고 불렀으며, 그 안에서 회의도 열고 교회처럼 각종 제식을 치르기도 했기 때문에 '신전(temple)'이라고도 불렀다.

그들은 모임을 가지면서 점차 직업에 관한 현실적인 문제뿐만 아니라 살아가는 데 필요한 인생관·가치관 따위서부터 자기들끼리의 행동강령이라든가 윤리·도덕 등 철학적 문제까지 토론하게 되었다. 그러다가 다른 길드의 회원들에게도 문호를 개방해 예술가·과학자·지식인들도 포용하게 된 것이다.

세월이 변해감에 따라 교회나 성의 건축이 점차 줄어들면서 프리메이슨이라는 조직은 좀더 철학적인 내용을 다루는 조직으로 변했고, 돌 대신 사람을 깎고 다듬는 더욱 큰 목적을 가진 비밀 조직으로 발전했다.

1118년 제1차 십자군 원정이 있었을 때, 프리메이슨의 활동이 가장 활발했던 프랑스에서는 기사(Knight)들이 나서서 '그리스도와 솔로몬 성전의 가엾은 병사들(Poor Fellow Soldiers of Christ and of the Temple of Solomon)'이라는 이름의 단체를 조직했다. 이들은 사제이자 기사인 프리메이슨들이었는데, 빈곤·금욕·복종을 맹세하며 성지 예루살렘을 안전하게 방문하게 하겠다는 슬로건을 내걸고 단원을 모집했다.

이것이 유명한 '사원의 기사' 또는 '템플 기사단(Knights Templars)'이었으며, 많은 젊은이들이 지원할 정도로 호응도가 높아서 드디어는 교황이나 왕·영주 등 많은 권력자들이 정치적·경제적 후원을 아끼지 않았다.

무릎까지 닿는 하얀 적삼에, 가슴에는 피를 상징하는 붉은 십자를 그려넣은 제복을 입은 이들은 이내 정치·종교·군사 분야에서 가장 강력한 세력으로 발전했다. 그리고 유대인이나 이슬람교도들과도 자주 접촉해 그들의 신앙에도 눈을 떴으며, 이로 인해 유럽·중동과도 교역의 길을 텄다.

그 결과 템플 기사들은 어마어마한 부자가 되었으며, 왕들에게 궁전 건축 비용을 빌려주기도 하고 건축까지 맡아서 해주기도 했다. 이를테면 세계 최초의 국제금융가이자 세계적인 기업가가 되어, 대단한 세력을 소유하게 된 것이다.

이들은 막강한 재력을 바탕으로 전세계적(그 당시 세계라고 하면 주로 유럽을 말한다)으로 단원을 모집하여 프리메이슨의 세력을 확장했고, 각 나라의 책임자급으로 그랜드 마스터(Grand Master, 총단장)를 임명했다. 그러나 프리메이슨들이 점차 세력을 과시하자 이에 반해 힘이 약해진 국왕·영주들의 미움을 샀으며, 교황도 이들에 대해 좋지 않은 감정을 갖게 되었다.

1291년 사라센제국이 아크레(Acre) 시를 함락했을 때, 템플 기사단은 성지에 대한 영향력은 잃었지만 자기들 지역에서의 세력은 여전히 유지하고 있었다.

참고로 부언하자면, 템플 기사단의 단원들은 두 부류가 있는데 하나는 프리메이슨이면서 기사였고, 다른 하나는 메이슨이 아닌 기사들이었다. 하지만 그 어느 쪽이나 단원 선발권이나 전체 주도권은 항상 프리메이슨이 갖고 있었다.

그러던 중 템플 기사단의 세력이 가장 강성했던 프랑스에서는 필리프 4세가 왕위에 올랐다. 그는 야심가로서 권모술수가 대단히 뛰어나, 프랑스에서 유대인들을 쫓아냈으며, 교황 보니파키우스 8세를 납치·살해했고, 교황 베네딕트 11세에게는 독약을 먹였으며, 프랑스의 대주교에 불과했던 사람을 교황 클레멘트 5세로 만든 공로가 있는 사람이었다.

템플 기사단에게 엄청난 빚을 지고 있던 필리프 4세는 한 가지 비상한 꾀를 냈다. 그는 클레멘트 교황에게 비밀 지령을 내렸고, 교황은 당시 템플 기사단장인 드 몰레(Jacque de Molay)에게 대단히 중요한 일을 상의하고 싶으니 파리에서 만나자고 했다. 그리하여 당시 사이프러스에서 머물던 드 몰레 단장은 1307년 봄, 60명의 메이슨 기사들을 거느리고 파리에 도착했다.

그들은 몇 달 동안 회의를 거듭했고, 필리프왕은 기회를 엿보다가 어느 날 전국의 영주들에게 친서를 보냈다. 1307년 10월 13일 금요일[6] 아침에 일시에 모두 뜯어보도록 한 그 편지에는 "템플 기사단과 관계된 사람은 한 사람도 빠짐없이 모두 즉각 체포, 구금하라!"는 명령이 들어 있었다.

당시 프랑스에는 약 3천 명의 메이슨이 있었는데, 그중 약 350명이 정식 기사였고 약 1천 명 정도가 현역 군인이었으며 나머지는 행정관리·기술자·일반인들이었다. 이들은 우상 숭배·이단 행위·마법 시술 등의 죄목으로 구속되었고, 필리프왕은 이들의 재산을 빼앗기 위해 온갖 고문을 서슴지 않았다.

자신의 빚을 탕감하고 템플 기사단의 세력을 말살시킬 수 있었을 뿐

---

6) 서양에서 13일이면서 금요일인 날을 흉액의 날로 여겨 꺼리는 풍습은 여기에서 비롯되었다.

▲ 템플 기사단장 드 몰레의 화형 장면.

만 아니라 그들의 막대한 재산을 자기 것으로 만들었던 필리프왕은 대단히 영리한 인물이었다. 그러나 1석 3조의 꾀를 낼 만큼 지혜로웠던 그도 한 가지 예상하지 못했던 일이 있었다.

원래 필리프왕은 유럽의 다른 국가들도 다 프랑스 같은 조치를 감행할 것이라고 판단했는데, 다른 나라 왕들은 템플 기사단의 재력과 세력을 두려워하여 그냥 시늉만 내고 있었던 것이다.

처음에는 전 유럽의 템플 기사들이 많이 구속되었다. 그러나 대부분 곧 사면되었고, 스페인이나 포르투갈에서는 '진정한 그리스도의 기사'로 인정받아 석방되었다. 독일에서는 진상 규명 청문회까지 열었으나, 템플 기사들이 모두 목숨을 내걸고 무력 투쟁하겠다고 나서자 재판관들이 겁을 먹고 무죄를 선언해 버렸다.

하지만 프랑스에서는 1310년 5월 12일, 센 강변에서 많은 군중들을 불러모아 놓고 드 몰레를 비롯한 54명의 템플 기사들을 화형시켜 버렸다. 클레멘트 교황은 템플 기사단을 불법화했고, 그들의 재산을 압류하여 템플 기사단과 적대 관계에 있던 호스피탤러 기사단(Knights Hospitallers of St. John)에게 주었다.

드 몰레 템플 기사단장은 숨을 거두면서 예언하기를, 클레멘트 교황이 '40일 이내'에 죽어 그와 함께 하느님 앞에서 심판을 받을 것이며 필리프왕은 '그해(1310년)가 끝나기 전'에 죽을 것이라 했는데, 실제로 그렇게 되었다고 역사적 기록은 전한다.

아무튼 프리메이슨은 이 일로 인해 프랑스에 복수의 칼을 갈게 되었고, 마침내 프랑스 혁명을 일으켜 유럽 최초로 왕조를 마감시키고 공화국을 세우게 된다.

프랑스 혁명은 프리메이슨의 여러 조직 중의 하나인 일루미나티의 공작에 의한 것인데, 자세한 내용은 〈숨겨진 진실들〉 편에 소개한다.

필리프왕은 프랑스에 있던 템플 기사들을 모두 잡아 가두지는 못했다. 행정 조직에 서로 통하는 사람들이 있는 경우에는 미리 정보를 얻어 피신했고, 상당수의 템플 기사들이 귀족이고 고관들이었기 때문에 살아남을 수 있었던 것이다.

그러나 이때부터 프리메이슨 조직은 지하로 들어가 비밀 조직화됐다. 그리고 자기가 프리메이슨이나 템플 기사단이라는 것을 상대방에게 알릴 수 있는 암호를 만들었고, 그들만의 악수법 따위를 통해 서로의 신분을 확인했다.

프리메이슨의 조직은 지하에서 암약하게 되었지만 계속 확장되어 갔다. 영국에서는 1348년에 가터교단이 조직되었고, 프랑스에서는

1352년에 성단(星團), 1430년에 부르고뉴 지방의 영주 부르고뉴 공작이 만든 금양모단(金羊毛團), 1534년에 로욜라가 사제이면서 기사인 사람들을 대상으로 '템플 기사단'을 모방하여 조직한 '예수회'가 생겨났다.

이 예수회가 지금은 너무도 유명해진 가톨릭의 '예수회 사제단(Jesuits)'이라는 조직이다. 이 조직의 원래 목적은 개신교의 교리에 대항하기 위한 것이었지만, 프리메이슨 조직의 계보를 따랐기 때문에, 교황과 자주 갈등을 빚었다.

프랑스의 필리프왕에게 박해를 받게 된 템플 기사단은 대거 탈출하여 스코틀랜드나 포르투갈 같은 나라로 흩어졌다. 스코틀랜드로 건너간 템플 기사단은 소위 '스코틀랜드파'를 만들어 현대 프리메이슨 조직의 기초를 세웠으며, 포르투갈로 건너간 기사단은 아메리카 대륙을 자주 왕래하여 결국 '미국'이라는 나라를 건국하게 되는 기초를 마련했다. 이것과 관련된 이야기는 〈숨겨진 진실들〉 편에서 자세히 소개하겠다.

영국 북쪽의 주민들은 앵글로색슨족이 아니고 켈트족이어서 그들만의 독특한 신앙과 문화를 갖고 있었다. 서기 665년경 로마제국으로부터 기독교를 강요당하여 기독교 신앙을 갖긴 했지만, 그들은 예수를 신으로 보지 않고 하나의 예언자로 여기는 등 그들만의 독특한 문화를 유지하고 있었다.

당시 스코틀랜드의 왕인 로버트 1세는 그로 인해 1300년대 초기에 교황으로부터 파문을 당했는데, 그와 비슷한 시기에 프랑스에서 템플 기사단이 박해받았던 까닭에, 템플 기사들은 정치적이나 교리 면에서나 스코틀랜드로부터 환영을 받게 되었다.

그리하여 이들은 옛 헤롯왕의 신전을 다시 재건축했고, 헤롯왕의 신전이었던 예루살렘 교회에서 발견한 두루마리 문서의 내용도 재부각되었다. 그중 중요한 것이 민주주의의 원칙인 '모든 사람은 동등한 책임을 갖고 있다'는 것이었다. 영국에서 시민전쟁(Civil War)이 발발한 것도 이러한 사상이 전파된 결과였고, 평민들로 구성된 하원의회가 만들어진 원인 또한 그것이었다.

시민전쟁의 결과 프리메이슨은 왕권 쪽뿐만 아니라 평민의회를 지지하는 쪽까지 기반을 확보하여 양쪽에서 모두 중요한 위치를 차지하고 있었다.

그후 프리메이슨 스코틀랜드파는 그들이 지지했던 스튜어트왕조가 막을 내리고 하노버왕조가 들어서면서 그냥 스코틀랜드에 머물게 되고, 잉글랜드를 중심으로 한 요크(York)파가 새로이 결성되면서 1717년 6월 24일에 역사상 최초로 프리메이슨의 탄생을 공표했다.

요크파는 '런던 총회당'을 만들어 이전의 스코틀랜드와의 관계를 모두 부인했고, 자신들만의 새로운 프리메이슨 계보를 만들었다. 당시 스코틀랜드와 잉글랜드 사이가 극도로 갈등을 겪고 있었기 때문이다.

비록 스코틀랜드와 잉글랜드가 연합하여 유니언 잭(영국 국기)을 만들긴 했지만, 스코틀랜드의 혈통인 스튜어트왕조와 잉글랜드 혈통인 하노버왕조의 암투는 여전했고 대단히 치열했다. 게다가 스튜어트왕조가 몰락한 그 당시에, 어떻게든 스코틀랜드와 관계가 있다는 것은 정치적으로 대단히 위험했던 것이다.

그러나 그것은 표면적으로만 그랬을 뿐, 프리메이슨들은 의식이라든가 교리는 조금씩 달라도 근본 이념은 같아서, 국가적으로 적대 관계에 있다 해도 그들끼리의 친분은 변함없이 유지되었다. 그것은 전세계가 미국과 소련이라는 양극 체제로 나뉘어 있던 냉전시대에도 마찬가지였다.

프리메이슨 요크파는 영국 왕실과 매우 밀접한 관계를 유지했는데, 그러다가 왕족이 기사단장을 맡아야 한다는 결론에 도달해 하노버왕조를 끌어들였다. 그리하여 1782년에는 조지 2세의 동생인 클레어런스공이 기사단장에 취임했고, 프랑스 혁명이 발발한 1789년에는 영국의 황태자가 그의 두 동생과 함께 가입했다. 또 그 이듬해에는 영국의 기사단장이 전세계 프리메이슨의 그랜드 마스터가 되어 미국의 조지 위싱턴을 비롯한 세계의 단장들로부터 충성을 다짐하는 알현을 받았다. 미국이 독립을 선언한 지 14년 후의 일이다.

이러한 이유 때문에 프랑스를 비롯하여 여러 나라들이 왕실을 잃고 공화국이 되었음에도 불구하고 영국은 오늘날까지 왕조를 유지할 수 있었고, 영국의 왕관이나 왕좌에 프리메이슨, 특히 말타종단(Order of Malta)의 상징인 '말타의 십자'가 그려져 있는 것이다.

▲ 말타의 십자.

▲ 말타의 십자는 훈장 등 장식에 가장 흔히 사용되는 상징이다.

◀ 왕관에 장식된 말타의 십자. 유럽의 황실들은 거의 모두 말타의 십자를 상징으로 사용했다.

스코틀랜드파와 요크파는 겉으로 보기에는 조금 다르다. 스코틀랜드파는 모든 제식을 주로 이집트 신앙을 기본으로 하고 있는데 반해, 요크파는 기본은 같지만 표면적으로는 기독교를 내세운다.

단원들의 급수도 스코틀랜드파는 33등급으로 매우 세분화되어 있고, 요크파는 10등급이다. 양쪽 다 1급부터 3급까지는 기본 등급으로서 별 차이가 없는데, 4급으로 승급될 때 스코틀랜드파나 요크파 중 하나를 자기 마음대로 선택할 수 있다.

프리메이슨은 자신들이 기독교인이라고 자처하지만 이들을 기독교인으로 인정하기에는 상당히 심각한 문제가 있다. 기독교 성직자나 성서학자들 중에 프리메이슨이 많고, 이들이 현재 바티칸을 비롯해서 개신교의 감리교·장로교·몰몬교·루터교뿐만 아니라 여호와의 증인, 기독교도 사이언스 등 각 교파의 실권을 장악하고 있지만, 그들의 진정한 목적은 예수의 사랑을 실현시키는 것이 아니라 프리메이슨의 정신 아래 전세계를 통일하자는 것이기 때문이다. 그러나 대부분의 프리메이슨 단원들은 자기 조직의 진정한 목적에 대해 모르고 있다.

사람들이 프리메이슨을 거론할 때, 대개는 스코틀랜드파와 요크파만 말한다. 그 두 파가 프리메이슨의 대다수를 차지하고 있기 때문이다. 그러나 유럽의 멤피스종단이나 미스라임종단처럼 소수지만 막강한 세력을 갖고 있는 경우도 적지 않다.

특히 일루미나티의 경우, 단원수는 적지만 프리메이슨 세계에서 패권을 쥐고 있다. 그들은 우선 정치·종교 등 모든 사회 단체에 들어가 진정한 신봉자로서 전심전력 활동하여 구성원들이나 일반 대중으로부터 신임을 얻어 지도자가 된다. 이렇게 조직에서 주도권을 확보한 다음, 그 단체의 사상이나 믿음을 혼란에 빠뜨리고 뒤흔들어 조직 자체를 파괴시킨다.

이것이 일루미나티의 수법이며 특기인데, 그들이 1770년대에 프리메이슨의 상층 조직에 파고들어가 주도권을 장악하고 최고 핵심층으

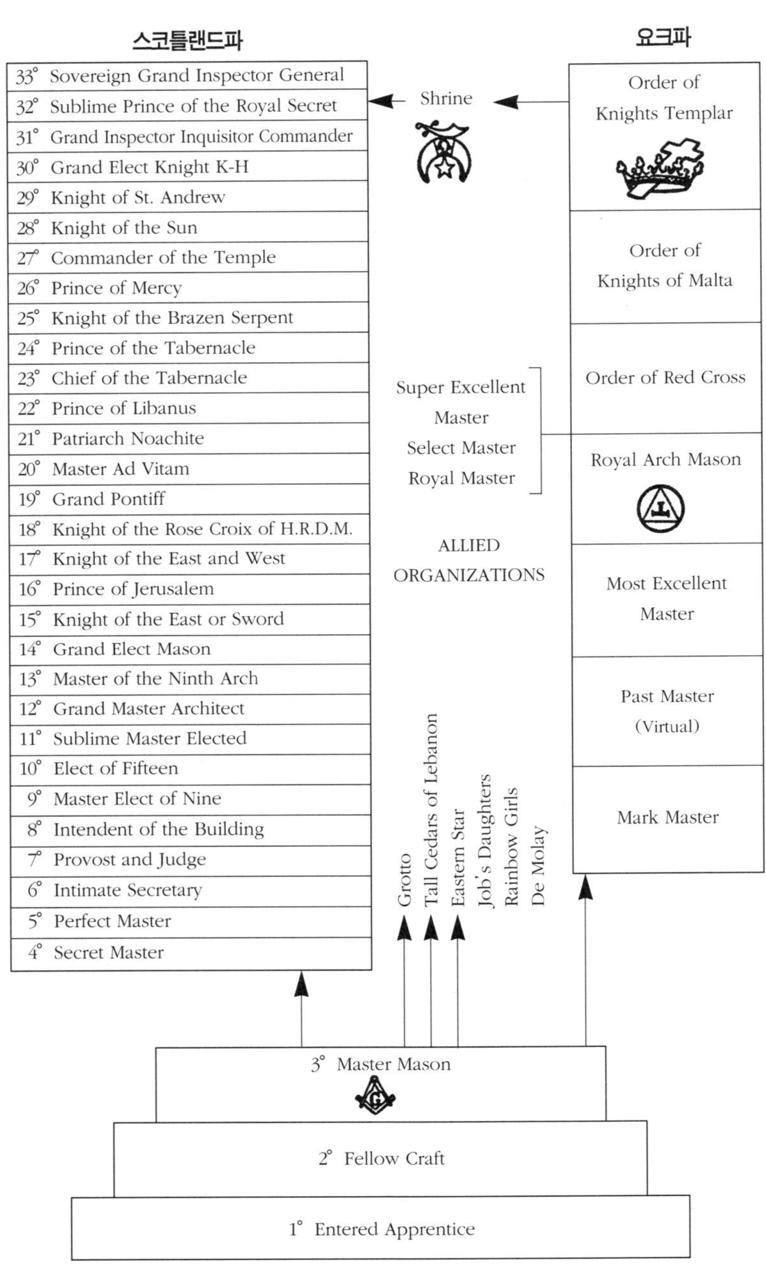

▲ 세계의 프리메이슨 대부분을 차지하는 스코틀랜드파와 요크파 계보도.

로 자리매김할 수 있었던 것도 바로 이러한 수법을 사용했기 때문이다. 물론 이러한 수법은 프리메이슨의 지침서라고 할 수 있는 『시온의 칙훈서』에 그 방법론이 씌어 있다.

프리메이슨의 세력이 종교 단체에 뿌리박고 있는 만큼, 일부 교회의 장식이나 치장을 잘 살펴보면 프리메이슨의 상징물을 발견할 수 있을 것이다. 그 경우 그 단체는 '적그리스도(Antichrist)'라고 보아도 무방하다.

요크파의 그랜드 마스터는 영국 왕실 가문 중 하나인 요크가의 수장인 요크 공작이 하도록 관례화되어 있어서, 현재는 앤드루 왕자가 요크파의 기사단장을 맡고 있다.

요크파는 미국으로 건너와서 '뉴욕'이라는 도시를 만들었으며, 뉴욕에서 가장 높은 빌딩을 '엠파이어스테이트(帝國)빌딩'이라고 명명했다. 그래서 사람들은 뉴욕 주를 '제국'이라고 부르기도 한다.

그게 모두 대중들의 머릿속에 암암리에 제국에 대한 이미지를 심어 놓자는 의도인데, 그를 위해 그들은 엄청난 자본을 투자하여 제국의 세력이 되살아나 세상을 정복한다는 내용의 영화 〈스타 워즈〉를 만들기도 했다.

요크파의 최상급을 '템플 기사급'이라고 하는데, 문장(紋章)을 보면 삼각형이나 원 안에 왕관이 있고, 그 속에 십자가가 비스듬히 그려져 있다. 그런 그림이나 장식이 있는 건물이나 단체를 대하게 되면, 그곳이 바로 템플 기사급의 지휘를 받는 곳이라는 사실을 상기하기 바란다. 뿐만 아니라 그와 비슷한 분위기의 그림이나 장식을 보면, 그곳은 프리메이슨과 관계가 있다고 생각하면 된다.

또한 '적십자급'은 세 번째로 높은 간부급인데, 그들은 국제적십자사를 비롯해서 각국의 적십자사를 만든 장본인들이다. 그래서 적십자급 프리메이슨의 문장은 바로 붉은 십자가다.

적십자처럼 사회의 봉사단체로 위장하고 실제로는 프리메이슨의 정

▲ 프리메이슨 구조도. 프리메이슨의 가장 중요한 계파인 스코틀랜드파와 요크파의 계보를 살펴보자. 처음 1·2·3도는 공동으로 수련하고 다음 단계로 승급할 때 어느 쪽으로 갈 것인가를 본인이 선택한다. 그후 스코틀랜드파는 30도(계단)를 올라가게 되고, 최고로 올라갈 수 있는 계급은 32도까지다. 33도는 최고위원회(Supreme Council)에서 임명한다. 한편 요크파에서는 10계단을 올라가며 도가 아니라 명칭으로 표현된다. 또 각 계급마다 상징하는 휘장이 있다. 그리고 아치 밑에 표현된 조직은 장계 조직으로, '슈라인'은 32도 또는 템플 기사급만이 가입할 수 있으며, 슈라인 단원들의 부인은 '나일의 딸들(Daughters of the Nile)'에 가입한다. 마스터 메이슨은 '그로토'에 가입할 수 있으며, 메이슨의 딸은 '욥의 딸들'이나 '무지개 소녀들'에, 그리고 아들은 '드 몰레'에 가입할 수 있다. 중요한 상징들로는 그림 왼쪽에 펼쳐져 있는 책 안의 컴퍼스와 직각자, 그 아래 '솔로몬 성전' 등이 있다. 그리고 오른쪽 위에 'G'자와 전시안이 있다. 미국에서는 'G'를 '하느님(God)'으로 해석한다.

신을 구현하는 단체들이 의외로 많은데, '그로토(Grotto)', '레바논의 백향목들(Tall Cedars of Lebanon)', '동방의 별(Eastern Star)', '욥의 딸들(Job's Daughters)', '무지개 소녀들(Rainbow Girls)', '드 몰레', '슈라인(Shrine)' 같은 단체들이 프리메이슨의 조직이다.

프리메이슨의 입단식

입단식의 기본 복장

프리메이슨의 의식(儀式)은 동양인들에게는 물론이고 일반 서양인에게도 굉장히 낯설고 이교도적이다.

그들의 의식 절차는 고대 또는 중세부터 내려오는 것으로, 서양 사회의 비밀 조직 의식은 모두 비슷비슷한 편이다. 대학 신입생들이나 여학생 클럽, 그리고 폭력배들의 신고식을 보면 괴기스러울 만큼 이질적인데, 그것은 프리메이슨의 전통을 차용한 것이라고 보면 된다.

물론 중세기쯤에는 동양이든 서양이든 아프리카든 보편적으로 행하던 의식이 있었고, 그 의식은 대개 종교적인 색채를 띠고 있어서 시대의 변천과 함께 그 모습이 변해온 것이 사실이다. 그러나 프리메이슨의 의식은 옛날의 모습을 그대로 유지하고 있는 것이 특징이다.

다양한 의식이 있지만 그중에 특별히 입단식의 절차를 살펴본다.

우선 입단 대상자가 정해지면 다른 메이슨들이 그 사람의 됨됨이를 파악할 수 있도록 기회를 마련해 준다. 그런 다음 대상자가 불참한 상태에서 대상자의 가입에 대한 찬반을 묻고, 반대 의사가 없을 경우 특별한 날을 정해 대상자를 불러다 놓고 심사를 한다.

단장을 역임한 사람들이 긴 책상 앞에 앉아 후보자를 세워놓고 여러 가지 질문을 던져 자격을 심사하는데, 이미 내부적으로 반대 의사가 없었기 때문에 대부분 합격한다. 그리고 몇 달쯤 후 특정한 날을 잡아 입단식을 거행하는데, 말하자면 기독교에서 세례를 주는 것과 비슷한 의식이다.

이들의 의식은 외부 사람들이 보면 해괴망측해 보이지만, 가톨릭교 신부가 미사를 드릴 때 하는 손짓 하나하나가 모두 의미가 있는 것처럼, 모두 뜻하는 바가 있다.

입단식을 할 때, 대상자는 우선 잠옷처럼 여유 있고 편안한 흰색(순결함을 뜻함) 셔츠와 바지를 입는데, 지퍼나 쇠단추 같은 금속성이 부착돼 있으면 안 된다. 발은 오른쪽은 맨발, 왼쪽에는 꽉 끼지 않는 슬리퍼를 신고, 바짓가랑이는 왼쪽만 무릎 위까지 걷어올리며, 셔츠는 앞을 잠그지 않고 열어놓되 가슴을 드러내고, 검은색 안대로 두 눈을 가리며, 목에는 교수형당하는 사형수처럼 밧줄을 건다.

입단 대상자 옆에는 모든 것을 도와주고 안내해 주는 관리인이 있는데, 관리인은 장검을 뽑아들고 손잡이 부분으로 굳게 닫힌 회당의 문을 몇 번 두들겨 입장을 허가해 줄 것을 요청한다.

허가한다는 표식으로 문이 열리면, 관리인은 후보자의 목에 건 밧줄을 끌고 제단 앞으로 나아간다. 제단의 주단(主壇)은 동쪽에 있고, 서쪽에는 상급 관리인이, 남쪽에는 중급 관리인들이 주단보다 작은 단을 차지하고 앉아 있으며, 그 밖에도 하급 관리인 몇 명이 자리하고 있다.

관리인은 밧줄의 매듭 부분을 후보자의 등뒤로 돌려놓은 후 물러난다. 이러한 옷차림이나 목에 건 밧줄의 형식은 중세에 간수가 죄인을 심판관 앞으로 끌고 가는 모습 그대로다.

이윽고 다른 관리인이 나타나 후보자의 왼쪽 가슴에 칼을 들이댄다.

▲ 18세기의 메이슨 입단식. 입단식을 무사히 끝내면 비로소 1도 메이슨이 된다. 눈을 가리고, 입장을 허락받아 회당 안으로 들어갈 때 왼쪽 가슴에 칼을 갖다 대는 장면이다. 요즘은 긴 칼 대신 짧은 단도를 사용하기도 한다. 입단식의 모든 절차는 세상의 모든 재산을 프리메이슨에 바치며 충성하겠다는 의지를 표현한다.

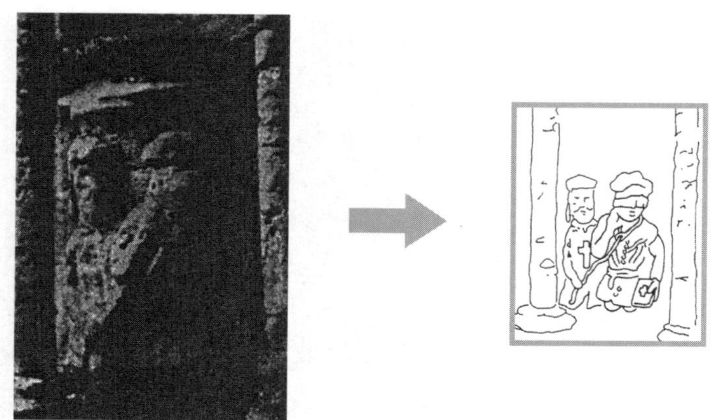

▲ 템플 기사단은 15세기 스코틀랜드에 솔로몬 성전을 본떠 '로슬린 채플(Rosslyn Chapel)'이라는 사원을 건축하였다. 그 폐허에 남은 돌 조각(彫刻)에 메이슨이 입단식 하는 장면이 표현되어 있다. 따라서 최소한 1440년에는 현재 프리메이슨이 행하고 있는 제식이 완성된 것 같다.

진실을 말하지 않으면 그대로 칼을 꽂아 죽인다는 뜻이다. 이어서 단상에 있는 단장이 질문을 시작한다.

"느낌이 있는가?"

"네."

"그렇다면 이제 알려주는 비밀들을 단 하나라도 누설할 때에는 그 섬뜩한 느낌이 즉석에서 죽음으로 이어진다는 것을 그대의 마음속에 깊이 새겨야 할 것이다."

"그리하겠습니다."

"자유인의 신분이고 성인만이 메이슨이 될 수 있는 것이니, 그대는 과연 자유인의 몸이고 21세가 넘었는가?"

"그렇습니다."

"그대는 그대의 명예를 걸고 주위 사람들의 옳지 않은 말에 끌려가지 않을 것이며, 근거 없는 말에 유혹당하지 않을 것이며, 감언이설에 넘어가지 않겠다고 다짐하고, 그대의 자유로운 의사로써 프리메이슨의 신비와 특권을 받아들이겠다고 맹세하는가? 그리고 그대는 우리 종단의 사상에 이견 없이 충복할 것과, 더욱 깊은 진리를 갈구하며 경건한 마음으로 그대의 형제 메이슨을 위하여 봉사하겠다고 그대의 명예를 걸고 맹세하는가?"

"그리하겠습니다."

이 말이 끝남과 동시에 왼쪽 가슴에 댔던 칼이 물러간다. 그러면 후보자는 우주를 관장하는 지상의 신에게 감사하다는 짧은 기도를 드린다. 여기서 말하는 신은 어떤 신이라도 본인이 믿는 신이면 상관없는데, 특정한 어떤 신보다도 신을 믿는다는 믿음 자체가 중요한 조건이 된다. 그래서 마음속으로 대개는 모든 종교를 포괄하는 중립적인 지상의 신을 생각하게 된다.

기도가 끝나면 관리인은 밧줄을 잡아끌어 회당 안을 세 번 돌게 하면서, 각 방향에 있는 메이슨들에게 "어둠 속에서 사리를 분별하지 못하는 가엾은 후보자"라고 소개한다.

그러고 나서 다시 주단 앞으로 돌아오면 단장이 묻는다.

"어둠 속에 있는 그대가 가장 원하는 바는 무엇인가?"
"빛입니다."
"그렇다면 소원을 풀어주어라."

그러면 옆에서 거들어주던 관리인이 검은 안대를 풀어준다.

그후 단장은 후보자에게 메이슨의 상징인 빛(光)[7]과 직각자와 컴퍼스[8]와 한 권의 성법경(聖法經)을 보여주며 설명을 한다. 성법경이란

---

7) 〈프리메이슨의 상징물〉 편을 참조하라.
8) 〈프리메이슨의 상징물〉 편을 참조하라.

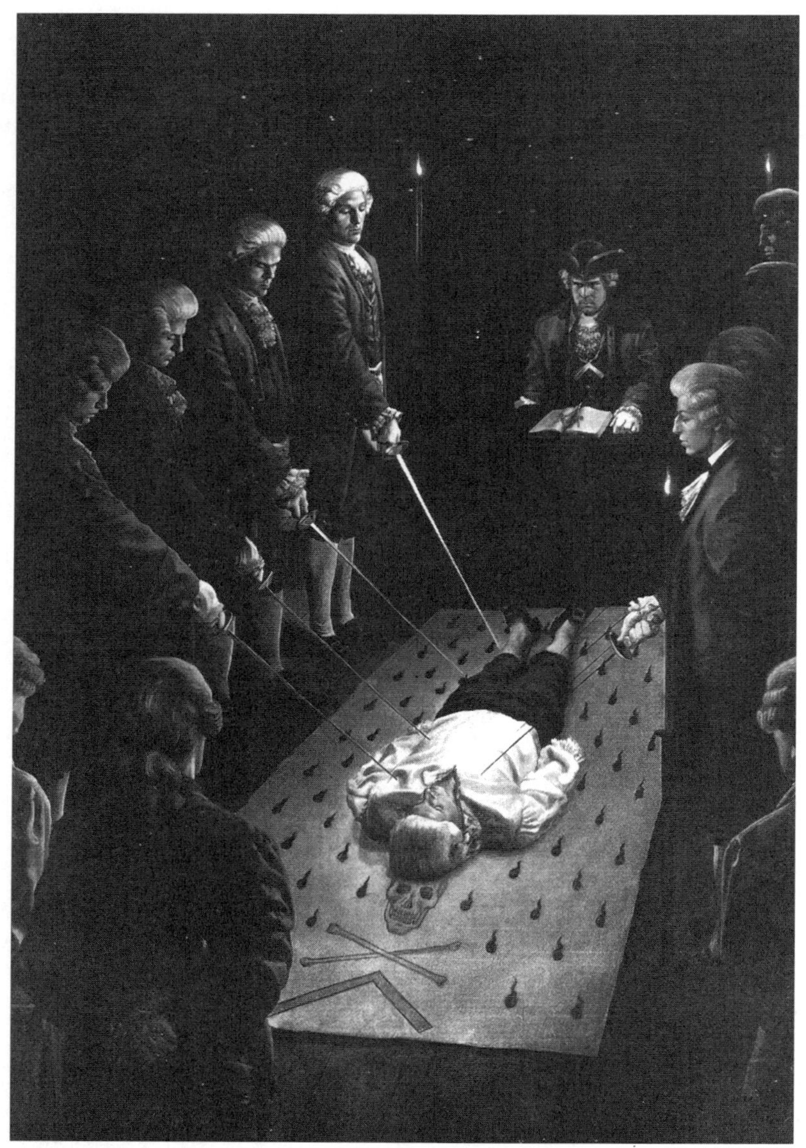

▲ 프리메이슨의 또 하나의 예식인 진급 예식. 선배 단원들이 칼을 몸에 대는 것은, 이 세상에서는 죽은 몸이 되었다가 부활하여 마스터 메이슨의 종으로서 죽는 날까지 충성하겠다는 뜻과, 시조 히람 아비프가 살해될 때의 고통을 경험해 본다는 뜻을 담고 있다. 아리스토텔레스는 이러한 예식의 근원이 그리스 신화에 나오는 여신 데메테르(Demeter)를 섬기는 풍습에서 기인한다고 주장했다. 그로부터 약 3백 년 후 로마제국의 키케로(Cicero)는 "우리는 보다 나은 희망을 안고 살고 죽는 법을 배웠다"라는 알쏭달쏭한 말을 남겼다.

기독교인의 경우에는 『성경』, 회교인에게는 『코란』이 된다.

설명이 끝난 다음 비로소 제1급인 '견습 메이슨'이라는 급위를 주는 것으로 입단식이 끝나는데, 그후 큰 잔치를 벌이고 환영 연설 등으로 그날을 보낸다.

또한 급위가 올라갈 때마다 거기에 해당하는 의식이 있는데, 각 파마다 다르긴 하지만 갈수록 더욱더 해괴해지는 점은 비슷하고, 한 급위 마친 것을 '죽음'으로, 한 급위 올라간 것을 '부활'로 상징화한다는 점도 같다.

프리메이슨의 한 파이며 미국 예일대학에서 가장 유명한 비밀 조직인 해골종단[9]의 예를 들면 다음과 같다.

입단자는 간부들이 지켜보는 가운데 나체로 해골과 뼈 그림으로 장식된 검은 관 속에 들어가 눕는다. 그리고 그들이 보는 앞에서 붉은 리본을 묶은 남근을 잡고 자위 행위를 하는데, 사정을 할 때에는 그 느낌을 고함치듯이 큰 소리로 묘사해야 한다.

참고로 말하자면, 해골 단원 중 유명한 사람으로는 미국의 전 대통령 조지 부시를 들 수 있다.

최고 지도자는 신비의 존재

미국 사회에서 현재 활동하고 있는 프리메이슨 조직으로 가장 잘 알려진 것은 예수회 사제단이다. 이것은 프리메이슨의 조직 형태를 그대로 딴 가톨릭교 조직이며, 그 밖에 가톨릭교 내의 프리메이슨 조직으로 유명한 것은 '콜럼버스 기사단(Knights of Columbus)'이 있다.

일반 사회에서는 성인 여성들만 가입할 수 있는 '욥의 딸들', '무지

---

9) 해골종단(骸骨宗團, The Skull and Bones Society)은 해골과 X자의 형태로 놓인 두 개의 뼈를 상징으로 하는 프리메이슨의 지파인 비밀 단체다. 세계적으로 꽤 많은 유명한 인물들이 이 해골종단의 단원이며 현재도 건재하고 있다. 이 종단에 대한 자세한 내용은 〈누상 정부의 조직들〉 편을 참조하라.

개 소녀들' 등이 있고, 남성들만 가입하는 조직으로는 '레바논의 백향 목들', '그로토' 등이 있다. 이들은 비록 다른 조직이고 이름도 다르지만 상호관계를 갖고 있으며 음으로 양으로 서로 협조하고 있다.

요즘에는 특히 아담 바이샤우트(Adam Weishaupt)가 창설한 일루미나티와 그 계보 중의 하나인 '컬럼비아파'의 활동이 눈부실 정도며, 이들은 미국과 세계에서 주도권을 잡고 세계의 실질적인 역사를 창조하고 있다.

일루미나티 단원들은 33등급으로 나누어져 있으며 최상급은 33급 그랜드 마스터다. 그러나 그것은 표면적인 등급일 뿐, 그 위에는 그 이상의 엘리트 상급자들이 있고, 그들의 정점에는 신비의 한 사람이 존재한다. 그러니까 같은 메이슨이고 최고급 간부라 해도 기껏해야 33급 그랜드 마스터 정도까지만 그 존재를 알 수 있을 뿐 그 이상은 단장만 알고 있다. 나머지 메이슨들은 그런 최고 엘리트들이 존재한다는 사실조차 모르는 것이다.

베일 속의 지도자고 신비한 존재인 그는 '프리메이슨 구조도'에 있는 'G'자 속과, 미국의 1달러짜리 지폐 그림에 있는 피라미드 꼭대기에 있는 전시안(全視眼)을 가진 바로 그 사람이다. 그는 호루스이기도 하고 오시리스이기도 하며, 성경에 나오는 천사장 '루시퍼'일 수도 있다.

예언자 마담 블라바츠키[10]는 그가 중앙아시아에 있다고 했고, 또 어떤 이는 티베트에 거주하고 있다고 하지만 실제로 그의 존재는 아무도 모르고 있다. 그 베일 속의 '연출자'는 사람일 수도 있고 사람이 아닌 외계인일 수도 있어서, 아직 그 누구도 짐작하지 못하는 신비의 존재로 남아 있다.

---

10) 신묘한 예언으로 히틀러를 비롯하여 러시아의 마지막 왕후 등 당시의 많은 세계 인사들에게 영향을 준 우크라이나 출신의 여자 예언자.

신세계 질서가 최종 목표

대부분의 프리메이슨 단원들은 자기네들의 지도자가 어떤 의도를 갖고 있는지, 어떤 일을 계획하고 안배해 놓고 있는지 알지 못한 채, 상부에서 지시한 대로 자선 사업이나 자원 봉사 활동을 하고 있을 뿐이다.

따라서 프리메이슨이 어떤 일을 계획한다고 할 때, 그 주체는 메이슨 전체가 아니라 최상부에 자리하고 있는 소수의 지도자들이며, 그들이 바로 세계의 역사를 창조하고 있는 장본인들인 것이다.

그 조직 가운데는 세상에 이름이 드러난 것들도 있고, 조직의 존재 자체가 극비인 비밀 조직들도 있다. 전자의 경우, 그들은 세계의 평화나 인류의 복지를 위한다는 명분을 앞세우고 있다. 또 어떤 조직은 전문적이긴 하지만 지극히 평범한 분야의 일을 하고 있다.

예를 들면 '카네기 국제평화기금' 같은 조직은 이름만 보면 '평화'를 목적으로 하고 있는 것 같지만, 실제로는 '전쟁을 만드는 일'을 해왔다. 왜 그런지 뒤에서 설명하겠지만, 『시온의 칙훈서』를 읽어보면 쉽게 이해할 수 있다.

조지 오웰의 『1984년』을 보면, 큰형님이 모든 개인의 생활을 일일이 지켜보고 있으며, 경찰서나 정보부 대신 '사랑부'라는 부서가 있어서 큰형님이 원치 않는 행동을 하는 사람들을 데려다 고문하고 형벌을 준다. 즉 부모가 자식을 때리는 것은 미워서가 아니라 사랑하기 때문이며 잘되라고 때린다는 논리인 것이다.

그것은 절대군주의 정치 체제며, 전세계가 하나가 된 정부, 지상(至上) 정부가 할 일이다. 이러한 지상 정부를 만드는 것이 '신세계 질서(New World Order)' 계획이며, 그런 공작을 꾸미고 있는 주요 인물들은 프리메이슨의 최상급 지도자인 것이다.

바티칸을 움직이는 프리메이슨 조직

1999년 현재 가톨릭교의 교황뿐만 아니라 바티칸을 움직이는 사람들 역시 프리메이슨의 조직원이다. 그렇기 때문에 전통적인 가톨릭주의와 가톨릭의 본 모습을 고수하려는 르페브르(Marcel Lefebvre) 대주교 같은 사람이 교황 요한 바오로 2세(John Paul II)에게 파문을 당했던 것이다. 가톨릭교의 오랜 전통을 지키겠다는 이유만으로 파문을 당했다는 얘기다.

뉴욕의 예수회 소속 말라키 마틴(Malachi Martin) 신부는 귀신을 쫓는 일과 작가로 유명한데, 미국에서 인기 절정에 있는 〈아트 벨〉 라디오 토크쇼에 출연해, "요한 바오로 2세는 기독교도가 아니라 사탄의 종"이라는 충격적인 발언을 했다.

그의 말에 따르면, 1998년 발생한 바티칸의 경비책임자 부부 살해 사건, 그리고 미국인 신부 살해 사건에 대해 바티칸을 위시한 가톨릭교의 모든 성직자들이 입을 다물고 경찰 수사에 협조하지 않는 이유는, 교황이 간접적으로 관계된 일이고, 그들 역시 그 사실을 모두 알고 있기 때문이라고 한다.

바티칸 내부 세력들 간의 역학 관계라든가 마피아와의 연관성을 극화해 〈대부(God Father)〉라는 영화가 만들어졌지만, 가톨릭교 신자들은 이러한 이야기에 강력한 의문을 제기할 것이다. 그런 분들은 아래 참고 서적을 읽어보기 바란다.

- David Yallop, *In God's Name*.
- Geoffrey Parker, *Reformations*.
- Malachi Martin, *The Keys of This Blood*.
- Malachi Martin, *The Wind Swept House*.

프리메이슨은 서양에서만 활동하는 것이 아니라 동양에서도 그 세

력을 확고히 굳히고 있다. 1767년 영국의 친선교단(Lodge of Amity)
이 중국에 처음 지부를 설치했고 1788년에는 스웨덴계 조직이 중국의
상하이·홍콩·광둥에 지부를 만들었는데, 현재 중국에만도 영국계가
13개 이상, 미국계가 1개, 스코틀랜드계가 4개 이상의 지부를 설치·운
영하고 있다고 한다.

일본에는 그보다 훨씬 빠른 1092년과 1263년에 요코하마에 지부가
설치되었다. 1401년에는 고베, 그리고 도쿄에는 1866년과 1869년에 지
부가 설립되었다가 곧 없어진 후 1883년에 다시 설치되었다. 나가사키
에는 1870년·1879년·1884년에 지부가 설립되었으므로 지금은 상당
한 세력을 구축했을 것이 틀림없다.

【참고 서적】

- Albert Pike, *Morals and Dogma of the Ancient Accepted Scottish Rite of Freemasonry*.
- Christopher Knight & Robert Lmas, *Hiram Key*.
- David Stevenson, *The Origins of Freemasonry*.
- Harold Waldwin Percival, *Masonry and Its Symbols—in the Light of Thinking and Destiny*.
- John J. Robinson, *Born in Blood; The Lost Secrets of Free-masonry*.
- Joseph Newton, *The Builders*.
- Manly Palmer Hall, *Lost Keys of Freemasonry; Freemasonry of the Ancient Egyptians*.
- Michael Baigent & Richard Leigh, *The Temple and the Lodge*.
- Paul A. Fisher, *Behind the Lodge Door*.
- Paul Forster Case, *The Masonic Letter "G"; The True and*

Invisible Rosicrucian Order.

- Stephen Knight, *The Brotherhood-The Secret World of the Freemasons.*
- W. Kirk MacNulty, *Freemasonry-A Journey Through Ritual and Symbol.*
- 『브리태니커 백과사전』
- 『성경』

2

숨겨진 진실들

X파일과 음모론

미국뿐만 아니라 한국에서도 현재 인기리에 방영되고 있는 TV 드라마 〈X파일〉에는 상식에 어긋나고 이상한 사건들만 등장한다. 미국의 수사기관 FBI에서 실제로 수사에 착수했지만 범인이 누구인지 도무지 알 수 없었거나, 심증은 가지만 구체적인 물증이 없어서 포기했거나, 범인에게 더 이상 접근할 수 없어서 사건 자체가 미궁에 빠져버린 미제 사건들만을 소재로 했다는 이 드라마는 각 편마다 그 구성이 비슷하다.

이해하지 못할 사건이 벌어지고, 멀더와 스컬리 요원이 사건을 해결하기 위해서 동분서주한다. 점차 범인의 윤곽이 드러나긴 하는데, 범인에 대해 실증적으로 설명하려고 할 경우 영락없이 정신병자로 몰릴 수밖에 없는 그런 범인들이거나, 범인의 실체에 더 이상 접근할 수 없는 '보이지 않는 힘'이 범인인 경우가 대부분이다.

내가 주목하는 것은 바로 두 번째, '보이지 않는 범인'이다.

우리가 사는 세상에는 역사적인 사건들이 수도 없이 많았고, 그중에는 상식적으로 도무지 납득이 가지 않는 결론으로 논쟁에 종지부를 찍고 막을 내려버린 사건들도 부지기수다.

그 사건들에 관해 한마디로 결론을 내리자면, 우연히 발생한 것처럼 보이는 사건들이 사실은 사전에 치밀하게 계획된 것이며, 그 뒤에는 일반 세상에 전혀 알려지지 않은 보이지 않는 힘, 보이지 않는 세력이 있다는 것이다.

이제 그 사건들을 하나씩 반추해 보고, 의문점들을 들춰보고, 이 방면에 대해 그동안 깊은 관심을 가지고 끈질기게 연구해 온 분들의 결론을 소개하는 한편, 내가 나름대로 연구하여 내린 결론을 소개한다.

한국전쟁의 기막힌 내막

한국 지원금 1천만 달러가 사라졌다

한국전쟁은 우리가 한국인이기 때문이 아니라, 전세계적으로도 매우 중요한 역사적 기점이다. 한 나라가 다른 나라를 침략했는데, 세계 역사상 최초로 세계적인 기구(UN)를 통해 여러 나라가 연합하여 집단적으로 군대를 보내겠다고 투표로 합의했던 것이다.

알려진 바에 의하면, 2차 세계대전이 끝나갈 무렵 연합국(미국·영국·소련) 정부의 대표자들인 루스벨트·처칠·스탈린 세 사람이 포츠담과 얄타에서 회동해, 조선반도를 남과 북으로 나누기로 합의함으로써 한국전쟁의 가능성이 잉태되었다.

그 결정에 따라 북한은 재빨리 18만 7천 명이나 되는 군대를 조직해 소련이 공급한 대포·탱크·비행기 등의 장비로 무장하고는 전쟁을 일으킬 준비를 했다. 그에 비해 남한은 겨우 9만 6천 명의 군대와 아주 빈약한 장비밖에 없었다.

해방 후 한국을 실질적인 속국으로 다스리고 있던 미국 의회는 남한

이 독립국으로 성장할 수 있도록 1천만 달러의 지원금을 전달하기로 결정했다. 그러나 그 지원금은 극히 일부만이 한국 정부에 전달되었을 뿐이다. 한국전쟁을 둘러싼 미국에 대한 의구심은 그뿐만이 아니다. 우리는 당시 UN군 극동지구 사령관이었던 맥아더 장군의 회고록에서 또 다른 의문 사항을 찾아볼 수 있다.

당시 남한군은 38선을 따라 4개 사단이 배치되어 있었다. 이 군인들은 훈련이 잘되어 있었으며 매우 용감했고 애국심도 투철했다. 그러나 그들은 장비와 조직 면에서 전투 가능한 군대가 아니라 전투경찰대 정도의 무력밖에 없었다. 공중이나 해상의 지원은 전혀 없었고, 장비는 모두 경장비뿐이었으며, 탱크나 포대 등 기본적으로 필요한 장비 역시 너무나 초라한 상태였다.

이렇게 남한군을 초라하게 만들기로 결정한 것은 미 국무성이었다. 이에 대한 논쟁이 일어나자, 그들은 "남한이 북한을 침공하지 못하도록 하기 위해 어쩔 수 없이 취한 조치였다"고 설명했다. 이러한 재미있는 근시안적인 이유로 북한이 남한을 침공할 수 있는 좋은 기회를 만들어준 것이다.

회고록에서 맥아더 장군은 직접적인 표현은 피했지만, 미국의 결정에 대해 분명히 의구심을 표시하고 있는 것이다.

UN군 파병에 거부권을 행사하지 않은 소련

한국전쟁이 발발한 다음 UN의 안전보장이사회에서 UN군 한국 파병에 대한 토의가 있었고, 이 안건은 곧 표결에 붙여졌다. 5개의 상임이사국 가운데 한 나라만 반대를 해도 UN군의 한국 파병은 불가능했다.

그런데 이때 소련 대표가 회의 도중 퇴장함으로써 4개국 만장일치로 UN군의 한국 파병은 통과되고 말았다. 소련 대표는 당시 상임이사국은 물론 UN 회원국도 아닌 '중공'을 회의에 참석시켜야 한다는 엉뚱한 문제를 제기했고, 그 문제로 논쟁을 벌이다가 퇴장해 버린 것이다.

소련 대표는 표결이 끝난 다음 '중공의 회의 참석'이라는 회의 불참 명분이 해소되지 않았는데도 불구하고 다시 회의실로 돌아와 앉았다.

이 분야의 전문가들은 파병 문제가 성사되도록 하기 위하여 소련이 일부러 자리를 피한 것이라고 해석한다. 이를테면 한국전쟁은 소련이 시작한 것이고, 그들은 전쟁이 언제 시작되었는지도 알고 있었다는 것이다.

만일 스탈린이 UN군의 한국전 참전을 원치 않았다면 소련의 UN 대표인 야콥 말릭(Jacob Malik)에게 '니엣(No)'에 표를 던지라고 명령했을 것이다. 소련이 미국을 전쟁터로 나서지 못하도록 막은 것이 아니라 오히려 전쟁터로 유인한 것이라고 할 수 있다.

중공 참전을 부추긴 미국

전쟁 발발 이틀 후인 1950년 6월 27일, 자유중국의 장 제스 총통은 본토를 찾을 절호의 기회가 왔다고 생각했다. 그러나 트루먼 대통령은 장 총통의 의도를 단호하게 반대하면서 이렇게 말했다.

"나는 자유중국 정부에게, 중국 본토를 향한 공중 또는 해상의 어떠한 활동도 중지하도록 강력히 요청하는 바입니다."

이때 트루먼은 자유중국이 중공 땅을 회복하는 일이 미국의 국가 정책에 위배되는 일이라고 강조했다. 그리고 그것으로도 모자라, 장 총통이 혹시 무슨 일을 저지를까 염려해 대만해협에 미국의 제7함대를 배치하기까지 했다.

맥아더 장군은 "이러한 조치는 미국 정부가 중공으로 하여금 한국전에 참전하도록 부추긴 것이나 다름없는 일이다"라면서, 회고록에서 다음과 같이 말했다.

중공의 한국전 참전은, 미국이 자유중국으로 하여금 중립을 지키게 한다면서 그해 6월에 제7함대를 대만해협에 파견함으로서 가능해졌던 것이다. 이것은 50만의 장 제스 군대가 본토를 침공하는 것을 막아줌으로써 중공을 보호해 준 결과를 초래했다.

따라서 중공은 중국 본토의 중심부를 지켜야 하는 2개 군을 다른 곳으로 빼돌릴 수 있었다. 중공은 장 제스 군대가 대만해협을 건너 중국 본토로 들어올지 모른다는 걱정 없이, 안심하고 동북부의 압록강 북쪽에 군사력을 집결시킬 수 있었던 것이다.

그러나 미국의 단호한 태도에도 불구하고 장 제스 총통은 고집을 세웠고, 한국전 발발 1주일도 되기 전에 다시 미 국무성에 "3만 3천 명의 군대를 한국전에 참전시키겠다"고 제의해 왔다. 그리고 "허락이 되면 5일 이내에 한국에 도착시킬 수 있다"고까지 했지만, 미국은 이를 정중히 거절했다.[1] 그 당시 UN 회원국이었던 자유중국은 회원국으로서 당연히 한국전에 참여할 자격이 있었으나, 미국은 이를 허락하지 않았던 것이다.

중공에 작전 정보를 넘겨준 미국 수뇌부

한국전쟁 발발 몇 개월 후, 미 국무성의 작전은 그 결과를 나타내기 서작했다.

1950년 10월, 맥아더 장군은 중공군이 압록강 북쪽 만주에 집결한다는 정보를 입수하고는 이를 상부에 보고했지만, 미 국무성에서는 이를 일축하면서 맥아더 장군에게 "중공군이 한국전에 관여할 가능성은 절대로 없으니 안심하라"고까지 했다. 그러나 중공군은 1950년 10월 15일에 압록강을 넘어 한국전에 참전했다.

---

1) Frazier Hunt, *The Untold Story of Douglas MacArthur*, p.459.

맥아더 장군은 한국전쟁을 수행하면서 자신의 작전 계획이 적군에게 알려지고 있으며, 연합국의 정보가 새고 있다는 결론을 내렸다. 맥아더 장군 사령부의 야전참모장 워커(Walton Walker) 장군은 워싱턴에 그런 불평을 하곤 했는데, 사실상 맥아더의 작전 기밀은 북한군을 지휘하는 소련 장교에게 그대로 넘어가고 있었다.

미군의 작전 명령 체계는, 군에서 보고서를 올리면 정부의 고위 관료를 통해서 군통수권자인 대통령에게 전달되고, 대통령의 승인 후에야 계획을 실행할 수 있게 되어 있다.

그런데 미국은 UN과의 협약조문 때문에 대통령을 거친 정보를 UN의 '정책 및 안전관리국장'에게 보내야 했고, 그는 이것을 UN 총장에게 보고하도록 되어 있었다.

1945년 당시 미국의 스테티니우스 국무장관은 UN이 세계 경찰 활동을 하는 역할에 동의하면서 '정책 및 안전관리국장'이라는 요직에 동유럽 공산국가 출신을 보직하자는 조건에 합의했고, 한국전 당시에는 그 자리에 콘스탄틴 진첸코라는 소련인이 있었던 것이다.

그리고 전쟁 후 밝혀진 바에 의하면 한국전쟁 이전부터 북한군에는 소련 장교가 고문관으로 파견돼 있었고, 그들이 한국전쟁을 일으킨 주동 역할을 했다고 한다. 1964년 5월 15일에 미국 국방성에서 비밀 문서 해제 처분을 받은 자료에 의하면, 한국전 당시 작전을 지휘하던 소련군 장교를 목격했다고 돼 있다.

또 이 문서에는, 포로인 북한군 소령이 소련의 바실리예프 장군과 돌진 대령이 북한의 고문관이며, 작전 책임자들이었다고 증언한 기록이 있다. 6월 25일에 바실리예프 장군이 남침 명령을 내리는 것을 직접 들었다고 진술한 다른 포로의 증언도 있었다.

바실리예프 장군은 UN과 관계가 깊다. 그는 UN에서 '정책 및 안전관리국'과 긴밀한 관계에 있는 'UN 군사위원회'의 의장직을 수행함과 동시에, 안전보장이사회 밑에서 전세계의 군 활동에 대한 정보를 책임지고 있던 사람이었다.

따라서 이 두 소련 장교는 UN에서 연합군 쪽의 일에 관여하는 동시에 북한군을 지도한, 한국전쟁을 실제로 조종한 소련 공산주의자들이었다.

중공군의 보급로를 폭격하지 말라

맥아더 장군은 중공군의 참전을 예견했고, 이를 막기 위해 '압록강 다리 폭파'를 제안하는 보고서를 올렸다. 미 공군의 스트레이트메이어 사령관에게 연락하여 당장 B-29를 보내 압록강 다리를 폭격하여 끊고 만주를 폭격하여 중공군과 북한군 사이의 통신망을 파괴함으로써, 중공군의 도강을 막자는 것이었다.

그러자 당시 마샬 국무장관으로부터 이런 답이 하달되었다.

- 북한과 만주 국경으로부터 5마일 이내의 모든 목표에 대한 폭격을 보류할 것.
- 만주 방향으로 도주하는 북한군에 대하여 모든 폭격이나 기총소사를 금지할 것.
- 나진에 있는 군보급 기지에 대한 폭격을 금지할 것.

그 당시 나진에는 소련의 블라디보스토크에서 군수 물자를 보급받아 저장하던 보급창이 있었기 때문에, 맥아더 장군은 이 명령이 가장 이해할 수 없는 조치였다고 술회했다.

그후 1950년 11월 25일 중공군의 린 뱌오(林彪) 총사령관은 전군에 압록강을 도강하여 북한으로 진군하라고 명령을 내렸는데, 맥아더 장군은 당시를 회상하며 이렇게 말했다.

"나에게 하달된 국무장관의 명령이 중공군에게 알려진 모양이었다. 압록강 다리와 적의 군사 시설을 안전하게 보장해 준다는 전갈이 있었기에 저렇게……!"

이것은 나중에 린 뱌오 사령관도 인정한 사실이었다.

"만일 그때 워싱턴에서 맥아더 장군에게 나의 보급로와 통신망에 대한 폭격 금지 명령을 내리지 않았다면, 아군의 생명을 위험에 빠뜨리는 무모한 짓은 할 수 없었지……."

또한 미 공군의 스트레이트메이어 사령관은 이렇게 술회했다.

"우리에게는 폭격기·전투기·정찰기 등이 충분해서 압록강 북쪽에 있는 적의 보급 시설을 완전히 파괴할 수 있었으며, 압록강과 (중국) 무단(牧丹)강 사이에 주둔해 있는 적군을 완전히 괴멸시킬 수도 있었다. 또한 중공의 철도 시설을 파괴하여 전투력을 완전히 소멸시킬 수도 있었는데…… 불행하게도 우리에게는 그런 것이 허락되지 않았고, 그 결과 많은 미국 청년들의 피가 한국에 뿌려졌다."

그런가 하면 당시 미국 하원의 소수 민족 대표였던 마틴 의원도, 한국전에서 적에 대한 폭격을 금지함으로써 승리를 원치 않은 미국 행정부에 대해 경악을 표시하면서 이렇게 말했다.

"만일 승리를 목표로 삼지 않고 한국전에 참여했다면, 이 정부는 수천 명의 미국 청년들을 살인한 죄로 고소당해야 마땅하다."

마틴 하원의원에 대한 이야기는 맥아더 회고록의 마지막 장에 기술되어 있는데, 그것에 따르면 그는 1951년 3월 8일에 맥아더 장군에게 이런 편지를 보냈다.

"미국이 극동아시아 정책에 대한 맥아더 장군의 의사를 따르고, 대만에 있는 자유중국의 군대를 한국전에 참여시킨다면 미국으로서는 부담을 덜 수 있는 일석이조의 일이 아닙니까?"

맥아더 장군은 1951년 3월 20일 답장에서 이렇게 답했다.

"대만 군대가 한국전에 참전하는 것은 마땅한 일입니다. 이상하게도 아시아에서는 공산화가 아무 어려움 없이 진행되고 있는데, 이것은 도저히 이해하기 어려운 일이며…… (중략) 만일 아시아에서 우리가 전쟁에 진다면 유럽의 공산화는 자명한 일이기 때문에, 이 전쟁에서 꼭 승리해야 합니다. 또 그렇게 해야만 유럽에서의 전쟁을 막고 자유를 누릴 수 있습니다. 때문에 우리는 승리해야 하며, 다른 방도는 있을 수 없는 일입니다."

그런데 트루먼 대통령은 이 편지를 읽은 후 군인이 정치에 참여하는 일은 있을 수 없다고 단언하면서 맥아더 장군을 해임시킬 결심을 한다. 트루먼은 1951년 4월 10일 미 국민들에게 성명을 발표했다.

"나는 맥아더 원수가 공식 직무 수행에 있어서 미국 정부와 UN의 정책에 완전히 동조하지 않는 데 대해 심심한 유감의 뜻을 표한다."

트루먼 대통령은 맥아더 장군을 해임하고 매튜 릿지웨이 장군을 그 자리에 앉혔지만, 그는 1953년 7월 27일 정전협정을 맺을 때까지 전쟁을 질질 끌기만 했다.

한국전쟁이 끝난 후 미국 내에서의 한국전에 대한 평가는 일반적으로 다음 다섯 가지로 요약된다.

① 기아로 인해 공산 중국은 민중 봉기의 위기에 처해 있었는데, 오히려 국민을 단결시켜 통솔할 수 있도록 중공을 도와준 꼴이 되었다.

② 미국은 조그만 북조선이란 나라 하나도 격퇴시키지 못한 '종이 호랑이'라는 명성을 얻는 데 이바지했다.

③ 미국은 수만 명의 미국인의 생명을 허비했으며, 열심히 싸우기를 원치 않은 UN 때문에 수십억 달러의 돈만 낭비한 꼴이 되었다.

④ 미 국민들에게 미군은 앞으로 UN의 지휘 아래 놓일 것이라는 인상을 주었다.

⑤ 역사상 최초로 미국 군대는 전쟁에서 승리를 거두지 못했다.

미국은 2차 세계대전 직후 한국전쟁을 계획했다

제임스 포레스탈은 1944년 4월부터 미국 해군장관을 역임하다가 1947년 9월 17일 미 국방성이 창설되었을 때 초대 국방장관으로 취임한 사람이다. 메드포드 에반스 박사가 지은 『조 매카시의 암살』이라는 책에 그에 대한 이야기가 자세히 나와 있다.

포레스탈은 2차 세계대전을 마무리하면서 미국이 소련에게 이권을 너무 많이 양보한 것에 불만을 품고 있었고, 그 내막에 대해 상당히 많이 알고 있었다. 그는 '매카시즘'으로 악명 높은 매카시 상원의원에게 "미국 정부 안에 공산주의를 위해 이적 행위를 하는 사람이 너무 많다"고 이야기하곤 했다.

이런 연유로 그는 트루먼 대통령으로부터 사임을 종용받아 1949년 3월 2일에 사퇴했고, 그 다음달인 4월에 전혀 아픈 데가 없는데도 건강 진단을 하라는 대통령의 특별 배려로 베데스다 해군병원에 입원했다. 그런데 입원한 지 한 달 후인 5월 22일에 자신의 잠옷 허리띠로 목이 졸린 채 16층에서 떨어져 죽은 시체로 발견되었다.

한편 매카시 의원은 정부 조직 안에 공산주의자들이 많다고 주장해 미국 전역을 떠들썩하게 만들었다가, 포레스탈 장관과 마찬가지로 베데스다 해군병원에서 1957년 5월 2일 '급성 간기능 장애'라는 병명으로 죽었다.

그런가 하면 캐롤 퀴글리(Carroll Quigley)의 『비극과 희망(*Tragedy and Hope*)』이라는 책에는 이런 얘기도 나온다.

포레스탈 장관은 한국전 발발 15개월 전, 그러니까 베데스다 해군병원으로 끌려가기 직전에 친구에게 이렇게 말했다고 한다.

"나는 계속 미행을 당하고 있고, 내 전화는 도청당하고 있어. 생명에 위협을 느낀다구. (중략) 그들(대통령을 위시한 핵심 정치인들)은 지금 한국에서 전쟁을 일으키려고 해. 미국은 갑작스럽게 결정을 내릴 것이고, 얼마 안 있으면 미국의 젊은이들이 한국에 가서 많이 죽게 될 거야."

그리고 매카시 의원은 1950년 9월 23일에 어느 대중 집회 연설에서 이렇게 말했다.

"1945년 얄타회담에서 루스벨트 대통령과 스탈린은 한국에서 전쟁을 일으키기로 계획을 세웠을 뿐 아니라, 그후 10~12년 후 베트남에서 비슷한 전쟁을 일으키기로 합의했다."

이러한 증언들로 미루어볼 때, 지상 정부의 높은 분들이 이미 2차 세계대전을 끝내면서 '한국전쟁'을 계획했고, 미국이나 소련의 위정자들은 이러한 계획을 실천에 옮긴 사람들에 불과했다는 생각이 든다.

지면 관계로 이 책에서는 자세한 설명을 못하지만 흥미를 느끼는 사람들은 다음 내용에 관한 책들을 더 구해서 읽어보기 바란다.

- 중국의 쑨 원(孫文)과 소련 공산당과의 관계.
- 밀수업으로 돈을 벌었고 레닌의 대리인 역할을 했던 유대인 '미하일 보로딘(Mikhail Borodin)'의 중국에서의 활약.
- 2차 세계대전 직후 미국의 조지 마샬 국무장관이 1945년 12월 중국에 갔을 때 "중국이 미국과 우정을 유지하려면 중국 정부 내에 공산주의자들을 수용해야 한다"고 말한 내막.
- 장 제스 정권에게 무기를 무상으로 대여해 주고 있다가 어느 날 갑자기 그들이 '공산주의와 타협하지 않고 공산주의자들을 수용하지 않는다'는 이유로 무기 공급을 중단하고, 마오 쩌둥 군대가 압도적으로 승리하도록 만든 트루먼 대통령의 정책 결정 이유.

이러한 책들을 읽고 그 내막을 이해할 수 있다면, 전세계의 정치 판도를 보는 안목이 달라지게 될 것으로 믿는다.

【 참고 서적 】
- A. Ralph Epperson, *The Unseen Hand*.
- Caroll Quigley, *Tragedy and Hope*.

- Douglas MacArthur, *Reminiscences*.
- Frazier Hunt, *The Untold Story of Douglas MacArthur*.
- G. Edward Griffin, *The Fearful Master*.
- John Toland, *In Mortal Combat–Korea*.
- Mrs. Larry Lawrence Lent, *The True History of a Great Patriot–The Late Senator Joseph R. McCarthy*.
- Reed Benson & Robert Lee, *What's Wrong with the United Nations*.
- William P. Hoar, *The Forgotten War in Korea*.

프리메이슨이 만든 나라 미국

미국은 아름다운 나라가 아니다

우리가 아는 미국은 세계 최강국이자 최부국이며, 평화의 사도로서 기독교의 나라고 하느님의 은총이 내린 나라다. 우리는 이승만 정권 때부터 그렇게 알아왔고, 그래서 그 나라를 아름다울 '미(美)' 자로 기꺼이 받아들였다.

그러나 미국은 과연 그렇게 '천사의 나라'일까? 미국이라는 나라가 어떠한 경로를 거쳐 건국되었는지부터 살펴보자.

'아메리카(America)'라는 이름은 이탈리아의 항해사이며 측량가인 '아메리고 베스푸치(Amerigo Vespucci)'의 이름을 딴 것이라고 배웠지만 템플 기사단(Knights Templars)의 기록에 따르면 전혀 다르다.

고대 이집트 사람들은 금성(金星)을 '메리카(Merika)'라고 불렀는데, 이 별이 바다 너머 서쪽으로 지는 곳, 그러니까 수평선 너머에 있는 땅도 메리카라고 불렀다. 그들에게 메리카는 모든 것이 완전하고 대단히 아름다운 곳이었다.

프랑스에서 박해받다가 포르투갈로 건너간 템플 기사들은 그곳 또한 정착할 곳이 아니라고 판단해 1308년 초에 처음으로 메리카라는 신대륙을 찾아 항해를 떠났다. 이 신대륙을 프랑스어로 '라 메리카(La Merika)'라고 불렀는데, 후에 영국 사람들에 의해 'L'자가 없어지고 아메리카(America)로 변형되었다고 한다.

그러나 템플 기사들이 맨 처음 신대륙에 발을 디뎠던 것이 아니라는 고고학적 증거가 몇 가지 있다.

첫째, 담배와 코카인(코가의 잎에서 뽑아낸 마취제)은 신대륙에만 있던 것이었는데, 이집트의 '미라'에 부장품으로 이런 것들이 들어 있기도 했다.

둘째, 스코틀랜드로 이주한 템플 기사들은 옛날 솔로몬왕의 성전을 본따서 '로슬린 채플(Rosslyn Chapel)'을 지었는데, 이곳의 돌에 조각된 식물들 가운데 많은 것이 신대륙에만 생육하는 것들이다.

셋째, 노르웨이 지역의 바이킹들도 신대륙을 자주 드나들어 그들이 거주하던 마을이 지금도 캐나다에 남아 있고 그들이 만든 지도도 있다.

따라서 결론을 내리자면, 아메리고 베스푸치가 신대륙에 발을 디디기 전에 그곳은 이미 교통이 빈번했고 통상까지 하고 있었다는 얘기다. 그러니까 프리메이슨들은 그런 정보를 이미 갖고 있었고, 포르투갈로 건너간 프리메이슨들이 꿈의 나라 신대륙을 직접 답사하기 위하여 콜럼버스를 따라 신대륙 여행에 나섰던 것이다.

그렇다면 왜 이런 이야기가 교과서에 나오지 않는 것일까? 그런 사실을 일반에게 알리고 싶지 않은 누군가가 교육 쪽의 책임자에게 영향력을 발휘하여 그렇게 된 것이다. 그 사람은 자신의 진면목을 되도록 숨기려 하기 때문이다.

독립전쟁은 프리메이슨의 작품

서양인들이 북미 대륙에 정착하기 시작한 것은 종교적으로 박해를

받던 영국인들이 신앙의 자유를 찾아 신대륙으로 건너온 1607년부터
였다. 그들은 버지니아 주 제임스타운이란 곳에 자리를 잡고 정착하기
시작했는데, 그때부터 신대륙은 이런저런 이유로 건너온 유럽 이주민
들로 몸살을 앓았다.

그 이주민들 가운데에는 프리메이슨들도 많아서, 1776년 독립전쟁
당시만 해도 신대륙에는 프리메이슨 비밀 조직이 무려 150개 이상이나
있었다. 1897년의 통계에 의하면, 성인 남자 1천 9백만 명 중에 약 30
퍼센트인 540만 명이 메이슨일 정도였다.

물론 그들이 전부 프리메이슨은 아니었고 비밀 조직을 흉내낸 조직
들이 많았지만, 아무튼 신대륙은 가히 비밀 조직의 메카라 할 만했다.
그들은 음침하고 외진 방에 모여 촛불을 켜놓고 이상한 주문을 외우며
해괴한 의식을 지냈으며, 이집트를 비롯한 중동의 신비와 형제애가 강
조된 모임을 가졌다.

한편 북미 대륙을 차지하고 있던 프랑스와 영국은 경쟁이 치열해졌
다. 특히 영국은 프랑스뿐 아니라 인디언과도 전쟁을 치러야 했다. 그
결과 영국 정부는 1억 파운드의 빚을 지게 되었는데, 당시 정부의 재정
상태로는 이 빚을 갚을 수 없었다. 시급히 새로운 세원(稅源)을 찾아
세금을 부과함으로써 재정을 확보해야 할 실정이었다.

다른 세원을 찾지 못한 영국은, 당시 북미 대륙의 경제 사정도 아주
좋지 않았는데도 불구하고 1764년에 '설탕에 관한 세법'을 소개하고 그
이듬해에는 모든 출판물과 정부 서류에 대한 '인세'를 제정 선포했다.

영국의 이런 조치는 보스턴을 비롯한 각 항구에는 '자유의 아들'이
라는 반대 조직이 생겼으며, 1765년 10월에는 9개 주 대표들이 모여 인
세와 수입품에 대한 세금을 보이코트하는 성토 대회를 열기도 했다.

보스턴에는 유명한 애국자(조지프 워런, 존 핸코크, 폴 레베레 등)들
이 회원으로 있는 '성앤드루의 단원들'이라는 프리메이슨 조직도 있었
는데, 이들은 공교롭게도 '자유의 아들' 회원들과 같은 술집2)을 모임

▲ 미국의 초대 대통령이자 그랜드 마스터였던 조지 워싱턴을 기념하는 그림. 메이슨들이 두르는 에이프런에 프리메이슨의 상징인 전시안과 컴퍼스, 직각자가 그려져 있다.

장소로 삼고 있었다. 양쪽 조직의 회원들이 거의 다 양쪽 조직에 속해 있었기 때문이다.

1773년 12월 16일 보스턴 항에는 차(茶)를 잔뜩 싣고 도착한 세 척의 배가 정박해 있었는데, 성앤드루의 단원들은 일단 청룡 술집에 모여 인디언으로 변장한 후 그 배에 몰래 난입하여, 도끼로 차 상자를 부수어 바다에 집어던졌다. 그들의 최초 거사였다.

그들은 이러한 저항운동을 계속하다가 1775년 6월 15일에 버지니아 주의 프리메이슨 그랜드 마스터급인 '조지 워싱턴' 대령에게 혁명군

---

2) 청룡 선술집.

사령관이 되어 달라고 요청했다. 그리고 그가 이 요청을 수락함으로써 '미국의 국부(國父)'가 탄생하게 된 것이다.[3]

프리메이슨이 세운 나라

아마도 프리메이슨의 가장 큰 업적 중의 하나가 '아메리카'라는 신대륙을 식민지로 만든 일일 것이다. 교과서에는 이 신대륙을 콜럼버스가 발견했다고 돼 있으며, 일반 대중은 다 그렇게 알고 있다.

교과서에 따르면 1492년에 콜럼버스는, 지구는 둥그렇고 마치 배처럼 생겼기 때문에 서쪽으로 계속 항해하면 마르코 폴로가 말한 인도와 극동아시아에 도착할 수 있으리라 믿고 항해를 시작했다. 그러나 실제로 그가 발견한 곳은 중앙아메리카의 서인도제도(카리브해 지역)였고, 그는 죽을 때까지 그곳을 인도로 생각했다.

그리고 4년 후인 1496년에는 이탈리아 베니스 사람인 존 카보트(John Cabot)와 콜럼버스[4]의 아들인 세바스찬이 콜럼버스의 항로를 따라가 보기 위해 영국의 브리스톨을 출발했고, 우연한 기회에 지금의 북미 대륙을 발견하게 되었다는 이야기다.

그러나 홀(Manly P. Hall)이라는 33급 메이슨이 쓴 『미국의 운명적인 과제』[5]라는 책은 다른 이야기를 전하고 있다.

베니스 사람 존 카보트의 진짜 이름은 조반니 카보토(Giovanni Caboto)이며, 그는 콜럼버스가 태어난 곳으로 알려진 제노아 출생인데 후에 베니스로 이주했다.

그는 기독교인이었지만 템플 기사단의 신비적 교리를 믿는 프리메이슨이었고, 콜럼버스도 프리메이슨의 한 파인 그리스도종단(Order

---

3) 워싱턴 사령관은 5명의 소장과 8명의 준장을 직속 부하로 거느리고 있었는데, 그중 3명 외에는 모두 메이슨들이었다.
4) 콜럼버스는 스페인에서 출발했다.
5) *America's Assignment With Destiny*.

of the Christ)의 단원이었다.

콜럼버스는 『신곡』으로 유명한 시인 단테를 스승으로 존경했는데, 단테 또한 템플 기사단 계열인 카타르 교회(Cathar Church)의 교인이었다. 콜럼버스 아들의 증언에 의하면, 콜럼버스는 생전에 가톨릭의 프란체스코회 수도복처럼 생긴 법의(法衣)를 자주 입었으며, 그가 죽었을 때는 그 법의를 수의(壽衣)로 사용했다.

콜럼버스의 장인도 템플 기사단원으로, 프랑스에서 스페인으로 탈출하여 정착한 '그리스도의 기사들(Knights of Christ)' 소속이었다. '그리스도의 기사들'은 해양 활동에 중점을 둔 조직으로서, 유명한 탐험가 바스코 다 가마(Vasco da Gama)도 이 조직 소속이었으며, 콜럼버스의 장인은 '그리스도의 기사들'의 그랜드 마스터인 헨리 왕자 밑에서 선장으로 있던 사람이었다.

콜럼버스는 장인으로부터 아메리카 대륙을 찾을 수 있는 지도를 물려받았는데, 그 지도에는 흰 바탕에 붉은 십자(十字) 표식(현재의 적십자사 표식)이 있었다. 이 표식은 템플 기사단의 표식이었는데, 당시 교회법에 의하면 그런 것을 소지하는 것은 불법이었다.

그러나 콜럼버스는 아라곤(Aragon)의 페르디난트(Ferdinand)왕과 카스틸레(Castile)의 이사벨라(Isabella)여왕의 협조로 배에 적십자기를 달고 항해의 장도에 오른다.[6]

콜럼버스의 항해에 도움을 준 것은 그들뿐만이 아니라, 프리메이슨의 높은 지위에 있던 레오나르도 다 빈치와 로렌조 디 메디치(Lorenzo di Medici)도 열성적으로 성원해 주었다. 그리고 유대인 몇 명은 항해에 동행하여 콜럼버스에게 직접 도움을 주기도 했다.

이렇게 콜럼버스와 카보토, 그리고 콜럼버스와 동행한 선장들이 각각 신대륙의 다른 부분을 불과 4~5년 사이에 발견한 것을 우연의 일

---

6) 두 왕의 결혼으로 두 스페인은 통합하게 된다.

치로 보긴 어렵다. 신대륙 발견이 지구가 둥글지 않을까 해서 항해에 나선 단순한 행동의 결과라고 믿기에는 너무 설득력이 부족한 것이다. 따라서 프리메이슨은 아틀란티스(Atlantis) 때부터 내려오는 수천 년 된 지도를 갖고 있었다는 설이 훨씬 신빙성 있게 들린다.

덧붙이자면, 콜럼버스는 컬럼바(Columba)라는 여신의 이름을 변형 시켜 붙인 가명이며, 미국의 수도 워싱턴 D. C. 역시 '컬럼비아 사람 들의 지역(District of Columbia)'이란 단어에서 나온 이름인데, 이 역 시 컬럼바에서 나온 이름이다.

그런데 재미있는 점은 '파괴와 고난의 여신'인 컬럼바 여신이 '비둘 기' 형상으로 표현된다는 사실이다. 현재 우리가 비둘기를 '평화'의 상징으로 사용하고 있는데, 사실은 정반대의 의미를 갖고 있다는 얘 기다.

프리메이슨의 한 발 앞선 문명

1513년 오스만튀르크의 레이스(Piri Reis) 해군 제독은 남극의 지도 를 갖고 있었다. 인류의 역사 기록으로는 그로부터 3백 년 후에나 남극 을 발견하는 것으로 되어 있다.

그런데 1949년 스웨덴과 영국의 공동 답사와 미 공군의 답사 결과, 그 지도가 놀랍도록 정확하다는 것이 판명되었다. 그들은 그 지도가 남극이 얼음에 덮이기 전에 만든 지도 같다고 발표했다. 그러면서 1513년에 그 정도로 고도의 지질학적 지식이 있었는지 이해가 안 간다 는 반응을 보였다.

그것은 레이스 제독이 '메이슨'이며, 그 지도를 '프리메이슨'을 통해 물려받은 것이기에 가능한 것이었다. 따라서 남극이 얼음으로 덮인 것 은 불과 6천 년 정도밖에 안 된다는 것이다.

그러니까 우리 인류가 지금 알고 있고 연구하고 있는 지식은 현재의 인류 문명이 있기 전에 이미 다 알려져 있던 사실이라는 얘기다. 따라서 그걸 알고 있는 '그들'은 우리 같은 보통 사람들을 가축의 무리처럼 가소롭게 여기고 있을 것이다. 이렇게 말하면 극단적인 표현 같지만, 『시온의 칙훈서』에는 일반 사람들을 '가축떼'로 취급하라고 씌어 있다.

신대륙, 특히 북미 대륙의 프리메이슨 식민지화는 장기적인 신세계 질서 계획의 일환으로 보인다.

영국의 엘리자베스 1세와 제임스 1세 때 대법관을 지낸 프랜시스 베이컨은 프리메이슨의 한 종파인 로시크루션(Rosicrucians) 조직의 그랜드 마스터로서, 템플 기사단을 비밀리에 지휘했고 엘리자베스회의 지도자기도 했다.

그는 『새로운 아틀란티스(*New Atlantis*)』라는 책에서 아틀란티스를 재건해야 한다고 주장하면서, 프리메이슨 조직인 '솔로몬의 성전'이 그 과업을 성취할 것이라고 했다.

여기서 아틀란티스에 대해 잠깐 살펴보자.

기원전 3세기 플라톤은 훨씬 전에 한 제국이 세계(또는 한 지역)를 통치하고 있었다면서, 아틀란티스(Atlantis 또는 Atlantica)라고 부르는 그 지역(또는 국가)은 과학이나 문명이 고도로 발달(지금 현재의 우리 수준보다 훨씬 앞섰다)했다고 설파했다.

처음에 사람들은 플라톤이 지어낸 이야기로 생각했으나, 여러 가지 고고학적인 증거가 발견되면서부터 본격적으로 연구하기 시작했다.

그에 따르면, 그들은 기원전 9000~8500년경에 대단히 강한 제국을 세워 세계를 공동체로 통치하고 있었다. 당시의 과학 수준은 우주를 오갈 수 있을 정도였으며, 고도의 컴퓨터 같은 것을 사용하고 있었던 것으로 짐작된다. 지구의 축이 바뀌면서 대부분의 땅이 갑자기 바닷물 속으로 침수되는 바람에 아틀란티스는 멸망했지만, 그리스 동남쪽 바다에 크레타 섬이 남아 당시의 문명을 일부 전하고 있다.

예언자 에드가 케이시(Edgar Casey)의 해석으로 미국 플로리다 앞바다 밑에서 그 침수된 도시가 발견되었다고 하며, 지금도 조사가 계속되고 있다. 이제 세계의 많은 석학들이 '아틀란티스'가 실제로 존재했다고 믿고 있다. 대륙이 바닷물 속으로 잠길 때 더러는 살아남은 옛 지도 등 중요한 자료들이 대중에 공개되지 않고 프리메이슨의 손에서 손으로만 전해 내려오고 있다고 한다.

영국 여왕 엘리자베스 1세의 전속 점성술가인 존 디(John Dee) 박사는 여왕의 비밀 지령에 따라 『007』[7]이라는 책을 썼다. 그는 1586년에 프라하에서 루돌프 황제에게 이 책을 한 권 주면서, 프란체스코회의 '로저 베이컨(Roger Bacon)' 수도사가 쓴 책이라고 했다.

거기에는 현미경·망원경·자동차·잠수함·비행기 등에 대한 이야기와 '지구는 둥글다'는 이야기가 씌어 있었고, 지구상에 존재하지 않는 많은 식물과, 발견되지 않은 천체(天體)와 별자리 등에 대해 설명되어 있었다. 그러나 대부분의 내용이 암호로 씌어 있어서 내용을 알 수 없었으며, 1·2차 세계대전 당시 미국 정보원들도 그 암호를 풀어보려 했으나 풀지 못하고 세상에서 가장 신비스러운 책이라고 했다고 한다.

이 책은 1912년 미국의 출판업자 보이니치(Wilfrid Voynich)에 의해 『보이니치 필사본』이라는 제목으로 출판되었으며, 근래에는 『존 디 박사의 필사본』이라는 제목으로 출판되었다.

그런데 1921년 펜실베이니아대학의 뉴볼드(William Romaine New-bold) 교수가 이 암호문을 조금 풀었으며, 그 결과 오목거울로 달팽이처럼 생긴 새로운 별자리를 발견했다고 한다. '안드로메다 성운'이라고 이름붙여진 이 별은 지구에서 직선으로 보는 망원경으로는 볼 수 없는 별이라고 하며, 후에 그 별이 존재한다는 것이 증명되었다.

이렇게 여러 사람을 장황하게 소개하며 설명한 이유는, 콜럼버스나 카보토가 신대륙을 발견하기 위해 장도에 올랐을 때, 그들은 어디를

---

7) 공교롭게도 20세기 이안 플레밍의 『007』과 제목이 같지만 다른 책이다.

어떻게 가야 하는지 이미 잘 알고 있었을 것이라는 사실을 증명하기 위한 것이었다.

뉴욕은 프리메이슨 지역

종교의 자유를 위해 고국을 떠나 신대륙에 온 청교도들 중에는 프랜시스 베이컨 단원들이 많이 있었다. 이들이 미 대륙에 도착하면서 시작한 일은, 자신들이 핍박받던 경험을 되살려 같은 방법으로 원주민들을 무자비하게 학살하고 그들의 문명을 말살하는 일이었다.

프리메이슨 연구가들은 이러한 현상이 우발적으로 발생한 것이 아니라 프리메이슨 엘리트 그룹이 계획한 각본대로 진행된 것이라고 보고 있다.

그들은 우선 그리스도교를 구교와 신교, 가톨릭과 프로테스탄트로 갈라놓아 교황의 영향력을 약화시켰고, 박해를 받던 사람들이 북미에 건너와서는 다른 지역에서 온 사람들의 종교를 탄압하는 악순환이 계속되도록 만든 것이다. 이 엘리트 그룹이 창설한 나라가 지금 '미국'이라고 하는 나라인 것이다.

1700년대 초기에 영국은 시민전쟁을 치르게 되는데, 배후에서 그 전쟁을 총지휘한 것은 프랜시스 베이컨과 그의 프리메이슨 조직이었다. 그는 1717년에 세계 프리메이슨 총종단의 본산이 되는 런던에 최초의 총종단(Grand Lodge)을 만들었으며, 이 런던 총종단은 나중에 영국과 미국을 비롯하여 전세계 정치 활동을 총지휘하는 주무대가 된다.

우리가 잘 아는 '뉴욕(New York)'이라는 지명 역시 단순히 영국 '요크(York)'에서 온 사람들이 모인 '새로운 요크'란 뜻이 아니고, 프리메이슨 요크파의 새로운 본거지라는 의미에서 지은 이름이다.

'컬럼비아(Columbia)'라는 단어는 '요크파' 중에서도 '컬럼비아' 라는 분파에 근원을 둔 이름이다. 그래서 '컬럼비아대학, 'C(Columbia) BS방송국' 등 '컬럼비아'가 들어간 것은 대개 프리메이슨과 관련이 있다고 보면 된다.

조지 워싱턴은 프리메이슨 그랜드 마스터

다시 미국의 식민지시대로 돌아가 이야기를 계속해 보자. 영국은 1700년 후반에 들어서면서 국가의 세입원을 늘이기 위한 궁여지책으로 신대륙에 많은 세금을 부과하게 된다.

물론 이러한 결단은 영국에서 내린 것이었는데, 그러한 결단을 내린 정치가, 정치 참모들, 그리고 재정지원자 등도 역시 프리메이슨들이었다는 점이 눈길을 끈다.

그들은 식민지에 있는 프리메이슨과 내통했고, 영국으로 하여금 전쟁에 참여하도록 했으며, 전쟁 비용을 빌려쓰도록 했다. 빚을 진 정부는 빚을 갚기 위해 식민지 시민들에게 "식민지를 유지하기 위해 전쟁을 했기 때문에 식민지에 사는 사람들이 더 많은 세금을 내야 한다"는 논리를 폈다.

영국의 프리메이슨은 이러한 세금 정책을 세우도록 영국 정부를 조종했고, 반면에 식민지의 프리메이슨 쪽에서는 영국 정부의 처사에 반항하는 운동을 폈으며, 모든 사실을 과장해서 군중의 심리를 움직인 후 급기야는 독립을 하겠다는 방향으로 몰고간 것이었다.[8]

앞에서 잠깐 언급한 성앤드루의 단원들의 항거에 놀라 영국 정부는 체면상 차에 대한 세금만 유지하고 다른 세금은 취소했다. 그러나 사실 그 당시 세금은 현재 미국 국민들이 내는 세금에 비하면 오히려 적었기 때문에, 혁명을 일으킬 정도로 과도한 것은 결코 아니었다.

그러나 그들은 기회를 놓치지 않고 그대로 밀고나가 대중 심리를 부추겨 전쟁을 벌였고, 드디어 1776년 7월 4일 독립을 선언하게 되는 것이다.

---

8) 이러한 방법이 혁명을 일으키는 그들의 정도(正道)고 전형적인 수법이다.

그런데 그 당시 독립군의 고위급 간부들은 거의가 메이슨이었고, 프리메이슨인 군인들은 마치 훈장을 딴 것처럼 무척 빨리 승진했다. 독립선언문에 서명한 56명 중 53명이 메이슨이었으며, 초대 대통령 워싱턴부터 시작해 연속적으로 17명의 대통령이 메이슨이었다.

또 하나 흥미로운 사실은 프리메이슨 가운데 '용(Dragon)'파에 속했던 제2대 대통령 아담스(John Adams)에 대한 것이다.

용파는 지맥, 즉 풍수지리를 중시하는 계파였다. 아담스는 신비의 수학을 공부했고 국세(國勢)를 신장하려면 정부 청사의 자리를 잘 잡아야 한다고 믿는 사람이었다.

우리는 풍수지리설이 동양의 미신이며 서양에는 그런 것이 없고 과학적인 이론만 따진다고 생각한다. 하지만 서양에서도 동양 이상으로 풍수지리가 성행하고 있는 것이 사실이다. 그렇기에 미국의 수도 워싱턴뿐 아니라 많은 도시가 지맥에 따라 건설되었으며, 독일 등 많은 유럽 국가에서도 현재 정식 공무원으로 지관을 채용하고 있다.

프리메이슨에게 조국이란 없다

미국 독립 유공자 가운데 하나인 벤저민 프랭클린도 프리메이슨이다. 그는 펜실베이니아 주의 그랜드 마스터였는데, 당시 영국의 재무장관 대시우드(Francis Dashwood)경과는 친한 친구 사이였다.

프랭클린은 런던 시장, 캔터베리 대주교의 아들, 영국의 황태자와 함께 대시우드경이 창설한 '지옥의 불(Club of Hell's Fire)'이라는 비밀 조직의 단원이었다.

그는 프랑스로 건너가 프리메이슨들에게 미국의 독립운동을 도와달라고 요청했다. 이런 도움을 요청할 수 있었던 것은 그가 파리에 있는 오리엔트 총종단[9] 계열의 산후안종단(Lodges of San Juan)과 아홉 수

---

9) 1789년 바로 이 종단에서 프랑스 혁명의 포문을 열었다.

▲ 이 그림은 메이슨들이 서로 얼마나 끈끈한 관계를 맺고 있는지 보여준다. 미국 독립전쟁 때 영국군 측의 인디언에게 체포된 매킨스트리(John McKinstry) 대령은 나무에 묶여 산 채로 화형당하게 되었다. 절망에 처한 대령은 한 가닥 희망으로 도움을 청하는 프리메이슨의 비밀 신호를 두 손으로 만들어 보였다. 그 찰나 놀랍게도 한 지도자가 앞으로 나서더니 사형을 중지시켰다. 그 지도자는 조지프 브랜트(Joseph Brant)라는 모혹(Mohawk) 인디언 추장으로, 유럽에서 교육받고 런던에서 메이슨이 된 사람이었다. 고향으로 돌아와 자기 동족의 추장이 된 그는 대령을 영국군 메이슨에게 인도했고, 영국군 메이슨은 대령을 독립군 부대로 귀환시켰다는 에피소드가 있다. 이것은 정치적 사상이나 국적보다 프리메이슨의 동지애가 훨씬 중요하다는 사실을 증명해 주는 단편적인 이야기다. 이러한 일화는 2차 세계대전 중 독일 관리나 유대인 사이에도 서로 비밀 신호로 알아보고 도와주었던 일 등 무수한 예가 있다. 이 그림은 19세기 한 프랑스 화가가 그린 것이다.

녀들(Nine Sisters)파에 속하는 고위급 메이슨이었고, 후에 프랑스 혁명의 중심 인물이 되는 라파예트(Marquis de Lafayette) 후작과 막역한 친구 사이였기 때문에 가능했다. 그런가 하면 프랭클린은 프러시아의 프레더릭대왕 휘하에서 육군을 통솔하고 있던 독일의 슈트로이베(Baron von Streube) 남작으로부터 협조를 약속받기도 했는데, 후에 슈트로이베 남작은 영국과의 독립전쟁에서 독립군이 승리할 수 있도록 많은 도움을 주었다.

이렇게 메이슨들은 정부와 국가를 위해 일하는 관료와는 달리 자기네들만의 목표가 따로 있어 국가와 정부를 초월하여 행동했는데, 그들은 이러한 역사를 절대 드러내지 않은 채 영원히 숨길 것이다.

미국의 휘장에 프리메이슨이 담겨 있다

프리메이슨은 범세계적인 조직을 활용하여 미국을 만든 다음, 미국을 상징하는 휘장(徽章)을 만들었다. 앞에서 수상학에 대해 잠깐 언급했지만, 좀더 첨언해 보도록 한다.

휘장에 보이는 '독수리'의 날개 깃털은 한쪽은 32개, 다른 쪽은 33개다. 32라는 숫자는 '현명한 길'이란 뜻이고 33이라는 숫자는 프리메이슨 스코틀랜드파의 33급을 뜻하는 것이다.

이 32와 33을 합치면 '65'가 되는데, 이 숫자를 글자로 옮기면 HIKL, 즉 사원(haikal)을 뜻하며, 이는 '솔로몬의 성전'을 가리키는 것이다. 그리고 '65'는 '13'을 5번 곱한 숫자로서, 이것은 주님(adonai)이라는 뜻이다.

또 독수리 머리 위의 별도 13개며, 별을 나열한 모양은 6각 별이다. 그리고 독수리는 'E PLURIBUS UNUM'이라고 쓴 두루마리를 주둥이에 물고 있는데, 이 글자수 역시 '13'이며 '여럿이 합하여 하나가 된다'는 뜻을 지니고 있다. 이는 '뭉쳐서 하나가 된다'는 뜻으로 해석될 수도 있지만 다른 상징과 비교하면 그 해석에 의문이 간다.

예를 들면 미국 상원의 의장단 뒤의 벽에는 파시스(Fasces)[10] 두 개가 양쪽에 장식되어 있다. 이것은 옛 로마제국 시절에 막대기 여러 개를 겹쳐 포갠 다발 속에 도끼를 함께 묶은 것을 표현한 그림이다. 권위의 상징이자 여럿이 합하여 하나가 되고, 이를 거역하는 자는 도끼로 처벌한다는 뜻을 지녔다. 물론 여기까지는 좋게 해석할 수도 있다.

이 파시스를 상징적으로 대표하는 정치적 이념이 파시즘이며, 이 단어로 우리는 이탈리아의 무솔리니(Benito Mussolini)로 대표되는 가공할 독재 정치를 바로 떠올릴 수 있다. 이 상징물이 민주주의 국가로 첫손가락을 꼽는 미국의 상원에 버젓이 장식되어 있으니, 미국이 파시즘을 국시(國是)로 삼는다는 해석도 가능하다.

1달러 지폐에 들어 있는 프리메이슨

1935년 루스벨트 대통령이 만들어 지금도 사용하고 있는 미국의 1달러짜리 화폐를 보자.

우선 뒷면을 보면 피라미드가 있고, 그 꼭대기에 빛을 발하는 작은 삼각형 안에 눈이 있다. 피라미드는 역시 13층이며, 맨 아래층에는 'MDCCLXXVI'라고 씌어 있다. 이것은 '1776년'을 의미한다. 1776년 5월 1일은 아담 바이샤우트가 일루미나티를 독일 바바리아(Bavaria) 주에서 창설한 해라서 이를 기념하는 것인데, 이에 대한 이야기는 〈일루미나티〉 편에서 더 자세히 설명하기로 하자.

피라미드 위쪽에는 'ANNUIT COEPTIS', 아래쪽에는 'NOVUS ORDO SECLORUM'이라고 씌어 있다. 이것은 신세계의 질서를 만드는 과업을 완성했다는 뜻이다.

그리고 글자·깃털·화살 등 셀 수 있는 것의 숫자를 모두 합하면 '273'이며, 이를 다시 풀이하면 프리메이슨의 원조 히람 아비프라는 글

---

10) 옛 로마시대에 집정관 등 고관들의 권위 표장.

▲ 머리 두 개 달린 독수리가 칼(劍) 위에 앉아 있는 그림. 독수리가 동쪽과 서쪽을 쳐다보는 것은 동양과 서양을 모두 다스린다는 의미. 이 프리메이슨 깃발은 1969년 아폴로 11호가 처음으로 달에 착륙했을 때 우주인 앨드린(Edwin E. Aldrin)이 주머니 속에 넣고 갔던 것이다.

자가 된다. 이 밖에도 숫자 풀이가 많고 해석이 복잡하지만 여기서는 이 정도로 줄이고 〈프리메이슨의 상징물〉 편에서 자세히 다루자.

프리메이슨의 또 하나 중요한 상징물 중의 하나는 머리가 두 개 달린 독수리가 동쪽과 서쪽을 쳐다보며 동·서양을 통치한다는 뜻을 나타내고 있는 그림이다.

그 발 밑에는 'ORDO AB CHAO'라는 글이 씌어 있는데 이것은 'Order of Chaos'라는 말이고, 이것을 구태어 번역하자면 '혼돈의 질서'가 된다. 즉 세상을 엉망으로 무질서하게 만드는 것이 프리메이슨의 첫 과업인 것이다.

국방성의 펜타곤은 절대군주를 뜻한다

여러분은 '사각형'과 '이중 사각형(double square)'에 대하여 유의하기 바란다. 지금은 졸업식 때나 쓰는 사각 모자를 옛날에는 대학생들이 평소에도 쓰고 다녔다. 물론 이것은 서양에서 온 풍습이었다. 이제 여러분은 그 모자가 왜 사각형인지 이유를 알 수 있을 것이다.

1792년 워싱턴과 제퍼슨(Jefferson)은 수도 워싱턴 D.C.를 만들면서 백악관이나 국회의사당(Capitol Hill)을 설계할 때 정8각 도형(octagram)을 원칙으로 적용했는데, 이것 또한 프리메이슨의 많은 상징물 중 하나다.

이 정8각 도형은 사각형 두 개를 엇갈려 겹쳐서 만든 이중 사각형이다. '가장 안정되어 모든 것이 뜻대로 된다'는 의미를 갖고 있는 사각형 두 개를 엇갈려 겹침으로써 그 안정된 상태를 불안정 또는 뒤죽박죽의 상태로 만든다는 뜻을 가졌다.

이중 사각형은, 영국 상원의회의 로비 바닥 중앙에 로고로 장식되어 있는데 물론 그 중앙의 모양은 정8각 도형이다. 그리고 미국의 힘 또는 무력을 과시하는 국방성을 흔히 펜타곤(Pentagon)이라고 부른다. 물론 이것은 '정5각 도형(pentagram)'을 말하지만 다섯 꼭지를 가진 별의 가운데 모양이 그렇다는 것이고, 이 정5각 도형의 각 변을 직선으로 서로 연결시키면 우리가 보통 별이라고 그리는 다섯 꼭지의 별이 된다.

이 별을 펜타클(pentacle)이라고 부르는데, 이것은 무한한 힘을 가진 지능과 절대군주를 뜻한다.[11]

이 별은 역사상 여러 의미로 사용되었는데 예를 들면 집시들은 이 별을 '지식의 별'이라 하고, 켈트족은 '죽음의 여신'으로 해석했으며,

---

11) 현대 프리메이슨의 교과서라고 할 수 있는 앨버트 파이크(Albert Pike)의 『윤리와 교리(*Morals and Dogma of the Ancient Accepted Scottish Rite of Freemasonry*)』라는 책에 나와 있다.

▲ 영국 상원의회의 로비 바닥에 장식된 이중 사각형.

▲ '펜타곤'이라고 부르는 미 국방성. 5각형의 각 꼭지점 각도는 72도고, 72는 성스러운 숫자다. 이것은 문 (門)이 없어 침입이 불가능한 별 속에 보호되어 있는 성역을 나타내기 때문에, 미 국방성을 '펜타곤'이라고 부른다.

기독교는 '베들레헴의 별'이라고 해석했던 것이다. 뾰족한 꼭지가 아래로 향할 때에는 '뿔이 달린 괴수신(怪獸神)'을 말하기도 하지만, 여하튼 공통되는 점은 '절대적인 힘의 상징'이라는 것이다. 또한 피타고라스의 정의에 의하여 별 속의 정5각 도형을 황금 분할(Golden Section)이라고 부르며, 이는 '침범 불가능'이라는 의미를 갖고 있다.

그 밖에도 5각형에 대한 수상학적인 풀이와 수학적인 풀이 등 복잡한 해석들이 많이 있지만 여기서는 이 정도만 소개한다.

메이슨들은 독립전쟁과 남북전쟁 때 서로 총을 맞대고 싸웠지만, 서로를 아끼는 마음이 극진했다. 그렇기 때문에 전쟁이 끝난 다음 영국과 미국의 국교는 공식적으로 단절된 상태였으나 메이슨끼리는 계속 친밀한 유대를 증대해 나갔다.

여기서 우리가 주목할 점은, 영국 정부와 황실이 통치하던 미국을 프리메이슨의 엘리트 그룹이 통치하게 되었다는 것이다. 여기서 프리메이슨의 '엘리트 그룹'이라고 표현한 이유는, 실제로 수백만의 메이슨들은 보통 국민들과 마찬가지로 조국의 번영을 위해 애국심을 발휘하여 해야 할 일을 했던 것뿐이기 때문이다. 따라서 일반 프리메이슨들은 상부에서 하는 일과는 전혀 관계가 없었으며, 다만 극소수의 상부 지도층만이 이런 일에 개입했다는 점을 밝힌다.

그리고 미국 독립전쟁의 대의명분은 종속됨이 없는 미국 국민의 자유라는 것이었지만, 영국 쪽이나 미국 쪽이나 전쟁 비용을 마련한 것은 역시 프리메이슨의 엘리트 단원들이었다.

【 참고 서적 】

- A.G. Mackey, *The History of Freemasonry*.

- Christopher Knight, *The Hiram Key*.

- Dale E. Boudreau, *Sources of the Fraternal Spirit ; Gnosis Magazine, #44 Summer 1997*.

- David Icke, *and the Truth Shall Set You Free*.

- David Icke, *I am Me, I am Free*.

- Foster Rhea Dulles, *Labour in America*.

- John A. Garraty, *The American Nation*.

- Manly P. Hall, *Americas Assignment With Destiny*.

- Lorant Stefen, *The Glorious Burden*.

- Paul Forster Case, *The Great Seal of the United States*.

프랑스 혁명은 조작되었다

프랑스 혁명은 조작된 쿠데타

1789년의 프랑스 혁명은 앞에서 말한 일루미나티의 조작으로 일어난 것이다. 그들이 프랑스의 혁명을 일으킨 방법은 그후로도 수없이 등장하는 프리메이슨의 전형적인 수법이기 때문에, 관심을 두고 읽기 바란다.

비민주적인 왕정을 비민주적인 인민의회 체제로 바꾸는 것이 그들의 목적이었는데, 둘 다 독재 정권이기는 마찬가지지만 하나는 표면적으로도 명확한 독재 정권이고 다른 하나는 자유로운 것처럼 보이는 독재 정권이라는 차이가 있었다.

어떤 형태이건 독재자가 나라를 다스릴 때에는 언젠가는 국민들이 그 독재가 끝나기를 원하며, 민주주의가 자기 나라에 실천되기를 바라는 게 통례다. 다시 말하면, 독재자 밑에서 사는 국민들은 자신들이 독재자 밑에서 살고 있다는 것을 인식하고 있으며, 언젠가는 그 독재자에 항거하는 운동을 일으킨다는 말이다.

왕정 대신 세워진 사이비 민주 정권은 한 사람 대신 몇 사람이 절대 권력을 나눠갖고는, 마치 인민에 의한 정치를 하는 것처럼 보이게 할 뿐이다. 그들은 부패를 무기로 삼고, 언론의 위력을 십분 활용하여 선거 과정을 조종한다. 자기들의 이익을 위하여 활용할 수 있는 사건들을 조작하여 국민의 심리를 조종함으로써 대통령·총리·국회의원 따위들을 원하는 대로 선출하는 것이다. 그리고 언론이나 교육, 홍보 등을 통하여, 많은 국민들로 하여금 자신이 진실로 진정한 민주주의 사회에서 살고 있다고 생각하도록 세뇌공작을 한다.

그래서 프랑스 혁명 역시 왕권의 독재 체제를 타도하여 다른 형태의 독재 체제로 바꾼 것이지만, 이러한 사실을 꿰뚫어보는 사람은 몇 명 안 되는 것이다.

그들의 첫 번째 상투적인 수단은 인위적인 경제 공황을 창조하여 민심을 뒤흔들어놓는 것이다. 단순한 경제 파동으로 시작할 수도 있고 전쟁을 통해서도 할 수 있으며, 그 밖의 여러 방법을 사용할 수도 있다. 그리하여 국민들을 빈곤과 경제 불황으로 인한 절망적인 심리 상태로 몰아넣고, 정치가들의 우왕좌왕하고 부패한 몰골을 국민 앞에 드러냄으로써, 모든 국민들로 하여금 누군가가 나서서 이러한 상황에서 구출해 주었으면 하는 절실한 욕망을 갖도록 만들어간다.

민심이 흔들리면 이들은 드디어 국민을 구한다는 대의명분을 앞세워 해결 방안을 제시하고 지지를 얻어낸다. 그 문제라는 것이 원래 자기들이 연출해 낸 것이기 때문에 해결 방안 역시 간단하다.

이러한 방법은 아직까지도 계속 사용되고 있는데, 이를 다시 이론적으로 정돈하면 첫째 문제 야기, 둘째 충분한 반응, 셋째 해결, 즉 '문제—반응—해결'의 수순을 밟는 것이다.

만일 국민의 자유를 구속하는 철권 제도의 절대군주국을 만들기 위해 무조건 그런 악법을 만들어낸다면, 국민의 반발이 너무 거세어 그 정부는 오래 가지 못할 것이다. 그렇기 때문에 자신들이 하는 일을 정당화하는 절차를 거치는 것이다.

실제 현실을 살펴보면 쉽게 알 수 있다. 사회의 안녕과 질서를 문란케 하여 부패가 만연하고 절도, 강도가 아주 심하지만, 정부는 인권 따위나 주장하며 사회를 개선하는 시늉만 내고 있다.

미국의 예를 보면 어떤 경우에는 피해자보다 오히려 범법자를 보호한다는 인상을 줄 정도다. 일선 경찰은 처음에는 사명감을 갖고 일하지만 보람을 찾지 못하고 나중에는 오히려 그런 풍조에 동참하여 부패하고 함께 범법하는 것을 현명한 처세술로 생각하게 된다. 이렇듯 법을 지키는 당사자들까지 사회부조리에 끌어들여 국민들이 절망적인 상태까지 갔을 때, 마치 구세주나 되는 듯 나타나 사회를 구하고 국가를 구한다는 구호를 외쳐 국민의 열광적인 호응과 지지를 받는 것이다.

경우에 따라서는 이러한 대중의 성원을 이용하여 정부를 전복시키고 새 정부를 만들기도 하는데, 그들의 본래 의도가 국민을 위하는 것이 아니라 권력 찬탈의 기회를 만드는 것이기 때문이다. 게다가 국민의 지지를 이용해 더욱 악법을 만들어 국민의 자유를 속박하고, 정당성을 주장하며, 순진한 국민들의 판단을 흐려놓는다. 그러나 시간이 흘러 국민들이 사태를 깨달았을 때에는 이미 모든 것이 악화될 대로 악화된 상태인 것이다.

만일 그들이 실수하여 자신들의 지위가 불안전한 상황에 처하게 되면 프로그램을 다시 만들 수도 있다. 실감나는 예로, 지금 인도네시아에서 고조되고 있는 '수하르토 타도'의 열기를 들 수 있다. 인도 국민들은 수하르토만 없어지면 좋은 정부가 들어설 것으로 믿고 있을 것이다. 수하르토는 독재를 너무 오랫동안 했고 대중의 지지도 얻지 못했기 때문에, 그가 없어지는 것만이 현재로서는 최선의 일이라고 생각할 것이다.

그러나 그가 없어지고 들어서는 새 정부가 과연 더 좋은 정부가 될

지는 모르는 일이다. 어쩌면 더욱 악랄한 정부가 들어서지 않는 것만으로도 다행으로 여겨야 할 것이다. 이러한 일이 자연 발생적으로 일어나는 것이라기보다는 누군가가 뒤에서 조작하고 있다고 보는 것이 오히려 타당할 것이기 때문이다.

파리 시민들도 몰랐던 조용한 혁명

그러면 프랑스 혁명이 진행되는 동안 일루미나티를 비롯한 지파 조직들의 엘리트들은 어떤 수법으로 사회의 분쟁을 일으키고 국민을 기만했는지 살펴보자.

공적인 역사에 의하면 루이 16세와 부인 앙투아네트가 너무 호화스런 생활을 누리는 바람에 민생은 도탄에 빠졌고, 결국 시민이 봉기해 1789년 7월 14일 바스티유 감옥으로 쳐들어감으로써 공식적인 프랑스 혁명이 시작되었다. 바스티유 감옥을 쳐들어간 대의명분은 그 속에 갇혀 있는 억울한 정치범들을 석방하기 위한 것이었다고 한다.

그러나 웹스터(Nesta Webster)의 『프랑스 혁명』이라는 책에 의하면, 바스티유 감옥 습격 계획은 미리 계획된 것이며, 목적은 감옥에 있는 무기를 얻기 위한 것이었다. 그래서 깡패를 동원하여 군중들을 선동하고 거짓 소문을 퍼뜨려 감옥으로 쳐들어갔던 것이다. 그 안에 실제 있었던 죄수라야 사기죄인 4명, 정신이상자 2명, 그리고 사회에 위험한 인물이라고 가족의 청원으로 가두어둔 사람 1명까지 총 7명의 죄수밖에 없었으며, 워낙 건물이 낡아서 1776년 이후에는 그 감옥에 죄수를 넣지 않았다고 한다.

또한 프랑스 혁명이 당시 프랑스 국민 대다수가 참가한 거대한 혁명이었다고 하는데 사실은 그렇지 않았다고 한다. 당시 파리 인구는 약 80만 명이었는데, 그중 바스티유 감옥 습격에 참가한 사람 수는 불과 1천 명 정도에 불과했다. 또한 거기에 참여한 사람들은 대부분 일당을 주고 모집한 남부 프랑스의 건달패들이었으며, 이탈리아와 독일의 건달패까지 섞여 있었다. 이러한 사람들이 파리로 몰려오고, 난폭하게 폭력을 휘두르며 파괴 행동을 했다는 것은 이미 역사 여러 곳에 남아 있는 사실이다.

예를 들면 이들이 바스티유 감옥을 습격한 날에 릭비(Dr. Rigby)라는 영국인이 파리 관광을 했는데, 그는 자기 부인에게 보내는 편지에 파리는 평상시와 다름없이 평온하여 그날 이른 오후에 몽소 공원을 산책했다고 썼다.

웹스터는 또 액턴(Acton)경의 말을 인용하여, 프랑스 혁명에서 가공할 일은 혁명이 발발하도록 분위기를 조성한 '장막 뒤의 손'이 있었다는 점이라고 지적했다. 이성을 잃은 시민에 의하여 자연발생적으로 성사된 혁명이 아니라 미리 세워놓은 계획에 의해 이루어진 것이며, 화염과 연기로 뒤덮인 거리 안에서 본디 설계대로 세밀하게 일을 진행시키는 조직이 있다는 것을 느낄 수 있었다는 이야기다. 그 지휘자들은 스스로 대단히 성실한 사람으로 위장하고 가면을 써서 자신을 노출시키지 않았지만 그들의 존재 자체는 추호도 의심할 여지가 없다.

정치를 잘해서 폐위된 국왕

주동자들은 바스티유 감옥을 점거하여 무기를 얻은 다음 정부에 대하여 다섯 가지 불만 사항을 발표하고, 그 원인이 국왕에게 있는 것 같은 인상을 주어 국민들의 호응을 얻었다. 그런 다음 고용한 깡패들에게 선수를 쳐서 분위기를 조성하게 했고 이에 현혹된 민중들을 합세시켜 노도 같은 대중의 힘을 만들어냈다. 그러고 나서는 주동자들은 방향만 지시해 자기네들이 원하는 바를 성취했던 것이다.

그들은 첫째 양곡의 부족을 불만으로 꼽았다. 일루미나티의 단원인 오를레앙(Duc d'Orleans)[12] 공작은 자기 밑에서 일하는 대리인들을

---

12) 나중에 프랑스 프리메이슨의 그랜드 마스터가 된다.

시켜 양곡을 산 다음 외국으로 빼돌리거나 창고에 쌓아둠으로써 양곡 품귀 현상을 만들고는, 국왕의 실정으로 양곡이 모자란다고 소문을 퍼뜨렸다. 이 사실을 모르는 국민들 사이에 국왕에 대한 원망이 높아졌다.

둘째, 정부가 외채를 너무 많이 져서 그 돈을 만들기 위해 세금을 높였다는 불만을 유표시켰다. 프랑스는 미국의 독립전쟁을 돕기 위하여 돈을 많이 빌려 당시 국가 부채는 45억 프랑이었으며, 이를 달러로 환산하면 약 8억 달러 정도였다고 한다. 그중 3분의 2는 미국의 독립전쟁을 도와주느라고 빌린 외채였다. 이렇게 프랑스가 미국의 독립 때문에 빚을 지게 만든 것 또한 프리메이슨 조직인 일루미나티의 음모였던 것이다.

셋째, 국민들이 기아에 허덕이고 있다고 주장했다. 이 주장이 허위로 조작된 것이며, 사실과 다르다는 것은 릭비가 쓴 편지에 나타나 있다. 그는 프랑스에서는 혁명 대열에 참가한 사람들이나 굶주린 사람들, 할일 없이 빈둥거리거나 처참한 상황은 별로 보지 못했다고 기술했다. 그러나 그후 그가 독일의 콜론에서 쓴 편지에는 땅이 기름진데도 불구하고 학정으로 국민들이 가난하다고 씌어 있다.

넷째, 인플레가 너무 심하여 근로자들이 파산하고 있다는 것이었다. 그러나 그것은 유가증권인 지폐를 3천 5백만 장이나 찍어내 유통시키고, 이것이 화폐 대용으로 사용됐기 때문에 일시적으로 인플레가 심하게 일어났던 것이었다. 물론 이러한 일 역시 프리메이슨의 엘리트들이 꾸민 일이었고, 이에 대해 배급 제도를 도입한 정부의 졸속 대책이 국민의 불만을 샀다.

다섯째, 루이 16세가 탄압 정책을 심하게 실행했다는 불만이었다. 그러나 당시 프랑스는 사실 유럽에서 가장 진보적인 사회였고, 가장 윤택한 경제 생활을 누리고 있었다. 당시 전 유럽 통화량의 절반이 프랑스에서 유통되었고, 1720~1780년 사이 프랑스의 대외 무역량은 무려 4배로 확장되었다. 또한 프랑스 전체의 자산 절반을 중산 계급이 소유하고 있어 경제적으로 상당히 건전한 상황이었다. 뿐만 아니라 다른 나라보다 먼저 농노 제도를 없앴고, 강제 노동이나 고문을 금지하는 법률도 만들었다.

게다가 국왕은 병원을 짓고 학교를 설립했으며 법률을 개정하고 운하·교량·도로 따위를 무수히 건설했다. 습지의 물을 뽑아내는 간척 사업을 하여 새로운 농지를 많이 만들어 농산물 생산량도 증대시켰으며 화물도 훨씬 수월하게 운송하도록 만들었다.

사실 당시의 프랑스 왕들은 국민의 복리에 힘을 많이 써 중산 계급이 늘어났는데, 중산층들은 생활이 자유롭고 부유해지자 더 많은 권리를 소유하려는 욕심이 자연적으로 생겼다. 그러나 엘리트들의 실지 목적은 왕을 없애는 것뿐만 아니라 지도층도 없애고 중산층조차 없애 자는 것이었다.

따라서 그들은 다만 중산층의 편에 서서 함께 싸우는 척만 했는데, 바로 그것이 그들의 전형적인 방법이다. 그때뿐만 아니라 엘리트들은 지금도 아시아를 비롯한 전세계의 중산층을 없애기 위하여 IMF 사태 등을 야기시켜 공작을 진행하고 있는 것이다.

혁명이 날 만큼 악화된 경제 사정?

당시의 프랑스 상황을 다른 측면으로 고찰해 보자.

1710~1720년경 프랑스는 이미 빚더미에 올라앉아 나라가 망할 처지에 놓였었다. 그때 마침 영국에서 살인 혐의로 수배를 받던 존 로(John Law)라는 사람이 프랑스로 도피해 있었는데, 프랑스 국왕에게 "중앙은행을 넘겨주면 프랑스의 경제 문제를 풀어줄 수 있다"고 했다.

왕은 절망적인 위기 상황에서 한 가닥 희망을 걸고 그의 요구를 들어주었고, 존 로는 프랑스의 금·은 본위 제도를 없애고 지전을 찍어내어 외국 빚을 갚게 된다.

화폐를 발행하는 일은 짧은 기간 동안에는 효력을 나타내지만 장기적으로 볼 때는 나라의 경제를 망치는 일이었다. 하지만 왕이나 그 주변 사람들은 그런 것을 이해하지 못했고, 존 로는 프랑스의 영웅 대접을 받게 되었다. 그때부터 금 본위가 없어졌기 때문에 프랑스는 당연히 부채가 늘어날 수밖에 없었다. 그러나 이러한 사정은 비단 프랑스에만 해당되는 것은 아니었다. 다른 나라에 비하면 프랑스는 오히려 훨씬 사정이 좋은 편이었던 것이다.

그러나 일루미나티의 제일 목표는 무엇보다도 정부의 외채를 누적시키고 국민의 생활을 도탄에 빠뜨려 우선적으로 왕을 없애는 것이었다. 따라서 이러한 상황을 국민에게 널리 알려 일반 대중이 분개하도록 만들었다.

왕은 국가의 엄청난 부채 상황을 호전시킬 유능한 사람이 필요했고, 채권자들의 권유와 압력으로 독일계 스위스 사람인 네커(Jacques Necker)를 최고 경제장관으로 임명하게 된다. 그러나 네커는 프리메이슨이었고, 프랑스 경제를 담당한 지 4년 만에 '엘리트들을 위하여' 1억 7천만 프랑의 빚을 더 얹어놓았다.[13]

이렇게 프랑스를 경제적 파탄으로 몰아넣는 작업이 충분히 완료되었다고 생각되자, 프리메이슨들은 2차 계획에 착수했다.

프랑스에는 1725년에 프리메이슨의 중요한 조직이 상당수 소개되어 이미 많은 수의 귀족들이 가입한 상태였다. 그러나 일루미나티의 회원들은 프랑스의 총종단을 흡수 장악하고, 아담 바이샤우트가 즐겨 읽던 볼테르나 루소의 사상을 위주로 합리주의와 평등주의 사상을 불어넣기 시작했다. 샤트레 공작(Duc d'Chartres), 오를레앙 공작, 에갈리트(Phillipe Egalit) 같은 당시 프랑스의 지도 계급에 속하는 사람들이 주요 대상이었고, 그들을 프리메이슨으로 받아들여 볼테르나 루소의 사

---

13) 윌슨(McNair Wilson)의 저서 『나폴레옹의 생애』 참조.

상을 연구·검토하고 토의함으로써 그들의 사상을 개조했다.

프랑스 혁명 때 이들은 루이 16세를 계속 왕으로 봉직시키고, 지금의 영국처럼 민주주의를 기본으로 하는 왕국이 될 것으로 믿고 혁명을 전적으로 지지했고 주동자가 되어 활약했다. 그러나 이들은 이용만 당하게 되는데, 미국의 벤저민 프랭클린과 아주 친해서 미국의 독립전쟁을 도와준 라파예트 후작 같은 사람도 결국 이용만 당한 꼴이었다.

라파예트 후작도 루이 16세가 그대로 왕위를 유지하면서 민주적인 왕국이 되는 것으로 믿고 혁명가가 되지만, 결국 그도 단두대에서 사라지고 만다. 그들은 처음 혁명을 일으키는 도구로 사용된 것뿐이고, 일단 그 용도가 끝난 다음에는 처분된 것이다.

프랑스를 장악한 일루미나티 조직

일루미나티가 관계된 또 하나의 예를 들자면 미라보 후작(Marquis de Mirabeau)의 경우를 들 수 있다. 그는 독일의 멘델스존(Moses Mendelssohn)[14]이란 유대인이 경제적으로 뒷받침해 준 것으로 알려져 있는데, 랍비 안텔만(Marvin Antelman)에 의하면 멘델스존은 당시 유대인의 핵심 조직을 조종했던 중심 인물이며, 유대주의나 모든 종교를 분쇄하려고 노력했다. 그래서 비유대인들과 합작하여 하나의 사교(邪敎) 집단을 이루고 로스차일드 그룹과 손을 잡고 프랑스 혁명을 일으키는 중심 세력이 되었던 것이다.

멘델스존은 일루미나티가 정식으로 발족한 1776년, 프랑스에서 '하스칼라운동(Haskala movement)'을 시작했다. 그는 일루미나티의 단원이었던 니콜라이(Friedrich Nicholai)라는 사람과 손을 잡고, 종교와 민족간의 차이를 없앤다면서 실제로는 유대교의 말살을 꾀했다.

한편 일루미나티의 단원들은 프랑스에 이미 세워진 프리메이슨 총

---

14) 작곡가 멘델스존은 '펠릭스 멘델스존'으로서 이 사람과는 관계가 없다.

종단에 침투하여 패권을 장악했고, 1786년에 미라보 후작은 자코뱅 파리대학(Jacobin College of Paris)에 일루미나티 종단을 세우게 되는데, 이들이 바로 자코뱅파가 된다.

또 하나의 지파는 프랑키스트(Frankists)라고 부르는 조직인데, 자코브 프랑크(Jacob Frank)의 이름을 땄다. 이 조직은 프랑크푸르트에서 만들어진 것이고, 지도자는 로스차일드(Mayer Amschel Rothschild) 밑에서 일하던 헤스(Michael Hess)라는 사람으로, 프랑스 혁명의 중추를 이룬 사람들이었다.

이들의 혁명 계획은 바이샤우트의 비밀 문서를 갖고 가던 사람이 벼락에 맞아 죽어서 발각된 것인데, 이 문서의 내용은 『시온의 칙훈서』와 매우 흡사했다. '신세계의 질서'로 세계를 통일하고 자신들의 전제 정권을 세우겠다는 내용으로, 그 당시 전세계를 경악하게 만들었다.

그 때문에 경찰은 바바리아 등 모든 프리메이슨 단원들을 습격하여 공작의 증거를 찾기 위하여 모든 곳을 뒤지기 시작했다. 바바리아에서 핍박받게 되자 많은 메이슨들이 프랑스로 피난을 갔고 그곳에 뿌리를 내리기 시작했다.

물론 이러한 사실들이 프랑스 정부에 알려지기는 했으나 그때는 이미 정부가 그들의 영향력 아래 있어서 손을 쓸 수 없는 상태였다.

1789년에 파리의 총종단의 통제하에 있는 종단은 2천여 개가 넘는 것으로 추정되었다. 이때 프랑스에 합리주의와 평등·자유 사상이 발전되지 않았다면 프리메이슨들은 다른 나라에서와 마찬가지로 핍박당해 발도 붙이지 못했을 것이고 필경 혁명도 미연에 막을 수 있었을 것이다.

치사한 조작극에 걸린 앙투아네트

프리메이슨의 엘리트들이 잘하는 또 하나의 전형적인 수단은 더럽고 치사한 조작극을 만들어 음모를 꾸미는 일이다.

루이 16세의 왕비인 앙투아네트(Marie Antoinette)는 오스트리아에 있는 동생에게서 프리메이슨을 조심하라는 당부를 받았다. 그러나 그녀는 프랑스의 프리메이슨은 모두 공개되어 있기 때문에 걱정할 필요가 하나도 없다면서 소홀히 흘려들었고, 결국 프리메이슨에 의해 단두대에서 목이 잘리게 된다.

앙투아네트가 숙청당하게 된 직접적인 이유 중의 하나는 '25만 프랑짜리 다이아몬드 목걸이'였다. 그녀가 그걸 보석상에 몰래 주문했다가 들켰다는 것이다.

그러나 그것은 이탈리아에서 온 발사모(Joseph Balsamo)라는 한 메이슨의 조작이었다. 그는 보석상에 '앙투아네트' 이름으로 다이아몬드를 주문했고, 그걸 얼마 후에 발견했다는 식으로 폭로했던 것이다.

25만 프랑이라는 것은 엄청난 금액일 뿐 아니라 그런 사치스런 장식품을 산다는 것 자체가 정치적으로 자살 행위나 다름없는데 그녀가 자신의 이름으로 그런 일을 저질렀다는 것이다. 발사모라는 사람은 일루미나티의 아담 바이샤우트와 절친한 사이였던 것이다.

혁명은 이렇게 계속되었고 당통(Danton), 마라(Marat), 로베스피에르(Robespierre) 같은 사람들은 이용만 당하고 제거됐으며, 엘리트들은 폭도들을 조직하여 거리에 나가 사회 불안을 조장하는 일을 계속했다. 1792년에는 소위 '9월 학살'이라는 유명한 사건을 조작해, 왕의 학정에서 벗어나 자유를 되찾겠다는 혁명의 이름 아래 파리 감옥에서 1만 8천여 명을 죽이는 참혹한 사건을 저질렀다.

이 조직을 만든 사람은 프랑스 사람이 아니었다. 레니에(G. Renier)가 쓴 『로베스피에르의 생애』라는 책에 의하면, 로베스피에르는 1794년 7월 28일 청중 앞에서 연설하면서 다음과 같은 말을 했다.

"지금 이 자리에서 그들의 이름을 밝히지는 않겠다. 그 내용이 너무나 방대하고 깊어서 전체를 간단히 말할 수 없기 때문이다. 그러나 여기서 분명히 말하지만, 이 '혁명' 음모의 연출자 중에는 상상을 초월하는 막대한 세력을 갖고 공화국을 파괴하려는 외국인들이 있다. 그들은 무신론 사상을 가진 부도덕하고 부패한 사회의 지도자들이고, 교회의 기둥이 돼야 할 신도들과 야합한 모사꾼들이다. 혁명에 의해 혁명이 이루어지고 있다는 사실을 밝혀두고 싶다."

그는 어마어마한 사건의 진상에 대해 과감하게 언급했는데, 그날 밤에 괴한들로부터 테러를 당해 부상당했고, 다음날 낮에는 단두대의 이슬로 사라졌다. 그는 영예로운 프랑스 혁명의 진실과 일루미나티의 진면목을 폭로하려 했기 때문에 하루속히 없어져야 할 인물이 되었던 것이다.

로베스피에르를 습격한 괴한들은 폭력배였다. 예나 지금이나 돈만 집어주면 무엇이든지 할 준비가 되어 있는 깡패 집단은 어느 사회나 존재하는 것이다. 『시온의 칙훈서』를 봐도 엘리트들은 이 깡패 집단을 대단히 중요한 도구로 활용하고 있고, 프랑스 혁명의 경우만 보더라도 혁명 음모자들은 이들을 십분 이용했다.

【 참고 서적 】

- Bernard Fay, *Revolution and Freemasonry*.
- Captain A. H. M. Ramsey, *The Nameless War*.
- J. M. Roberts, *The Mythology of the Secret Societies*.
- McNair Wilson, *The Life of Napoleon*.

러시아 공산혁명은 프리메이슨의 음모

유대인에 의해 조작된 공산혁명

'러시아 공산혁명'은 황제 니콜라이 2세가 노동자와 농민을 너무 탄압하고 돌보지 않은 나머지 굶주림을 못 이겨 일어난 자연 발생적인 반정부 폭동이었고, 그것이 공산혁명으로 연결된 것이라고 알고 있다. 또한 소련이 유대인을 학대했다고 알려져 있는데, 여기에는 프랑스 혁명과 마찬가지로 그 진실은 따로 있다.

한마디로 말하면, 세계의 석유와 경제권을 휘어잡기 위한 미국과 러시아의 패권 다툼과 관련된 사건이었다.

19세기 후반, 미국의 드레이크(Edward L. Drake)가 처음 유전을 발견하여 기름을 뽑기 시작하면서, 미래에는 '석유'라는 상품이 몹시 중요한 경제적 수단이 될 것이라고 예상되었다.

존 록펠러(John D. Rockefeller)는 1863년에 2명의 동업자와 함께 '스탠다드 오일(Standard Oil)'사를 세우고 정유 사업을 시작하여, 1872년에는 미국 정유업계의 25퍼센트, 1879년에는 미국뿐만 아니라 세계 정유 분야 사업의 90퍼센트를 독차지하게끔 되었다. 그 당시는 미국만이 기름을 갖고 있어서, 미국 시장을 차지하면 세계 시장을 차지한 것이라 해도 과언이 아닌 시대였다.

그러나 미국의 독점은 오래 가지 않았다. 러시아의 카스피해 해안가에 있는 바쿠(Baku) 평야에서도 유전이 발굴되었기 때문이다. 러시아 황제는 1883년에 흑해로 빠져나가는 철로를 부설하는 한편, 유전 개발을 위해 노벨(Nobel) 형제와 로스차일드(Rothschild) 그룹 사람들을 초청하여 경제적 도움을 요청했다. 그리하여 록펠러 그룹과 로스차일드 그룹이 세계 석유 사업 분야에서 서로 치열한 경쟁을 벌이게 되었다. 로스차일드의 도움으로 러시아의 석유 사업은 대단히 급속하게 발전해, 1888년에는 미국의 생산량을 앞지르게 되었다.

당시 러시아의 경제는 아직 농경 체제를 벗어나지 못한 상태로, 유럽 전체에서 가장 뒤떨어진 나라 중의 하나였다. 그러나 1907~1917년 사이 러시아의 산업 성장률은 엄청나게 뛰어올라 당시의 산업 국가라고 할 수 있는 미국·영국·독일 같은 나라들을 능가할 정도가 되었다.

따라서 1917년에 일어난 '러시아 혁명'은 피폐한 경제 상황 때문에 터진 것이 아니다. 우리는 혁명이 반세기 정도의 줄기찬 경제 발전 끝에 일어났다는 것, 그리고 경제 발전의 혜택이 주로 사회의 중산층에게 돌아갔다는 사실에 유의해야 한다.

그렇다면 혁명의 원인을 다른 곳에서 찾아야 할 텐데, 먼저 1814년으로 거슬러 올라가 보자.

석유 생산량

연도	미국	러시아
1860	70,000 톤	1,300 톤
1885	3,120,000 톤	2,000,000 톤
1901	9,920,000 톤	12,170,000 톤

1814년 러시아가 나폴레옹 군대와 전쟁을 할 때 파리를 점령한 러시아 주둔군이 있었다. 이때 많은 러시아 장교들이 프랑스를 방문하게 되었는데, 그들 가운데 프랑스 혁명을 일으킨 사상, 즉 일루미나티가 만들어낸 자유·평등·박애(또는 형제애) 사상에 마음이 끌린 사람들이 많았다.

그리하여 그들을 중심으로 러시아에는 두 개의 프리메이슨 종단이 탄생하게 된다. '북극성종단'과 '남극성종단'이 그것인데, 이들은 많은 부호들과 상류층 사람들을 단원으로 입단시키게 된다.

은밀한 집단을 일컫는 점조직이라는 말은 프리메이슨의 조직에서 비롯된 것인데, 『1917년의 러시아』라는 책을 쓴 게오르크 카트코프(George Katkov)는 공산혁명 당시 이러한 점조직의 역할이 대단히 컸다는 사실을 자주 상기시켰다. 프리메이슨의 비밀 조직을 모방한 많은 조직체들이 임시 공산정부를 수립하는 데 결정적인 역할을 한 것은 의심의 여지가 없다는 것이다.

또 『3면 작전』이라는 책을 쓴 얀 코자크(Jan Kozak)는 공산혁명에 3개의 세력이 있었다고 전한다. 첫째는 차르(Tsar, 러시아 제정시대의 황제)의 권위를 박탈하고 섭정을 하게 만든 임시 정부고, 둘째는 이를 뒤에서 조종하는 보이지 않는 비밀 조직, 그리고 셋째는 행동대라고 할 수 있는 '폭력단'이 그 세력들인데, 이중 전체를 통솔하는 세력은 역시 비밀 조직이었다는 것이다.

임시 정부의 우두머리는 알렉산더 케렌스키(Alexander Kerensky)라는 사회주의자며, '폭력단'이라고 표현한 세력의 중심은 사회민주노동당(Social Democratic Labor Party)의 블라디미르 레닌(Vladimir Illych Lenin)이었다.

그러면 사회민주노동당의 중심 인물들이 실제로 어떤 민족적 배경을 갖고 있었는지 살펴보자.

표를 보면, 혁명 당시 전체 24명의 사회민주노동당 중앙의원들은 모두 유대인이었으며, 레닌의 어머니는 러시아인이었지만 아버지는 역

사회민주노동당의 중심 인물

알려진 이름	원래 이름	출신 민족
레닌 Lenin	울리아노 Oulianow (율리아노프 Ulianoff)	반유대인
트로츠키 Trotsky (Trotzky)	브론스타인 Bronstein	유대인
슈테클로프 Steckloff	나카암 Nakhames	유대인
마르토프 Martoff	체데르바움 Zederbaum	유대인
치노비프 Zinovieff	압펠바움 Apfelbaum	유대인
댄 Dan	고레비치 Gourevitch (유레비치 Yurewitsch)	유대인
가네츠키 Ganetzky	퍼스텐베르크 Furstenberg	유대인
파르부스 Parvus	헬프판드 Helpfand	유대인
유리츠키 Uritzky	파도밀스키 Padomilsky	유대인
라린 Larin	루르게 Lurge	유대인
보린 Bohrin	나탄손 Nathansohn	유대인
카메네프 Kameneff	로센펠드 Rosenfeld	유대인
막실슈븜 Maxlshvm	치바르 Zibar	유대인
보다노프 Bogdanoff	질베르스타인 Zilberstein	유대인
가린 Garin	가르펠드 Garfeld	유대인
슈카노프 Suchanoff	기멜 Gimel	유대인
캄넬프 Kamnelff	골드만 Goldmann	유대인
사게르스키 Sagersky	크로흐만 Krochmann	유대인
리아차노프 Riazanoff	골덴바흐 Goldenbach	유대인
소루테제프 Solutezeff	블라이흐만 Bleichmann	유대인
피아트니츠키 Piatnitzky	치윈 Ziwin	유대인
악셀로트 Axelrod	오소독스 Orthodox	유대인
글라스노프 Glasnuoff	슐츠 Schultze	유대인
취리에사인 Zuriesain	바인스타인 Weinstein	유대인
라핀스키 Lapinsky	뢰벤손 Loewensohn	유대인

시 유대인이었다. 이 사람들은 모두 이름을 바꾸었는데 우연이라고 그냥 지나치기에는 너무 눈길을 끄는 사항이다.

우리가 너무도 잘 아는 독재자 '스탈린'도 영화 〈닥터 지바고〉와 관련이 있다.

여주인공 '라라'의 애인이었던 청년이 나중에 장군이 되고 특별 열차를 타고 가는 도중 지바고와도 잠깐 만나게 되는데, 바로 그 사람이 카가노비치(Lazar Kaganovich) 장군이란 실제 인물이다. 그 장군의 여동생이 스탈린의 세 번째 부인으로, 그는 스탈린 옆에서 오른팔 역할을 하며 죄없는 사람들을 수없이 살상했다. 대단한 권력자이자 유대인이었다.

그런가 하면 혁명에 가장 앞장섰던 임시정부파는 순수한 사회주의 사상을 가지고 있어서 많은 시민들의 성원을 얻었지만, 이들은 일단 혁명에 성공한 후에 모두 쫓겨났고 레닌파가 권력을 인계받아 악정을 시작하게 되었다.

영국 페이비언협회의 지원받은 공산혁명

레닌의 집안은 원래 왕정과는 좋지 않은 관계였다. 1881년 그의 형이 알렉산더 2세(Alexander II)[15]의 암살 주범으로 붙잡혀 처형당했기 때문이다.

그는 카잔대학 재학 중 카를 마르크스의 저서들을 읽고 완전히 도취되었다. 그 책에는 혁명을 하는 두 가지 방법이 있었는데, 하나는 비폭력적인 방법, 다른 하나는 폭동을 일으키고 폭력으로 대항하는 방법이었다.

레닌은 후자를, 트로츠키는 비폭력적 방법을 원했다. 두 사람의 토론이 계속되자 당 회의에서 표결에 부쳤는데 레닌을 지지하는 파가 다

---

15) 레닌이 혁명할 당시 차르였던 니콜라이 2세의 할아버지.

수를 차지해 그의 방법이 통과되었다.

러시아 혁명을 흔히 '볼셰비키 혁명'이라고도 하는데, 러시아 말로 '대다수'라는 말이 볼셰비키(bolsheviki)고 '소수'라는 말이 멘셰비키(mensheviki)여서 트로츠키파를 '멘셰비키'라고 불렀고, 공산혁명을 '다수'의 혁명이란 뜻에서 볼셰비키 혁명이라고 부르는 것이다.

러시아 혁명 발발의 중요한 요소 가운데 하나는 1905년 봄에 볼셰비키파의 대표와, 비폭력적인 멘셰비키를 선호하는 영국의 페이비언협회(Fabian Society)[16] 회원들이 런던에서 만난 일이었다. 이 자리에서 페이비언협회 회원이자 미국에서 비누산업으로 거부가 된 조지프 펠스(Joseph Fels)와 그 밖의 여러 페이비언들이 돈을 갹출, 볼셰비키파에게 거액의 돈을 희사했다.

또한 페이비언협회는 당시에 노일전쟁을 치르고 있던 제정 러시아를 약화시키기 위해 미국 뉴욕의 퍼스트 내셔널 은행(the First National Bank)과 내셔널 시티 은행(the National City Bank)이 일본에 3천 만 달러를 빌려주도록 하고, 일본으로 하여금 러시아의 동부전선을 공격하도록 했다. 그리고 일루미나티의 창단일인 5월 1일에 맞추어 혁명 봉기를 일으키도록 했다.

여기서 희한한 일은, 당시 세계의 최고 갑부로 알려진 러시아의 니콜라이 황제가 뉴욕의 록펠러 계열사인 체이스 은행(Chase Bank), 모건(J. P. Morgan)의 계열사인 내셔널 시티 은행과 개런티 은행, 하노바 신탁은행, 매뉴팩처러스 신탁은행에 4억 달러를, 파리의 로스차일드 은행에 8천만 달러를 예금해 놓고 있었다는 사실이다. 그러니까 결국 차르의 돈으로 차르를 치라고 차르의 적에게 선심을 베푼 셈이었다.

러시아제국의 정치·사회 체제에 대한 불만은, 특히 굴욕적인 러일

---

16) '페이비언(Fabian)'은 고대 로마 시절, 지구전을 전술로 즐겨 사용했던 '파비우스(Fabius)' 장군 이름에서 비롯된 말이다. 우리말로 하면 '점진주의자'쯤이 되므로, 페이비언협회를 번역하면 '점진주의자협회'가 된다.

전쟁(1904~1905) 이후 다양한 사회 단체들의 시위로 1905년에 폭발하고 말았다. 그러나 니콜라이 황제가 사회주의 혁명가들을 체포함으로써 혁명은 실패로 돌아가고 말았다.

그후 민중의 분노는 1917년에 다시 폭발했고, 임시 정부의 수반이 된 케렌스키가 잠시 통치하는 동안 1905년의 시위로 투옥된 자나 해외 망명자들은 모두 사면됐다. 그리하여 그때까지 미국 뉴욕에서 망명중이던 트로츠키는 다른 275명의 동지들과 함께 1917년 3월 27일 크리스티나라는 여객선을 타고 뉴욕을 떠나게 되었다.

이들은 미국에 있으면서 비밀리에 무장 훈련을 받고 있었다. 그 당시 미국이나 캐나다에서는 공산주의자들을 대부분 요시찰하거나 투옥시켰는데, 그런 상황에서 그들이 안전하게 무장 훈련까지 받았다는 것은 뭔가 앞뒤가 맞지 않는다.

아무튼 뉴욕을 떠난 그들은 러시아로 돌아가는 길에 캐나다의 핼리팩스 항에 잠깐 기항하게 되었는데, 캐나다 해상경찰이 선내에서 1만 달러를 발견하고 이를 수상히 여겨 출항을 금지시켰다.

그 내용이 워싱턴으로 전해졌고, 미 하원의 조사분과위원회에서 돈의 출처를 조사하기로 결정했다. 당시 1만 달러는 개인이 갖고 있기에는 너무 큰돈이었기 때문이다. 그런데 어찌된 일인지 다음날이 되자 돈에 대해서는 모두들 입을 봉하고 말았다.

다만 당시 하원의회 은행분과위원회 위원장이었던 루이스 맥파든(Louis McFadden) 의원은 이렇게 술회했다.

"그들(시중 은행의 은행주들)은 트로츠키가 요구한 뉴욕의 엄청난 인원들의 모임 유지 비용을 모두 감당했으며, 러시아로 귀국하는 비용까지 부담했다. 아마도 러시아제국을 멸망시키려는 모양이다. 그들은 러시아 혁명을 지원하기 위해 스웨덴에 있는 자기네 은행 지점으로 큰 자금을 보내주었고, 이 돈은 트로츠키한테 건네졌다."

미국의 윌슨 대통령이 캐나다에 억류돼 있는 그들을 풀어주라고 압력을 가하자, 캐나다 정부는 미국 정부가 제정신이 아니라고 판단하고 미국의 재고를 강력하게 요구했다. 왜냐하면 당시 미국이나 캐나다 군인들은 유럽에서 독일군에 대항해 전쟁을 하고 있었고(1차 세계대전), 그렇기 때문에 러시아의 차르를 도와 대 독일 전투에 힘을 북돋워주는 것이 상식이었던 것이다. 그런데 오히려 차르 왕정을 없애는 훈련을 받은 트로츠키 일당을 러시아로 보내니, 미국과 연합국의 이익에 위배되는 일이기 때문에 이를 저지하려고 했던 것이다.

그러자 미국 정부는 그야말로 억지 이유를 댔다. 윌슨 대통령과 같은 민주당 출신의 재정위원회 위원장이며 웨스팅하우스(Westinghouse) 사의 회장인 크레인(Charles Crane)이 트로츠키와 동행하고 있기 때문에 그를 보호해야 한다는 것이었다.

결과적으로 캐나다의 저지 노력은 수포로 돌아갔으며, 레닌 역시 스위스에서 독일군의 무장 호위를 받으며 장갑 기차를 타고 러시아로 돌아가게 된다.

그들은 일단 스웨덴으로 가서 2천 2백만 달러를 찾아 러시아로 돌아가는데, 독일에서 적국인 러시아 사람들을 포로로 취급하지 않고 이렇게 우대한 것에는 숨은 이유가 있다. 레닌은 조국으로 돌아가 혁명을 일으킨 다음 정권을 잡으면, 독일과의 전쟁을 종식시키겠다고 밀약했던 것이다.

미국의 도움으로 혁명에 성공한 이들은 캐나다가 우려한 대로 1918년 6월 독일과 평화 협정을 체결해 전쟁을 끝냄으로써, 독일은 그 전투력을 서부전선으로 끌어옮겨 연합군에 대항할 수 있었다. 이로 인해 미국과 캐나다의 많은 군인들이 목숨을 잃게 된 것은 황당하고 처참한 일이 아닐 수 없다.

또 한 가지 주목할 만한 일은, 1차 세계대전 종전 직후인 1919년 일본이 소련을 침공하겠다는 계획을 가지고 미국을 설득시키려 했다는 점이다. 이때 미국의 윌슨 대통령은 끝까지 이를 거절했는데, 당시 이 사실을 알게 된 레닌은 일본에 맞설 수 있는 군대를 만들 형편이 아니어서 무척 고심했다고 한다. 러시아의 임시 정부가 이미 국민들에게 신뢰를 잃은 상태였기 때문이다.

볼셰비키는 미국의 지원도 받았다

항상 비폭력주의를 지향한다는 페이비언협회는 러시아 혁명 성공 이후에도 볼셰비키를 계속 원조했다. 레닌이 영국에까지 영향력을 행사할 수 있도록 도와, 영국 노동조합이 마르크시스트 운동을 활발하게 전개할 수 있도록 해주었던 것이다.

영국 정부는 1920년에 노동 쟁의가 격렬해져서 큰 곤욕을 치렀다. 쟁의의 강도가 너무 강해서 영국 정부는 할 수 없이 러시아에 주둔하고 있던 군대를 본국으로 불러들였고, 이 기회를 틈타 볼셰비키는 엄청난 양의 영국 군수 물자를 탈취했다. 이러한 일련의 공작을 진두지휘한 사람은 영국 페이비언협회 회원 아서 헨더슨(Arther Henderson)이었다.

역설적인 것은, 자본주의 사회에서 성장하고 그 덕에 호의호식하는 페이비언이나 자본주의의 총수라고 할 수 있는 미국의 대부호들이 "자본주의가 존재하는 한 평화는 있을 수 없다"면서 폭력으로 끝까지 투쟁하겠다는 볼셰비키 마르크스주의자들을 계속 도와주었다는 점이다.

예를 들어 윌리엄 톰슨(William B Thompson)은 미국의 중앙은행인 연방준비은행(Federal Reserve Bank : 이하 FRB) 총재면서 록펠러의 계열사인 체이스 내셔널 은행의 대주주이기도 한 사람이다. 그는 개인 돈 1백만 달러를 볼셰비키에게 희사한 일도 있으며, 또 미국에 일루미나티를 창설했던 야콥 쉬프(Jacob Schiff)는 모건과 록펠러와 함께 레닌에게 2천만 달러를 모아주기도 했다.

볼셰비키는 미국으로부터 엄청난 자본을 지원받아 혁명에는 성공했지만 처음에 그들이 차지한 국토는 전 러시아의 일부분에 불과했다.

미국의 지속적인 금전적 지원 덕분에 전 러시아를 장악하는 데 성공한 그들은 사유 재산 몰수, 모든 금융 기관·산업 시설 등의 국유화, 상속 제도 금지, 금의 국가 전매화, 인민 재판 제도 신설, 결혼·이혼 수속 간소화, 교회 자산 몰수, 종교 교육 금지 등의 엄격한 공산제도를 실시하게 된다.

그러나 무자비한 정책은 결국 국민 생활을 피폐하게 만들었고, 정부는 화폐를 무작정 찍어냄으로써 그 위기를 개선해 보려고 했다. 그러나 1913년에 비해 10년 만에 물가가 1만 6천 배로 인플레될 정도로 경제는 극도로 악화되었다. 그 결과 사회의 중산층이 없어지고 소수의 고위층과 절대 다수의 극빈층이 형성되었다. 또 1930년에는 스탈린이라는 전무후무한 독재자가 들어서서 집단농장 제도를 만들었고, 반대하거나 불평하는 자들을 가차없이 죽이거나 시베리아로 유형을 보내는 등, 소련 전체가 극심한 도탄에 빠지고 말았다. 1970년 미국 상원의 한 분과위원회의 조사에 의하면, 소련 출범 51년 동안 2,150만~4,500만 명의 양민을 학살 또는 아사시켰다고 한다.

형편이 이러니 미국이 개입할 수밖에 없었고, 적국이어야 할 미국은 소련 국민들에게 '인간적인 차원에서의 원조'라면서 양곡을 보내주었다. 미국은 나중에 소련에서 양곡을 수출할 수 있게 됐을 때에도 한동안 양곡을 보내주었다 한다. 물론 그 고매한 뜻을 짐작하기조차 어려운 엘리트들의 힘이 작용한 결과였다.

【 참고 서적 】

• Anthony Sutton, *Wall Street and the Bolshevik Revolution*.

• Baron C. Wrangell-Rokasswsky, *Before the Storm*.

• Gary Allen, *Building Communism*.

• George Pitt-Rivers, *The World Significance of the Russian*

Revolution.

• Michael Sturdza, *Betrayal by Rulers.*

• Peter Collier & David Horowitz, *The Rockefeller, An Amerian Dynasty.*

• Rev. Denis Fahey, *The Rulers of Russia.*

• Robert Goldstone, *The Russian Revolution.*

• Stephen Birmingham, *Our Crowd.*

• Zygmund Dobbs, *Sugar Keynes, Review of the News.*

제2차 세계대전을 일으킨 엘리트들

히틀러는 유대인 혈통이다?

1차 세계대전이 종식된 지 약 20년 만에 다시 2차 세계대전이 일어났다. 2차 세계대전을 생각하면 독일의 히틀러, 나치스, 유대인 학살 같은 단어들이 맨 먼저 머리에 떠오른다.

1차 세계대전이 끝나면서 파리평화회의가 열렸고, 그로써 베르사유 조약이 탄생했다. 패전국인 독일이 다시는 일어나지 못하도록 못 박아 놓는 내용이 거의 대부분이었다.

이 조약에 대한 독일 국민들의 분노는 대단했으며, 가난에 허덕이는 생활을 계속할 수밖에 없어 그 어디에서도 희망을 찾아볼 수 없었다. 그러는 가운데 마르크스의 공산 사상이 침투해 노동자 계급의 노동쟁의가 계속되었고, 기업인들의 사업 환경도 매우 어려워졌으며, 물가는 천정부지로 치솟아올라 모든 국민이 전전긍긍하는 세월을 보내고 있었다.

한편 히틀러(Adolf Hitler)의 출신 배경에는 이런 설이 있다. 그의 할

▲ 최빈국 독일을 6년 만에 최강국으로 만든 히틀러. 알려진 바와는 달리 그는 다방면으로 자질을 갖춘 지도자로서 독일 국민으로부터 환영을 받았다.

머니(Maria Anna Schicklgruber)가 오스트리아 빈의 어느 부잣집에서 하녀로 일할 때 주인 남자와 정을 통해 히틀러의 부친을 낳았다는 것이다. 문제는 그 주인 남자가 세계 최고의 부자인 로스차일드라는 사실이었다.[17]

만일 이 주장이 사실이라면 히틀러는 4분의 1은 유대인일 뿐만 아니라, 세계에서 제일 갑부인 로스차일드의 피를 타고난 셈이다. 그러나

---

17) 심리학자인 월터 랭거(Walter Langer)가 『아돌프 히틀러의 마음(*The Mind of Adolf Hitler*)』이라는 책에서 주장한 이야기다.

사실 히틀러는 청년 시절을 몹시 불우하게 보냈으며, 대학도 가지 못했을 정도로 가난하게 살았다. 그럼에도 불구하고 그는 문학·음악·미술·철학·종교 등에 대해 전문가 못지않은 지식을 갖추고 있어서 주위 지식인들로부터 존경받았다고 한다.

히틀러는 아버지의 뜻을 거역하고 화가가 되기 위해 노력했으며 한때는 화가로 연명하기도 했다. 그는 주로 성당을 중심으로 한 풍경화를 그려, 최소한 그때까지는 가톨릭교인으로서 신앙심이 돈독했으리라 짐작된다.

그가 춘화(春畵)나 그리는 보잘것없는 3류 화가였다는 주장도 있다. 그러나 1983년에 히틀러의 그림들을 거의 다 모아서 찍은 사진집 『아돌프 히틀러, 무명의 예술가』를 보면 그 주장이 낭설이라는 사실을 알 수 있다.

패전국 독일에 진주하여 히틀러의 그림들을 수집했던 미군 장교 빌리 프라이스(Billy F. Price)가 발간한 이 사진집에는 약 320점의 그림이 소개돼 있는데, 누드화는 4장밖에 없으며, 그것도 얄팍하게 성욕을 자극하는 저질이 아니라 보기만 해도 경건한 마음까지 드는 예술적인 기품이 갖춰진 작품들이다.

히틀러는 화가로서의 자질도 대단히 높지만 음악적인 소양도 상당해서, 빈에서 혼자 가난하게 살고 있던 10대 때는 하숙방에서 피아노를 치며 오페라를 작곡하는 데 열중하기도 했다. 또한 그는 작곡가 바그너(Richard Wagner)를 몹시 존경하고 사모하여, "독일을 이해하려면 바그너를 이해해야 한다"고 말할 정도였다. 참고로 말하자면, 바그너는 음악가로 알려져 있지만 시인이자 철학자이고 혁명가이기도 한 인물로, 당시 사회의 각계 각층으로부터 대단히 존경받았으며, 메이슨이었다.

히틀러를 가까이 대했던 사람들은 그를 '수수께끼의 인간'이라고 표현하곤 했다. 그는 바쁜 일과 때문에 하루에 잠을 서너 시간밖에 자지 못하면서도 피곤한 기색이 없었으며, 건축·음악·철학·과학·의학 등의 지식 역시 전문가들을 무색하게 했다. 그 바쁜 와중에서도 반드시 하루에 책 한 권씩을 읽었기 때문이다. 게다가 그는 중요한 문구 따위는 즉석에서 외워서 기억하고 있을 정도로 천재적인 기억력을 갖고 있었다.

그는 자신에게 큰 영향을 준 쇼펜하워나 니체의 저서들은 거의 암독할 수 있을 정도였으며, 부처·공자·예수·루터·칼빈 등의 사상이나 단테·쉴러·셰익스피어·괴테 등의 고전에도 박식한데다가, 대학교수나 학자들과 학술적인 논쟁을 벌일 정도로 기계공학이나 의학 등에도 일가견을 갖추고 있었다. 그랬기 때문에 레옹 디그렐 같은 천재적인 석학도 히틀러에게 매혹되어 그를 존경하고 충성을 맹세하며 죽을 때까지 히틀러를 흠모했던 것이다.

나치는 정말 6백만 유대인을 학살했는가

1933년 히틀러가 힌덴부르크 대통령 정권의 총리에 임명됨으로써 독일국가사회주의노동당[18], 즉 나치스는 독일의 중앙정치로 무대를 옮기게 된다. 다음해 8월 대통령 힌덴부르크가 죽자 히틀러는 대통령제를 폐지하고 자신이 총통 겸 당 총서기로 취임했다. 그러고 나서 1939년에 2차 세계대전을 일으켰다. 그러니까 독일은 엄청나게 가난했다가 6년 만에 세계를 정복할 뻔한 전쟁을 시작할 수 있을 정도로 부강한 나라가 되었던 것이다.

어떻게 그렇게 짧은 시간에 최빈국에서 초강국으로 발전할 수 있었을까? 독일은 너무너무 운이 좋았던 것일까? 의심이 의심을 낳는 것이겠지만, 의문은 꼬리를 물고 일어난다.

---

18) National Sozialistische Deutsche Arbeiterpartei. 일명 '나치스(Nazi)'라고 부르며, 히틀러는 1919년에 입당했다.

히틀러는 과연 우리가 듣던 대로 나쁜 사람이고 마귀 같은 살인귀였을까? 독일 국민 가운데 불과 '소수'만이 그를 지지했을까? 히틀러가 폴란드를 쳐들어가 전쟁을 일으킨 것은 단순한 정복욕이었을까, 아니면 다른 사정이 있었을까? 나치스는 6백만 명의 유대인들을 독가스로 학살시켰다고 하는데, 과연 어디까지가 진실이고 어디까지가 과장일까?

이렇게 얘기하다 보니 일본 쪽도 궁금해진다. 일본은 단순히 미국 땅을 점령하기 위해 진주만을 공격했을까, 아니면 무슨 다른 사정이 있었을까? 미국은 중립국임을 자처하면서 전쟁에 관여하지 않고 있다가 일본의 진주만 공습으로 온 국민의 분노가 하늘을 찌르자 할 수 없

▲ 순수한 아리안족이라는 상징으로 사용했다는 나치스의 '스와스티카(Swastika)'. 스와스티카라는 단어는 산스크리트어로 만(卍)자를 의미하며 기독교의 '아멘'과 마찬가지의 뜻이다. 그러나 십자가나 5각 별을 거꾸로 뒤집으면 그 의미가 반대가 되듯이, 불교의 상징물인 만(卍)은 태양의 스와스티카인 반면 나치스의 상징은 달(月)의 스와스티카가 된다. 네 갈래로 구부러진 팔은 각각 불(火), 물(水), 하늘(天), 땅(池)을 의미하며, 이들은 회전하면서 서로 혼합일체가 된다.

이 전쟁에 가담한 것으로 되어 있는데, 그렇다면 과연 싸울 의사는 있었던 것인가?

히틀러는 1919년에 '툴레(Thule Society)'라는 비밀 조직에 가입했다고 전해지는데, 이 조직은 '태양'과 '사탄'을 섬기고 '마법'을 행하며, 금발에 백인종인 아리안족이 가장 우수하기 때문에 세계 종주민족(宗主民族)이 되어야 한다고 믿었다고 한다.

이 조직은 부르주아 단체여서 회원들도 판사·변호사·경찰·교수 등 상류층 고위 인사들로만 구성되어 있었다. 이 조직의 지도자인 디트리히 에카르트(Dietrich Eckart)가 히틀러를 독일의 정치 지도자로 선택한 후 회원들에게 히틀러를 따르라고 명령했다고 한다.

따라서 나치스의 원조인 신독일사회노동당 창당 때 주요 당원들은 거의 다 이 툴레 조직의 회원들이었고, 나치의 상징물인 스와스티카(Swastika)도 원래 툴레 조직의 상징으로 사용하던 표식이었다.[19]

나치 독일은 미국 대기업의 지원을 받았다

정치를 하려면 '돈'이 있어야 하는 법이다. 2차 세계대전 당시 일본 군대에는 대기업 미쓰이·미쓰비시가 전쟁 비용을 댔고, 독일의 경우는 화벤(Interssen Gemeinschaft Faben)이라는 대기업이 그 역할을 했다. 화벤은 미국 자본과 연결되어 있었는데, 그 증거들을 차근차근 살펴보도록 하자.[20]

---

19) 인도 말로는 '차크라(Chakra)'라고 하는데, '에너지의 원점'이라는 뜻이며 태양의 상징, 길조의 상징으로 여겨진다. 또 다른 뜻은 〈프리메이슨의 상징물〉 편을 참조하기 바란다.

20) 여기에 실린 이야기는 우리가 보통 알고 있는 역사적인 사실과 크게 다르다. 교과서로 배우는 역사는 전쟁에서 이긴 승자가 만든 이야기고, 우리는 그것을 통해서 역사적 사실을 습득하고 있기 때문이다. 또한 패자의 이야기를 들어보는 것 자체가 쉽지 않은데다가, 승자와는 다른 견해 또는 사실을 공표하거나 출판하는 일에는 현실적으로 큰 어려움이 따른다. 따라서 여기에 모든 사실을 밝힐 수는 없어 몇 가지 단편적인 사실만 소개하니, 나머지는 독자가 판단하기 바란다.

〔증거 1〕 나치 기업—히틀러—미국 대기업의 연결 고리

화벤이라는 화학회사는 히틀러를 독일의 '떠오르는 태양'으로 생각하여 재정을 비롯해 물심양면으로 지원을 아끼지 않았다. 이 회사의 막강한 자금력·조직·연구팀·생산 시설 등의 지원이 없었더라면 독일은 그렇게 빠른 시간에 급성장할 수 없었다.[21]

그런데 이 회사의 주인은 독일 사람이 아니라 뉴욕 월가에 있는 J. P. 모건을 위시한 국제 금융가들이었다. 그 이름을 열거하면 아래와 같다.

- J.P. 모건
- 딜런(Dillon)의 리드사(Read & Co)
- 해리스(Harris)의 포르베사(Forbes & Co)
- 내셔널 시티 은행(National City Bank)

이들은 1924년 미국의 은행가 찰스 도스(Charles Dowes)의 이름을 내걸고 독일의 화벤에 8억 달러를 합자 형식으로 투자했다. 그것으로 거대한 공장 시설을 갖춘데다가, 1928년에는 미국의 헨리 포드(Henry Ford)가 포드자동차회사의 독일 공장을 화벤과 병합했다. 다시 말하면, 미국은 적국을 원조함으로써 몸집을 키워준 다음에 다시 싸웠다는 얘기다.

화벤은 1차 세계대전 때에도 독가스인 염소가스를 생산했으며, 2차 세계대전 때에는 유대인들을 학살했다는 지클론(Zyklon B)[22] 가스를

---

21) 이 회사는 2차 세계대전 후 셋으로 나뉘었다. 그 이름도 쟁쟁한 헥스트(Hoechst), 바이에르(Bayer), 바스프(BASF)가 그것인데, 제약과 화학 분야에서 세계의 주도권을 갖고 있을 뿐만 아니라 UFO와 생명공학 연구 개발을 독점적으로 추진하고 있는 회사들이다.
22) 아우슈비츠에서 유대인들을 대량으로 학살하기 위하여 사용했다는 독가스의 이름.

생산하기도 했다.

2차 세계대전 당시 연합군의 공습이 그렇게 치열했는데도 이 회사의 시설은 거의 파손되지 않았는데, 그 이유는 회사가 연합군의 폭격 대상에서 아예 처음부터 제외되어 있었기 때문이다.

〔증거 2〕 연합군은 독일 휘발유 공장을 폭격하지 않았다

독일은 1차 세계대전의 패전 원인을 '물자 부족', 그중에서도 특히 '휘발유 부족'이라고 판단하고 있었다. 이미 1909년에 석탄에서 휘발유를 추출하는 기술을 개발한 독일이지만 그 기술은 아직 미완성이었고, 그게 패전의 주요 원인이었던 것이다. 그런데 화벤이 마침내 그 기술을 완성했고, 1927년 11월에는 록펠러의 스탠다드 오일사가 독일의 화벤과 합자하여 그 기술로 '대용품(ersatz : 석탄으로 만드는 휘발유)'을 생산하기 시작했다.[23]

이 '대용품'의 생산량은 전쟁을 치르기에 충분했고, 히틀러는 이에 용기를 얻어 마침내 전쟁을 시작하게 되었는데, 독일은 2차 세계대전을 치르는 동안 이것으로 휘발유 소비량의 75퍼센트를 충당할 수 있었다.

그렇다면 난다 긴다 하는 첩보원들이 수두룩했던 연합국 측에서 이 사실을 몰랐을까? 공장이 어디에 있는 줄 몰라서 폭격을 안 했을까? 그 치열했던 전쟁의 와중에서 화벤 공장 시설은 15퍼센트 정도밖에 파괴되지 않은 것만 보아도 알 수 있듯이, 연합군은 일부러 폭격을 피했던 것이다. 그것이 록펠러의 자산이었기 때문이다.

---

23) 참고로 부언하자면, 1936년 당시 미국 대사로 독일에 가 있던 윌리엄 다드(William Dodd)는 독일의 바쿰(Vacuum) 석유회사의 모체인 미국의 스탠다드 오일사가 독일에서 석유를 찾는 데 무려 1억 마르크를 사용하였고, 함부르크 항에 거대한 정유공장을 건설하였다고 일기에 기록해 놓았다.

〔증거 3〕재벌과 결탁한 루스벨트 대통령

한편 1932년 미국에서는 공화당 출신으로 외교문제협의회(Council on Foreign Relations : CFR)[24] 멤버인 허버트 후버 대통령이 2차 임기에 도전하기 위해 선거 준비에 들어갔다. 하루는 전국상공회의소 회장인 헨리 해리먼(Henry Harriman)이 찾아와서, 금융 자본가들이 창안한 '전국산업부흥법안'을 보여주며 지지 여부를 물었다.

그것은 금융 자본가들이 산업진흥자금을 지원하겠다는 안이었는데, 공공연하게 정치에 관여하여 영향력을 행사하겠다는 뜻이어서 무솔리니의 파시즘을 이름만 바꿔놓은 것과 다름없었다. 후버는 "국민의 이익에 위배되는 일인데 어떻게 동조할 수 있겠는가"고 거절했다. 그러자 해리먼은 이렇게 대답했다.

"(민주당 후보인) 루스벨트는 이미 지지를 수락했소. 따라서 재계(財界)의 모든 인사들은 돈과 영향력을 행사하여 루스벨트를 지원할 것이오."

그런 상태에서 선거전이 벌어졌는데, 루스벨트는 오히려 금융가들과 결탁하기를 거절한 후버를 "국제 금융가들과 결탁한 후버를 찍으면 국민들이 그들의 노예가 되는 결과를 가져오니, 후버에게 표를 던져서는 안 된다"고 공격하면서, 국민들에게 자기는 약자를 위해 싸운다는 이미지를 심어주었다. 금융가들의 지원을 받아 어마어마하게 홍보를 해댄 루스벨트의 선거 공략에 국민들은 속아 넘어갔고, 루스벨트는 대통령에 무난히 당선되었다.

이후 루스벨트는 '뉴딜 정책'이라는 새로운 정책으로 "대아(大我)를 위하여 소아(小我)를 희생시켜라"고 주창하면서, 물가·상품 생산·신

---

24) 프리메이슨 지파 중 일루미나티의 미국 조직 중 하나. 영국 여왕이 그랜드 마스터를 맡고 있는 왕립국제문제연구소(Royal Institute of International Affairs : RIIA)의 미국 지부라고 생각하면 되는 단체다. 1921년 7월 29일 뉴욕에서 발족해, 현재 약 2천 명의 회원을 갖고 있다. 〈누상 정부의 조직들〉 편에서 상세하게 소개한다.

용 거래 등을 관장하는 정부 기관을 창설하고, 세금 등을 이용하여 농민·노동자를 비롯한 국민들을 정부가 통제하기 시작했다.

여기서 정부가 '통제한다'는 말은 곧 자본가들이 나라를 '통제한다'는 말로 직결되는 것인데, 새삼 감탄스러운 일은 지금도 대부분의 미국 국민들이 루스벨트를 미국을 경제 공황에서 되살려놓은 영웅으로 기억하고 있다는 사실이다.

루스벨트를 비롯한 그의 세력들이 막대한 자본력을 바탕으로 언론을 통해 그의 인상을 진실과는 정반대로 만들어놓고 일종의 대중 세뇌 공작을 한 덕분에 이런 일들이 가능했던 것이다. 이런 일련의 사실과 관련된 진실은 스메들리 버틀러의 『전쟁은 사기다(*War Is A Racket*)』라는 책에 잘 나와 있다.

미국 해병대를 이끌고 중국·남미의 전쟁에 숱하게 참전하여 당시 인기가 높았던 버틀러 장군(소장)은 이 책에서 이렇게 말했다.

"군대를 이끌고 남의 나라에 쳐들어간다는 것은 결국 미국 국적을 가진 국제 금융가나 자본가들의 돈벌이를 지켜주기 위해 피를 흘리러 간다는 의미다."

"정치가들은 자본가들의 꼭두각시 노릇이나 하면서 전쟁을 꾸미고 있다."

"미국 정부는 파시스트 독재 정부다."

또한 그는 세상에 알려지지 않은 '백악관 점령 쿠데타 음모'를 밝혔는데, 그 내용이 참으로 어처구니없다.

어느 날 J.P. 모건 소유인 개런티 은행의 그레이슨 머피 이사, 싱어 재봉틀회사 사주인 부친으로부터 막대한 유산을 물려받은 금융가 로버트 클라크, 1924년 민주당 대통령 후보자였으며 J.P. 모건 회사의 수석 법률 고문으로 있는 존 데이비스 등 3인이 버틀러 장군을 찾아왔다.

이 이야기는 아처(Jules Archer)라는 작가가 쓴 『백악관 점령 음모(*The Plot to Seize the White House*)』에도 상세히 묘사되어 있다. 그

들은 재향군인 50만 명을 출동시켜 백악관을 점거하고 루스벨트 대통령을 체포한 다음, 자신들의 꼭두각시 노릇을 하도록 요구하여 불응하면 없애버리겠다는 계획을 설명했다. 그리고 그 대가로 버틀러 장군에게 계약금조로 3백만 달러를 주겠으며, 일이 잘되면 3억 달러도 줄 수 있다고 했다.

그들이 어째서 버틀러 장군을 택했는지는 수수께끼로 남아 있으나, 아무튼 장군은 그들의 제의를 거절하고 그 이야기를 책으로 써냈다. 그리고 "결국 전쟁이란 대부분 '돈' 때문에 하는 것이며, 자본가들이 외국에 돈을 빌려주고는 환수가 여의치 않을 때 대통령을 움직여 해병대를 보냄으로써 돈을 받아내는 식"이라고 설파했다. 그런 일로 그는 무려 11번이나 전쟁에 참전했다고 증언했다. 그리하여 1934년 상원의 군수물자조사위원회의 조사가 시작되었고, 위원회 또한 같은 결론에 도달했다. 즉 군대는 결국 대기업이나 금융 자본을 위해 돈을 받아내는 해결사 노릇을 한 데 불과했다는 것이다.

〔증거 4〕 미국은 나치 독일의 전쟁 준비를 알았다

2차 세계대전 발발 전인 1936년, 당시 주독 미국 대사였던 윌리엄 다드는 루스벨트 대통령에게 쓴 편지에서 이렇게 말하고 있다.

"현재 독일에는 1백 개 이상의 미국계 회사들이 사업을 하고 있습니다. 듀퐁사는 'I. G. 화벤'과 손을 잡고 무기 산업에 열중하고 있으며, 스탠다드 오일은 1933년 12월에 2백만 달러를 투자하여 매년 50만 달러 상당의 '대용품(석탄으로 만드는 휘발유)'를 생산하고 있으나 제품은 몰라도 이익금을 독일 바깥으로 반출할 수 없는 실정입니다. 인터내셔널 하베스터사의 사장은 매년 무기를 33퍼센트 증산하고 있지만 독일 밖으로는 아무것도 빼낼 수 없다고 나에게 말했습니다. 뿐만 아니라 우리나라의 항공 사업가들도 크럽(Krupp)사와 모종의 비밀 협의를 한 채 일하고 있는 실정이며, 제너럴 모터스와 포드사도 방계회사

를 통해 거대한 사업을 벌이고는 있는데, 역시 아무것도 반출을 못하
고 있는 실정입니다."

〔증거 5〕 나치 기업과 미국 재벌의 결탁

뿐만 아니라 미국의 ITT(International Telephone and Telegraph)
사는 독일의 포케 볼페(Focke-Wolfe)라는 항공기 제작회사에 투자하
여 독일 전투기들을 생산하고 있었고, I. G. 화벤의 미국 지사는 '아메
리칸 I. G. 화벤'이라는 이름으로 사업을 하고 있었다. 그런데 '아메리
칸 I.G. 화벤'의 이사회 구성 명단을 보면 대단히 화려하다.

- 포드 자동차회사의 에드셀 포드 사장
- 록펠러 그룹의 뉴욕 내셔널 시티 은행 미첼 사장
- 뉴욕 스탠다드 오일사의 월터 티글 사장
- 독일의 자본가 맥스 와벅의 동생이고, 미국 연방준비제도이사회의 회
  장인 폴 와벅
- 맨해튼 은행의 중역인 메츠 이사[25]

이들은 모두 미국인들이고, 이 밖에도 독일에서 파견된 3명의 독일
인 이사들이 함께 이사회를 이루고 있었다.

그런데 함께 일하던 이 3명의 독일인들은 전쟁이 끝나자 인류에 범
죄를 저질렀다 해서 전범 재판에 회부되어 전범 판결이 났는데, 나머
지 미국인 이사들에게는 어떠한 조치도 없었다. 같은 일을 했지만 전
쟁에서 패한 쪽 사람들은 죄인이 되고, 승리한 쪽 사람들의 경우는
애국자는 못 되어도 죄인은 아니라는 진리를 다시 한 번 증명한 셈이
었다.

---

25) 와벅의 심복이다.

〔증거 6〕 미국은 나치 독일에 휘발유를 공급했다

스탠다드 오일사는 1939년 독일이 폴란드와 오스트리아를 침공했을 때 화벤에 2천만 달러 상당의 항공기용 휘발유를 공급했다. 독일의 탱크 제작회사 가운데 오펠사는 J.P. 모건이 좌지우지하는 제너럴 모터스의 계열사고, 다른 하나는 포드 자동차 회사의 계열사였던 것이다.

〔증거 7〕 미국 제너럴 모터스의 기술 이전

제너럴 모터스가 대주주인 벤딕스 항공사·다우케미칼사·알코아사 등은 자동항공 조작기 기술과 항공기 계기, 일반 항공기 제작 기술, 디젤엔진, 스타터 엔진 따위의 기술 제휴 등의 방법으로 독일 군수 산업 발전에 큰 도움을 주었다.

〔증거 8〕 미국 IGE는 나치 전기회사의 대주주

1939년 당시 미국의 IGE(International General Electric)와 ITT는 독일 최대의 전기기구 회사의 대주주였다. 이렇게 미국 회사의 이권이 연결된 생산 시설들은 폭격 대상에서 제외되었고, 독일의 순수 자본으로 세워진 공장들만 파괴시켰다.

〔증거 9〕 나치 독일의 전쟁 준비를 도운 미국

1938년 3월 독일이 오스트리아를 침공한 후, 화벤은 미국의 제너럴 모터스와 스탠다드 오일이 각각 50퍼센트씩 지분을 소유하고 있는 에틸휘발유 회사에게 독일에 테트라에틸 공장을 건립해 줄 것을 부탁했다. 미국 국무성의 적극적인 협조로 스탠다드 오일사는 1938년 8월에 5백 톤의 테트라에틸 납이라는 휘발유 첨가 물질을 화벤에 보냈다. 그러니까 미국은 사실상 독일의 전쟁 준비에 동조하여 함께 일했다고 말할 수 있는 것이다.

이렇듯 나치 독일에 음으로 양으로 물질적인 지원을 아끼지 않은 미국이 독일의 전쟁 준비 사실을 몰랐다면, 누가 그 말을 믿을 것인가? 독일이 탱크를 만들고 전투기를 생산할 때, 그 공장의 주인이나 다름없는 미국인들이 그 용도를 모를 정도로 우둔했다면 어떻게 그들이 전 세계의 정치적·경제적 패권을 잡을 수 있었다는 말인가?

신세계 질서 계획이라는 것은 현재 일루미나티들이 추구하는 단일 세계 정부를 말하는데, 그 말은 히틀러를 비롯한 툴레 회원들이 추종하던 블라바츠키 마담이 처음 사용한 용어다. 그후 히틀러도 그 말을 사용했고, 미국의 부시 대통령도 중동전쟁을 끝내면서 그 단어를 언급했다.

히틀러는 정권을 잡고 전쟁을 일으켜 파죽지세로 전유럽과 아프리카를 점령해 나갈 때, 아마도 자신이 신세계 질서 계획을 달성해 마침내 절대 군주가 될 것이라고 생각했는지도 모른다.

미국의 금융가·자본가들이 바다를 건너와 자기를 위하여 막대한 돈을 지불했고, 자신의 군대를 단시일 안에 세계 최강의 군대로 만들어 주었기 때문이다.

어쩌면 그는 자신이 로스차일드 가문의 피를 이어받았다는 사실을 알았을지도 모르고, 그런 까닭으로 최소한 자신이 독일의 최고 권력자로 있는 한 로스차일드는 자신을 옹호할 것이라고 생각했을지도 모른다. 그래서 그는 연합국 측, 정확히 말하자면 프리메이슨에게 속고 있다는 생각을 전혀 하지 못했을 것이다.

히틀러는 폴란드 침공 이후 영국이 선전 포고를 하고 나서자 비로소 자신의 실수를 처음 깨달았을 것이며, 미국이 독일과 동맹관계에 있던 일본의 해외 물자 보급선을 봉쇄하는 속셈과, 독일군으로 하여금 선공하도록 만든 미국의 교묘한 수단을 깨닫고는 다시 한 번 땅을 쳤을 것이다.

〔증거 10〕 전쟁 중에도 나치에게 유류를 공급한 미국

2차 세계대전이 발발했을 때, 루스벨트 대통령은 '미국은 계속 중립을 지킬 것이며, 절대로 전쟁에 참여하지 않을 것'이라고 공언했다. 그러면서도 역전노장인 맥아더 장군을 제쳐놓고 CFR 멤버이자 맥아더의 한참 후배인 조지 마샬 장군을 연합군 사령관으로 임명한 다음, 군사 장비를 점검하는 한편 전투 훈련을 개시하면서 군대를 재정비하기 시작했다.

그런데 1940년 2월 19일자《라이프(Life)》지에 게재돼 있는 한 장의 사진을 보자. 루마니아의 플로에스티(Ploesti) 인근의 크레디툴 미니에르(Creditul Minier) 하역장에서 영국의 쉘(Shell)과 미국의 에솔루브(Essolube) 회사의 유류탱크 차량들이 기름을 옮겨싣고 있는 사진인데, '독일로 휘발유를 보내기 위해 선적하고 있는 장면'이라고 설명하고 있다.

이 차량들의 목적지는 독일의 함부르크와 부페르탈이었으며, 유류탱크 차량들은 모두 미국계 독일회사 소유였고, 이미 독일이 오스트리아와 폴란드를 침공한 다음의 일이었다. 다시 말해서, 미국은 전쟁이 발발한 후에도 독일이 전쟁을 잘 수행할 수 있도록 계속 도와주고 있었다는 이야기다.

또한 독일은 전쟁중에 스페인 오일탱크 선박을 동원해 아루바(Aruba) 섬에 있는 스탠다드 오일사 소유의 정유소에서 항공유를 수송했고, 그 밖에도 세계 각처에서 유류를 구입해 수송했지만 미국의 잠수함들은 이들을 공격하지 않았다. 미국의 자본가들 또한 세계 오일 카르텔의 멤버였기 때문이다.

일본의 진주만 공격을 유도한 미국

전쟁이 어느 정도 진행되었을 때, 미국의 루스벨트는 곤경에 빠졌다. 어떻게든 전쟁에 참전하긴 해야겠는데 명분이 없었던 것이다. 그

는 '절대로 전쟁에 말려들지 않을 것'이라고 국민들에게 공약을 했고, 국민들도 전쟁을 원치 않았다. 재선하기를 원한다면 참전은 생각할 수도 없었다. 따라서 루스벨트는 미국이 참전하지 않을 수 없는 명분을 얻어야만 했다.

1940년 8월 미국은 일본군의 암호문을 입수하였고, 해독에 성공한 루스벨트와 참모들은 쾌재를 불렀다. 독일·일본·이탈리아 3국이 군사동맹을 맺을 것이고, 한 나라가 침략을 당하면 나머지 두 나라는 자동적으로 합세하여 함께 전쟁을 치를 것이라는 내용의 전문이었다.

그리하여 같은 해 9월 28일, 독일·일본·이탈리아의 3국 군사동맹이 체결되자, 루스벨트와 참모들은 작전을 짜기 시작했다. 일본으로 하여금 미국을 선제 공격하도록 하고, 그걸 기회로 독일과 전쟁을 시작한다는 시나리오가 작동하게 된 것이다.

1940년 10월, 미국의 프랭크 녹스 해군장관이 리처드슨 태평양함대 사령관을 불러 물었다.

"대통령께서는 서부의 태평양 연안에 우리 군함들을 배치시켜 일본의 해외 유류 보급선을 끊고 싶어하시는데, 제독이 그렇게 해줄 수 있습니까?"

"그것은 전쟁 행위이기 때문에 절대 불가합니다!"

장관은 지시나 명령이 아니라 '겸손한 질문'을 던졌고, 이에 대하여 제독은 단호하게 거부 의사를 밝혔다.

여기에서 두 가지 의문이 생긴다. 첫째, 대통령의 의사라면 왜 그가 직접 명령하지 않고 해군장관을 시켜 미온적인 지시를 내렸을까? 둘째, 대통령의 지시를 거부한 제독을 왜 좌천이나 해고시키지 않았는가?

이에 대해 전문가들은 이로 인해 일본의 공격을 받게 될 경우 제독에게 책임을 전가하면서, 할 수 없이 일본과 전쟁을 시작하는 듯이 보이기. 위해서였을 거라고 해석한다. 그렇지 않으면 루스벨트 대통령이 국민들에게 지탄받을 가능성이 있고, 대의명분도 서지 않기 때문이다.

그러면서도 루스벨트는 1940년 11월 선거 유세에 나서서 이렇게 외쳤다.

"나는 미국의 모든 아버지와 어머니들에게 다시 한 번 약속합니다. 나는 절대로 당신의 아들들이 외국의 전쟁에 나가도록 하지 않을 것입니다."

이렇게 다짐하건만 미국은 결국 참전하게 되니, 그는 계속 거짓말을 했던 셈이다.

리처드슨 제독은 1940년에 백악관을 두 번이나 방문해 태평양함대의 하와이 철수를 강력히 건의했다.

제독은 태평양함대의 승무원들은 전쟁을 수행할 수 있을 만한 전투 요원이 못 되며, 하와이는 너무 노출되어 있어 함대의 훈련 장소로는 적합치 않다고 주장했다. 함대 또한 공중 또는 잠수함 공격에 대비한 방어 능력도 불충분하다고 했다.

제독의 이러한 부정적이고 회의적인 태도는 루스벨트의 참전 의도와 어긋나는 것이었으므로, 1941년 1월 제독은 면직당했다.

일본의 진주만 공격을 알고 있었던 루스벨트

당시 주일 미국 대사였던 조지프 그루는 일본의 진주만 공격 계획 정보를 접하고는, 1941년 1월 27일 미국 국무성에 이러한 전문을 보냈다.

"페루 대사가 우리 대사관 직원에게 이야기한 바에 의하면, 일본은 만일 미국과 전쟁을 하게 되면 무엇보다도 진주만을 기습할 생각이라는 정보를 여러 곳에서 들었다……"

그리고 1941년 3월 어느 만찬에서 루스벨트는 "모든 일이 잘 진행되고 있으며, 독일은 조만간에 우리를 공격할 것"이라고 말했다. 이는 당시 미국 내무장관인 해럴드 익스가 증언한 내용이다. 또한 대통령은

"미국이 참전하도록 처칠과 공모했다"면서 뒷이야기를 털어놓기 시작했다고 한다.[26]

"대통령은 '우리는 선전 포고 없는 전쟁을 하게 될 거고, 적을 자극하는 도발 행위를 계속할 거야. 만일 독일이 우리의 행동을 못마땅하게 여긴다면 미군에게 공격을 가하겠지. ……미 해군은 아이슬란드의 해로를 경비할 것이며, 독일의 U-보트가 근처 2백~3백 마일 해상에 나타나면 공격하도록 지시했네. 다만 모든 일이 우연한 사고인 것처럼 위장할 생각이네'라고 말했다……."

이러한 미국의 속셈을 알아차린 독일은 안간힘을 다하여 미국과의 충돌을 피하려고 애를 썼다.[27]

히틀러가 저지른 실수 중 가장 큰 것은 불가침조약을 맺은 동맹국인 소련을 1941년 6월 22일에 공격한 것이다. 그 결과 미국의 도발 행위는 더욱 노골화되어 1941년 6월 24일 루스벨트는 "미국은 최선을 다하여 소련을 도울 것이다"라고 공표했다. 그 결과 유명한 렌드리즈(Lend-Lease)법을 만들어 소련에 외상으로 막대한 전쟁 물자를 보급해 주었던 것이다.

그러나 히틀러는 대서양에 있는 미군과의 충돌을 피하면서 동부에서 소련과의 전투에 최선을 다했기 때문에, 루스벨트는 태평양 쪽에서 기회를 노리게 되었다. 그 조치의 하나로 미국은 영국과 폴란드를 돕는 대신 일본의 해외 유류 수입을 봉쇄하는 조치를 취함으로써 일본의 목을 죄기로 했다.

이러한 일련의 조치들을 주시하고 있던 후버 전 대통령은 루스벨트의 속셈을 간파하고 1941년 8월에 미국민에게 경고했다.

---

26) 이 내용은 조지프 래시(Joseph Lash)의 책 『루스벨트와 처칠』에 자세히 소개되어 있다.
27) 실제로 독일군은 1941년 7월 말 동부 전선, 즉 러시아 전선에 투입된 독일군에게 '미국과의 충돌을 피하라'고 조심스런 명령을 내렸다.

"지금 미국이 선전 포고도 없이 전쟁을 시작하려고 차근차근 수순을 밟아가고 있다. 의회는 이걸 중지시키기 위하여 최대한 노력을 기울여야 한다."

그러나 루스벨트는 물론이고 의회나 국민들 역시 후버의 말에 귀를 기울이지 않았다.

또한 그 뒤를 이어 하원의회의 '반국가행위 조사위원회(the House Committee on Un-American Activities)'의 마틴 다이스 위원장도 비슷한 문제에 관한 보고서를 발표했다. 다이스는 미 행정부가 실제 조치와는 전혀 다른 내용을 공식 발표하는 것에 의문을 품고 확실한 물적 증거를 다수 수집해 놓았다. 일본이 미국의 특급 군사 기밀을 알고 있다는 것, 그리고 진주만 공격을 준비하고 있다는 내용이었다. 다이스 위원장이 직접 대통령을 찾아가 강력하게 항의하며 시정을 권고했지만 루스벨트는 마이동풍이었다.

다이스 위원장은 그해 초에도 백악관을 찾아가 몰래 입수한 일본 첩보대의 전략 지도까지 대통령에게 보여주면서, 일본이 분명히 진주만 기습을 준비하고 있다고 탄원했으며, 코델 헐 국무장관에게 대통령에게 다시 한 번 건의하도록 전화한 일도 있었다. 그러나 행정부는 아무런 조치도 취하지 않았을 뿐만 아니라 다이스 위원장에게 그 내용을 발설하지 못하도록 강력하게 권고하였다.

그로부터 20여 년이 지난 1964년 4월, 다이스는 한 TV와의 인터뷰에서 이러한 사실을 폭로했고, 필요하다면 결정적인 증거들을 모두 공개할 수도 있다고까지 말했다.

한편 일본에서는 1941년 10월 16일, 전 내각이 사임하고 도조 히데키(東條英機) 내각이 들어섰다. 히데키는 곧바로 하와이 주재 일본 첩보원들에게 진주만 함대의 정확한 위치를 보고하라는 명령을 내렸다.

미국의 정보 기관들은 이 암호를 해독하여 일본 군부의 의도를 낱낱이 파악하고 있었다. 미 육군 소속의 극동 담당 정보계 장교의 증언에 의하면, 그는 일본의 '야마모토(山本) 작전 계획'의 암호문을 해독해 일본의 진주만 기습 내용을 알고 있었고, 이 사실을 워싱턴에 세 번 이 상 통고했다. 그리고 이 통신문은 진주만 사건 발발 전에 육군성에 정식으로 접수되어 있었다고 한다. 따라서 미국 정부가 일본군의 진주만 기습을 모르고 있었다는 것은 어불성설이었는데, 실제로 미국 정부는 이에 대해 아무런 준비도 하지 않고 있었다.

일본의 진주만 공격 이후, 하원의회 조사위원회의 청문회에서 당시 헨리 스팀슨 국무장관의 일기장도 공개되었다.

"우리는 외교적 노력을 기울여, 일본으로 하여금 공식적으로 사건을 일으키도록 일을 꾸미고 있었으며……."

또한 그는 조사위원회에서 이렇게 증언했다.

"문제는 어떻게 우리의 희생을 최소로 줄이면서 일본이 선제 공격을 가하도록 유도하는가 하는 것이었다."

그런가 하면 뉴욕《데일리 뉴스》의 1951년 5월 17일자 신문을 보면 대단히 흥미로운 기사가 실려 있다. 이 신문의 워싱턴 특파원인 존 오 도넬 기자가 리처드 소지라는 소련 첩보원의 보고서를 입수하여 그중 일부를 공개한 것이었다.

그 보고서에 따르면, 소지는 1941년 10월 모스크바에 '일본이 60일 이내에 진주만을 기습할 것'이라고 보고했다. 같은 해 11월 25일 화요 일, 즉 일본 해군이 진주만 기습을 위해 일본 본토를 출발한 날에는 미 국 백악관에서 모종의 회의가 열렸다. 루스벨트 대통령을 비롯하여 스 팀슨 국무장관, 프랭크 녹스 해군장관, 마샬 국방장관, 해럴드 스톡 제 독 등이 참석한 회의에서 루스벨트는 이렇게 말했다.

"아마도 빠르면 월요일경에는 일본이 기습할지도 모른다. 일본은 사 전 경고 없이 공격하는 것으로 유명하기 때문이다."

소련 첩보원 소지는 "그 당시 미국 정부는 숱한 위험 요소에도 불구 하고 일본으로 하여금 미국을 선제 공격하도록 하여, 미국민들이 자신의 눈으로 과연 누가 침략 행위를 했는지 분명히 확인하기를 원했다. 그래야만 국민의 지지를 받을 수 있었기 때문이다"라고 자신의 의견을 첨부했다.

진주만에는 고물 군함들만 있었다

이제 루스벨트가 일본의 진주만 공격을 사전에 알고도 아무 조치를 취하지 않았던 것이 확실해졌다. 그렇게 해서 드디어 1941년 12월 7일 일본이 진주만을 폭격하게 된 것이다.

그런데 진주만 공습에 참가한 일본군 조종사들의 증언이 대단히 흥미롭다. 그들은 공습을 떠나기에 앞서 "만일 미국이 전쟁 준비를 해놓았다는 증거가 보이면 곧 되돌아오라"는 명령을 받았으며, 공중에서 보니 하와이 비행장에는 즉시 비상 이륙할 수 있는 비행기들은 거의 없었다고 한다. 비행기들이 3~4대씩 무리를 지어 서로 날개가 닿을 정도로 가까이 머리를 맞댄 채 원을 그리고 배치돼 있었다는 것이다.

비행기에 대한 테러를 방지하기 위한 조치로서, 루스벨트 대통령이 직접 내린 명령이었다. 따라서 일본군 비행기가 폭격을 하고 있는데도 후진 장치가 없는 미군 비행기들은 이륙하기가 어려워 고스란히 당하고 말았던 것이다.

또 하나 이상한 점은, 일본군에게 폭격당한 미 군함 가운데에는 쓸 만한 것이 거의 없었다는 점이다. 미국의 태평양함대는 항공모함 3척, 군함 9척, 소형 함선 등으로 구성돼 있었는데, 그 가운데 일본군에게 격침되거나 심하게 파손당한 것은 덩치가 커서 기동성이 떨어지는 8척의 군함뿐이었다. 게다가 이것들은 1차 세계대전 이전에 건조된 것들로 상당히 낡아서 별로 쓸모가 없던 것들이었다.

그리고 나머지 항공모함 엔터프라이즈호는 중(重)구축함 3척, 경(輕)구축함 9척과 함께 11월 28일에 웨이크섬으로 보냈으며, 항공모함 렉싱턴호는 12월 5일에 순양함 3척, 구축함 5척과 함께 미드웨이로, 그리고 항공모함 사라토가호는 태평양 연안으로 보냈다. 다시 말하면, 전쟁이 일어나면 긴요하게 쓰일 항공모함과 중소형 함선들은 미리 피신시켜 놓았던 것이다.

진주만 기습을 받은 후 미국 의회는 조사단을 만들어 사건의 전말을 조사해 발표했는데, 놀라서 기절할 만한 것이었다.

"일본의 기습은 미국이 어떠한 동기 부여도 하지 않은 상황에서 일어난 일이며, 대통령이나 국무장관·국방장관·해군장관이 일본의 기습을 유도했다고 할 만한 증거가 없다. 또한 미국 정부는 일본과의 전쟁을 피하기 위해 가능한 모든 노력을 다했다. 일본의 이러한 공격은 미국의 육·해군이 적의 침략적 근성을 알면서도 충분히 방어하지 못한 데 그 원인이 있다. 그러나 그 잘못은 직무 유기에 의한 것이라기보다는 판단의 잘못에 기인한 것이다."

그런 다음 피해 규모를 다음과 같이 발표했다.

- 2,341명의 군인 사망.
- 1,143명의 군인 부상.
- 64명의 시민 사망.
- 18척(군함 8척 포함)의 선박 침몰.
- 그 밖에 육·해군의 비행기 등 기물 손실 다수.

정부에서는 이런 피해가 방어 준비의 소홀함 때문이라고 결론을 내리고 그 책임을 물어 하와이 해군사령관 킴멜 제독을 1942년 1월 7일자로 불명예 예편시킴과 동시에, 진주만 주둔 육군사령관 월터 쇼트 장군도 불명예 예편 조치했다. 두 사람은 군법회의에 회부해 달라고 끈질기게 요청했으나 끝까지 받아들여지지 않았다. 정부는 그들이 자신의 의사를 발표할 수 없도록 함구시켰던 것이다.

이에 대해 진주만의 구축함 관리 총책임자였던 로버트 테오볼드 제독은 후에 『진주만의 마지막 비밀』이라는 책에서 다음과 같이 술회했다.

"루스벨트 대통령은 일본이 선제 공격을 해오도록 유인했으며, 하와이에 있는 태평양함대의 군함들을 모두 진주만에 집결시켜 일본을 유혹했다. 진주만을 공격하도록 미끼 작전을 쓰기 시작한 것은 1940년 6월부터이다. 일본과의 전쟁이 곧 독일과의 전쟁이었기 때문에 이러한 계획이 세워졌으며, 루스벨트·마샬·스톡 등 세 사람은 최소한 공격 21시간 전에 일본의 기습 사실을 알고 있었다."

킴멜 제독과 쇼트 장군의 후손들은 지금도 명예 회복을 위해 온갖 노력을 기울이고 있지만, 이렇게 증거가 충분한데도 불구하고 대부분의 사람들은 루스벨트를 비롯한 참모들이 그때 일본의 기습을 전혀 모르고 있었다고 믿는다.

나치의 헤스 부총통이 갖고 있던 비밀

일반인에게 알려지지 않은 사실 가운데 또 하나 흥미로운 것은 나치독일의 헤스 부총통에 관한 이야기다. 우선 '단치히(Danzig) 통로'에 관한 이야기부터 시작하자.

폴란드의 항구 도시인 단치히(또는 그단스크)는 원래 독일의 영토였고 주민들도 독일인이었는데, 1919년 1차 세계대전 패망 후 '탈무디스트(Talmudist : 유대교의 율법책인 『탈무드』 신봉자)'의 사주를 받은 미국의 윌슨 대통령이 독일의 재기를 막기 위해 베르사유 평화조약시, 독일을 둘로 쪼개려고 폴란드에 준 땅이었다.

그후 독일은 서부에서 동부의 단치히로 가려면 빙 둘러가야 하는 불편을 감수해야 했다. 이것은 몹시 불편한 일이어서, 독일과 폴란드 간에 협상이 시작되었다. 단치히 땅에 통로를 만들어 독일의 동부와 서부 왕래시에 이용할 수 있도록 하자는 것이었다.

협상은 폴란드 측의 협조로 순조롭게 진행되어 갔다. 단치히의 주민들이 본디 독일인이기도 했지만, 폴란드로서는 이렇게 양보함으로써 독일이 가진 폴란드에 대한 적개심을 덜자는 의도였다.

그러나 그것은 독일의 재건을 미연에 방지하자는 연합국의 의도를 원점으로 되돌리는 것이어서, 특히 탈무디스트들은 양국의 협상을 걱정스러운 눈으로 쳐다보고 있었다. 많은 어려운 일들에도 불구하고 두 나라는 상호 이익이 될 수 있도록 협상하는 데 성공하고 정식 조약을 눈앞에 두게 되었다.

그런데 거의 합의에 다다를 무렵 폴란드가 갑자기 태도를 바꾸어서 모든 협상을 부정하고 나섰다. 그런 연유로 독일이 1939년 9월 1일 폴란드를 침공하게 된 것인데, 곧 이어 영국과 프랑스가 독일에 대해 선전 포고를 하고 나서자 독일은 경악을 금치 못했다.

협상 진행이 그렇게 된 이면에는 영국이 있었다. 영국은 폴란드와 몰래 접촉하여 군사동맹을 제의했고, 이 제의에 솔깃해진 폴란드는 1939년 8월 25일, 독일 몰래 영국과 군사 협정을 맺었다. 폴란드가 침공당할 때에는 영국이 모든 능력을 동원하여 함께 방어해 준다는 내용이었다. 그래서 폴란드는 독일과의 협상 마지막 단계에서 표변했던 것이다.

그러나 사실 폴란드는 영국의 고의적인 기만 술책에 속은 것이었다. 당시 영국은 폴란드가 침공받더라도 군대를 폴란드로 파병할 능력이 없었다. 하지만 영국은 폴란드와 독일의 협상이 단절되면 어떠한 일이 벌어질지, 또 그로 인해 큰 전쟁이 일어날 것이라는 사실까지 정확하게 예상하고 있었으므로 그러한 기만 술책까지 동원했던 것이다.

그리하여 독일은 '단치히 통로'를 지키기 위해 폴란드의 동의 없이 군대를 배치하게 되었고, 결과적으로는 그것이 2차 세계대전의 발발로 이어졌다.

어쨌든 히틀러와 그의 측근들은 영국과의 전쟁은 막아야 한다는 결론을 내렸고, 헤스는 히틀러의 허락을 받고 영국 관료들과 접촉해 평화를 제의했다. 당시 중립 국가인 스위스와 포르투갈에서의 영국 관료 접촉이 실패로 돌아가자, 헤스는 영국으로 직접 날아가기로 결정했다.

1941년 5월 10일 헤스는 아우크스부르크 비행장에서 비무장인 메세르슈미트 110형 폭격기를 타고 북해를 건너 영국으로 날아갔고, 영국의 대공 포화와 전투기를 용케 피해서 약 3시간 30분 후에 스코틀랜드의 한 농장에 낙하산으로 착륙했다. 그러나 헤스는 농부의 신고를 받고 출동한 그 지방의 방위부대에 체포되었다. 그는 곧 자기를 소개한 다음 처칠 총리와의 면담을 요청했다. 그러나 처칠은 이를 거절했고, 그를 전쟁 포로로 취급하여 감금한 뒤 모든 것을 비밀에 붙였다.

그러고는 종전이 되고도 한참 세월이 지난 1980년 후반에야 그의 아들의 구명 노력과 고르바초프의 협조를 얻어 1987년 석방이 결정되었다. 그러나 석방되기 며칠 전, 그는 서베를린의 스판다우 감옥에서 향년 93세로 의문의 죽음을 당했다. 또한 헤스의 평화 협상 건의에 관한 모든 서류는 비밀 문서로 취급되어 2017년까지 아무도 열람할 수 없도록 해놓았다. 이 일련의 사건에는 틀림없이 현세계에 알려져서는 안 될 비밀이 숨겨져 있을 것이다.

【 참고 서적 】

- Albert C. Wedemeyer, *Wedemeyer Reports*.
- Anthony C. Sutton, *Wall Street and the rise of Hitler*.
- Carroll Quigley, *Tragedy and Hope ; The Anglo-American Establishment*.
- General Gerald L.K. Smith, *Matters of Life and Death*.
- General Smedley Butler, *War is a Racket*.
- Harry Elmer Barnes, *Pearl Harbor After A Quarter of a Century*.

- Ilse Hess, *Rudolf Hess–Prisoner of Peace*.

- Joseph Lash, *Roosevelt and Churchill*.

- Jules Archer, *The Plot to Seize the White House*.

- Leon Degrelle, *The Enigma of Hitler*.

- Mark Weber, *The Legacy of Rudolf Hess*.

- Robert A. Theobold, *The Final Secrete of Pearl Harbor*.

- Walter Langer, *The Mind of Adolf Hitler*.

- W.R.Hess, *My Father Rudolf Hess*.

유대 민족은 속고 있다

프리메이슨에게 이용당하고 있는 유대 민족

아마도 현세에서 유대인처럼 핍박받고 파란만장한 역사를 갖고 있는 민족은 흔하지 않을 것이며, 그들처럼 복잡다단하고 애매모호한 문제를 지니기도 힘들 것이다.

유대인의 문제는 언급 자체가 매우 민감하고 위험한 일이다. 그들은 1천 8백여 년 전에 자기네들이 살던 땅이라고 그동안 살고 있던 주민들을 쫓아내고 팔레스타인 땅으로 들어가 주위의 아랍 국가들과 싸움을 하고 있다. 또한 6백만 명의 유대인들을 독가스로 대량 학살한 일에 참가했던 사람은 일개 사병이라도 세계 끝까지 쫓아다니며 찾아내, 80이 넘은 노인들까지 심판대에 올려 형벌을 주는 현 상황에서, 섣불리 그들의 이야기를 한다는 것은 어떤 면에서는 위험한 일이기도 한 것이다.

그러나 앞에서도 여러 차례 강조한 것처럼, 나는 현재의 유대인들이 아직도 희생물로 이용당하고 있다고 생각하며, 그들이 계속 지금처럼 행동한다면 그들에게 무서운 재앙이 닥치지 않을까 인간적인 걱정이 앞선다.

동·서양인을 막론하고 많은 사람들이 현재 세계를 지배하고 있는 것은 유대인이라고 말한다. 이 책의 표현에 의하면, 세계 단일 정부를 유대인들이 장악하고 있다는 얘기다. 물론 그 말도 틀린 것은 아니지만, 그럼에도 불구하고 유대인은 여전히 이용당하고 희생물이 되고 있기 때문에 그들의 문제가 복잡다단하다는 것이다.

지나온 역사를 통해 우리는 유대인들이 유럽 각지에서 인간 이하의 대우를 받고 박해당했다는 사실을 알고 있다. 나치 독일이 유대인을 학살했고 그들의 생명을 개만도 못하게 취급했다는 것도 틀림없는 사실이다. 그러나 그것은 독일에서만의 일이 아니었다. 세계 제1의 인권 국가라고 자처하는 미국·영국·프랑스 등을 위시한 모든 유럽 국가들도 함께 그들을 박해했다. 어떤 면에서는 오히려 독일이 유대인들에게 관대했다고 말할 수도 있을 정도였다.

예를 들면 1860년 오스트리아의 빈에는 69가구의 유대인이 살고 있었는데, 40년 후인 1900년에는 20만의 인구가 되었다. 이 지역에 이렇게 급격히 유대인이 증가한 이유는 아마도 다른 지역보다 유대인이 살기에 월등히 좋았기 때문일 것이다.

폴란드를 비롯한 다른 지역에서 유대인들이 어떤 대우를 받았는지에 대해서는 〈교황 성하께 삼가 드리는 편지〉 편에 잘 나와 있기에 여기서 자세한 얘기는 하지 않겠지만, 유대인 박해는 전 유럽에서 일어났던 사실이다. 지금 세계에서 가장 부자고 금권 정치의 대가인 로스차일드도 프랑크푸르트의 게토에서 살 때, 길거리를 지나다가 독일인 어린이를 만나면 모자를 벗고 정중하게 인사를 해야 했을 정도였다.

히틀러나 당시의 독일인들이 유대인들에게 감정을 품게 된 것은 유대인 인구가 급격히 증가했기 때문이 아니었다. 유대인들이 학계·법조계·의학계·언론계·금융계 등 사회의 전 분야를 장악하자, 그들의 지배하에 놓인 절대 다수의 원주민들이 반감을 가지게 된 것이다.

이것은 경제적 파탄에 직면한 인도네시아가 그 불만을 중국계 주민들에게 돌리고 있는 것과 비슷한 일이다. 중국 화교도들은 한국·일본을 제외한 동양권에서 경제권을 장악하고 있는데, 그들은 다른 나라에서 몇 세대씩 살면서도 중국의 말과 문화를 고수하고 자기네들만의 학교와 상점 등을 따로 갖고 있다. 다른 나라 속에서도 자신들만의 '소(小)중국'을 형성하고 있는 것이다. 게다가 경제력까지 장악하고 있으니 원주민들의 반감을 사게 된 것이다.

유대인들 또한 화교도들과 비슷했다. 원주민들과 다르게 수염을 기르고 그들 특유의 복장을 하고 다녔기 때문에 금세 유대인이라는 사실을 알 수 있었고, 사회의 상층부에서 헤게모니를 장악하고 있는데다가 동족끼리 결속하여 그 기득권을 유지해 나가니, 절대 다수를 차지하고 있는 비유대인들의 눈에 곱게 보일 리 없었다. 결국 비유대인들에게는 유대인들이 자신들의 발전을 가로막는 것처럼 비쳐져 반감을 사게 되었던 것이다. 그러한 반감만 없었더라면 유대인들은 그렇게 학살당하지 않았을 것이다.

예를 들어 1942년까지만 해도 히틀러는 유대인들을 학살하겠다는 생각보다는 독일 땅에서 축출하려고만 했다. 전 유럽의 유대인들을 아프리카 대륙 동쪽에 있는 마다가스카르[28] 섬으로 보내 그들만의 국가를 형성하게 하는 것이 가장 이상적인 방안이라고 생각했던 것이다.

그랬는데 유대인에 대한 독일인의 반감이 예상 외로 높았으며, 이를 계기로 '괴벨스 계획'이 출현하게 되었다. 나치 독일 정권에서 홍보장관을 하다가 후에 제2인자인 부총통이 된 요제프 괴벨스(Dr. Joseph Goebbels)는 특히 유대인에 대한 반감이 대단했던 사람이었다. 그는 대학 졸업 후에 취직을 하는 데 번번이 실패하자, 취직이 안 되는 이유

---

28) 한반도 전체 넓이의 2.7배 가량 되는 섬.

가 자신이 유대인이 아니기 때문이라고 생각했다. 그리하여 그는 나치 정권하에서 '괴벨스 계획'을 입안했던 것이고, 우리가 흔히 알고 있는 당시의 유대인에 대한 박해가 그에 의해 이루어졌던 것이다.

엘리트들의 이권을 위해 만들어진 이스라엘

1차 세계대전 중, 프리메이슨의 엘리트들은 팔레스타인에 유대인들의 국가, 즉 '시온의 땅'에 '시온의 국가'를 건립하려는 계획을 세웠고, 그리하여 '시온주의(Zionism)'라는 정치 운동을 탄생시켰다.

여기서 오해하지 말아야 할 것은, 모든 유대인들이 시온주의자는 아니라는 것, 시온주의자가 반드시 유대인은 아니라는 것, 그리고 시온주의라는 것은 종교도 아니고 인종을 뜻하는 것도 아니며 다만 유대인들이 팔레스타인의 고향 땅을 되찾겠다는 정치 운동이라는 점이다. 따라서 이 운동에 찬동하는 사람은 인종·국적에 관계없이 모두 시온주의자라고 할 수 있다.

시온주의라는 말은 19세기 말 무신론자인 테오도르 헤르츨 (Theodore Herzl)이 창시한 것인데, 한마디로 말하자면 엘리트들이 '유대인을 위한 국가'라는 대의명분을 앞세워 유대인들을 기만하기 위해 만들어낸 것이라고 할 수 있다.

유대인들에게 자신들만의 국가를 설립하게 하여 나라 없는 서러움을 씻어주고 당당한 독립국가의 민족으로서 살게 해주겠다는 것은 그럴듯한 명분이었다. 수많은 유대인들이 팔레스타인으로 이주했고, 피를 흘리며 싸워 그 땅을 차지했다. 그리고 엘리트들은 그 땅에 운하를 만들고 송유관을 매설하여 아랍 지역의 천연자원을 영원히 안전하게 소유했다. 유대인들은 엘리트들의 목적에 이용당한 것이다.

이러한 정략은 다목적으로 유리하다. 즉 미국을 끌어들여 아랍 지역을 '분할 통치'함으로써 중동의 '기름'을 계속 차지하는, '조종에 의한 분쟁(managed conflict)'을 실행하고 있는 것이다.

1차 세계대전 20년 후인 1939년 4월 25일, 미국 노스다코타 주 출신의 제럴드 나이 상원의원은 1차 세계대전과 관련, '영국은 유대인들이 고향 땅인 팔레스타인을 갖는 것을 인정한다'는 내용을 밝히면서 『다음 전쟁(*The Next War*)』이라는 제목의 책을 소개한 일이 있었다. 그것은 '2차 세계대전'을 의미하는 것이었다. 「선전(Propaganda)」이라는 제목이 붙은 1부를 보면 미국이 2차 세계대전에 어떻게 개입하게 되는지를 설명해 놓고 있는데, 그중의 한 구절을 소개해 본다.

한동안 미국은 어느 편을 들어 참전할 것인지 결정하지 못하고 있었다. 결국 미국은 우리 영국의 '선전 작전'에 말려들었다. 우리는 유대인 문제를 활용했다. 전세계의 유대인 인구는 약 1천 5백만에 달했는데, 최소한 5백만의 유대인이 미국에 살고 있었고, 뉴욕 인구의 25퍼센트가 유대인이라는 점을 이용했던 것이다. 우리는 대전 중에, 독일의 에리히 루덴도르프(Erich Ludendorf) 장군이 점거하고 있던 팔레스타인 땅을 유대인에게 주겠다고 선전함으로써 미국의 유대인들뿐만 아니라 독일 땅의 유대인들에게까지 호응을 얻어 대성과를 얻을 수 있었다.

영국은 1917년 11월 6일, 당시 외상이었던 아서 밸푸어경(Lord Arthur Balfour)[29]의 유명한 '밸푸어 선언'을 공포하여 유대인에게 "팔레스타인을 주겠다"고 약속함으로써 유대인들의 지원을 얻을 수 있었다. 또한 역시 유대인인 미국의 하우스 대령의 활약으로 윌슨 대통령을 움직였고, 군함 서섹스호의 침몰 조작극을 연출했다. 그렇게 해서 영국은 미국을 자기네 진영에 가담시켜 참전시키는 데 성공했다.

당시 세계의 유대인들은, 독일이 유대인들을 팔레스타인 땅에 밀입국시키는 데 앞장서고 있었기 때문에 독일만이 유일한 지원 국가며 영

---

29) 프리메이슨의 한 지파인 '300위원회'의 회원.

국은 적국이라고 믿고 있었다. 그런데 엘리트들의 공작으로 그러한 인식은 정반대로 바뀌었고, 아랍인들에게는 청천벽력 같은 일이 눈앞에 닥쳤다.

불후의 명작인 영화 〈아라비아의 로렌스〉에는 영국의 비신사적인 책략이 담겨 있다. 영국 군인인 로렌스는 터키의 점령하에 있는 아랍에 가서 "영국과 함께 싸워 터키를 물리치면 당신들에게 독립을 주겠다"고 아랍인들을 설복했고, 그 말에 희망과 용기를 갖게 된 아랍인들은 힘껏 싸워 전쟁에서 승리를 거두었으며, 로렌스는 '아랍의 영웅'이 되었다.

그의 약속은 물론 개인적인 결정이 아니고 영국 정부의 공식적인 정책이었다. 또한 개인적으로 처칠과도 절친한 사이였기에 로렌스는 영국 정부를 믿고 아랍인들에게 그런 약속을 했던 것이다.

그런 상황에서 영국 정부가 태도를 바꾸어 팔레스타인을 유대인들에게 준다고 공표했으니, 아랍인들에게는 날벼락이 아닐 수 없었다. 아랍인들에게 있어 영국은 엄청난 배반자였고, 로렌스 또한 아랍 친구들을 기만한 파렴치한이 되어버렸다.

로렌스는 조국의 비열한 행동에 양심상 동조할 수도 없었고, 아랍 친구들에게도 차마 얼굴을 들 수 없어서 종적을 감추고 말았다. 그러고 나서 몇 해 후에야 그는 이렇게 털어놓았다.

나는 아랍인들에게 우리가 동부 전선에서 승리하기 위해서는 그들의 도움이 필요하다고 말했다. 우리가 전쟁에 패배해 약속을 지키지 못하게 되는 것보다는 승리하여 약속을 지킬 수 있도록 하는 것이 현명한 일이라고 그들을 설득했다. 그들에게 용기와 희망을 불어넣음으로써 승승장구할 수가 있었던 것이다. 나는 명예를 걸고 문서로 그런 약속을 했으며, 나 또한 그들에게 내 영혼을 바쳤다. ……나는 내가 했던 일에 대해 고통스러움을 갖고 있으며 수치를 느끼고 있다.

결국 영국은 아랍인들이 영국의 약속을 굳게 믿고 싸우는 동안, 유대인에게 팔레스타인을 넘기려고 공작하고 있었던 것이다. 로렌스는 처칠뿐만 아니라 '원탁회의(The Round Table)'[30]의 지도자인 밀너(Milner)와 빅터 로스차일드와도 친한 사이였지만 그들은 사업을 위해서라면 친구까지 이용하는 사람들이었다.

이 '밸푸어 선언'은 라이오넬 로스차일드경이 재정 지원하는 원탁회의에서 논의되었고, 영국의 '시온주의자 연합'의 대표자들과 로스차일드 등이 합의한 것으로서, 밸푸어 외상은 그것을 낭독한 것에 불과했다. 따라서 이것은 의회에서 민주적으로 논의하여 다수결로 결정한 것이 아니라, 로스차일드나 밀너 같은 몇 사람이 합의를 보아 정부나 의회가 복종하도록 만든 결과라는 것이 더 정확한 표현이다.

당시 팔레스타인의 유대인 인구는 1퍼센트도 안 되는 정도였고, 서기 135년에 살았던 곳을 1,800년이 흐른 뒤에 유대인의 땅이라고 우기는 것은 그야말로 엉뚱한 이야기였지만, 이렇게 엉뚱한 일도 엘리트가 원하면 된다는 사실이 몸서리쳐지게 두렵다.

'유대인'에 대해서 『성경』에 소개된 것을 보면, 그들은 고대 메소포타미아의 수메르 사람인 노아(Noah)의 맏아들 '셈'의 자손이다. 그래서 유대인을 '셈의 자손(Semite)'이라고 부르는 것이고, 하느님의 천사이자 하늘의 아들인 셈야자(Shemjaza)의 전설이 만들어진 것이다. 그리고 『성경』에 보면, 유대인 12부족 외에 열세 번째 부족인 '카자르(Khazar)'[31]가 나오는데, 아서 코슬러(Arthur Koestler)를 비롯한 일부 유대인 학자들은 그 카자르족이 오늘날 유대인의 실지 조상이라고 주장한다.

그 주장에 따르면, 이스라엘에서 유대 민족을 위하여 싸우고 있거나

---

30) 프리메이슨의 한 지파.
31) 러시아 남부의 카스피해와 흑해 사이에서 서기 740년경에 살던 종족.

뉴욕에서 살고 있는 유대인들은 거의 다 카자르족이며, 유대인의 특징을 말할 때면 우선 '매부리코'를 드는데 그게 바로 카자르족의 특징이다. 그들은 터키·몽고의 피에 북유럽의 피까지 섞인 사람들이며, 그들의 말인 '이디시(Yiddish)'어는 히브리어·독일어·폴란드어가 합해져 만들어진 말이다. 그래서 그들은 독특한 유대인의 생김새를 지니게 되었고, 유대인들만이 믿는 유대교를 받아들이게 된 것이다.

결국 진짜 유대인들은 현재 아랍인으로 알려져 있는 사람 중에서 오히려 더 많이 찾을 수 있으며, 유대인이라고 주장하는 장본인들 가운데는 유대 민족의 피를 갖지 않은 사람들이 더 많다는 이야기다.

그래서 가톨릭교인이자 유대인인 휴 몬테피요르 주교는 1992년 1월 24일자 《교회 타임스(Church Times)》지에 이렇게 설파했다.

반유대인 감정은 완전히 인종을 기반으로 해서 생긴 것이다. 이것은 유대인이나 반유대주의자나 모두 인정한다. 이스라엘의 권리를 주장하면서 이스라엘이 현재 탄압하고 있는 팔레스타인과는 전혀 연관이 없는 이야기다.

또 유대인 학자인 알프레드 릴리엔탈은 그의 저서 『이스라엘이 치르는 대가란?』에서 이렇게 말했다.

유대 종족이라는 것은 없다. 유대교를 믿는 사람이면 모두 유대인인 것이다. 수천 년 동안 여러 종족이 유대교를 섬겼기 때문에 유대교라는 것은 마치 '인종의 칵테일'과도 같다. …… 시온주의자들이 주장하는 '헤브루·셈족의 고향'이라는 가설로 '유대인 민족주의'를 주창하는 것은 어폐가 있다고 할 수 있다. 왜냐하면 그들이 말하는 『성경』에 의한 헤브루·셈족은 중동의 아랍 인종과 피가 섞였기 때문이며, 오히려 그들은 대부분 유대교를 신봉하고 있지 않기 때문이다.

따라서 소위 '민족의 고향'이라고 돌아와서 아랍 민족을 숙적으로 삼고 있는 유대인들은 오히려 그동안 그곳에서 살아온 원주민보다 유대인의 피가 덜 섞여 있다. 그러므로 아랍인들을 '반유대주의자'라고 부르는 것은 온당치 않은 말인 것이다.

이러한 학설에 대하여 1차 세계대전 당시 잠깐 영국 총리를 지낸 로이드 조지[32]는 "이스라엘은 유대 민족의 고향이다"라고 주장하면서 강력히 반발했다. 특히 밸푸어 선언은 유대인들이 팔레스타인을 점령해 자신들의 정권을 세우고 원주민들을 내쫓아 아랍인의 인구를 줄이려는 음모라고 반대하는 사람들에 대하여 이렇게 반박했다.

"유대인들이 그 땅에 들어가 노력과 희생을 하면서 한때 번창하던 문명을 되찾고 오랫동안 황폐된 그 지역을 재건하는 것이 특권이 아니라면, 그들이 바라는 특권은 하나도 없는 것이다. 정치적으로나 종교적으로도 특권을 바라는 것은 없다. 그들은 팔레스타인의 주민으로서 유대인이건 아니건 완전히 동등한 권리를 갖고 살기를 원할 뿐이며, 정부의 일부를 원하는 것도 아니고 단지 헌법에 주어진 시민으로서의 권리만 행사할 수 있기를 바랄 뿐이다. 그들이 바라는 특권은 하나도 없다. 그들은 다만 평화롭게 그들 민족의 고향에 가서 그들 자신의 능력으로 번영하며 살고자 하는 것뿐인 것이다."

그러나 그로부터 몇 년 후 이스라엘의 체임 헤르조크 대통령은 완전히 다른 의견을 발표했다.

"우리에게 수천 년 동안 성지였던 이 땅을 아랍인들이 어떠한 형태로든 간섭한다는 것은 도저히 있을 수 없는 일이며, 유대인이 이 땅의 주인인 이상 우리는 아무와도 이 땅을 공유할 수 없다."

아마도 이 말이 그들의 진심이라고 보면 될 것 같다.

---

32) '300위원회'의 위원.

그러나 유대인들은 자신들의 국가, 자신들의 땅을 지키고 투쟁하는
데만 급급했지, 자신들이 엘리트들의 달콤한 꾐에 속아넘어가 이용당
하고 있다는 사실은 깨닫지 못하는 것 같다. 물론 깨닫는다 하더라도
이스라엘 정부를 비롯해서 정보부·언론 등 조직의 힘이 워낙 막강하
여 의견을 발표할 기회조차 없을 것이다.

히틀러는 유대인에게 협조적이었다

앞에서도 언급했지만, 유럽 각지에서 유대인에 대한 박해가 오랫동
안 지속되어 왔고, 각국은 유대인 문제를 어떻게 해결할 것인가 고심
하고 있었다. 또한 유대인들도 각자의 나라에서 유대인이 해야 할 일
이 무엇인가에 대해 활발히 논의하고 있었다. 그리하여 1930년대 중반
에 독일의 사회노동당, 즉 나치스와 시온주의자들은 공동 합의점을 찾
았다.

우선 독일인과 유대인은 근본적으로 다르다는 것과, 유대인들은 독
일의 일부가 될 수 없다는 점에 합의를 보았다. 유대인들을 '유대교 신
앙을 가진 독일인'이 아니라 '다른 국가의 작은 사회가 독일에서 살고
있는 것'으로 보자는 데 동의했던 것이다.

그후 히틀러가 정권을 잡은 지 6개월쯤 되었을 때, '독일 시온주의
연합'은 '독일인과 유대인과의 근본적인 차이점에 대해 솔직하게 논
의'하자고 공개적으로 제의했다. 유대인들 역시 순수한 유대계 피를 유
지하기 원하기 때문에 독일인과 피를 섞는 결혼을 원치 않으며, 자기
네들도 독일 문화를 존중할 테니 독일 국민도 유대인의 문화를 존중해
줄 것을 요구했다. 서로의 다른 점을 이해하고 존중하며 함께 일하면
서 공존하자고 요구했던 것이다. 이제 독일 내의 유대인들은 점진적으
로 자신들의 민족성을 부각시키면서 유대 민족의 국가 관념을 고취시
키기 시작했다.

이러한 협상 결과, 히틀러 정부는 시온주의에 협조를 아끼지 않았

고, 1933~1941년까지 유대인들을 팔레스타인으로 이주시키는 데 도움을 아끼지 않았다. 독일에서 태어나 독일 교육을 받은 당시의 유대인들은 원래 자신들을 '독일인'으로 생각했고 그 다음에 '유대인'이라고 생각했는데, 시온주의자들의 운동과 활약의 결과 유대 사회 안에서도 시온주의자들의 인구가 점차 늘기 시작했다.

나치스의 SS는 이러한 시온주의자들의 운동을 정부 차원에서 적극 도와주었다. 예를 들면 팔레스타인으로의 밀입국이나, 유대인의 학교·스포츠리그·문화 단체 등의 조직에 협조하여 유대인들이 민족 의식을 고취하는 일을 적극 지원해 주었던 것이다.

아마도 독일은 나중에 유대인들을 팔레스타인이나 마다가스카르 섬에 이주시키고 나라를 건국하도록 한 다음, 독일 출신의 유대인들로 하여금 정권을 장악하게 하여 독일의 우방으로 삼으려 했던 것 같다.

독일이 정부 차원에서 시온주의자들을 도와주었다는 증거는 1934년 당시 여당지인 《앙그리프 신문》에서 12차례나 발견된다. 〈나치가 팔레스타인에 다녀오다〉[33]라는 제목으로 연재된 이 기사는, 독일 SS장교인 레오폴드 밀덴슈타인과 시온주의연합의 쿠르트 투흘러가 함께 팔레스타인을 방문하여 시온 국가 건설에 대해 구상하고 왔다는 내용이었다. 기고자인 밀덴슈타인은 시온주의자들의 계획을 극구 찬양하며, 그들의 구상이 유대 민족과 세계를 위하여 유익한 일이라고 평했다.

그러자 정부에서는 이를 기념하기 위하여 이들에게 나치스의 상징인 스와스티카와 이스라엘의 상징인 정6각 별을 양면에 새긴 훈장까지 수여했으며, 밀덴슈타인을 SS의 '유대인 담당부'의 책임자로 승진시켜서 유대인의 팔레스타인 이주를 담당시켰다.

그리고 SS의 기관지인 《슈바르체 코르프스》는 1935년 5월호의 사설에서 이렇게 천명했다.

---

33) Ein Nazi fährt nach Palästina.

팔레스타인은 수천 년 동안 잃어버린 그들의 아들(시온주의자)들을 다시 받을 날이 멀지 않았다. 우리 개개인의 희망은 정부의 공식적인 희망 사항과 일치하며, 그들과 우호적인 연대를 맺기 바란다.

또한 그로부터 4개월 후에도 비슷한 내용의 사설이 또 실렸다.

그리하여 독일의 한 기선회사는 함부르크와 팔레스타인의 하이파 사이에 정기여객선을 배치하고 1933년 10월부터 함부르크의 유대교 랍비 조직의 관리하에 '성은(聖恩)을 받은 음식'을 수송하기 시작했다. 이러한 조치와 함께 독일 정부는 거의 강제적으로, 시온주의자들을 시켜 "유대인의 조국은 팔레스타인에 따로 있다"는 식으로 유대인들을 재교육시켰다.

그후 독일 전역에 약 40여 개의 캠프와 농업센터가 생겼으며, 팔레스타인으로 이주하기를 희망하는 사람들에게는 새생활에 적응하기 위한 훈련소까지 마련해 주었다. 그리고 유대인들은 독일 국기를 게양하는 대신, 흰 바탕에 파랑색의 이중 삼각형이 그려진 유대인 기를 게양하도록 허용했던 것이다. 그 깃발은 이스라엘이라는 나라가 정식으로 건국될 때 국기로 사용할 예정이었던 임시 국기였다.

뿐만 아니라 하인리히 히믈러 SS사령관은 시온주의자의 지하 군사 조직인 '하가나'의 활동을 돕기 위해 독일 첩보원들이 팔레스타인에서 캐낸 비밀 정보를 제공해 주는 등, 유대인들의 팔레스타인 정착에 음양으로 협조를 아끼지 않았다. 심지어 SS는 팔레스타인에 이미 정착한 유대인들을 위하여 하가나와 협동작전으로 독일 무기를 팔레스타인에 밀수출해 주었고, 아랍 주민과의 충돌 때 사용할 수 있도록 무기를 보급하기도 했다.

유대인의 팔레스타인 밀입국을 도운 나치 SS

이미 1917년에 밸푸어 선언을 공표했던 영국은 이 무렵 영국·미국 등에 있는 유대인 유력 단체들을 설득하여 유대인들의 친독(親獨) 성향을 친영미(親英美) 쪽으로 바꾸려고 전력을 기울이고 있었다. 그러나 이 계획은 밸푸어 선언부터 어긋나고 있었다. 팔레스타인 지역이 1차 세계대전 때부터 영국의 점령하에 있다고는 하지만, 원주민들의 반발이 예상 외로 강력해 영국은 유대인들의 팔레스타인 이주를 꺼리고 있었다. 따라서 유대인들은 영국의 눈을 피해 밀입국을 해야 했고, 독일은 이러한 상황에서 여러 가지 첩보망을 이용하여 시온주의 조직을 도와주고 있었던 것이다.

그러나 대세가 점차 반독(反獨) 경향으로 기울어가자, 유대인들은 독일의 지원을 받아서는 자신들의 문제를 풀기가 어렵다고 판단했다. 그리하여 갈수록 팔레스타인으로의 이주를 꺼리는 현상까지 일어났고, 독일은 시온주의자들을 영국 통치하의 팔레스타인으로 이주시키는 데 한계를 느끼게 되었다.

상황이 이렇게 변하자 1937년 6월 독일 외무성은 각국 주재 공관장들에게 정부의 입장을 분명히 했다. 전세계의 유대인들을 팔레스타인으로 이주시켜 유대 국가를 건설하게 하는 것은 불가능한 일이기 때문에, 독일로서는 모스크바가 국제 공산주의의 거점이 되듯 팔레스타인이 세계 유대인의 중심지가 되기를 바란다는 독일 정부의 공식 입장을 설명했던 것이다.

이즈음 현지 아랍인들과 유대인들과의 마찰이 격심하게 증가하기 시작했고, 독일은 팔레스타인에 있는 아랍 투쟁 단체들에게 동정적인 입장을 표명하기 시작했다. 그리고 1937년 6월 22일자 외무성 회람을 보면, 만일 유대인들이 팔레스타인에 주권 국가를 수립하는 것을 독일이 지지한다고 생각한다면 이는 잘못 판단하는 것이며, 유대인들이 국제적으로 독일을 적대시하는 한 독일은 팔레스타인에 국가를 세워 세계 평화에 이바지한다는 유대인들의 이론에 동의할 수 없다고 되어 있다. 이때부터 독일 정부 내에서도 유대 국가 설립에 대한 반대의 소리가 점차적으로 커지기 시작했다.

그러면서도 독일의 SS는 시온주의자들의 비밀첩보 결사조직인 모사드[34]와 합동작전을 벌여 유대인들을 팔레스타인으로 밀입국시켰다. 1937~1939년까지 영국은 유대인들의 이주를 철저하게 막았고, 같은 기간 독일은 수 척의 쾌속정을 마련하여 영국의 경비정을 피해 유대인들을 밀입국시켰던 것이다. 그리하여 1938~1939년에는 팔레스타인으로 이주한 유대인 수가 급격하게 증가했다.

독일은 1939년 10월에도 1만 명의 유대인을 팔레스타인에 밀입국시킬 계획을 갖고 있었고, 2차 세계대전의 발발로 잠시 중단되었다가 1940~1941년에도 유대인들의 이주를 도와주었으며, 1942년 3월까지 독일 내에 '키부츠(kibbutz)'라고 부르는 이민 훈련 캠프가 최소한 1개 이상 존재했다고 한다.

나치와 유대인의 '이주 합의 조약'

이러한 독일 거주 유대인들의 이주는 1933년 독일 정부와 세계 시온 조직의 '팔레스타인 센터'의 정치 부문 책임자 사이에서 이루어졌던 '이주 합의 조약'[35]에 의한 것이었다. 그 조약은 유대인들이 팔레스타인으로 이주할 때 독일에서 갖고 있던 자산을 모두 갖고 갈 수 있다는 내용이 주축을 이루고 있었다.

팔레스타인으로 이주를 원하는 유대인은 특별히 마련한 은행 구좌에 돈을 입금한 다음 자기가 원하는 농기구·건축 도구·기계·비료 등

---

34) 이스라엘의 비밀정보국 모사드(Mossad)는 2차 세계대전 이후에 로스차일드 그룹의 경제적·정치적 지도 아래 조직되었다. 영국의 첩보대와 소련의 KGB와 깊은 관련을 맺어왔던 빅터 로스차일드경이 모사드의 실제 조직과 활동을 지휘해 왔다. 우리 귀에 익은 벤구리온·베긴·라빈·샤미어 같은 사람들이 모두 모사드 출신이며, 특히 샤미어는 케네디 암살 당시 모사드의 책임자로 있었다.
35) 이 조약을 히브리어로 '이주한다'는 뜻의 '하바라(Haavara)'라고 불렀다.

원하는 물자를 지적한다. 그리고 물자의 종류와 가격을 흥정하고 서류 상으로 구입하면, 독일 정부가 형식상 만든 인트리아[36] 무역 회사가, 시온 조직이 팔레스타인의 텔아비브에 형식상 만들어놓은 하바라 회사에 수출하는 형식으로 물품을 보낸다. 그러면 이주자가 예금액에 상당하는 별도의 지가 증권을 가지고 팔레스타인에 간 후 하바라에서 자기 물건을 매입하는 형식을 취했다.

그리하여 엄청난 물량의 독일 물품이 팔레스타인으로 흘러 들어가게 되었으며, 나중에는 팔레스타인에서 생산되는 오렌지 등과 독일의 원목·자동차·농기구 등의 자재를 물물교환하는 바터 제도가 성행했다. 이런 식으로 유대인들은 팔레스타인에 이주해 개인 자산을 축적했으며, 동시에 독일은 아무런 말썽 없이 유대인들을 내보내게 되었던 것이다.

그러나 그 무렵 국제 시온주의자들이 독일을 적대국으로 돌리려고 하고 있어서, 이 조약은 세계의 시온주의자들간에 격렬한 찬반 논쟁을 불러일으켰다. 그리고 여러 시온주의자 조직에서 독일과의 우호적인 협동 활동을 반대할 이유가 없다는 결론을 내렸다.

한편 독일에서는 이주 합의 조약에 대한 반대의 소리가 높았다. 독일 상인들이 팔레스타인에서는 사업을 할 수 없게 되었으며, 결과적으로 아랍 세계에 대한 독일 상품의 전매권을 시온주의 조직이 가지게 되었기 때문이다. 그 막대한 양의 물품을 다른 곳에 팔면 독일 경제에 큰 도움을 줄 수 있을 것이라는 비판도 높아져 갔다.

그래서 1937년 독일 내무성의 기록에 의하면, 시온주의자들은 독일에서 자본을 가져갔을 뿐만 아니라 우수한 두뇌까지 뽑아가는 등, 조약이 독일에 유익한 점보다는 불리한 면이 더 크기 때문에 그 합의는 파기하는 것이 좋겠다고 되어 있다.

---

36) INTRIA : International Trade and Investment Agency.

아무튼 1933~1941년에 약 6만 명의 독일계 유대인들이 팔레스타인으로 이주했는데, 이것은 1933년 당시 독일 유대인의 약 10퍼센트에 해당하는 인구였다. 이들은 이주하면서 독일의 자본을 상당량 가져갔는데, 특히 1930년대 후반의 이주자들은 독일에서 살던 집과 공장을 그대로 옮겨갔다. 집과 일터는 그대로이고 장소만 팔레스타인으로 옮긴 꼴이었던 것이다. 1933년 8월에서 1939년 말까지 독일에서 공식적으로 빠져나간 돈은 약 4천만 달러에 해당되고, 그 밖에 비공식적인 금액까지 합하면 무려 7천만 달러 정도가 빠져나간 것으로 추정된다.

당시 하바라의 요원으로 일했던 사람이 1972년 이주 합의 조약에 대해 연구 발표한 내용에는 이렇게 결론이 내려져 있다.

"독일의 자본이 들어왔기 때문에 유대인들의 경제 활동이 가능했다. 이주 합의는 공적·사적으로 국가 개발에 이바지한 공이 지대하며, 오늘날 이스라엘 국가의 경제구조 형성 자체가 이주 합의 조약의 덕이라 할 수 있다."

히틀러는 유대인 학살을 금했다

또 한 가지 잘 알려지지 않은 사실은 나치 정부의 고위층이나 군대의 고급 장교 중에 유대인이 많이 있었다는 것이다. 그중 가장 유명한 사람은 하인리히 히믈러 SS사령관이 중용한 알프레드 로젠버그라는 유대인이다.

그는 소련공화국 중 하나인 에스토니아계 유대인인데, 어느 날 한 번도 본 적이 없는 낯선 사람이 자기 서재에 불쑥 들어와서는 아무 말 없이 책 한 권을 놓고 사라졌다고 한다. 그 책이 바로 『시온의 칙훈서』였다. 그는 이 책을 히틀러에게 갖다 주었고, 히틀러는 이 책을 대량 출판하여 많은 사람들에게 읽게 했으며, 그로 인해 사람들은 반유대 사상을 갖게 되었다.

로젠버그는 나치 사상 전문가로는 가장 유명한 인물이었다. 또한 아리안족인 독일인은 우수하고 유대인들은 열등 인종이라는 인종학 이론을 소개하여 유대인을 박해할 수 있는 학술적 이론을 만들어낸 장본인이기도 하다.

1966년 한 미국 학생에 의해 우연히 발견된 나치스 문서에 의하면, 나치 독일군의 고위 장교들 중에 수천 명에 달하는 사람들이 유대인이었으며, 영국에서는 히틀러가 전쟁 준비를 완료하자 갑자기 그를 '악마'로 표현하며 비난하기 시작했다고 한다. 미국의 친구였던 이라크의 사담 후세인이 전쟁이 발발하자 갑자기 '악마'로 돌변한 것과 비슷한 식이다.

비슷한 경우로 반유대 정서를 들 수 있다. 독일 일반 대중들이 유대인들을 증오하도록 선동한 사람은 나치스 정권의 홍보장관 요제프 괴벨스다. 히틀러가 가장 아끼던 사람 중의 하나로, 전쟁 말기에는 부총통까지 승진하여 히틀러 유고시 그의 자리를 인계받을 지위까지 올라갔다. 그는 1920년대 초 하이델베르크대학 재학 시절부터 죽는 날까지 빠짐없이 일기를 써놓았는데, 이것을 소련이 입수하여 비밀 문서로 보관하다 1992년 6월 영국의 역사가인 데이비드 어빙에 의해 처음 알려지게 되었다. 그러나 괴벨스의 일기가 아직 출판되지 않는 것을 보면 역사를 뒤흔들 만큼 중요한 내용이 담겨 있을 것이 틀림없다. 그것이 무엇일까?

괴벨스는 태어날 때부터 한쪽 다리를 절어서 대단한 열등감을 갖고 있었다. 그러나 언변은 가히 천재적이어서 자유자재로 국민의 감정을 이끌었고, 특히 전쟁 말기에 독일의 패색이 짙어갈 무렵 병사들에게서 조국을 위해 목숨을 바칠 수 있는 용기를 이끌어내는 대단한 역할을 한 장본인이다.

1897년에 출생한 그는 1921년 하이델베르크대학에서 박사학위를 받고 신문기자가 되려고 중앙일간지에 지원했다. 그러나 당시 독일의 언론은 완전히 유대인들이 장악하고 있었기 때문에, 아무리 노력해도 취직이 되지 않았다. 그는 자기보다 훨씬 실력이 모자란 유대인들이 취직되는 것을 보고 크게 실망해, 결국 신문기자의 꿈을 포기하고 은행에 취직하게 되었다.

은행에 다니면서도 금융계를 주무르는 유대인들의 무자비한 운영 방식에 울분을 느껴, 그 당시 태동하는 히틀러의 민족사회당에 가입했고, 당 기관지인 《민족의 자유(Völkische Freiheit)》의 편집인이 되었다.

그는 당 기관지와 여러 신문에 유대인들을 조롱하고 그들의 단점을 꼬집는 글을 쓰기 시작했는데, 제일 먼저 그 타깃이 된 유대인이 베를린 시의 부경찰국장 번하트 바이스였다. 그는 독자들의 홍미를 끌기 위해 삽화까지 넣어서 부경찰국장을 조롱했고, 바이스는 유대인이라고 낙인찍히는 것이 너무 싫어 괴벨스를 28번이나 명예 훼손으로 고소했으나 28번 패소하여 더욱 웃음거리가 되었다. 아마도 이것이 독일인들이 무의식적으로 유대인들을 멸시하도록 만든 첫 번째 작업이었을 것이다.

그러다가 1930년에 나치 돌격대(SA) 대원 1명이 한 공산당원에게 암살당했는데, 그 공산당원을 유대인이 숨겨준 것이 발각되는 사건이 터졌다. 괴벨스는 언론 지면을 이용해 반유대 감정에 불을 질렀다. 그러자 1933년 국제유대인 단체는 영국 《런던 데일리 익스프레스》 3월 24일자 신문에 전면 광고를 내고, "전세계 유대인들은 독일 상품 불매 운동을 벌여야 하며, 식당 경영자들은 독일인에게 음식을 팔지 말라"는 운동을 전개, 독일에 일종의 선전 포고를 했다.

이로써 독일은 경제적으로 곤란한 처지에 빠졌고, 그게 도화선이 되어 4월 1일에는 독일 전국에서 유대인 상품 불매 운동이 일어났다. 젊은 SA단원들이 유대인 가게 앞에 서 있다가 독일인 손님이 오면 '유대인 상품 불매'를 외치며 쫓아보내곤 했던 것이다.

그런 와중에도 유대인의 팔레스타인 이주는 계속되었고, 괴벨스는 자신의 권한을 이용하여 유대인들을 연극·예술·음악계에서 축출시켰으며, 그 보복으로 유대인들은 나치의 고위 인사들을 암살하기 시작했다. 1936년 2월에는 스위스의 나치 지도자가, 1938년 11월 7일에는 프랑스 파리 주재 독일대사관의 젊은 외교관이 유대인에게 암살당하는 일이 일어났다.

이틀 후인 11월 9일, '맥주홀 반란(Beer Hall Putsch)'의 기념식을 뮌헨에서 성대하게 벌였는데, 히틀러가 기념 연설을 하고 곧 자리를 떠나자 그 뒤를 이어 단상에 오른 괴벨스가 독일 외교관 암살 소식을 발표했다. 물론 이 뉴스를 들은 나치 당원들은 모두 불끈했고, 괴벨스는 이 기회에 유대인들의 버릇을 고쳐야 한다고 생각하여 "이때야말로 행동에 옮겨야 할 때다!"라고 하면서 '행동 명령'을 내렸다.

이때 물론 그는 유대인들이 무장하고 저항하지 않는 한 절대로 피를 흘리는 폭력을 사용하지 말 것이며, 유대인들의 재산을 파괴·약탈하지 말 것, 또한 외국의 유대인들에게는 피해를 주어서는 안 되며, 행동은 새벽 5시까지 끝내야 한다는 등의 주의를 주었다.

그가 혈기왕성한 젊은이들이 감정을 자제하기가 쉽지 않을 것이라는 사실까지 계산에 넣었는지는 알 길이 없다. 아무튼 그날 전국 각지에서 몇천 개의 유대인 가게들이 파괴되었고, 약 150개의 시나고그(Synagogue : 유대교 회당)가 잿더미로 변했으며, 38명의 유대인들이 살해되었다. 일명 '깨진 유리조각의 밤(Kristallnacht)'이라고 부르는 이 사건은 뮌헨 주재 영국 영사관에 의해 영국에 보고되고 곧 세계에 알려지게 되었다.

이날 괴벨스는 그의 일기장에 이렇게 써놓았다.

기대한 대로 온 국토가 분개하여 일어났다. 친애하는 유대인들은 이것이 독일인을 죽인 대가란 것을 배우게 되었을 것이며, 앞으로는 독일 외교관의 생명을 하나 없앨 때 두 번 생각하게 될 것이다.

그날 밤 히틀러는 시나고그에 계속 화재가 발생하고 있다는 전화 보고를 듣고는 몹시 흥분하여 히믈러를 불러 무슨 일인지 알아보게 했다. 히믈러는 괴벨스를 불러 다시 물어보았고, 괴벨스는 '이튿날 오전 11시에 히틀러에게 갔다……' 이렇게만 일기에 적고 있고, 어떤 이야기가 오갔는지에 대해서는 언급이 없다.

다만 다음날 괴벨스는 전국 42개 나치스 홍보 조직에 "반유대 행동은 시작할 때처럼 신속하게 끝내야 한다. 우리가 원했던 목적을 달성했기 때문이다"라는 명령을 하달하여 하루 만에 반유대 행동은 중단되었다. 그리고 히틀러는 더 이상 유대인들이 살상당하지 않도록 긴급 조치를 발동해, 약 2만 명의 유대인들을 강제수용소에 임시로 수용했다.

그런데 며칠 동안 세계 각국에서 비난과 항의가 격렬하게 쏟아졌다. 괴벨스도 전혀 상상하지 못했던 것이었다. 결과적으로 괴벨스는 대단한 실수를 했던 셈인데, 몹시 화가 난 히믈러는 히틀러에게 괴벨스를 파면시키라고까지 했다. 그러나 히틀러는 괴벨스같이 능력 있는 홍보 장관이 꼭 필요했기에 아무런 조치도 취하지 않았다.

이미 언급했지만, 유럽 사회에서 유대인은 학계·금융계·언론계·예술계 등 중요한 부문에서 헤게모니를 갖고 있었다. 그런데 사람들이 '유대인' 하면 또 연상하는 것이, 지저분하고 파렴치하고 가난하며 음모의 표상이라는 이미지다.

부정·탈세·협잡 등의 사건 저변에는 거의 유대인들이 관련되어 있었으며, 소매치기나 강도 같은 잡범의 75퍼센트 정도가 유대인이었다. 그럴 수밖에 없었던 것이 유대인 대부분이 빈민층이었기 때문이다.

그들은 한 곳에 따로 모여 살았는데, 몹시 불결하고 생활 수준이 낮았다. 1934년 폴란드 바르샤바에 있는 유대인 부락을 방문한 뒤 괴벨스는 일기장에 '대단히 불결하고 악취가 났다'고 적었으며, 후에 베를린의 유대인 부락을 방문했을 때에도 마찬가지의 인상을 받았던 것 같다. 아무튼 그는 유대인 문제가 나치 정권이 풀어야 할 중요한 과제라고 생각하고 있었다.

괴벨스의 친구면서 베를린 시 도시계획 책임자인 알베르트 스페르 또한 같은 생각이었다. 1941년 초, 사적인 자리에서 스페르는 괴벨스에게 이런 건의를 하게 된다. "베를린을 재건하려면 판자촌부터 없애야 하네. 그러자면 빈민촌인 유대인 부락부터 철거해야 하는데, 2만 4천 명의 유대인들을 어떻게 쫓아낼 수 없겠는가?"라는 내용이었다.

이에 괴벨스는 나름대로 좋은 생각이라고 믿어, 유대인들을 화차에 실어서 무작정 베를린에서 멀리 떠나보내라는 명령을 내렸다. 그는 그들이 어디로 쫓겨가는지에 대해서는 전혀 관심이 없었던 것 같다. 괴벨스의 친구인 베를린 경찰서장도 동조해, 유대인들을 무조건 강제로 모아서 화차에 싣고 베를린을 떠나게 했다.

처음에는 가족이 없거나 독신자인 사람들을 먼저 뽑아보냈고, 비유대인과 결혼한 사람들이나 군수공장 등에서 일하는 사람의 가족은 제외되었으며, 1인당 40킬로그램의 보따리를 허용했다.

다행히도 그 당시 기차 운행의 기록이 남아 있어 지금도 정확하게 몇 명이 어느 열차에 실렸는지 알고 있는데, 첫 열차 운행 날짜는 1941년 10월 18일이었고, 전체 130개의 열차에 최소 650명, 최대 1,030명을 실어 날랐다.

1941년 11월 27일, 1,030명을 실은 열차는 베를린을 떠나 3일 뒤 소련 라트비아공화국의 수도인 리가에서 약 8킬로미터 떨어진 곳에 도착했다. 이 사람들을 그 지방의 유대인들과 합하여 줄을 세우더니, 모두 총살하여 미리 파놓은 구덩이에 파묻었다.

이 소식을 전해들은 히믈러는 당일로 히틀러에게 보고했으며, 히틀러는 1941년 11월 30일 오후 1시 30분에 게슈타포 대장에게 직접 전화를 걸었다. 전화를 걸면서 쓴 메모가 남아 있는데, 그 내용은 다음과 같다.

베를린에서 이송하는 유대인들, 더 이상 살상 금지.

이러한 일련의 정황 증거를 보면, 유대인 살상은 히틀러나 히믈러의 지시가 아니고 괴벨스가 독단적으로 처리한 것으로 보인다.

아무튼 히틀러의 지시는 때가 너무 늦어서 수많은 유대인들이 이미 살해당한 뒤였는데, 역사를 바로잡자는 소수의 역사가들은 아무리 그래도 '유대인 6백만 명 학살'은 근거 없는 낭설이라고 주장한다. 그들은 그 숫자를 60만 명 정도로 추정하고 있는데, 그것도 살해당한 것이 아니라 전쟁 말기에 수용소의 열악한 위생 시설과 영양 부족·과로 등으로 전염병이 돌아 죽은 사람이 대부분이라고 주장한다. 또한 독가스는 사용했다는 증거도 없고, 과학적으로도 근거 없는 주장이라고 말한다.

나는 여기서 그 문제까지 논하고 싶지는 않다. 다만 많은 유대인들이 희생당했다는 것, 그리고 이상한 배후에 의해서 그렇게 되었다는 사실이 슬플 뿐이다.

이렇게 해서 독일인과 유대인의 싸움은 점점 치열해졌는데, 1941년 유대계 미국인으로서 미국평화연합(American Federation of Peace)의 회장인 시어도어 카우프먼(Theodore N. Kaufman)은 『독일인은 말살되어야 한다』라는 책을 썼을 정도였다.

'독일인들은 모두 거세하여 생식을 못하게 하고, 지금 세대만으로 끝나도록 영원히 말살시켜야 한다'는 내용이었는데, 당시에는 아직 중립을 지키고 있던 미국이었는데도 《타임스》, 《워싱턴 포스트》 등 주요 언론들이 카우프먼의 아이디어를 칭찬하고 숭고하게 평가했다. 이로 인해 미국민의 정서는 반독일 쪽으로 향했고, 결국 독일과 전쟁을 하게 되었던 것이다. 언론의 힘이 그렇게 대단한 것이다.

괴벨스는 카우프먼의 책을 독일어로 번역하여 전 독일군 병사들에게 돌리고 싶어했으나 변호사들이 저작권 침해라는 이유로 만류하여 포기했다. 하지만 그는 1941년 8월 이 책을 독일어로 번역하여 히틀러에게 보여주면서 유대인 문제에 대하여 더욱 철저한 조치를 취하도록 조언했고, 그때부터 독일 치하의 유대인들은 노란색의 정6각 별과 '유대(Jude)'라고 쓴 표식을 가슴에 달고 다니게 되었다.

【 참고 서적 】

- David Irving, *Revelations from Goebbels Diary*.
- E. Black, *Transfer Agreement*.
- Francis R. Nicosia, *The Third Reich and the Palestiane Questions*.
- K. Schleunes, *The Twisted Road*.
- Leon Degrelle, *The Enigma of Hitler*.
- Lucy Dawidowicz, *The War Against the Jews*.
- Mark Weber, *Goebbels Place in History ; Zionism and the Third Reich*.

공산주의를 만든 영국 페이비언협회

사회주의에서 태어난 공산주의

기원전 215년 이탈리아의 타렌툼에서 로마의 독재자였던 파비우스 쿤크타토르(Fabius Cunctator)의 군대와 시실리의 한니발 군대 사이에 전투가 벌어졌다. 이때 파비우스 장군은 자신만의 전술로 승리를 거두었는데, 그것은 약한 척하고 적에게 자신이 없는 듯한 인상을 주면서 쫓기다가 최적의 기회가 오면 총력을 기울여 적을 강타, 섬멸하는 방법이었다. 이 '파비우스'에서 나온 말이 '페이비언(Fabian)'이고, '점진주의자'쯤으로 번역하면 된다.

그들의 모임인 페이비언협회는 '점진주의(Fabianism)'를 주창하는데, 1883년 마르크스주의·공산주의·볼셰비즘·국제 공산주의의 근원인 사회주의 사상을 점차적으로 널리 전파하겠다는 취지로 조직되었고, 극작가로 유명한 영국의 조지 버나드 쇼의 지도 아래 크게 발전한 단체다.

이 협회는 카를 마르크스 같은 사람을 길러낸 모체인데, 그 이념을 실현하기 위해 여러 방면으로 정치적·사회적 운동을 펴온 사상의 보급원이며, 실천 배경을 마련해 준 배후 조직이기도 하다. 또한 전세계적으로 각국 정부가 '사회주의'를 기본 방침으로 삼게 하려는 국제 공산주의, 즉 하나의 세계 정부를 지향하는 사상이다.

창립 무렵에는 생각하는 지식인들이 모여 단순히 철학과 형이상학을 논하는 성격을 띠다가 영국의 존 스튜어트의 『정치경제론』과 프랑스의 오귀스트 콩트의 『긍정주의론』이 합세하여 기초를 다졌고, 곧 이어 헨리 조지가 쓴 『진보와 빈곤』이라는 책이 나옴으로써 사회주의적인 경향이 더욱 강해졌다. 또한 직접적으로는 역사가이며 '새 생활의 벗'이라는 단체를 창설한 토머스 데이비슨이 사회주의적인 사상을 갖고 합세하고, 미국 뉴욕의 '문화윤리협회'의 중심 인물이며 사회주의적인 원칙론을 갖고 있던 로버트 오언이 참여함으로써 가속화되었다.

1884년 창립 직후 조지 버나드 쇼가 가입했는데, 그는 곧 회장으로 추대되어 1950년 사망할 때까지 이 조직을 이끈다. 또 당시 사회적인 명망가로는 영국의 식민지 장관이었던 패스필드경, 정부 요직을 두루 맡았던 올리버경, 그리고 세계 종교철학 운동의 지도자였던 애니 비샌트 여사 등이 있었다.

당시의 페이비언들은 관리·신문기자·학자들로 구성되어 있어, 이론적인 토론이나 하고 잘못된 것을 시정해야 한다는 탁상공론이나 하고 있는 정도였다. 그러나 점차 버나드 쇼의 지침대로 다른 조직에 침투하여 사회주의 사상을 전파하기 시작했다. 이들은 대소에 관계 없이 수많은 조직과 단체에 침투하여 사회주의 사상을 보편화시켰으며, 인종·계급·종교·남녀에 관계 없이 모든 분야의 사람들을 포용한 결과 정치·산업·교육 분야에서 확고한 지위를 차지할 수 있게 된다. 또 무정부주의자 조직에 들어가서는 그 산하에 '페이비언 의회연맹'이라는 것을 만들 정도로 긴밀한 유대 관계를 갖게 된다.

이 조직의 근본 이념은 토지와 산업자산을 개인의 소유로부터 해방

시켜 전체의 공동 이익을 위하여 재구성하자는 것이다. 이렇게 전 인민이 합당하고 정당하게 일한 대가만큼 공평하게 나눠갖는 것이 자연적인 이치에 융화되는 일이라는 것이다.

따라서 이 조직은 토지의 개인소유를 완전히 없애는 것이 목적이다. 우선 각 개인의 능력에 맞게 정당한 이치를 따져 만든 규정에 따라 토지나 자산을 맡기고 사용하도록 하고, 합법적인 방법으로 토지나 자산의 소유권을 단계적이고 평화롭게 이양한다. 또한 생산·분배·봉사는 개인의 자산으로 흡수되는 것이 아니라 미리 만든 자세한 규율에 의하여 모든 사람이 공평하게 나누어 배당받을 수 있도록 사회를 다스리는 것이 목표인 것이다.

그리고 이들이 만든 '노동당'과 '국제 사회주의자의회'는 전세계를 통치하는 것을 궁극적인 목적으로 하며, 그러자면 조직원들이 자기 위치의 높낮음을 가리지 말고 사회적·경제적·정치적 제 분야에 참여하여 다음과 같은 맡은 바 임무를 수행해야 했다.

첫째, 당면한 현안 문제의 사회주의적 해결 방안을 제시하는 선전을 해야 한다.

둘째, 사회적·정치적·경제적인 관련 사항을 연구·검토·분석하여 그 결과를 제시해야 한다.

셋째, 사회주의의 원칙을 법제화하고 정부를 개편하는 데 적극 참여, 실현해야 한다.

넷째, 실무자들을 위한 지침서 등을 출판하고 계몽 및 교육을 실시한다.

페이비언협회의 강령을 보면 '남녀 평등을 철저히 지키고, 종족과 인종을 초월하여 이러한 원칙을 감수하겠으며, 우리 강령에 따라 행동하겠다는 마음의 다짐이 있는 사람은 누구를 막론하고 본 협회에 참여하는 것을 허용할 것이다'라고 밝혀놓고 있다.

그들의 각 분야별 활동 내용을 살펴보면 아래와 같다.

정치 분야

1892년 버나드 쇼가 회원들에게 '각 단체에 침투하라'고 지시한 지 1년 후, 페이비언협회의 회원들로 구성된 독립노동당이 1893년 1월에 창당되었다. 지도자로는 노동운동가인 K. 하디와 카를 마르크스의 동료이자 경제학자로 유명한 프리드리히 엥겔스를 내세웠다. 마르크스 사상을 요약하여 전용한 당 강령은 '토지와 자본이 사회에 귀속되는 사회주의 정부를 설립하기 위하여'로 정해졌다. 이것은 다시 1917년에 소련의 기본 원리로 둔갑하게 된다.

협회는 독립노동당의 배후 조직으로 있으면서 다른 한편으로는 협회원들을 '자유당'에 입당시켰다. 그들은 당 내에서 맹활약하면서 자유당을 실제로 지배하게 되었을 뿐만 아니라 각 지역 사회의 자치 단체에 참여하고 선거에 출마하여 교육위원, 지방의회 의원, 교구관리위원, 여성자유연맹, 노동운동 등의 지도급 인사가 되었다. 그리고 이들의 노력으로 보험의 국유화, 노인 연금·세제 개편, 고용주의 책임 확대, 노동자의 공상 보상금 제도 등이 만들어졌다.

그리고 10년간 줄기차게 노력하여 노동조합의 지도자들을 포섭했고, 그 결과 먼저의 조직을 재편하여 영국 양 당 중의 하나인 '노동당'을 1903년에 창당하게 되었다. 페이비언협회는 이제 명실공히 자유당과 노동당 양 당을 뒤에서 조종하며 영향력을 행사할 수 있는 조직이 된 것이다.

그 밖에 그들의 대표적인 사업을 소개하자면, 1899~1902년 영국과 남아공(후의 남아프리카연방공화국)과의 '보어전쟁'에서, "영국군을 바다에 몰아넣고 승리할 때까지"라는 줄루족의 구호에 맞장구를 쳐 반 영국정신을 고무하고 그들을 배후에서 지원해 독립을 쟁취하도록 도왔다.

경제 분야

페이비언들은 경제 분야에서도 정치 분야 못지않게 많은 활동을 펼쳤다. '진보 정책'이라는 슬로건 아래 농업 분야에서는 사유 농지를 몰수하여 모든 농지의 국유화를 주창했다. 또한 산업 분야에서는 1890년 영국 산업의 본거지인 랭커셔에서 애니 비샌트 여사의 지도하에 노동쟁의를 벌여 물의를 일으킨 다음, 이를 '절충 운동(Cooperative movement)'으로 변형시켜 독립노동당과 노동당에 배턴을 넘겨주기도 했다. 1차 세계대전 당시 사회주의는 사회의 동조를 크게 얻어, 영국의 많은 공장 등 산업 부문에서 태업이 자행되었다.

또 자본주의를 붕괴시키기 시작하면서 소득세·특수부과세·사망세 등의 제도를 착안하고, 노동자 계급의 안녕을 위하여 국가 건강보험·상해보험·노인 연금·미망인 연금 등을 소개해 경제 체제 자체를 바꾸려 했다.

교육 분야

페이비언들은 일루미나티가 선택한 18세기 '니콜라이 교육론'을 교육의 원칙으로 삼고, 학교에서 기독교 교리의 독점 교육을 배제한다. 이들은 이러한 교육 철학이 담겨 있는 교육 법령을 1902년에 만들기도 했다.

또한 여러 명의 성공회 주교를 회원으로 확보한 것을 공공연히 자랑하기도 했다. '보육학교(The Nursery)'라는 육아 교육 기관을 만들었다가, 후에 사회주의 사상 교육과 여성 해방 운동의 지도자 양성소 역할을 하는 기관으로 확대 개편하기도 했다. 1912년경에 각 대학에 '대학 사회주의자협회'를 창설했으며, 런던대학 부설로 그 유명한 '런던 경제 및 정치 학교(London School of Economics and Political Science)'를 창설하기도 했다.

【 참고 서적 】
- Carroll Quigley, *Tragedy and Hope.*

• Gary Allen, *The CFR Conspiracy to Rule the world*.

• Michel Sturdza, *Betrayal by Rulers*.

• Rose Martin, *Fabian Freeway*.

• Zygmund Dobbs, *Keynes at Harvard*.

숨은 폭군

유대인들의 간교함에 질린 저자의 역작

『숨은 폭군』은 미국인 기업가이자 정치인인 벤저민 프리드먼(Benjamin H. Freedman)이 쓴 책으로, 여기에서는 그 내용을 요약하여 소개한다.

저자 프리드먼은 유대인은 아니었지만 어릴 때 부유한 유대인 가정에 양자로 들어가 전통적인 유대인으로서 종교적·문화적 교육을 받고 자랐다. 그는 굴지의 '우드베리 비누회사'를 경영하면서 부를 축적했으며, 정치적으로는 1912년에 미국 민주당 정책위원이자 선거 기획팀의 일원으로서 우드로 윌슨을 대통령으로 당선시키는 데 큰 힘을 발휘했다.

그후 정치 활동을 계속하면서 7명의 미국 대통령과 친분을 유지했고, 그들과 많은 시간을 보내며 인터뷰를 해서 20세기 미국의 정치무대 내막을 주르륵 꿰고 있는 중요한 역사의 증인이다. 그의 이야기는 닉슨 대통령 때까지로 끝나는데, 그것만으로도 역사의 이면을 이해하는 데 필요한 기초 자료로서는 충분하다.

읽기 전에 알아두어야 할 것은, 이 이야기는 역사 교과서에서 배운 내용과는 큰 차이가 있다는 사실이다. 물론 나로서는 다 믿을 만하기에 소개하는 것이지만, 독자들이 "이런 이설(異說)도 있구나!"라는 차원에서만 읽어도 괜찮을 듯싶어서 소개를 하는 것이니 믿든지 말든지 그것은 전적으로 독자의 자유에 맡긴다.

첨언하자면, 저자 프리드먼은 살아오면서 겪고 보았던 유대인과 유대교의 간교한 책략에 염증을 느껴 말년에 독실한 기독교인이 되었다고 한다. 그는 그러한 유대인들을, 유대교의 율법인 『탈무드』를 맹신하는 사람이라 하여 '탈무디스트'라고 부르고 있다.

유대인들이 매스 미디어를 통제한다

오늘날 미국 사회에서 국민들에게 소식을 알려주는 매스 미디어는 시온주의자들이 전매 특허를 받은 분야다. 1912년 윌슨 대통령을 시작으로, 지금은 자질과는 관계없이 매스 미디어에서 선택한 사람이 대통령에 당선된다는 것이 통상적인 상식이다.

이러한 '대량 정보'를 관장하는 미디어의 주인들인 시온주의자들은 매일 신문·잡지·라디오·텔레비전·영화 등 전세계의 흥행관계 기사를 검열하고 출판물들을 효과적으로 검열·관리하고 있으며, 실제로 세뇌공작 활동의 전매 특허를 갖고 있다고 할 수 있다.

지난 50년간 미국의 일반 국민들은 시온주의자들이 검열하여 여과시킨 이야기만을 읽고 듣고 보았다. 따라서 미국 국민은 자신에게 이익이 되는 내용을 접하는 것이 아니라 시온주의자들에게 도움이 되는 내용만 알게 되는 것이다.

이들이 독점하는 뉴스 미디어는 윌슨 대통령이 어떻게, 왜, 어떠한 일을 했기에 오늘날 중동에서 미국이 곤욕을 겪고 있는지 국민들에게 이야기하지 않는다.

펜타곤(국방성)의 서류가 유출될 때면, 미국 대법원은 "국민은 사실을 알 권리가 있다"고 판결을 내리지만, 이러한 표현은 그럴싸하게 국민을 기만하는 전형적인 예에 불과하다. 만일 제대로 표현을 하려면 "국민은 '전체의' 사실을 알 권리가 있다"고 해야 되는 것이다. '진실을 안다'는 것은 전체 진실 중에서 일부만 알려주어도 '진실'이라고 정의할 수 있기 때문이다. 사실 '절반의 진실'은 '거짓'보다 더 위험할 소지가 있기에 특히 조심해야 하는 것이다.

1917년 4월 2일 윌슨 대통령은 상하원 합동의회에서 "미국은 독일에 대해 선전 포고를 해야 한다"는 연설을 했으며, 그 결과 1917년 4월 6일 미국은 1차 세계대전에 참가하여 독일과 전쟁을 하게 되었다. 이로써 윌슨은 자신을 협박하는 시온주의자들의 의도대로 자신의 임무를 충실히 수행했던 것이다.

이때 영국은 독일과 전쟁을 하고 있었으며, 전황이 불리하게 돌아가자 항복을 고려하고 있던 참이었다. 그러나 앞에서 언급했듯이 팔레스타인에 '이스라엘'이라는 시온 국가를 설립하고자 노력하던 시온주의자들은 영국 지배하에 있던 지금의 이스라엘 땅이 필요했고, 그래서 영국을 돕기로 결정했다.

영국이 독일과의 전쟁에서 승리하려면 미국이 참전해야 했는데, 그러려면 국민들을 설득시킬 수 있을 만한 명분이 필요했다. 그래서 시온주의자들은 미 군함 서섹스호가 영국해협에서 독일군 잠수함에 격침되었으며, 전 승무원이 사망했다고 발표했다. 그리고 세계의 평화를 파괴하는 야수 같은 독일은 국제법을 어겼으며, 미국의 군함을 침몰시키고 미군들의 생명을 앗아갔으니 미국은 마땅히 전쟁에 참여해야 한다고 강조했다.

이때 의회에서는 오로지 '미군 승무원 전원 사망'이라는 이유 때문에 참전에 동의했는데, 1차 세계대전 후 미국의 퍼싱(Pershing) 장군의 증언에 의하면 서섹스호는 공격받은 일도 침몰한 일도 없으며, 당연히 생명을 잃은 군인도 없었다. 미국의 대통령이 전쟁에 참가하기 위한 수단으로 거짓 소문을 냈던 것이다. 후에 영국 해군 장병 가운데 꽤 많은 사람들이 이러한 사실을 알게 되었으며, 그중 정직한 몇 사람이 발설하여 상당수의 영국 국민들도 그 사실을 알게 되었는데 누구나 경악을 금치 못했다. 실제로 영국 항구에 정박해 있는 서섹스호를 심심찮게 볼 수 있었던 것이다.

윌슨 대통령은 그러한 거짓말로 무려 473만 명에 달하는 미국 청년들을 참전시켰고, 그중 11여만 명을 전사시켰으며, 20여만 명이 부상 당해 불우한 여생을 보내게 만들었던 것이다.

영국의 다선 의원인 프랜시스 닐슨 의원은 1950년에 『전쟁 제작자들(*The Makers of War*)』이란 책을 낸 일이 있었다. 이 책은 큰 물의를 빚어 그는 의원직을 사퇴하고, 신변의 위험까지 느껴 결국 영국에서 생활하지 못하고 미국으로 가서 숨어살았다.

이 책의 149~150쪽을 보면, 1914년 8월 서섹스호의 침몰에 대한 대목이 나온다.

미국의 윌슨 대통령은 미국이 전쟁에 참가할 명분을 찾기 위해 고심하던 끝에 영국해협 중간에서 서섹스호라는 배가 침몰했다는 이야기를 만들어냈다. 윌슨은 미국 시민이 생명을 잃었다는 이야기를 창작하여 의회에 나가서 참전을 호소했는데, 그후 해군에서 서섹스호가 침몰한 일도 인명을 잃은 일도 없었다는 사실을 알게 되었다.

게다가 저자 닐슨은 서섹스호를 타고 영국해협을 여러 번 왕래한 경험이 있는 사람이었다.

그런데 대부분 역사책에는 미국의 1차 세계대전 참전 동기가, 민간 여객선 루시타니아호가 독일 잠수함 U-보트에 의해 격침되어 많은 미국인이 죽었기 때문이라고 씌어 있다. 그러나 그것은 미국이 독일에 선전 포고하며 참전한 1917년 4월 6일보다 무려 2년 전인 1915년 3월 12일의 사건이었다.

1915년 2월, 독일이 영국에 "영국 근해를 전투 지역으로 지정하고, 보이는 선박은 모두 격침시키겠다"고 경고한 뒤였는데, 루시타니아호의 격침으로 총 1,198명이 사망했고 그중 128명이 미국인이었다.

이 배의 침몰과 관련해 두 가지 특기할 만한 사항이 있다. 하나는 이 배에 군 보급품이 실려 있었는데 윌슨 대통령이 이를 숨겼다는 것이고, 둘째는 미국의 이스트 이스타블리시먼트(East Establishment)사[37]의 앨프레드 밴더빌트 회장을 비롯한 그의 가족들이 뉴욕항에서 이 배를 타고 런던으로 가다가 죽었다는 사실이다.

뉴욕에서 누군가가 그들에게 "그 배를 타지 말라"는 전보를 보냈는데, 불행하게도 그들은 그 전보를 받지 못한 채 이 배에 승선했던 것이다. 이것은 이 배의 운명을 누군가가 사전에 미리 알고 있었다는 이야기다.

아마 이것만으로는 참전 명분을 얻어내기 힘들다고 판단해, 그 2년 후에 '서섹스호 사건'을 연출해 낸 것으로 보인다. 그러나 이제 많은 사람들이 서섹스호의 내막을 알게 되자 그것을 사실화시키기는 무리라는 생각이 들었는지, 교과서를 만드는 역사가들에게 '미국의 1차 세계대전 참전 동기'로 루시타니아호의 이야기를 앞세우게 한 것 같다.

대법원 판사직과 바꾼 윌슨 대통령의 불륜

윌슨 대통령의 취임식이 끝난 지 며칠 안 되어 새뮤얼 운터마이어(Samuel Untermeyer)가 백악관을 방문했다. 그는 워싱턴뿐만 아니라 미국 전체에서 유수한 법률 회사의 핵심 주주이자 유명한 변호사였으며, 1912년 대통령 선거 때 민주당에 거금을 희사하여 윌슨을 대통령

---

37) 모건과 록펠러 그룹의 공동회사인 앵글로아메리칸 계열사다.

으로 당선시킨 사람 중의 하나였다. 때문에 두 사람은 선거 전부터도 자주 만난 절친한 사이였다.

운터마이어는 윌슨에게 변호사로서 A라는 여성 고객의 부탁을 받고 왔다며 방문 이유를 설명했고, 윌슨은 그의 이야기를 듣고는 경악을 금치 못했다. A는 윌슨이 프린스턴대학 교수 시절 옆집에 살던 동료 교수의 부인으로서, 윌슨과는 치정 관계를 유지했던 여성이다. 그후 윌슨은 정치가로 변신하기 위해 교수직을 떠났고, 그녀는 남편과 이혼하고 얼마 후 다른 남자와 재혼했다.

새 남편에게는 워싱턴의 한 은행에서 일하는 아들이 있었고 그녀는 그 아들을 끔찍이 아꼈는데, 그 아들이 갑자기 4만 달러라는 거금이 필요하게 되었다. 그녀는 이 아들을 도울 길을 백방으로 수소문하다가 생각다 못해 궁여지책으로 윌슨에게 도움을 청한다고 했다. 그리고 자신의 요청을 들어주지 않으면 두 사람의 불륜 사실을 국민들에게 밝히겠다는 의사도 덧붙였다.

운터마이어는 윌슨이 그녀에게 보낸 사랑의 편지 가운데 몇 통을 증거로 갖고 와서 윌슨에게 보여주었다. 윌슨은 그녀가 다른 변호사에게 가지 않고 운터마이어를 찾아간 사실을 천만다행으로 여겼다. 운터마이어는 자기 사람이나 마찬가지여서 자기에게 불리한 비밀을 지켜줄 수 있는 사람이었기 때문이다.

물론 윌슨은 변명의 여지없이 모든 사실을 인정할 수밖에 없었다. 그러나 당장 그의 수중에는 4만 달러라는 거금이 없는데다가 마련할 방도도 없었기에 "모든 사실은 인정하나 돈이 없다"고 말했다. 운터마이어는 윌슨 대통령에게 "며칠 후에 다시 오겠으니 그동안 생각을 해보라"면서 백악관을 떠나갔다.

그 며칠 동안 운터마이어는 그녀 아들의 사정이 정말로 급한지, 액수는 4만 달러가 맞는지 조사해 보았고 사실이라는 결과를 얻었다. 며칠 후 그는 다시 윌슨을 찾았고, 윌슨은 돈을 마련하지 못했다면서 "어떻게 해야 할지 모르겠다"고 고백했다. 운터마이어는 심각한 얼굴로 골똘히 생각에 잠겼다가 입을 열었다.

사정을 감안해서 자기가 4만 달러를 만들어 대줄 수 있는데, 조건이 하나 있다, 연방대법원 판사직에 결원이 생기면 대통령이 새로운 판사를 임명해야 할 텐데, 그때 자기가 추천하는 사람을 임명해 달라는 것이었다. 윌슨은 어렵지 않은 일이라고 생각하여 응낙했고, 운터마이어는 4만 달러를 들여 일을 해결했다.

저명한 역사학자 제임스 퍼로프에 의하면, 윌슨은 대학 시절에 월가의 3대 거두 중의 하나인 금융사업가 버나드 바루크로부터 학자금을 지원받았다. 후에는 그들에게 세뇌 교육까지 받아 윌슨은 마치 개끈에 묶인 강아지 같았다고 한다. 그는 병상에 누워 숨을 거두기 직전 "무서운 비밀 조직이 있어. 완벽하고 치밀한 손길에 의해 나는 이용당했다"고 실토했다고 한다.

탈무디스트의 조종을 받은 미국

운터마이어가 윌슨 대통령에게 4만 달러라는 거금을 시원스럽게 내놓았을 때에는 그만한 계획이 있어서였다. 탈무디스트를 역사상 처음으로 미국 대법원에 집어넣는 것, 그것은 운터마이어가 마음속으로 오랫동안 꿈꾸어 오던 계획이었다.

얼마 안 되어 대법원에 결원이 생겼고 운터마이어는 루이스 브랜디스를 천거했다. 윌슨 대통령은 즉각 그를 새로운 대법원 판사로 임명했다.

브랜디스는 그가 어떻게 대법원 판사로 임명되었는지 잘 알고 있었으며, 얼마 후에는 윌슨 대통령과 아주 절친한 사이가 되었다. 그리고 1914년에는 미국에서 정치적 영향력이 가장 큰 시온주의자가 되었고, 대법원 판사로서 국내외를 막론하고 탈무디스트를 위해 맹활약하게 되었다.

윌슨 대통령은 법적인 문제는 거의 브랜디스 판사에게 의존했고 그에게 자문을 구하곤 했다. 미국이 1차 세계대전 참전 명분을 얻지 못해 고민하고 있을 때 아이디어를 제공한 사람도 브랜디스 판사였다.

1916년 10월에 '세계 시온주의자연합'은 영국의 전시 내각과 이미 런던 조약을 체결했고, 탈무디스트들은 미국이 독일에 선전 포고할 수 있는 사건이 벌어지기를 바라고 있던 중이었다. 그렇게 되면 독일은 반드시 패망할 것이고, 따라서 영국은 팔레스타인 땅을 탈무디스트의 손에 넘겨줄 것이라고 확신하고 있었던 것이다.

사실 1916년 10월 런던 조약 전까지 세계의 탈무디스트들은 친독 노선을 밟고 있었다. 그러다가 런던 조약을 체결하자 탈무디스트들은 곧 전세계의 유대인 조직에 타전을 하여, 친독 노선에서 친영 노선으로 바꾸라는 지령을 내렸다. 그러면서 만일 미국을 영국의 동맹국으로 끌어들여 독일과의 전쟁에서 승리한다면, 그 대가로 팔레스타인 땅을 탈무디스트에게 내주겠다는 약속을 받았다는 내용을 첨부했다.

그리하여 앞에서 말한 대로, 미국의 윌슨 대통령은 브랜디스 판사의 도움으로 참전 명분을 찾고, 1917년 4월 2일 상하 양원 합동회의에서 연설을 한 뒤, 4월 6일 독일에 선전 포고를 했던 것이다.

영국 총리는 유대인들의 일꾼

1916년 10월 런던 조약이 맺어질 당시만 해도 전황이 몹시 불리했던 영국은 독일에 무조건 항복을 고려하고 있었다. 그러던 가운데 탈무디스트와 런던 조약을 맺게 되자 그해 12월 4일 갑작스럽게 영국은 시온주의자로 유명한 로이드 조지를 총리로 임명했다. 미국의 탈무디스트들이 런던 조약의 이행 여부에 회의를 갖고 있었기 때문이다. 왜냐하면 영국이 유대인의 부동산에 대해서 옛날이나 그 당시나 행해온 처사를 봐도 그랬고, 엄밀히 말해 팔레스타인이 영국 땅도 아니었기 때문이다.

그러자 영국은 로이드 조지를 총리로 앉혔고, 조지 총리는 취임한 바로 다음날인 12월 5일에 영국에서 명망가로 존경받는 조시아 웨지우드 의원을 미국에 파견했다.

이유는 단 하나, 탈무디스트들의 의심을 풀기 위해서였는데, 영국은 당시에 그만큼 절망적이었고, 미국의 참전에 목을 매고 있었던 것이다.

미국의 참전으로 발생한 숱한 골칫거리

웨지우드 의원은 1916년 12월 23일에 미국에 도착했는데, 미국 측에서 에드워드 하우스 대령[38]이라는 사람이 영접을 나왔다.

하우스 대령은 웨지우드가 미국에 체류하는 동안 뉴욕 54번가에 있는 자기 아파트에 거처하도록 했고, 탈무디스트들의 지도자 격인 51명의 인사들을 사보이호텔로 초청해 런던 조약에 대해서 자세히 설명할 기회를 마련해 주었다.

하우스 대령은 "당신은 탈무디스트인가, 아닌가?"라는 질문에 끝까지 시인도 부인도 하지 않았는데, 그는 월슨 대통령과 개인적으로 절친한 친구로서 대통령이 가장 신임하는 대통령 고문이기도 했다. 그리고 전에는 영국의 로스차일드를 대신하여 미국에서 면화를 매입, 영국에 수출했던 일종의 대리인 역할을 한 사람이다.

사보이호텔에서 웨지우드는 51명의 탈무디스트들에게 "런던 조약은 의심할 여지가 없는 진실이며, 영국은 독일이 항복하자마자 반드시 약속을 지킬 것이다"라고 강조하여 미국 탈무디스트들에게 확신을 불어넣는 데 성공했다. 그 신뢰 쌓기의 일환으로, 영국은 영국의 탈무디스트들을 국방성에 대거 채용하여, 영국의 통신망이나 외교 채널에서 사용하는 비밀 암호 등을 가르쳐주고 마음대로 사용할 수 있도록 주선했다.

---

38) Colonel Edward Mandel House. 여기서 대령(colonel)이란 칭호는 군대의 계급이 아니고 텍사스 주에서 저명 인사에게 주는 칭호다. 하우스 대령은 부친이 텍사스에서 목화밭을 경영하여 부자가 된 사람이다.

영국의 문서 보존실에 가서 1차 세계대전에 관한 문서들을 뒤져보면, 미국 국적의 런던발 미국행 군함 서섹스호가 침몰되었으며 선박에 타고 있던 사람들이 모두 죽었다는 내용의 전보가 보관되어 있다. 그 전보를 워싱턴으로 타전한 사람들이 탈무디스트들이었다는 사실은 의심의 여지가 없을 것이며, 미국으로 하여금 재빨리 참전하도록 만든 장본인 역시 탈무디스트들이었다는 것을 알 수 있을 것이다.

독일은 런던 조약이 조인되던 날 그 소식을 바로 알게 되었고, 미국에게 참전 명분을 주지 않기 위해 국제법에 저촉되는 일을 하지 않도록 각 군에 명령을 하달했다. 또한 더 이상 전쟁을 계속한다면 미국이 참전하는 사태가 발생할 것이라는 사실을 알아차리고 런던 조약이 맺어진 1916년 10월에 평화종전안을 영국측에 제의했다. 그러나 영국은 전에도 그랬듯이 그것을 또 거절했다.

1936년 영국의 《스크라이브너스 코멘테이터(Scribners Commentator)》라는 잡지의 편집장은 '미국의 독일에 대한 선전 포고'에 관해 처칠경과 인터뷰하면서 이렇게 말했다.

미국은 당시에 남의 일에 간섭하지 말고 참전하지 말았어야 했다. 만일 미국이 참전하지 않았더라면, 연합국은 독일과 1917년 봄에 평화조약을 맺었을 것이며, 평화조약을 맺었더라면 러시아가 공산주의자들의 손에 넘어가지도 않았을 뿐더러 이탈리아가 파쇼 국가가 되지도 않았을 것이다. 또 독일이 베르사유 조약에 서명하지도 않았을 것이며, 그 결과 나치가 일어나지도 않았을 것이다. 또한 유럽 대륙에 '주의(主義)'라는 것이 횡행하여 '의회정부(Parliamentary government)'를 파괴하지도 않았을 것이며, 영국은 1917년 봄에 평화를 찾았을 것이고, 영국·프랑스·미국 국민들을 포함한 1백만 명 이상의 무고한 인명을 희생시키지 않아도 되었을 것이다.

당시 독일이 영국에 제안한 평화안은 전쟁 배상이나 보상을 요구한 것이 아니었다. 다만 1914년 전쟁 발발 당시의 독일 국토에 대한 독일의 주권을 인정할 것과, 당시 영국과 교전하고 있던 모든 국가들의 정치적 자주독립권을 부여하라는 것이 요구 내용이었을 뿐, 정작 독일의 이익을 위한 내용은 없었던 것이다.

독일의 등에 칼을 꽂은 유대인들

아래 독일에 있는 세계 굴지의 회사들은 모두 탈무디스트의 소유다.

- 블라이히뢰데르(Bleichroeder & Company) 은행 : 베를린 소재
- 와벅(Warburg & Company)사 : 함부르크 소재, 세계에서 가장 큰 종합금융회사
- 독일공공전기회사(German General Electric Company) : 당시 세계 제일의 기업체. 독어로 AEG(Allgemeine Elektrizitaets Gesellschaft)라 한다.
- 함부르크-아메리칸(Hamburg-American) 선박회사
- 북부독일로이드(North German Lloyd) 선박회사

이 밖에도 독일의 유수 기업체들, 그리고 대규모 은행이나 대부호 상인들이 모두 탈무디스트들이었다. 말하자면 그때까지 탈무디스트와 독일 국민들과의 관계는 대단히 돈독한 것이었다. 이러한 유대 관계가 1916년 10월 런던 조약이 있은 후부터는 깨지기 시작해 독일 사람들이 유대인을 대하는 태도가 달라졌다.

세계 시온주의자 조직의 사무장인 새뮤얼 랜드먼(Samuel Landman)은 1936년 런던에서 펴낸 『영국과 유대인과 팔레스타인』이라는 책에서 이렇게 설파했다.

"유대인들의 공작으로 미국을 영국의 동맹국으로 참전시켰다는 사실은 독일 국민(특히 나치스 독일)의 마음속에 반유대 사상을 깊이 심

어놓았고, 그것이 나치스 정책에 반영된 것이다."

또한 1934년 10월 30일 베를린의 《유대인 통신사(The Jewish Telegraphic Agency)》가 독일 지도자들의 심정을 묘사한 내용을 타전하고, 그것을 미국의 《유대인 신문(The Jewish Daily Bulletin)》에서 받아 보도한 기사를 보면 다음과 같다.

신생 독일은 유대인들을 완전히 추방시키려는 의도를 갖고 있다. 유대인들은 미국을 전쟁에 참전토록 했고, 독일의 패망을 가져왔으며, 독일의 극심한 인플레의 원흉이기 때문이다.

세계 각지에 있는 탈무디스트들은 1933년 8월 7일, 상황을 극한으로 몰아넣었다. 독일에 대해 '신성한 전쟁(holy war)'이라고 하는 선전 포고를 한 것이었다. 그것은 독일의 수출 산업을 분쇄시킨다는 내용이었다. 당시 독일의 생명선은 '수출'이었기 때문이다.

새뮤얼 운터마이어는 전세계의 유대인은 물론 모든 기독교인들도 독일 생산품이나 용역을 불매하는 운동에 동참하라고 호소했다.[39]

그때 '세계 유대인경제연합'의 회장이었던 운터마이어는 1919년부터 독일 국민의 입에서 "유대인들이 이유없이 미국을 개입시켜 독일을 멸망시키려 했다"는 소리가 나오지 못하도록 계속 노력해 왔으며, 1933년 7월에는 암스테르담에서 국제보이코트대회를 열었다. 그리고 운터마이어가 CBC 라디오를 통해 미국 전역의 청취자에게 연설한 내용을, 탈무디스트가 영향력을 행사하여 1933년 8월 7일자 《뉴욕 타임

---

39) 1933년 3월 24일자 영국의 《데일리 익스프레스(Daily Express)》를 보면 '유대인들이 독일에 선전 포고를 하다'라는 제목의 기사가 톱기사였다. 적국인 영국이 우방이 되고, 우방인 독일이 적국으로 바뀌는 갑작스런 전략 변동을 납득하지 못한 세계의 유대인들을 설복하기 위하여 운터마이어가 7월에 암스테르담, 8월에 미국에서 유세 활동을 했으며, 이때 《뉴욕 타임스》와 전국 방송을 통해 독일 보이코트를 호소했다.

스》에 '독일에 대한 신성한 전쟁'이란 제목으로 크게 실었다. 거기에 다음과 같은 내용이 나온다.

> 우리가 시작한 이 신성한 전쟁…… 우리는 하나도 낙오 없이 참여해야 한다. ……유대인은 세계의 귀족[40]이다. 따라서 우리는 독일의 모든 상품과 상품 수송, 용역 등 모든 분야에서 독일과 관계되는 것을 보이코트해야 한다. 그것만이 우리가 갖고 있는 유일한 무기이기 때문이다. 그들이 존재할 수 있는 유일한 길은 수출뿐이기 때문에 바로 그 생명선을 차단함으로써 독일 사람들이 정신을 차리도록 해야 하는 것이다. 우리는 그들이 정신을 똑똑히 차리도록 만들어주어야 한다. ……독일 상품을 사지 않는 것만으로는 부족하다. 우리는 독일 상품을 취급하는 상점 주들에게도 압력을 넣고 그런 상점에는 가지도 말아야 한다. 우리는 마지막 독일인의 시체를 넣는 관에 못을 박을 때까지 투쟁하여야 한다.

격렬하기가 이루 말할 수 없는 선언인데, 이상한 것은 1933년 8월 7일이면 아직 독일이 탈무디스트의 머리카락 하나도 건드리지 않은 상태에서 이 연설이 발표되었다는 점이다.

아무튼 이로써 독일은 갑자기 수출의 길이 막히게 되었고, 그로 인해 독일의 경제 형편이 어려워진 것은 말로 표현할 필요가 없는 일이다.

미국보다 조직을 위해 일한 미국 대통령들

당시 중국과 전쟁 중이었던 일본은 철과 기름이 절대적인 전쟁 물자였는데, 일본은 그 공급을 완전히 미국에 의존하고 있었다. 그런 와중에 루스벨트 대통령이 더 이상 일본에 고철 등의 철재와 기름을 팔지 않겠다고 선언함으로써 일본을 궁지에 몰아넣어 결국 진주만을 공격

---

40) the aristocrats of the world.

하도록 유도했던 것이다.

1952년 워싱턴에 있는 조지타운대학에서 외교사를 가르치는 찰스 탠실(Charles Callan Tansill) 교수는 전후 5년 동안 국무성에서 전쟁사를 연구한 사람으로서 『전쟁의 뒷문(*Back Door to War*)』이란 책을 썼다. 652쪽에 달하는 이 책에는 일반 사람들이 모르는 중요한 사실들이 많이 실려 있는데, 루스벨트 대통령이 어떻게 2차 세계대전에 개입하게 되었는지 명명백백하게 드러나 있다. 루스벨트 대통령이 미국의 대통령이란 사실을 망각하고, 측근 탈무디스트들의 만족을 위해서만 일했다는 것이 나타나 있는 것이다.

루스벨트는 미국의 탈무디스트들에게 계속 지지를 얻으려면 어떻게 해서든 독일과 전쟁을 해야만 한다는 사실을 잘 알고 있었다. 이로 인해 현재까지 미국이 중동에서 곤욕을 치르고 있는 것이다.

해리 트루먼 대통령 또한 그 일에 지대한 공을 세웠다. 탈무디스트의 사주에 따라 이스라엘 독립 전까지 연 80만 명이라는 전투 병력을 팔레스타인에 투입시킨 뒤, 그들이 무장 봉기하고 '국가'라고 선언하자 이를 즉시 인정함으로써 중동 문제의 원인을 증폭시킨 것이다.

1945년 루스벨트의 사망으로 대통령직을 승계한 트루먼은 1948년 대통령 선거에서 승리하기 위해 거의 병적인 집념에 사로잡혀 있었다. 그러나 그가 당선될 가능성은 20분의 1밖에 안 되었다. 그는 시온주의 탈무디스트들의 막강한 조직을 등에 업었고, 매번 자신들이 원하는 사람을 대통령으로 당선시켰던 그들의 절대적인 도움으로 대통령에 당선했다.

트루먼이 시온주의자들에게 어느 정도 좌지우지당했는가는, 탈무디스트들이 1948년 5월 14일 밤 12시에 텔아비브에서 이스라엘의 독립을 선언하자 바로 11분 후에 백악관에서 이를 승인한 것만 보아도 잘 알 수 있다.

그는 미국민이 낸 세금 수십억 달러를 탈무디스트들에게 건네주어

▲ 미국의 26대 대통령 시어도어 루스벨트(Theodore Roosevelt). 1901년 뉴욕의 프리메이슨 로지에 가입하고 제단인 'G'자 밑에서 찍은 기념 사진이다. 미국 중앙은행을 차지하려는 환전꾼들의 모략에 대항해 투쟁하던 윌리엄 매킨리(William Mckinley) 대통령이 암살당하자 루스벨트는 메이슨으로서 미국의 아홉 번째 대통령이 되었다.

이스라엘을 막강한 나라로 만들었을 뿐 아니라, 무장 봉기해서 수많은 인명을 살상해 가며 억지로 만든 '이스라엘'이라는 나라를 미합중국의 특권을 이용해 '평화를 사랑하는 나라'라면서 UN에 가입시킨 사람이었다.

그 당시 UN에서는 이스라엘 가입 문제를 표결에 붙였는데, 두 표가 모자라 가입이 좌절될 것으로 예상되었다. 찰스 실버라는 탈무디스트는 스펠만 추기경을 밀사로 파견하여 반대표를 던질 것으로 예상되는 남미 두 나라를 설득시켰고, 그 결과 이스라엘은 당당히 UN의 회원국이 되었다.

이러한 사실은 스펠만 추기경이 '15년간 비밀로 간직했던 이야기'라는 제목으로 1964년 6월 11일 전세계의 신문에 고백함으로써 밝혀진 것이다. 또한 『숨은 폭군』의 저자인 벤저민 프리드먼은 스펠만 추기경과 25년 동안 개인적인 친분 관계를 유지하고 있는데, 몇 년 전 추기경은 그에게 "1967년 6월 이스라엘이 통일아랍공화국[41]과 시리아에 침공하여 숱하게 살상을 저질렀는데, 나도 거기에 일말의 책임이 있다"고 말했다고 한다. 또한 추기경은 "이스라엘의 UN 가입 당시에 탈무디스트들의 공작에 공모하여 돌이킬 수 없는 죄를 지었다"고 심정을 털어놓은 일도 있었다.

탈무디스트들의 음모로 중동에 발목잡힌 미국

탈무디스트들이 '아이젠하워 장군'을 주목한 것은 그의 군대가 2차 세계대전 중 독일에 주둔하고 있을 때였다. 그때 아이젠하워와 관계를 맺게 된 탈무디스트들은 그를 대통령으로 만들면 도공(陶工)의 손바닥과 찰흙 같은 친밀 관계를 유지할 수 있으리라는 것을 간파했다. 그리하여 그들은 아이젠하워를 대통령으로 만들었고, 찰흙처럼 주물

---

41) 1971년에 '이집트아랍공화국(이집트)'으로 개명.

렀다.

탈무디스트들이 무력으로 팔레스타인을 점령하자 중동 국가들은 술 렁거리기 시작했고 뭔가 터뜨릴 것 같은 분위기에 휩싸였다. 탈무디스 트들은 뒤숭숭한 분위기를 가라앉히기 위해 뭔가 해야겠다고 생각했 고, 반대 세력이 꽃을 피우기 전에 잘라버려야 한다는 생각으로 아이 젠하워 대통령을 움직이기 시작했다.

탈무디스트들은 아이젠하워를 움직여 하원의 외교문제협의회로 하 여금 상하원 합동의회에서 의결문을 채택하도록 했고, 1950년 1월 5일 에 '상하원 합동결의문 117호(H. J. Res. 117)'를 만들게 했다. 이것을 아이젠하워 대통령은 국무성·국방성·법무성에서 천재적인 머리를 가 진 탈무디스트 관리들과 머리를 맞대고 궁리한 끝에 교묘하게 해석해 놓았고, 일에 착수했다. 그것은 대통령이 군대 동원 목적을 밝히지 않 아도 의회의 동의 없이 대통령 명령만으로 군대를 발동시켜 선전 포고 할 수 있도록 만든 것인데, 완전히 국민과 의원들을 상대로 사기를 친 것이었다. 벤저민 프리드먼은 탈무디스트들에게 농락당하고 있는 아 이젠하워를 옆에서 지켜보자니 가슴이 답답했지만 어떻게 손을 쓸 수 도 없었다.

아이젠하워 대통령은 정치적으로 중동의 심장에 해당되는 레바논에 1만 4천 명의 군대를 상륙시켜 주둔하도록 했으며, 미 해군 제6함대를 앞바다에 배치시켰다. 이러한 전쟁 행위를 합법화하기 위해 탈무디스 트들은 아이젠하워를 움직여 '상하원 합동결의문 117호'를 입법화한 것이었다. 그런 다음 아이젠하워 대통령은 레바논 인접 국가들에게 "팔레스타인을 되찾을 생각은 꿈도 꾸지 말라"고 했다.

그 결과 지금 미국이 중동 문제에 발목이 잡혀 얼마나 골치를 썩이 고 있는가? 아이젠하워 대통령도 미국을 그런 곤경에 빠뜨리는 데 한 몫 단단히 거든 것이다.

탈무디스트에게 협조하여 대통령이 된 케네디

프리드먼은 존 F. 케네디 대통령 부자와도 친교를 가졌는데, 아버지 케네디가 영국 주재 미국 대사로 가 있던 1938년의 이야기다.

어느 날 케네디 대사는 체임벌린 영국 총리에게서 불평이 섞인 이야기를 들었다. 미국과 세계 각지에 있는 탈무디스트들이 공모하여 영국으로 하여금 2차 세계대전을 일으키도록 압력을 가하고 있지만, 영국은 독일과 싸울 만한 능력이 없기 때문에 그런 모험을 하는 것은 옳지 않다는 얘기였다. 또한 프랑스 주재 미국 대사인 윌리엄 불릿은 루스벨트 대통령에게 "폴란드의 '단치히 통로'에 대해 독일이 상관하지 못하도록 해야 한다"고 강력하게 요구하고 있다는 것이었다.

케네디 대사는 체임벌린 총리에게서 들은 이야기를 워싱턴에 보고했지만 루스벨트 대통령은 오히려 케네디 대사에게 함구령을 내렸다. 그래서 케네디 대사는 나중에 미국으로 돌아가면 그 내용을 책으로 써야겠다고 생각했다. 그런 것은 미국 국민들도 알고 있어야 한다고 생각했기 때문이었다. 그런데 그는 책 발간 계획을 취소하라는 대통령의 지시를 받았고, 얼마 후 본국으로 소환된 다음 해임되었다. 뿐만 아니라 책을 쓰는 일조차 철저하게 금지당했다. 그는 그때부터 자기 아들 중의 하나가 백악관으로 들어가 자신의 염원을 풀어주었으면 하는 소원을 갖게 되었다.

프리드먼이 케네디 대통령을 처음 만난 것은 1946년 11월, 그가 처음으로 하원의원에 당선된 다음날 뉴욕의 파크가 230번지에 있는 그의 아버지 케네디 대사의 사무실에서였다. 그리고 그후 14년 동안 케네디는 프리드먼에게 종종 조언을 구할 만큼 한결같이 그를 신뢰했다.

그러나 존 F. 케네디 대통령 또한 미국이 중동에서 처한 진퇴양난의 입장에 대해 어떻게 거짓말했는지 알게 되면 기가 막힐 것이다.

그는 1960년 8월 25일을 기점으로 해서, 그때까지 올곧게 지켜오던 원칙을 버리고 땅속으로 하강하기 시작했다. 탈무디스트들이 그를 백

악관에 입성하게 해주겠다는 달콤한 유혹을 던지자 인생의 숭고한 목
표를 저버렸던 것이다.

1960년 8월 23일, 그가 아직 상원의원으로 있을 때, 존 F. 케네디는
워싱턴에 있는 자신의 사무실에서 8월 25일 뉴욕에서 행할 연설문 사본
하나를 프리드먼에게 준 일이 있었다. 그 내용 중에는 아래와 같은 구
절이 있었다.

> 3주 전에 나는 대중 앞에서 '이스라엘은 영원히 존재할 것'이라고 단
> 언한 일이 있습니다. ……나는 나의 예언이 절대적으로 옳다고 믿습니
> 다. ……민주당이 선정한 특별한 사업 과제이며…… 가장 먼저 이스라
> 엘이라는 국가를 승인하고 세계 굴지의 나라로 만든 사람은 트루먼 대통
> 령이었으며…… 나는 우리 민주당의 전통을 지킬 것을 약속합니다. …
> …만일 민주당의 기본 정견이 무엇이냐고 묻는다면…… 백악관은 이
> 과업의 선두주자가 되어야 할 것이며…… 미국의 간섭이 쉽지는 않을
> 것이지만…… 나는 분명하게 말하고자 하는데…… 우리는 즉각적으로
> 단호하게 행동할 것이며…… 본인이 분명히 선언하고자 하는 것은……
> 필요할 때에는 어떠한 무력이나 처사라도 신속하게 즉시 단행할 것을
> 보장하며…… 전쟁의 위험도…….

케네디 상원의원은 미국의 대통령이 되면 협잡꾼과 절도범들이 훔
친 전리품과 장물을 계속 소유할 수 있도록 돕기 위해 미군은 국기를
펄럭이며 팔레스타인으로 달려가 싸우겠다고 탈무디스트들 앞에서 서
약하고 있었던 것이다.

미국 대통령들은 천부적인 사기꾼

린든 존슨은 상원의원과 부통령을 거쳐 케네디 대통령의 사망으로
인해 대통령직을 승계받은 인물인데, 프리드먼이 린든 존슨을 처음 만

난 것은 그가 상원의원일 때였다.

상원에서 군사위원회 소속이었던 린든 존슨은 군사위원회가 시온주의자들의 팔레스타인 점령 문제에 대해 지대한 관심을 갖고 있기도 했지만, 그 자신도 항상 팔레스타인 문제에 흥미를 갖고 있었다. 그리고 대통령이 된 후에도 그 흥미는 줄어들지 않았다.

그가 대통령이 된 후 공석이 된 연방대법원 판사 자리에 그의 절친한 친구이자 시온주의자인 에이브 포태스를 앉힌 것을 봐도 짐작할 수 있지만, 팔레스타인 문제에 대한 그의 관심은 탈무디스트들을 위한 것이었지 미국민들의 이익을 위한 것은 결코 아니었다.

리처드 닉슨 대통령 또한 국민들에게 거짓말을 밥 먹듯이 한 인물이니, 지금까지 언급한 윌슨·루스벨트·트루먼·아이젠하워·케네디·존슨·닉슨 대통령들의 이름은 언젠가는 미국 역사책에 빨간 글씨로 '망국의 원흉'이라고 적힐 날이 있을 것이다.

이 7명의 사기꾼들은 그들이 성스럽게 선언한 미합중국의 국태민안(國泰民安)을 완전히 망각하고 개인의 정치적 영달을 위해 비밀스런 속임수를 사용했고, 미국의 대내·외의 정치 원칙을 위반한 죄를 지었다.

그들의 못된 행위는 프리드먼의 『숨은 폭군』에서 역사상 처음으로 일반 국민들에게 폭로되었는데, 그들은 미국의 독립 정신에 위배된 반미국적·반국가적인 행위를 했으며, 오늘날 미국이 중동에서 진퇴양난의 곤경에 처하게 된 것은 바로 이 사람들 때문이라고 되어 있다.

이 7명의 사기꾼들은 정치 생활 초년병 때, 어떤 경우에 어느 쪽에 붙어야 하는지를 벌써 통달해 그 방면에 아주 숙달된 기술을 체득하고 있었으며, 그랬기 때문에 몇 년 되지도 않는 그 짧은 대통령 재임 기간 동안 그렇게 완벽하게 사기를 칠 수 있었던 것이다.

그들은 수단 방법을 가리지 않고 목적만 달성하면 정당성은 자동으로 획득된다는 비도덕적인 20세기 정치 철학을 훌륭하게 실천한 사람들이었다. 미래에 미국이 망하여 그 막을 내릴 때면 국민들은 이들에게 손가락질을 하며 유죄 판결을 내릴 것이다.

이들 7명의 대통령들은 협잡꾼(탈무디스트)들이 강탈한 땅덩어리(이스라엘)를 지키는 데 수십억 달러를 사용함으로써 미국민들의 귀중한 세금을 낭비했다. 거기에 그들은 '민주주의를 위한 보호'라느니, '미국의 국익을 보호하기 위하여'라는 요령부득한 명분을 갖다 붙인다.

그게 얼마나 어처구니없는 일인지, 멕시코가 텍사스 주에 침입했다고 가정하고 생각해 보자.

텍사스 주민들은 셔츠 한 장만 달랑 몸에 걸친 채 애리조나 사막으로 피난을 가야 하고, UN에서 주는 하루 6센트의 지원금을 받아가며 난민수용소에서 연명해야만 한다. 그런데 멕시코 군대의 배후를 살펴보니 소련이 군자금을 대주고 있더라 하면, 미국 국민들은 심정이 어떨 것인가? 실제로 멕시코 사람들은 텍사스 주에 대해, 동유럽의 탈무디스트들이 팔레스타인 땅의 소유권을 주장하는 것보다 훨씬 정당한 청구권을 갖고 있다.

만일 소련이 멕시코에 텍사스 침공 비용으로 320억 달러를 주고 최신예 무기까지 대주어서 나머지 49개 주도 위험해지고, 주인들에게 돈 한푼 주지 않고 텍사스 주민들의 땅을 빼앗았으며, 이러한 멕시코의 불법적인 행위에 소련이 직접 개입하여 좌지우지한다면 미국민들은 어떻게 하겠는가?

뒤에서 자세히 언급하겠지만, 이 7명의 대통령들은 모두 프리메이슨이고 그랜드 마스터급이었다. 그렇기 때문에 이스라엘이라는 나라에 미국민의 혈세를 수십억 달러나 듬뿍듬뿍 집어주고, 시온주의자들이 강탈한 땅을 지키고 독립을 유지하는 데 최대한의 지원을 아끼지 않았던 것이다.

미국이라는 나라가 금세기에 콩고·나이지리아·파키스탄 등 여러 나라들이 자기네들의 독립 국가를 세우겠다고 할 때, 이들을 인정해

준 일이 있었는가? 없다. 본디 그곳에서 살던 민족들이 그렇게 '독립'을 갈구하는데도 지원해 준 적이 없다. 그럴진대 원주민도 아닌 외지인이, 평화적인 방법이 아니라 무장 봉기를 해서 남의 나라를 강점하는데도 그걸 전폭적으로 지원한단 말인가?

UN은 탈무디스트들의 호주머니

UN에 파견 나와 있는 125개 회원국의 관계자들은 미국이 '타래송곳'[42]처럼 배배 꼬여 있다고 생각한다. 유대인들이 팔레스타인 땅의 원주민이며, 팔레스타인에서는 이스라엘만이 기득권을 갖고 있는 유일한 합법 정부라고 우기고 있기 때문이다.

그런 만큼 이스라엘은 미국을 믿고, 마치 양탄자 속에 들어가 있는 벌레처럼 무슨 짓을 해도 아무 걱정이 없다는 안일함을 갖고 있다. 국제적으로 이스라엘에 대해 비난 여론이 들끓어 UN에서 축출하자는 안이 제출되고 많은 국가들이 찬성한다(물론 미국이 이렇게 되도록 놔두지도 않겠지만) 해도, 최종적으로 UN 안전보장이사회에 상정된 '이스라엘 축출 결의안'에 미국이 거부권을 행사하여 무산시킬 것이기 때문이다.

따라서 오늘날 UN 주재 미국 대표는 탈무디스트들이 뽑은 사람이며, 탈무디스트들이 미국 대표에게 표를 던지는 방향을 항상 지시한다는 사실을 각국의 UN 주재 관계자들은 다 알고 있는 것이다.

그러나 정작 미국민들은 그 사실을 모르고 있다. 미국민들은 중동 위기의 진상을 알 권리가 있다. 중동 위기가 왜 일어났는지 이해하지 못한다면 그들은 또다시 목숨으로 그 대가를 치르게 될 것이다.

---

42) Cork Screw. 나사 모양으로 만든 송곳. 포도주처럼 코르크로 돼 있는 병마개를 따는 데 쓰인다.

모든 대형 사건의 배후자, 로스차일드

미국은 무슨 안 좋은 사건이 터지거나 잘못된 일이 발생하면 그게 모두 '공산주의자들' 때문이라고 지탄한다. 미국 정치가들에게는 '공산주의'라는 것이, 아무리 비난을 퍼붓고 때려주어도 그저 참고만 있어서 명분이 없을 때 덤터기씌우기 좋은 바보·멍청이 같은 존재다.

그러나 그 이면을 살펴보면, 거기에는 '로스차일드 그룹'이 있다. 세계의 환난을 일으키는 악덕 총수가 바로 로스차일드인 것이다. 중동 문제에 있어서, 그가 어떤 이권과 관계가 있는지 살펴보자. 저자 프리드먼이 런던을 비롯해서 세계 주요 국가와 도시에서 활약하는 로스차일드 그룹의 핵심 요원에게 직접 들었기 때문에 정확한 정보라고 말할 수 있다.

그의 재산은 제대로 산출할 수 있는 사람이 없다. 그냥 수십억 달러쯤이 수십억 개 있다고 생각하면 된다. 그런데 중요한 것은 그의 재산이 얼마냐 하는 것이 아니라 그 재산이 어디에 있는가 하는 사실이다. 그것은 대부분 중동에 있다. 물론 유럽을 비롯한 서양 지역에도 많이 있지만, 중동에 있는 재산에 비하면 별 것 아니라는 것이다.

그중 가장 중요한 것은 '영국의 생명선'이라 할 수 있다. 영국은 그 생명선을 지키기 위해 수많은 전쟁을 벌여야 했다. 거기에 로스차일드 그룹의 이해 문제가 달려 있기 때문이다.

로스차일드 그룹은 수에즈 운하가 만들어지기 전부터 그 지역의 점유권을 갖고 있었지만, 수에즈 운하는 로스차일드가 만든 것이 아니다. 오히려 그들은 운하의 성공을 방해하기 위해 최대한 노력을 했던 쪽이었다.

로스차일드는 운하 건설 따위에는 돈 한푼 사용하기를 거절했고, 운하는 드 레셉이라는 프랑스 사람과 커디브라는 이집트 귀족 가문이 합세하여 1869년 완공했다.

이 운하는 건설이 끝나자마자 대단한 성공을 거두었고, 로스차일드

▲ 영국 웰링턴과 프랑스 나폴레옹의 유명한 '워털루 전쟁'의 결과를 미리 안 후, 영국의 주식 시장을 움직여 영국을 샀다는 일화가 있는 로스차일드 가문의 시조 메이어 로스차일드(Mayer A. Rothschild)의 셋째 아들 나탄 로스차일드(Nathan Meyer Rothschild).

는 토지 점유권의 대가로 40퍼센트의 이익을 차지했다. 그러나 2년쯤 지나자 그는 딴 생각을 품게 되었다. 운하의 가치로 보아 40퍼센트의 이익이 불충분하고, 수에즈 운하에서 나오는 이득을 몽땅 차지해야 되겠다는 생각이 들었던 것이다.

로스차일드는 영국 정부를 움직였고, 영국은 아무 이유도 명분도 없이 무조건 이집트에 쳐들어갔다. 그리고 마치 무조건 항복한 패전국에 승전국이 진주하듯, 학교·은행·철도·재판소 등을 모두 영국 사람들이 운영했다. 이집트는 명색만 나라였지 영국의 속국과 마찬가지가 되어버렸으며, 결국 영국이 수에즈 운하를 완전히 차지하게 되었다.

원래 수에즈 운하의 점유권은 99년 간이었는데 로스차일드는 99년의 기한이 다 끝나는 1969년에 이 운하의 점유권을 이집트로 반환하면 자기의 이권이 침해당하지 않을까 염려했다. 이집트는 영국과 적이 될 수 있는 프랑스·독일·러시아 같은 나라에 사용권이나 소유권을 줄지도 모르는 일이고, 그렇게 되면 정치적으로 영국에 불리하게 될 수도 있었다. 그러한 로스차일드의 욕심과 영국의 정치적인 야심 때문에 많은 전쟁이 일어나게 된 것이다.

로스차일드는 재산 보전을 위해 이스라엘을 만들었다

만약 대영제국이 수에즈 운하의 지배권을 포기한다면 중동에 대한 영국의 지배력은 물론 로스차일드의 이권 또한 약화될 것이 뻔한 일이었다. 그래서 로스차일드는 수에즈 운하를 포기했을 때의 먼 장래를 위해 계획을 세우고, 1918년 1차 세계대전이 막을 내렸을 때 자신의 계획을 실천에 옮기기 시작했다. 그 계획이라는 것은 사실 간단한 것이었다.

1916년 런던 조약을 맺을 때 영국은 전쟁이 끝나면 시온주의자들에게 팔레스타인을 주기로 했는데, 그들에게는 당장 자금이 없었다. 팔레스타인 지역에서는 자금이 없으면 살아남기 어려웠던 것이다. 그래서 런던의 로스차일드는 탈무디스트들에게 새로운 국가 건설에 필요

한 재정 지원을 무제한 약속했으며, 그 대가로 탈무디스트들은 중동에
서 대영제국의 기득권을 영원히 인정하기로 했다.

영국은 지중해의 아시켈론(Ashqelon)에서 홍해 아콰바만(Gulf of
Aqabah)에 있는 아콰바까지 운하를 건설하는데, 배가 두 줄로 다닐
수 있게 복차선(復車線)으로 하고, 현대식으로 철과 콘크리트를 써서
건설하기로 했다. 특히 운하는 영국 영토 안에 건설하기로 했으며, 국
제적으로 대영제국의 영토라는 승인을 받기로 했다. 만약의 경우 전쟁
이 나더라도 대영제국에 유리하도록 만들기 위해서였다.

대영제국은 1921~1948년까지 팔레스타인을 국제연맹의 신탁통치
령으로 다스리고 있었다. 그런데 그 기간 동안 대영제국이라는 것이
무너졌기 때문에 시온주의자들은 대영제국의 영토 회복을 추진할 수
없었고, 따라서 로스차일드는 계획을 수정할 수밖에 없었다.

로스차일드는 팔레스타인을 시온주의자들에게 넘겨주어 '이스라
엘'이라는 독립 주권 국가를 건국하게 하며, 한때 대영제국이 누리던
권리 같은 것을 UN[43]이 팔레스타인에게 주도록 추진할 계획이었다.
그는 UN이 시온주의자들의 주권 국가를 인정하면 팔레스타인의 미래
는 확정된 것이나 마찬가지라고 믿었던 것이다.

그리하여 1916년 영국이 독일에 항복할 생각을 하고 있을 때, 로스
차일드는 '세계 시온주의자연합'이라는 단체를 조직하자는 발상을 실
천에 옮겼고, 이 단체와 영국 전시 내각과 힘을 합하여 10월에 런던 조
약을 만들게 되었던 것이다.

1917년 4월 16일 미국이 참전하기로 했을 때 로스차일드는 쾌재를
불렀으며, 그해 7월쯤에는 독일이 패망할 것이라는 느낌을 받았다. 그
러나 로스차일드는 세계 시온주의자연합을 재정비할 필요가 있다고
생각해 적당한 사람을 찾았으며, 그렇게 찾은 것이 '카임 바이즈만

---

43) 당시 이미 UN(국제연합) 창설은 기정 사실이었다.

(Chaim Weizmann)'이었다. 그에게 로스차일드는 일국의 왕자나 입을 수 있는 정장을 사주면서 그를 팔레스타인 정부의 국가 원수나 되는 것처럼 대접했는데, 그는 실제로 나중에 이스라엘의 국가 원수가 되었다.

아무튼 로스차일드의 뜻대로 모든 일이 이루어졌고, 이제 팔레스타인에 실제로 시온 국가를 형성하는 중요한 일이 남아 있었다. 그는 60만 명의 동유럽 탈무디스트들을 팔레스타인에 유입시키는 데 필요한 자금을 조달했으며, 팔레스타인에서 영국 앨런비 장군의 20만 군대를 철수시켰다.

그는 또 미국 트루먼 대통령의 협조를 받아 1948년 5월 18일부로 60만 명의 무장 병력을 팔레스타인에 진주시켰으며, 원주민인 기독교도와 회교도들의 무장을 해제시키는 한편, 방어할 능력도 힘도 없는 135만 명의 주민들을 추방하고 '이스라엘'이라는 나라를 건국했다.

그러나 로스차일드에게는 이스라엘이 한 국가로서 중동 국가들에게 승인받는 일이 아직 남아 있었다. 또한 앞으로 지중해의 아시켈론에서 아콰바까지 건설될 운하를 따라 송유관을 설치하는 일도 대단히 중요한 과제로 남아 있었다.

이렇듯 중동 문제는 로스차일드가 중동에 있는 자기의 재산을 영원히 보호하기 위하여 만들어낸 것이며, 중동의 기름을 자신이 원할 때면 언제든지 손쉽고 안전하게 갖고 나올 수 있도록 환경을 조성하는 과정에서 만들어진 부산물에 불과했다.

하느님이 약속한 땅이니 돌려달라고?

프리드먼은 7명의 미국 대통령들에게 중동 문제의 근본 원인을 설명하며 탈무디스트들의 농락에 대해 수없이 설명했다. 시온주의자들이 팔레스타인 땅에서 행한 침략 도발에 대해서도 수없이 설명했다. 세상에, 하느님이 선택한 민족에게 약속한 땅이니 이제 되돌려달라고? 그런 허튼소리는 인류 역사 중에 그 유례를 찾아볼 수 없을 정도로 엉터리 사기극이라는 점을 인식시키곤 했던 것이다.

그는 정보를 수집하고 수많은 문건들을 복사하는 등, 개인의 돈까지 써가면서 조사에 많은 공을 기울였다. 자신의 재산을 보호하기 위한 로스차일드의 농간 때문에 미국을 비롯한 수많은 국가들이 수백억 달러의 돈을 낭비하는 것은 차치하고라도, 그것 때문에 또다시 세계 전쟁이 일어날까 봐 두려웠던 것이다.

만일 3차 세계대전이 발발한다면 미국은 패망할 것이다. 왜냐하면 미국은 이제 군사력에서 세계 제2의 나라로 전락했기 때문이다. 이것은 프리드먼의 의견이 아니라 냉철한 판단력을 지닌 군사 전문가들의 말을 빌린 것인데, 프리드먼은 다음과 같이 결론을 내린다.

시간이 흘러감에 따라 소련은 점점 더 가공할 무기를 개발하고 있다. 그러나 소련도 우리와 마찬가지로 전쟁을 원치 않고 있는지 어떻게 아는가? 소련의 진심을 알 수 없는 일이기에, 모든 진상을 까놓고 해결을 보아야 할 것이다.[44]

마지막으로 『숨은 폭군』에서 벤저민 프리드먼이 호소한 글을 직접 싣는다.

나는 짧은 이 책에 나름대로 중요한 내용을 싣고 설명했다. 되도록 많은 사람들이 이 작은 책자를 구입하여 두루두루 읽기를 바란다. 더욱 많은 국민들이 이 책을 읽고 사실을 깨닫기 바라는 것이다.

이 책의 진실을 깨달아, 국민들이 미국을 구해내기를 바라는 마음이고, 또 그런 마음으로 읽고 나면 다른 지각 있는 친지에게 권하여 읽게 하기를 바라는 것이다.

---

44) 프리드먼의 『숨은 폭군』은 소련 붕괴 이전에 씌어졌음을 감안할 것.

교황 성하께 삼가 드리는 편지

소개할 글은 레옹 디그렐(Lêon Degrelle)이라는 사람이 교황에게 보낸 공개 편지다.

1906년 벨기에에서 태어나 철학자·작가·기자·정치인·군인이었던 디그렐은 조국 벨기에와, 유럽 기독교의 악마화를 막기 위하여 싸웠으며, 알려지지 않은 20세기의 비사를 많이 쓴 사람이다.

레옹 디그렐은 1944년부터 스페인의 말라가에서 망명 생활을 하다 1993년 87세로 눈을 감았다. 많은 책을 쓰기도 했지만 청중을 도취하게 만드는 명연설가로도 유명했던 그는 《조국의 현실(Le Pays rèel)》이란 자신의 신문을 갖고 있었다.

약관 29세의 나이로 가톨릭교 렉스 운동[45]에 가담하여, 국가는 단합되고 사리에 맞는 사회주의 정책을 펴는 정부가 필요하다는 극단적인 정견을 갖고 정치 활동을 시작했다. 1936년 처음으로 제도 정치에 참여한 선거에서 디그렐은 29세의 약관으로 벨기에 사상 최고의 득표로 국회의원에 당선되었으며, 그의 당은 21개의 의석을 획득하여 11.5퍼센트의 국회 의석을 차지하였다.

그는 유럽이 공동으로 단합하여 공산 세력에 대항해야 한다는 주장을 펴서 히틀러의 공감을 얻었고, 프랑스어를 하는 사람들로 구성된 '발룬(Walloons)'이라는 의용부대를 만들었다. 이 부대는 후에 '발로니아 SS 28사단(28th SS Division Wallonia)'이라는 독일 정예사단으로 바뀌며, 디그렐은 그 사령관으로 유임한다. 그는 나중에 철십자 기사 훈장을 받은 유일한 비독일계 사람이다.

그는 전쟁 능력도 탁월하여 미 육군의 존 반슨 준장은 미 육군성의 잡지에 쓴 글에서 디그렐의 『전술학』을 "전쟁의 예술로서, 군인은 누구나 읽어야 하는 책"이라고 했을 정도였다. 그러나 그는 노르웨이 근처에서 벌어진 연합군과의 전투에서 사단 병력 2천 5백 명을 모두 잃고, 그를 포함하여 3명만 살아남았다.

그는 경비행기로 가까스로 탈출하여 스페인으로 넘어가 정치 망명 허가를 받은 뒤에 1993년 87세로 죽을 때까지 그곳에서 살았다. 고국 벨기에에서는 이미 1944년에 '부재자 사형 선고'를 언도받았기 때문이다.

이 편지는 1979년 5월 교황 바오로 2세에게 보낸 공개 편지인데, 바티칸의 교황이 이 편지를 받았다는 수락 번호는 '951'이며, 교황의 서명 위에는 'CITTA DEL VATICANO P II 26.5.79'라고 씌어 있다.

이 편지는 1979년 6월 나치 독일이 6백만 명의 유대인들을 독가스로 대량 학살했다고 알려진 아우슈비츠[46] 수용소에 교황이 찾아가, 폴란

---

45) 가톨릭 사상을 기본으로 한 사회주의를 주창하는 사상. 국민이 단결하고 정부가 사회 정의에 입각하여 산업 제도와 정치를 개혁하자고 주창하는 사상으로서, 디그렐은 이 사상을 창시하고 '가톨릭교 렉스 운동'이라는 사회 운동을 일으켜 친파시즘의 노선을 밟았다.
46) 폴란드의 남부에 있는 오슈비엥침(O'swiçcim)이라는 도시를 독일말로 아우슈비츠(Auschwitz)라고 부르며, 2차 세계대전 중 유대인들을 감금하고 독가스로 대량 학살했다는 수용소가 이곳에 있어 보통 '아우슈비츠'라고 하면 그 수용소를 생각하게 된다.

드의 전체 주교들과 함께 직접 미사를 드린다는 소식을 듣고, '나치의 6백만 유대인 학살설'이 조작임을 잘 알고 있으면서도 그들과 야합하고 동조하는 교황의 처사를 탄원하는 글이다.

나는 이것도 하나의 이설로 생각해 볼 만한 가치가 있다고 생각해 여기에 소개한다. 부언하자면, 이 편지는 벨기에 당국이 형법에 저촉된다 하여 내용 공개가 불법화되어 있다.

교황 성하, 아우슈비츠에 가신다고요?

1979년 5월 20일 망명지에서
바티칸 시
교황 요한 바오로 2세 성하께

성하(聖下)께 삼가 드립니다.

저는 레옹 디그렐이라고 하는 사람이며, 2차 세계대전 전에는 벨기에에서 렉스 운동의 지도자였습니다. 세계대전 중에는 의용군 사령관으로서 독일의 28사단과 함께 동부 전선에서 전투한 사람입니다.

이 글을 쓰는 것은 누가 종용해서가 아니라는 사실을 밝히며, 저는 성하와 마찬가지로 가톨릭 신자고 같은 믿음을 갖고 있는 하나의 형제로서 이러한 글을 올릴 수 있는 자격이 있다고 생각하는 바입니다.

저는 성하께서 1979년 6월 2일부터 12일까지 폴란드를 방문하셔서 강제수용소였던 아우슈비츠에서 성찬 미사를 드리신다 하기에 염려되는 점이 있어 이 글을 드리는 것입니다.

솔직히 직언하겠습니다. 죽은 자가 누구였든 간에 또는 어디서 죽었든 간에, 불에 그을린 자국도 아직 없는 새 화장로 앞에서 죽은 자를 위하여 기도를 드린다는 것은 노여움을 불러일으킬 일이라고 생각합니다.

백보를 양보해서, 당신도 인간이기에 교황으로서의 일거수일동작에서 폴란드인이라는 사실이 끊임없이 드러나고 있다는 점을 이해합니다. 당신은 젊은 시절에 젊은 혈기로 애국 운동에 참여한 애국자입니다. 당신에게 그때의 혈기가 조금이라도 남아 있다면, 지금은 교황이 되었으니 역사 속에서 아직도 분명하게 해결되지 않은 문제에 대하여 무엇인가 해야 되겠다고 느끼지 않습니까?

예를 들어서 2차 세계대전이 발발하게 된 악행에 대하여 누가, 어떠한 책임이 있으며, 그 주모자들이 어떤 일을 했는지 생각해 보셨습니까?

그 당시 누구라도 당신네 폴란드 총리였던 베크(Beck) 대령이 사리에 어긋나는 인간이라는 사실을 알고 있지 않았습니까? 1939년에 그는 맡은 바 일을 과연 양식 있고 성실하게 처리했습니까? 그는 그때 독일 정부와 평화를 이룰 수 있는 분명한 기회를 거만한 태도로 거절하지 않았습니까? 그리고 그후에는 또 어떻게 했습니까?

전쟁의 내용이 정말 보도된 그대로였습니까? 실제로 무엇이 잘못되었다고 생각합니까? 양쪽 다 범죄적인 행위를 저질렀다고 생각지 않으십니까?

그들이 실제로 원하는 것들이 언제나 객관적으로 반영되었습니까? 혹시 적국의 문서를 왜곡하여 발표하고, 선전 목적 때문에 제대로 검토하지도 않고 고의적으로 악화시켜 발표하지는 않았습니까? 상대가 적이라고 해서, 없는 사실을 뒤집어씌운 허튼소리를 확인도 하지 않고 기정사실인 양 행동한 일은 없습니까?

교회는 항상 누구보다도 사실을 잘 알게 됩니다. 그러나 교회는 지난 2천 년간 다칠까 봐 늘 조심하고 과감한 일을 피하는 안일주의로 일관하여 왔습니다. 그래서 항상 풍파가 지나고 파도가 가라앉고 찢어질 것은 다 찢어진 다음에, 그리고 모든 것이 알려진 다음에야 증거를 수집하여 판단을 내리는 버릇을 갖고 있습니다.

좀더 자세히 말씀드리자면, 교회가 2차 세계대전 중에 극도로 자제하고 있었다는 혐의를 면할 수 없다는 것입니다. 당시 미치광이 놀음에 끼지 않으려고, 거슬러 올라가는 쪽으로 노를 잡았던 것 아닙니까?

성하께서 당신의 고향에, 특히 아우슈비츠에 가시면 아마도 과거의 기억이 조금이라도 떠오를 것입니다. 그러면 성하께서는 정말 단지 기도만 하러 그곳에 간다고 생각하십니까?

제가 염려하는 것은, 단순히 성하가 그곳에 가셨다는 사실, 그리고 거기서 성하가 기도를 올렸다는 사실만으로도 아주 중요한 의미가 부여될 것이며, 사악한 선전광들의 연막으로 사용될 것이라는 점입니다.

그들은 성하의 등뒤에서 증오의 악선전을 더욱 가열차게 해댈 것입니다. 그 사람들은 과거 25년간 아우슈비츠 문제에 대해 악독한 마음으로 거짓으로 일관하고 있습니다.

예! '거짓말'이라고 분명히 말했습니다. 2차 세계대전 중에 감금되었던 수많은 사람들을 아우슈비츠에서 대량으로 학살했다는 전설적인 그 이야기, 헛소리들을 얘기하고 있습니다. 1945년부터 이 전설은 수천 종류의 책에 기술되었고, 이로 인하여 전세계가 이것을 믿도록 강요당하고 있는 실정입니다. 그들은 말세를 연상시키는 총천연색 영화를 만들어 사실을 조작할 뿐 아니라 기본적인 산술이나 상식에 맞지도 않는 말을 믿게 하고 있는 것입니다.

친애하는 성하

저는 성하께서 2차 세계대전 중 생명의 위험을 무릅쓰고 저항 운동에 참여하여 전투도 하셨고, 심지어는 잠시 아우슈비츠에 잡혀 있었다는 말을 들었습니다. 그곳을 거쳐간 많은 사람들과 마찬가지로, 성하께서도 그 독가스를 마시지 않았기 때문에 교황이 되지 않았습니까?

성하께서는 바로 그 안에 갇혀 있었던 증인으로서, 그들이 독가스를 사용하지 않았다는 사실을 누구보다도 잘 알고 계실 것 아닙니까? 성하께서는 속세의 선전광들이 이 거대한 학살 사건을 조작해 냈다는 것을 알면서도 쳐다만 보고 계시는 가장 중요한 증인이 아닙니까?

6백만 명이 아니라 60만 명

물론 아우슈비츠에 있었던 사람들은 말할 수 없는 고통을 겪었습니다. 그러나 그들만이 그런 고생을 한 것은 아닙니다. 전쟁이란 전쟁은 모두 처참합니다. 연합국 수뇌들이 직접 명령을 내려 수만 명의 부녀자와 어린이들이 무참하게 재가 되었습니다. 제3제국(나치 독일)의 강제수용소에서 희생당한 사람들과 마찬가지로, 비슷한 수의 사람들이 드레스덴[47]에서, 함부르크에서, 히로시마 또는 나가사키에서 희생을 치렀습니다.

제3제국 시절에 수용소에 수감된 사람들은 25퍼센트는 정치범이나 저항 운동에 참여했던 사람들이고, 75퍼센트는 양심범과 일반 잡범 또는 변태 성욕자들이었습니다.

허약한 사람들은 정신적으로 포기해도 죽기 때문에 많은 사람들이 탈진 상태 속에서 희생되었습니다. 또 어떠한 감옥에도 간수들 중에는 잔인한 사람들이 있게 마련입니다. 그런 사람들에게 당한 사람들은 개인적인 수모를 잊을 수 없을 겁니다. 동료 죄수들 중에서 뽑힌

---

47) 독일 베를린에서 약 160킬로미터 남쪽에 위치하였다. 1945년 당시 인구 65만의 도시로 문화와 예술의 중심지였으며 군사적으로는 야전병원의 집결지일 뿐, 군대 시설이나 부대가 없는 도시였다. 그런데 당시에 영국·미국의 연합군 공군은 스탈린의 요구에 의해 소련군이 입성하기 직전인 1945년 2월 13~15일과 3월 2일에 무려 3천 톤 이상의 폭탄과 소이탄을 퍼부어 무고한 시민이 20~35만 명이나 몰살당했다. 이러한 사실이 스웨덴에서 처음 발표되고, 뒤이어 영국의 《BBC》와 미국의 《AP통신》이 잠깐 취급하여 연합국의 명분 없는 고의적인 학살이라는 비난을 받았으며, 일본의 남경학살(南京虐殺)에 견줄 만한 사건으로 취급되어 많은 지성인들의 지탄을 받았다. 그러나 승자인 연합국의 은폐 공작으로 그리 널리 알려지지 않고 사람들의 기억에서 사라진 사건이다.

카포스[48] 같은 자들이 죄수들에게 더 잔악한 행동을 한 예가 허다합니다. 이들 중에 독일 사람도 있었습니다만 대부분은 독일인이 아니었습니다.

그런가 하면 수용소마다 원래 인성이 간악한 사람들도 있어서, 마치 악마처럼 고문을 하고 죽이고 괴물처럼 징그러운 짓도 하며 아주 간단하게 살인을 하는 경우도 많이 있습니다. 이러한 것을 모두 감안한다 해도, 종전될 무렵 발진티푸스가 돌지 않았다면 평화를 찾은 그날 대부분의 사람들이 환성을 터뜨리며 새생활을 시작했을 것입니다. 전쟁이 끝날 무렵 발진티푸스 때문에 수용소에 있던 수많은 사람들이 죽음을 당했던 것입니다.

폭격으로 철도와 도로가 파괴되어 교통이 마비되었고, 전기 시설·수도 시설·저수지 등이 파괴되어 식수나 식량 보급도 제대로 되지 못했던데다가 통신까지 장애가 심한 바람에, 2차 세계대전 중 수감 생활을 하던 사람들의 3분의 2가 종전 무렵에 발진티푸스·이질·기아 등으로 희생당했습니다.

이러한 통계는 이미 공식적으로 추산된 숫자여서, 예를 들면 국제조사위원회가 다하우[49]에서 조사한 다음에도 마찬가지의 통계 결과를 얻었습니다. 1944년 1월에 54명, 2월에 101명이 사망했으나, 1945년 1월에는 2,888명, 2월에는 3,977명이 사망했습니다. 1940~1945년에 죽은 수용소 전체 사망자 25,613명 중 19,296명이 마지막 7개월 사이에

---

48) Kapos. 나치 독일의 강제수용소에 수감되어 있는 독일인·유대인·헝가리인·우크라이나인·폴란드인 중에서 젊은 사람들을 뽑아서 시킨 조장 또는 반장을 가리킨다. 군인처럼 제복을 입힌 그들에게는 같은 수감인들의 동향을 감시하고 보고하도록 한 일종의 간수 같은 직책이 주어졌는데, 너무 악독하게 굴어서 수감자들이 가장 무서워했던 사람들이다.

49) Dachau. 독일 뮌헨에서 북서쪽으로 16킬로미터 지점에 있는 작은 도시로 2차 세계대전 때 유대인들을 수용했던 강제수용소가 있던 곳이다.

죽은 것입니다.

1945년 초에는 이미 연합국의 승리가 확실해졌기 때문에 그렇게 잔인한 파괴 작전은 필요치 않았습니다. 그때의 폭격은 아무런 군사적 가치가 없었던 것입니다.

연합군 폭격과 전염병으로 사망한 60만 유대인

만일 이렇게 무차별적이고 잔인한 파괴 작전을 펼치지 않았더라면 수천 명의 무고한 생명이 희생되지 않았을 것입니다만, 그들은 오히려 1945년 4~5월에 신문기자와 촬영팀들을 총동원시켜 불러모은 뒤 최대의 선전과 전시 효과를 낼 수 있도록 참상을 묘사했던 것입니다. 그리고 이에 그치지 않고 그후에도 계속, 보는 이로 하여금 증오감이 생기게 전시 효과를 극대화할 수 있는 사진들을 조작해 낸 것입니다.

이러한 조작의 예술가들은, 만일 그들이 하려고만 들었다면 훨씬 더 많은 독일의 부녀자와 어린이들이 희생당한 참상을 더욱 참혹하게 그려낼 수도 있었을 것입니다. 그들도 나치의 희생자들과 똑같이 참담하게 추위와 굶주림으로 죽고 전투기 기총소사 세례를 받고 죽음을 당한 것입니다.

그러나 한 도시에서 무고한 독일 시민 30만 명이 개죽음을 당했지만, 그러한 사진은 조심스러운 배려 때문에 알려지지 않았습니다. 만일 그러한 사진들도 함께 공개되었더라면 나치에 대한 증오의 열기는 가라앉았을 것이고 오히려 연합국에 대한 비판의 목소리가 커졌을 것입니다.

그들은 1945년의 발진티푸스·이질·기아 등의 질병, 그리고 독일 시민과 수용소 수감자 등에 대한 무차별한 공습 때문에 희생된 것입니다. 양쪽 다 말세가 되었을 때나 볼 수 있는 증오의 모습을 지니고 있었던 것입니다.

7백~8백 명을 넣을 수 있는 침실이 있습니까?

성하, 그런 다음 아우슈비츠의 독가스실에서 가공할 지클론 B 가스를 사용하여 수백만의 유대인을 학살함으로써 계획적으로 인종을 말살시키려고 했다는 전대미문의 이야기가 생겨났습니다. 종전 후 수십 년 동안 세계 인류의 뇌리를 때리고 있기에 과학적인 조사를 하자고 하는데도 아무도 동조할 생각을 하지 않습니다. 그래서 30년이 지난 지금도 그 학살을 증명할 수 있는 과학적인 수사 보고가 하나도 없는 것입니다.

한번 상상해 보십시오. 400평방미터 되는 아우슈비츠의 독가스실에, 한 번에 3천 명씩 넣어, 하루에 2만 4천 명을 죽였으며, 벨제크(Bel-zec)에서는 넓이 25평방미터(7.6평), 천장이 1.9미터 되는 방에 한 번에 7백~8백 명을 집어넣었다고 합니다. 25평방미터라고 하는 넓이는 조금 큰 침실 크기입니다. 성하께서는 그런 침실에 7백~8백 명이나 되는 사람들을 넣을 수 있다고 생각하십니까?

그렇다면 1평방미터에 30명을 넣었다는 이야기인데, 1평방미터라면 일반 공중전화 부스와 비슷한 크기입니다. 성하, 성베드로 광장이나 바르샤바 신학교에 있는 공중전화 부스나 개인 캐비닛 속에 30명이란 사람을 쌓아넣는다고 상상해 보십시오! 공중전화 부스나 금붕어 어항에 아스파라거스나 콩나물처럼 30명을 쌓아넣거나 성하의 침실에 8백 명이란 인원을 수용한다는 것은 기적입니다.

또 군병력 2개 연대에 해당하는 3천 명을 아우슈비츠 독가스실에 집어넣거나 벨제크의 방에 7백~8백 명 되는 사람들을 집어넣었다면 독가스를 사용하지 않았어도 산소 부족으로 모두 질식사했을 것입니다. 그런 방에 마지막 한 사람까지 집어넣고 문을 잠그려고 할 때쯤이면 이미 거의 다 죽어버린 시체가 되었을 것이며, 지클론 B라는 독가스는 죽은 송장 위에나 뿌려졌을 것입니다.

이 가스는 아마도 문틈 또는 굴뚝 따위의 구멍이나 마룻바닥을 통해 뜨거운 공기나 증기의 형태로 투입되었을 것입니다. 과학적 상식이 있다면 누구나 알 수 있지만, 지클론 B라는 가스는 발화성이 강하고 접착성이 강하여 취급하기가 여간 조심스럽지 않을 뿐만 아니라, 살포한 후 실내 공기를 모두 뽑아낸 다음에도 21시간쯤 지난 후에 들어가야 안전합니다. 즉 가스 살포 후 21시간이 지나야 시체를 처리하는 작업을 할 수 있다는 것입니다.

만일 그들의 주장대로 아우슈비츠에서 하루에 2만 4천 명을 죽였고, 시체들의 입을 벌려 금이빨이나 입 속에 감춘 다이아몬드를 뽑아냈다면, 위아래 턱을 합하여 모두 4만 8천 짝의 턱뼈의 이빨을 검사했다는 얘깁니다.

성하께서는 성스러운 분이니 아시겠지만, 이렇게 많은 사람들의 이빨을 몽땅 조사하고 뽑는 데 얼마나 시간이 걸렸을 것 같습니까? 아마 상당한 치과 기공술을 가진 사람들이 한다고 해도 엄청난 시간을 소비했으리라는 것은 짐작하실 것입니다.

전해듣기로는, 사람이 죽으면 뻣뻣해져서 입을 벌리는 것조차 그리 쉽지 않다고 들었습니다. 그런데 공식 발표에 따르면, 불도 없는 시멘트로 만들어진 방에서, 거의 원시적인 연장만을 갖고 8명이 작업을 했다 합니다. 아마도 세계 그 어느 기술자보다도 빠른 속도로 위아래 치아를 검사하고 작업을 했겠지요. 한번 연필을 들고 계산해 보십시오.

그뿐이 아닙니다. 화장로 속에 넣기 전에 그 많은 시체들의 항문과 여자들의 질 속에 다이아몬드나 보석 따위가 있는지 모두 조사했다는 것이 아우슈비츠 역사가들이 이구동성으로 주장하는 공식화된 역사 이야기입니다.

6백만 명을 독가스로 살해했으면 인분이 흘러나오고 피가 범벅이 된 상태였을 텐데, 성하께서는 그런 속에서 6백만 개의 항문과, 4백~5백만 개의 질과 자궁들을 샅샅이 더듬을 수 있으리라고 상상할 수 있습니까? 숨겨놓은 귀금속을 찾겠다고 냄새 나고 지저분한 구멍 속 끝까지 손을 집어넣어 하루에 2만 4천 개의 항문과 1만 5천~2만 개의 질을 후벼냈다는 이야기입니다. 이야기 전부가 정신이 돌아버린 사람들이나 하는 이야기입니다.

이야기는 이것으로 끝나는 것이 아닙니다. 폴리아코프 교수 같은 사람은 눈 하나 깜짝 않고, 그 시체로 비료를 만들고 비누를 만들었다고 열변을 토합니다.

독가스 학살이며 시체로 상품을 제조했다는 주장이며 시체 속에 손을 넣어서 귀금속을 찾았다는 이야기뿐만 아니라, 학살당한 유대인 숫자도 조작입니다. 리쿠에 신부는 1천 5백만 명, 라루스 사전에는 2천만 명의 유대인이 학살을 당했다고 하는데, 2천만 명이면 당시 전세계 유대인 인구보다 더 많은 숫자입니다. 이렇게 조작해 낸 아우슈비츠의 역사 이야기를 기정사실로 믿도록 강요당하고 있으며, 지금도 그 작업이 계속되고 있습니다.

성하께서는 성찬 미사를 드리러 아우슈비츠를 방문하는 동안 독가스실에 코를 대고 직접 냄새를 맡을 수 있으며, 화장로의 열기를 느껴볼 수도 있을 것입니다. 만일 사실을 10배, 20배 정도 과장해서 이야기한다면 그럴 법한 일이라고 믿어줄 수도 있습니다. 그러나 침실만 한 방에 7백~8백 명을 집어넣었다는 식의 이야기는 너무 어처구니없어서 말문이 막힐 지경입니다. 그런 말은 머리가 텅 빈 먹통들이나 믿고 떠들고 다니며 억지 영화를 만들어 돌리고 또 이를 보고 믿는 것입니다.

어떤 이는 "홀로코스트(Holocaust)[50]를 믿어요! 내가 들은 이야기를 모두 믿습니다!"라고 자신 있게 말합니다. 이 얼마나 어처구니없는 일입니까?

---

50) 원래 '광범위한 파괴'라는 뜻이었으나, 2차 세계대전 이후로는 나치스가 유대인들의 인종 말살을 기도하여 조직적으로 그들을 대량 학살한 일을 뜻한다.

성하께서 아우슈비츠에서 성찬 미사를 드릴 때, 사람들은 모두 하느님의 사랑을 느끼며 예수님의 희생을 되새기게 될 것입니다. 그러나 사도인 교황께서 하늘을 향하여 성찬을 높이 든 그 소매로 이런 어처구니없는 거짓말과 증오의 씨를 덮어준다고 어느 누가 감히 상상인들 할 수 있겠습니까? 이러한 증오와 거짓은 예수님의 가르치심에 완전히 반대되는 일입니다. 있을 수 없습니다. 도저히 있을 수 없는 일입니다. 불가능한 일입니다.

아우슈비츠의 가짜 독가스실에서 겨우 1백 보 떨어진 곳에서 당신이 하시는 말씀은, 어느 누구와도 감히 비교할 수 없는 진실한 말이어야 하며, 그 말은 자비를 행하고 평등과 형제간의 사랑을 베푸는 말이어야 합니다. 당신은 인간의 가장 큰 수난 중의 하나를 덜어주기 위하여 아우슈비츠에 가시는 것입니다.

시간이 감에 따라 역사의 진실 앞에 그 수난의 원인과 책임자들이 명백히 드러나게 될 것입니다. 진실은 거짓 증인이나 강요에 의한 진술에 의해 정해지는 것이 아닙니다.

교황 성하께서는 이러한 아수라장 위에 계신 분입니다. 교황께서는 수난을 겪고 있는 자나 수난을 받고도 영적으로는 깨어 있는 영혼들과 가까우신 분입니다. 보통 때에는 평범한 사람도, 심신이 고통과 번뇌에 휩싸이게 되면 영혼이 돋보이게 됩니다.

이러한 일들은 2차 세계대전 중 전쟁터 곳곳에서 일어났습니다. 그곳에서는 수많은 군인들이 고통 속에서 죽어갔고 수용소에서도 수많은 사람들이 두 세력의 갈등에 희생되어 갔습니다. 그러한 예가 아우슈비츠이며, 1941~1945년까지 동부 전선에서 공산주의 도살꾼들에게 고통을 받으며 희생된 수백 만의 젊은 유럽 청년들인 것입니다.

인류 역사를 통하여 참상은 언제나 있었던 일입니다. 아우슈비츠에서 일어난 일은 역사상 처음 있는 일도 마지막 일도 아닐 것입니다. 이 순간에도 팔레스타인 수용소에서 저항할 힘조차 없는 수많은 부녀자들과 어린이들이 학살되고 있습니다.

이스라엘의 공군기는 '보복'이란 미명 아래 죄없는 양민들을 처참하게 죽이고 있으며 불행하게도 이들을 위한 성찬 미사란 것은 영원히 없을 것으로 압니다.

강한 민족이 약한 민족을 탄압하고 강탈한 예는 얼마든지 찾을 수 있습니다. 많은 국가들이 사라져 갔고, 이러한 일은 어떤 한 곳에서만 일어났던 것이 아닙니다. 이러한 일은 항상 일어나고 있는 일이며 젊고 순진하고 정의감 있는 수백만의 양들은 이상주의를 믿고 값어치 없이 그들의 생명을 소모하여 버리는 것입니다.

당연히 독일은 다른 어떤 나라와 마찬가지로 세상에 이루 말할 수 없는 폭력을 휘두른 죄의 대가를 치러야 합니다. 그러나 그런 짓을 하지 않은 나라가 있단 말입니까?

프랑스 혁명 때 '공포'라는 말이 창조되지 않았던가요? 그들이 '길로틴'을 발명하고 사람을 루아르(Loire) 강에 빠뜨려 죽이는 법을 생각해 내지 않았던가요? 나폴레옹은 사람들을 강제수용하고 수십만의 시민들을 자신의 영광을 위하여 전쟁터에서 죽도록 만들지 않았던가요? 벨기에에서만 5만 1천 명이 끌려나가 싸웠으며, 독일 제3제국의 강제수용소에서 죽은 숫자보다 1차 세계대전에 끌려나가 죽은 사람들의 숫자가 더욱 많습니다.

1944~1945년에 드골은 적에게 부역하거나 협조했다고 수만 명의 시민들을 죽이지 않았습니까? 또 근래에 와서는 프랑스가 인도차이나 알제리에서, 수만 명의 사람들을 가학주의자들이 우글거리는 강제수용소에 구더기처럼 몰아넣지 않았습니까? 반란 분자들뿐만 아니라 죄없는 양민들도 함께 잡아가지 않았던가요? 프랑스의 어느 장군은 공식석상에서 '고문'을 찬미하기도 했잖습니까?

영국은 전쟁 준비도 하지 않은 코펜하겐에 대고 포탄을 퍼붓지 않았던가요? 영국이 인도인 용병들을 대포 총구에 잡아매 놓고는 대포를 쏘아서 사형시켰고, 보어전쟁 때 트랜스벌 강제수용소에서 수천 명의 부녀자와 어린이를 잔혹하게 학살한 일은 어떻게 생각하십니까? 그리고 처칠이 독일에 대한 무차별 폭격을 명령하여 죄없는 독일 시민들을 수없이 죽게 만들고, 양민들을 지하실에 넣어 유황으로 불태워 죽인 일, 하룻밤에 20만 명 가량의 부녀자·어린이를 불태워 온 도시를 화장터화한 드레스덴에 대한 폭격 명령은 어떻게 생각하십니까? 여기서 20만 명 가량이라고 했는데, 그것은 타고 남은 재의 무게를 추정하여 계산한 숫자입니다.

또 미국은 어떻게 했습니까? 그들은 짐승처럼 화인을 찍은 수백만 명의 노예를 부려 부강한 나라가 되었고, 원래 주인이었던 인디언들을 거의 말살하다시피 해서 자기네 땅으로 만든 나라가 아닙니까? 그리고 그들이 바로 원자탄을 투하했으며, 바로 얼마 전에 베트남에서 고문을 자행했던 사람들 아닙니까?

사람들은 소련 독재자들의 폭정 아래에서 희생된 수천만 명이나, 오늘날에도 존재하는 '강제 노동 수용소'에 대해서는 큰 관심을 기울이지 않고 있습니다. 예전대로 다시 만들었다고는 하지만 수십 년 동안 아무도 사용한 일이 없는 아우슈비츠 수용소에 성하께서 방문하실 때, 아무도 소련에 대한 이야기는 입밖에 내지 않을 것이라는 사실을 저는 자신있게 장담하는 바입니다.

아우슈비츠에서의 생활이 어렵고 처참했다는 사실을 부인하는 사람은 하나도 없을 것입니다. 그러나 1945년 승자들의 막사에도 똑같은 양의 가학주의자들이 기승을 부리고 있었습니다. 세계 전쟁에 대해 큰소리로 떠들던 사람들도, 승자들이 무고한 인명을 살상한 이유를 대라면 그 대답이 빈약할 것입니다.

교황 성하, 저는 성하께서 고향을 다시 찾는 기쁨을 훼방하고 싶은 생각은 조금도 없습니다. 그렇지만 이 말은 꼭 해야겠습니다.

성하께서는 당신의 모국이 성스타니슬라스의 정신을 본받아 윤리심이 높다고 긍지를 갖고 계십니다. 그러나 공평하게 이야기하자면, 당신의 모국은 몇 세기 동안 정부가 앞장서서 유대인들을 수없이 학살했습니다. 사람들은 유대인들을 고문하고, 목을 자르고, 밧줄을 목에 걸어 매달았습니다. 그들은 가톨릭 신자들이었지만 조금도 '천사'다운 점이 없었습니다.

성하, 교회는 항상 자비로웠습니까? 18세기 중엽만 해도 마드리드 한복판에서 유대인을 잡아 불태우면서 나팔을 불고 호화스런 행사를 하지 않았습니까? 사람을 산 채로 불에 태워죽이면서 말입니다. 교회는 그것도 구석진 양우리 같은 데서 하지 않았던가요?

알비파[51]는 성토마스 아퀴나스의 지휘 아래 학살된 것이 아닙니까? 또 '성바르톨로뮤 전날밤(Bartholomews eve)'의 학살은 당신의 전임 교황이 '죽음의 밤'에 일어나 찬미가 〈테 데움(Te Deum)〉을 부르며 즐기던 일이 아니었던가요?

또 '마녀'라고 부르던 3만 명의 여인들은 어떻게 했습니까? '마녀 사냥'은 기독교 국가에서 행해졌으며, 여인들을 나무 기둥에 매달아 모두 불태워 죽이지 않았습니까? 심지어는 지난 18세기에도 로마 교황은 유대인들에게 게토[52]에서만 살도록 강요하지 않았습니까?

성하, 근본적으로 우리는 모두가 별로 잘난 것이 없습니다. 교황이든 파리 사람이든 러시아 사람이든 뉴욕 사람이든 다 마찬가지입니다. 아무도 경건했다고 말할 수 없으며, 우리 모두가 언젠가 한 번은 야수처럼 악했던 때가 있었던 것입니다. 우리가 서로 마찬가지였다는 사실

---

51) Albigenses. 12~13세기에 프랑스 남부에서 흥했던 카타리스트(Catharist)교도들을 일컫는 말로 교황 이노센트(Innocent) 3세의 칙명에 의해 모두 처형된 종교개혁자들.

52) ghetto. 고대 로마 때부터 시작된 것으로, 도시 속에 특정 지역을 유대인들의 거주 장소로 정해놓고 그 안에서만 살도록 만들었다. 지금은 큰 도시에서 소수 민족이 모여 사는 빈민촌을 말한다.

은 한 쪽에서 다른 쪽을 심판할 자격이 없다는 것이며, 누가 누구를 파문한다든가 지나치게 성급하게 면죄부를 준다든가 아니면 은전을 베풀 수가 없다는 것입니다.

인간의 잔혹성은 증오 대신 오로지 형제애를 베풀어야만 사라지게 할 수 있습니다. 증오라는 것은 시간이 가면 저절로 사그라지는 법입니다. 그러나 아우슈비츠의 경우처럼, 마치 미치광이가 된 듯이 거짓과 거짓 고백과 과장을 수없이 되풀이하고, 갈수록 더욱더 심한 사기를 쳐서 아무것도 모르는 사람들을 더욱 자극시키면 영원히 끝낼 수가 없는 것입니다.

그 거짓과 과장된 날조에 대해서 수많은 사람들이 '아니다!'라고 부르짖지만, 소련과 미국은 자기들의 목적을 위하여 위협과 고문으로 그 불씨를 없애려 하고 있습니다. 흉악한 뉘른베르크[53]의 시대와 다를 것이 없습니다.

아우슈비츠에 설치한 탈무디스트의 음모

이제 가짜로 만들어놓은 아우슈비츠의 무대에서 행하는 종교 예식에 성하께서 참여함으로써 새로운 막이 펼쳐질 것입니다. 텔레비전이나 신문 지상에 거대하게 장식될 화려한 예식은 '증오'를 조작하는 사람들에게 당신께서 의심의 여지 없는 지지를 보내는 것으로 인식될 것입니다. 이 무뢰배들에게는 당신의 말이 금과 같이 중한 가치가 있는 것입니다. 첫 번째의 홀로코스트로는 불충분하여 이제 제2의 홀로코스트를 또 만들어낼 것입니다. 이번에는 그들이 돈을 들일 필요도 없이, 성하께서 자진해서 가장 고귀한 장식품을 완전히 무상으로 차려주는 셈인 것입니다.

피해자들에게 어떤 영향을 미쳤든지 간에, 첫 번째의 홀로코스트는

---

53) Nürnberg. 2차 세계대전 직후 1945~1946년에 있었던 연합국에 의한 나치스 전범 재판. 재판정이 있던 도시 이름을 따서 '뉘른베르크 재판'이라고 한다.

거대한 할리우드에서도 두 번 다시 볼 수 없는 천박한 작품에 불과했습니다. 그들이 가장 원했던 것은 무엇보다도 수천만의 관객으로부터 돈을 긁어내는 것이었습니다. 그로 인해 잠깐 피해를 입었지만, 관중들은 오래지 않아 그것이 우스꽝스러운 조작극이었다는 것을 알아차리게 되었습니다.

그렇다고 해도 그들은 양심적인 역사가가 그 사건들을 다시 조사하라고 궐기하지는 않을 것입니다. 그러나 당신이 손수 만드는 새로운 홀로코스트는 아우슈비츠에서 만들어지는 것입니다. 이것은 성스러운 교황께서 성복을 입고 살과 피로 참여함으로써, 교황께서 진실에 기름을 부음으로써 이루어지는 것입니다.

가톨릭교도에게는, 교황이 신성모독의 사기꾼들과 함께 조작하는 '제2의 홀로코스트'는 가증스러운 선동자와 고리대금업자들이 조작한 모든 선전 내용을 신성한 제단에서 인정해 주는 성례가 될 가능성이 있다고 봅니다. 특히 미사를 지내는 마당에서는 더욱 그러한 것입니다.

독실한 신자들은 당신이 몬테카를로에 있는 폴란드 희생자들의 무덤 앞에서 전쟁을 상기시키는 바람에 동요했던 적이 있었습니다. 당시 신문 기사에 났던 그때의 기억을 더듬는다면, 당신은 다만 특정한 정치 이념 때문에 죽은 자들만을 선택하여 기도를 드렸던 것으로 압니다. 성하께서 아우슈비츠에 형식적으로나마 나타나신다면 지각 있는 신자들은 더욱 실망하게 될 것입니다. 당신은 일반적인 겉치레 말을 되풀이할 것이며, 그들의 장단에 맞춰 행동하게 될 것이 뻔하기 때문입니다. 그것은 너무도 명약관화한 일입니다.

이번에 갖게 되는 미사는 당신 마음으로는 순수하게 인간끼리 서로 증오하는 것을 없애려 하는 노력일 뿐이라고 생각하실지 모르겠습니다만, 언론을 주무르는 약탈꾼들은 성하에게 성복을 입힌 다음 '아우슈비츠'라는 깊은 함정에 빠뜨리려고 단단히 마음먹고 있는 것입니다.

일반인들은 "인간은 늑대에서 나온 형상이다"라고 말하지만, 돈독한 기독교인들은 "인간은 모두 형제니라(Homo homini frater)"라고 말합니다.

철망 안에 갇혀 수모를 당하고 있는 수감자나 그 철망 가장자리에서 기관단총을 잡고 서 있는 몰골 사나운 병사나, 모두 우리의 형제들입니다. 1945년까지 살아남은 사람들은 모두 서로 용서해야 하고 사랑을 베풀어야 합니다. 당신은 수모를 당한 사람으로서 교황이 되었고 저는 전사(戰士)로서 박해를 받고 있는 사람입니다.

이루 헤아릴 수 없는 수백만의 많은 사람들이 이상과 활력과 약점과 잘못을 그대로 갖고 2차 세계대전의 깊은 비극에서 살아남았습니다. 인생을 산다는 것은 다른 뜻이 있는 것이 아니며 신도 다른 뜻이 있는 것이 아닙니다.

그렇다면 결국 종말에 가서 무슨 관계가 생길 것입니까?

성하께서 역사적으로 아직 시비가 가려지지 않은 일의 한쪽에 가담하고, 증오로 가득 찬 미치광이들이 당신의 숭고함을 서슴없이 이용하도록 하는 성심(聖心)의 잘못을 저지른다 해도, 저는 망명하고 있는 멀리에서, 당신이 아우슈비츠에서 미사를 드리는 날, 당신을 위하여 또 기원할 것입니다.

성하께 충복을 빌면서
레옹 디그렐 올림

케네디는 CIA와 모사드가 죽였다

단독 범행이라고 우긴 사람들

케네디 대통령의 암살 사건은 미국 수사 당국의 공식 발표가 있었지만 일반 상식으로는 납득이 가지 않는 점이 많아서, 아직도 많은 사람들의 뇌리 속에 미궁으로 남아 있다.

CIA의 공식적인 조사 발표로는 오스왈드(Lee Harvey Oswald)라는 범인이 댈러스의 서적 창고에서 단독으로 총을 쏜 것으로 돼 있고, 그 후 '워런 보고서'도 이러한 사실을 재확인했다. 그러나 많은 미국인들은 정부의 그러한 발표를 믿지 않는다.

뉴올리언스 주의 짐 개리슨 지방검사의 조사에 의하면, 무엇보다도 오스왈드는 케네디의 뒤쪽에서 저격했다고 했는데, 총에 대한 모든 물적 증거로 볼 때는 그것이 불가능하다는 것이다. 케네디는 차 앞쪽에서 쏜 총탄에 맞았으며, 한 사람이 아니고 2명 이상의 사람들에게서 저격당한 것이라고 단정지었다.

시간이 흐르면서 자신이 올가미에 걸려든 것을 알아챈 오스왈드는 자신의 무죄를 주장했고, 그것을 만인이 지켜보는 재판정에서 폭로하려 했으나 나이트클럽의 주인인 잭 루비(Jack Ruby)에 의해 대낮에 사살되었다. 그리고 루비도 옥중에서 의문사함으로써, 케네디 사건의 범인은 단독범이라고 최종 결론이 내려진 가운데 수사는 종결되었다. "존슨 대통령, 만수무강 만세!"를 부르게 되는 것이다.

위에서 말한 개리슨 검사의 조사는 〈JFK〉라는 제목으로 영화화되었는데, 아직까지도 수사학적인 측면에서 이치에 맞는 유일한 조사 발표다. 그 영화를 보면 '워런 보고서'가 얼마나 엉터리였는가를 알 수 있다.

영화 속에서 개리슨 검사가 암살 주범으로 입건한 클레이 쇼(Clay Shaw)라는 사람은 CIA에서 오랫동안 근무한 베테랑이며, 모사드라는 암살조직 단원이자 퍼민덱스(Permindex)라고 부르는 위장 회사의 간부였다. 개리슨은 쇼를 구속 입건하기 위해 증인들을 충분히 확보했지만, 가장 중요한 증인이 암살당함으로써 증거불충분이 되고, 워싱턴에서부터 담당 판사에 이르기까지 압력이 쏟아져, 결국 쇼는 무죄로 풀려나게 된다.

영화 속에서도 말했지만, 문제는 왜 케네디를 죽여야 했으며, 케네디의 죽음으로 인해 득을 본 사람은 누구인가 하는 것이다. 전세계의 인류 앞에서 암살을 은폐할 수 있는 힘을 갖고 있는 사람은 누구인가? 이것에 대한 해답만 찾아내면 상황 증거로서 그 진상이 뚜렷해질 것이다.

케네디는 인기 있는 상원의원이었고 영국 주재 미국 대사였던 조지프 케네디(Joseph P. Kennedy)의 아들이었지만, 대통령 자리에 오르기 위해서는 프리메이슨의 힘을 빌리지 않을 수 없었다.

그는 CFR에 가입해 그들의 노선에 적극 협조해야만 했으며, 빌더버그 그룹이 추천하여 대통령에 당선된 사람이었다. 따라서 대통령이 되

더라도 자기 마음대로 참모들을 인선하는 것이 아니라 대개는 CFR이
나 삼변회(三邊會)에서 천거하는 사람들을 기용해야만 했다. 케네디
는 빌더버그 그룹 회원이 아니었지만 빌더버그가 추천했기 때문에 그
그룹의 사람들이 대거 등용되었던 것 같다.

예를 들면 딘 러스크, 조지 볼, 조지 번디, 아서 딘, 월터 로스코, 조
지 매기, 로버트 맥나마라, 폴 니체 같은 사람들은 빌더버그 회원들이
었다. 케네디의 보좌관이며 국무차관을 지내면서 베트남 전쟁을 기획
했던 애버럴 해리먼은 일루미나티의 큰손인 브라운 브라더스(Brown
Brothers)의 촉탁으로 채용하게 된 사람이며, 딘 러스크는 이전에 한
번도 보지 못한 사람이었지만 넬슨 록펠러의 추천으로 국무장관에 앉
혔고, 같은 CFR 회원이며 록펠러의 사람인 더글러스 딜런을 재무장관
에 앉혔던 것이다.

이렇게 이들은 모두 일루미나티 소속 단체와 엘리트에 속한 사람들
이었다. 이들은 또한 무기·항공기·차량 산업체들과 유기적인 관계를
맺고 있었는데, 당시 케네디의 정책 때문에 파산할 지경이었다.

케네디는 이들의 바람과는 달리 베트남에서 군대를 철수하려 했고,
쿠바 침공을 원치 않았으며, CIA를 신임하지도 않아서 모든 공식·비
공식 군사 활동을 합참본부장의 관할로 이관했다. 그리하여 그의 2차
임기 중에 결국은 CIA가 끝장나게 되었고, 바로 그 점 때문에 CIA가
케네디를 그냥 놔둘 수 없었던 것으로 추리된다.

때문에 케네디가 암살된 후 대통령직을 승계한 존슨 부통령은 대통령
이 된 후 즉각 베트남에서 '통킹만 사건'을 조작해 베트남전을 크게 확
전시킴으로써 재벌들을 되살려놓았고 CIA도 다시 강화시켰던 것이다.

밀주 장사로 떼돈을 번 케네디 부친

마이클 파이퍼(Michael Collins Piper)의 『마지막 심판(*Final Judge-
ment*)』과 『JFK 암살 음모의 없어진 증거(*The Missing Link In The JFK*

Assassination Conspiracy)』라는 두 책을 중심으로 케네디가의 흥망에 대해서 살펴보자.

'케네디'는 마치 한국의 김·이·박씨처럼 서양에서는 이름만 들어도 금세 아일랜드 사람이라는 것을 알 정도로 흔한 성씨다. 당연히 이들은 아일랜드에서 이민 온 사람들이었다.

케네디 대통령의 아버지 조지프 케네디는 1920~1933년 미국에 '금주령'이라는 특별법이 존재하는 동안 부자가 되었다.

술을 마시지도 만들지도 팔지도 수송하지도 못하게 했던 이 엄격한 법이 생기게 된 이유는, 교회 목사들의 40퍼센트 이상이 알코올 중독자일 정도로 남자들이 너무 술을 많이 마셨기 때문이다. 이로 인해 부녀자와 어린이들이 남편이나 아버지에게 학대받고 가계에 막심한 피해를 주었다. 그러나 이 법으로 인해 오히려 밀주·밀수·밀매 등이 성하게 되었으며 결국 폭력 조직의 전성기를 맞이하게 되었다.

물론 어느 지역을 거점으로 하고 있는 폭력 조직 두목들은 말할 나위 없었고, 그 기회를 이용하여 돈을 많이 번 장사꾼들이 있었다. 지금 세계 유대인협회 회장을 맡고 있는 캐나다의 브론프먼(Bronfman) 형제들이 대표적인 사람들이고, 케네디 대통령의 아버지 조지프 케네디도 그 범주에 들어간다. 케네디는 주로 아일랜드에서 위스키를 밀수입했고, 그 술을 갱단에게 넘기면 갱단은 자기네 지하 조직을 통하여 주점에 팔았다.

위스키를 아일랜드에서 들여올 때는 일단 캐나다에서 수입하는 것처럼 하고, 캐나다에서 육로를 통해 미국으로 밀수입하는 것이 일반적인 루트였다. 그중 가장 큰 루트는 디트로이트 시를 통과하는 것이었는데, 그곳은 당시 미국 갱 조직을 양분하고 있던 이탈리아 계통과 유대 계통 가운데 유대 갱단, 그중에서도 '퍼플 갱(Purple Gang)'들의 거점 지역이었다.

사람들은 대개 이탈리아의 시실리에서 시작한 마피아를 제일 강한 갱단으로 생각하고, '마피아'라는 말을 갱단의 대명사처럼 사용하고 있다. 그러나 사실은 메이어 랜스키(Meyer Lansky)가 두목으로 있는 코셔 노스트라(Kosher Nostra)파가 미국에서 최고로 강력한 갱단이었으며, 퍼플 갱은 바로 그 랜스키의 하부 조직이었다.

한 번은 케네디의 위스키가 디트로이트 시를 지나는데, 소위 '통과세'를 지불하지 않은 채 그냥 지나쳤다. 이에 발끈한 퍼플 갱은 아일랜드까지 쫓아가서 배에 실은 케네디의 화물을 강탈했을 뿐만 아니라 코셔 노스트라 전체 조직에 케네디 살해 명령까지 내렸다. 생명의 위협을 느낀 케네디는 곧 시카고 지역의 갱단 두목인 샘 지앙카나에게 가서 보호해 줄 것을 간청했고, 그 덕분에 죽음을 면했다.

이로 인해 유대인에 대한 감정이 항상 좋지 않던 케네디였는데, 후에 영국 주재 미국 대사를 지내다가 우리가 앞에서 살펴보았던 경악할 이야기를 두 사람으로부터 듣게 된다. 한 사람은 당시 영국 총리였던 아서 체임벌린이었고 또 한 사람은 미국 대사관의 암호 해독 전문 무관인 타일러 켄트였다.

체임벌린 총리는 유대인들이 주동이 된 탈무디스트들이 영국과 미국을 한꺼번에 전쟁터로 몰아내려고 한다는 것, 켄트 무관은 처칠과 루스벨트 대통령이 뉴욕의 지령을 받아 전쟁을 꾸미고 있다는 사실을 케네디 대사에게 말해 주었던 것이다.

케네디 대사는 좋은 기회다 싶어서 이를 세상에 공표하려 했으나, 루스벨트는 케네디에게 공표 금지 명령을 내림과 동시에 대사직에서 파면시켰다. 케네디는 그로써 정치 생활이 끝났고, 또다시 유대인에게 당한 꼴이 되었다.

그는 복수하는 유일한 길은 자기 아들을 대통령으로 당선시키는 일뿐이라고 생각했다. 그런데 그러기 위해서는 막대한 자금과 막강한 조직이 절대적으로 필요한데, 곤란한 점은 이 두 가지를 다 갖고 있는 자가 유대인들이라는 사실이었다. 적에게 복수하기 위해 적의 힘을 빌릴

수밖에 없게 된 상황인데, 어쨌거나 유대인들의 지지 없이는 불가능한
일이었다.

때문에 그는 유대인들에 대한 자존심을 꺾을 수밖에 없었고, 상원의
원인 아들 존 F. 케네디도 소신을 꺾을 수밖에 없었다. 존 F. 케네디 상
원의원은 처음에는 알제리가 프랑스로부터 독립하는 것을 지지했다.
그러나 알제리의 독립은 영국의 로스차일드에게 불이익을 갖다 주는
것이었다. 따라서 유대인들과 프리메이슨 엘리트들은 알제리의 독립
을 원하지 않았고, 존 F. 케네디 상원의원도 그들의 지지를 얻기 위해
180도 선회해야만 했다.

이스라엘·갱단·유대인의 지지로 당선된 케네디

한 번은 뉴욕 흥행계의 거두인 디웨스트 후커(DeWest Hooker)라
는 사람이 조지프 케네디에게 와서 "유대인의 돈과 영향권에서 벗어나
서 둘이 함께 흥행 사업을 벌여보자"고 제의한 적이 있었다. 그때 조지
프 케네디가 한 이야기를 후커는 이렇게 털어놓았다.

조는 자기가 영국 대사로 있을 때 히틀러를 지지했던 일을 설명하면
서 우리는 전쟁에서 졌다고 털어놓더군요. 그가 '우리'라고 말한 것은
미국이나 독일을 말한 것이 아니라 '비유대인'들을 뜻하는 것이었습니
다. 조 케네디의 말에 의하면, 2차 세계대전은 유대인의 승리로 끝났다
는 거죠. 자기는 미국을 위해서 유대인에 대항하여 최선을 다해 싸울 수
있는 만큼 싸웠고 전쟁을 막으려고 갖은 노력을 다 해보았지만 실패했
다는 겁니다.

그는 필요한 만큼 돈을 많이 벌었지만, 이제는 그 돈과 배운 것을 모
두 자식들에게 물려주어야 할 때가 왔다고 했습니다. 이제는 패자와 손
잡을 생각은 없고 승자와 손을 잡아야 한다고도 했습니다. 그래서 이제
부터는 유대인들과 함께 일할 것이라고 아들 존에게 자기의 심정을 털

어놓았다고 했어요.

그러면서 그는 자기 아들을 사상 최초로 아일랜드계 가톨릭 대통령으로 만들겠다고 했습니다. 그러기 위해서 유대인과 손을 잡아야 한다면 할 수 없는 일이라고 말하면서, 자기도 내 말대로 하고 싶지만 자기 아들이 대통령 되는 길에 방해되는 일은 할 수 없다고 하더군요.

그후 조지프 케네디는 계획했던 대로 자기 아들의 경쟁자인 "리처드 닉슨은 나치 동조자였다"는 내용의 글이 신문에 보도되도록 했고, 존 케네디는 그때부터 유대인들을 비롯한 지지 세력을 모으기 시작했다.

이스라엘의 지지

케네디는 특히 빅터 로스차일드(Victor Rothschild)가 지도자로 있는 이스라엘 채권기구(Israel Bond Organization)의 회장인 아브라함 파인베르크(Abraham Feinberg)와 긴밀하게 접촉했는데, 당시 이 조직은 미국을 중심으로 모금을 하여 이스라엘의 원자 무기를 개발하려 하고 있었다.

이들에게 존 F. 케네디는 자기가 "대통령이 되면 최선을 다하여 이스라엘이 원하는 것을 돕게 될 것"이라고 다짐하였고, 결국 그들은 케네디를 위하여 개인적으로 모금까지 하게 된다.

갱단의 지지

한편 케네디 부자는 각자 나름대로 갱단을 찾아가서 협조를 구한다. 존 F. 케네디는 코서 노스트라파의 두목 메이어 랜스키를 직접 찾아가 그의 국제적 지하 활동을 묵인해 주겠다고 확약해 주었고, 아버지는 자기의 목숨을 건져준 시카고의 갱단 두목 지앙카나를 찾아가 도와달라고 부탁했다.

유대인의 지지

또한 존 케네디는 유대인들에게 이스라엘과 로스차일드가 원하는 대로 중동을 차지하도록 해주겠다고 약속했다.

케네디를 암살할 수밖에 없었던 이유 5가지

그리하여 존 F. 케네디는 이들의 도움으로 겨우 10만 표라는 근소한 차이로 공화당의 닉슨을 누르고 대통령에 당선될 수 있었다.

그러나 그는 대통령에 당선되자마자, 반대급부를 약속하면서 지지를 부탁했던 세력들에게 등을 돌리게 된다.

이스라엘에 대한 배신

케네디는 이스라엘의 디모나에 건설 중인 원자력 시설을 점검하겠다고 발언해 이스라엘을 실망시켰다. 또한 UN에서 '팔레스타인 난민 문제'에 관해 이스라엘의 정당성에 대한 설명을 요구하여, 당시 이스라엘의 골다 메이어 외무장관과 벤구리온 총리를 분노하게 했다. 그 결과 벤구리온 총리는 이스라엘 야당의 공격을 받아 1963년 6월 16일에 총리직을 사임할 수밖에 없는 지경에 이르렀다.

갱단 소탕 작전

대통령이 된 케네디는 동생 로버트 케네디를 법무장관으로 임명하고, 지하 범죄 조직의 일망타진을 기치로 내세운다.

케네디를 위하여 선거 자금까지 대준 랜스키와 마피아는 배신당했다는 사실을 깨닫고 몹시 분개했다.

쿠바 문제로 인한 배신

케네디는 조직이 너무 비대해져 안하무인이 된 CIA가 자기네들 마음대로 계획을 세워 쿠바 침공 같은 일을 벌여놓고는 뒷수습도 못한다고 언짢아했다. 그리하여 케네디 형제는 히틀러에게 자금을 대준 적이 있는 CIA의 앨런 덜레스 국장을 해임시키는 한편, 공공연히 "CIA를 수천 조각을 내어 바람에 날려보내겠다"고 공언했다.

메이어 랜스키는 쿠바에서 카지노 등의 큰 사업을 벌였는데, 쿠바의 카스트로 혁명 때문에 큰 손해를 입게 되자 '쿠바 침공'을 바라고 있었다. 카스트로를 타도해야 자기의 사업을 되찾을 수 있는데, 케네디의 쿠바 침공 포기는 그에게 참지 못할 실망과 분노를 안겨주었다.

미군의 베트남 철수 문제로 인한 배신

케네디를 지지했던 세력들은 베트남에 미군 전력을 증강시키기를 원했다. 그러나 케네디는 미군의 베트남 철수를 계획하고 있었다. 이로 인해 재계 엘리트들의 무기 생산이 위축되자 자기네 말을 거역하는 대통령에 대해 반감을 갖게 되었다.

또한 CIA는 그동안 베트남 전쟁을 위장막이로 활용하여 마약 거래를 해왔는데, 이 작업이 어려워졌다.

고리대금업자에 대한 배신

케네디 대통령은 미국 중앙은행인 연방준비은행(FRB)을 국유화하고 무이자로 돈을 대여하려는 계획을 세웠다. 이것은 막강한 자금력으로 돈놀이를 해서 엄청난 부를 축적해 온 고리대금업자(금융가)들의 사업을 훼방놓겠다는 것이었으므로 금융가 엘리트들이 분노하지 않을 수 없었다.

이렇게 케네디는 미국의 권력층과 그들을 움직이는 유대인들에게 극도의 미움을 사고 있었다. 그러나 미국민들에게는 슈퍼스타 이상 가는 높은 인기를 얻고 있었다. 따라서 케네디는 이제 탈무디스트들의 지지를 등에 업지 않고도 재선이 확실했다.

그것은 '증오의 무리'들에게 더 이상 계속되어서는 안 될 불리한 상

▲ 이 돈은 1963년 발행한 '연방준비은행권'이 아닌 '정부권'이다. 『경제 해법(*Economic Solution*)』이라는 책에 따르면, 케네디가 이자를 내야 하는 개인은행인 '연방준비은행권'을 이자 없는 정부권으로 바꾸려고 결심하고, 1963년 대통령령 1110호를 발동하여 43억 달러를 찍어냈다고 한다. 그러나 그해 11월에 그는 댈러스에서 총격으로 살해되었고, 그의 뒤를 이은 존슨은 곧 시중에 통용되는 정부권 화폐를 조용히 거둬들였다. 중앙은행으로 엄청난 이권을 누리고 있던 사람들에게는 케네디의 시도가 도저히 용납이 안 되는 일이었던 것이다. 케네디 암살의 원인이 여기에 있었을 것이라고 많은 사람들은 믿고 있다.

황이었으며, 특히 이스라엘은 국가의 존립마저 위협받게 될 것으로 판단했다. 결국 이스라엘은 총리직을 사임하기 직전인 벤구리온을 중심으로 '케네디 암살 작전'을 계획하기 시작했다. 이스라엘 비밀정보국 모사드가 평소에 유기적으로 관계를 갖고 있던 조직들과 함께 거사를 하기로 합의한 것이다.

CIA·모사드·엘리트가 공모한 케네디 암살

갱단들이 이익을 위하여 서로 협력하는 것은 흔히 있는 일이다. 이것을 '조직범죄연합'이라고 하는데, 그 지하 범죄 조직들이 미국 중앙

정보국인 CIA와 어떤 관계였는가 하는 내용도 흥미로운 일일 것이다.

미국 CIA와 이스라엘의 모사드, 그리고 조직범죄연합은 세계를 무대로 함께 마약 장사를 하면서 서로 협조하며 공생하는 관계다. 케네디 행정부 때 랜스키와 마피아가 공모하여 쿠바의 피델 카스트로를 없애려고 하다가 실패하여 케네디를 곤궁에 처하게 만든 것이 좋은 예다.

결국 로스차일드의 모사드와 CIA와 세계 엘리트들은 모두 한 조직이라고 해도 과언이 아니다. 조지 부시 같은 엘리트의 한 사람을 CIA의 국장으로 앉히는 것이나, 엘리트의 핵심 인물이 모사드를 지휘하는 것이나, 또 그들 휘하의 범죄 조직이 국법에 관계 없이 운영되고 있는 것이 이를 증명하고 있다.

케네디 형제의 암살과 CIA와의 관계를 보려면 제임스 앵글턴(James Jesus Angleton)이라는 사람을 언급할 수밖에 없다.

그는 영국의 버킹엄셔 주에 있는 채트리지하우스와 우스터셔 주에 있는 맬번하우스 같은, 귀족들 또는 선택된 사람들만 갈 수 있는 명문 학교에서 교육을 받고, 해골종단[54] 회원으로 예일대학에서 공부한 수재다.

미국 CIA의 전신인 전략사무국(Office of Strategic Services : OSS)에 발탁되어 활동하던 그는 1947년에 CIA에 들어가 방첩과장으로 일하게 되었다. 그가 하는 일에 대해서는 아무도 관여하지도 않고 감사도 없어서, 사실상 그는 자신이 독자적으로 활동 규칙과 계획을 만들어 행동했다. 그는 다른 우방국들의 정보 기관과 항상 밀접한 관계를 맺고 있었으며, 특히 이스라엘의 벤구리온과는 개인적으로 아주 친밀한 사이였다.

따라서 케네디가 CIA의 덜레스 국장을 파면시키고 CIA 조직 자체의 존망 여부가 기로에 서 있어서 극도로 불안한 상태였던 제임스 앵글턴

---

54) 이후에 나오는 〈누상 정부의 조직들〉 편에 자세히 설명된다.

과 조국인 이스라엘의 존립 여부가 위험한 상태에 빠진 벤구리온은 동병상련의 심정으로 '케네디 암살 계획'을 추진했을 것으로 추정된다.

제임스 앵글턴은 미국의 OSS 요원으로 발탁되어 영국에서 활동하는 동안 영국의 이중간첩으로 유명한 킴 필비(Kim Philby)와 친해졌으며, '영국의 5인방'이라고 부르는 필비·버제스·맥클린·블란트·로스차일드 중 빅터 로스차일드경과 각별히 친해진다.

빅터 로스차일드경은 윈스턴 처칠과 아주 친한 사이였으며, 영국 방첩대 MI5의 요원이면서, 모사드를 창설해 그 운영 자금을 대주는 한편 자신도 정보요원으로 활동했다. 뿐만 아니라 자신의 프랑스 쪽 정보망을 이용하여 프랑스의 정치·경제·첩보 등 모든 분야의 정보를 얻고 영향력을 행사할 수 있었으며, 자기 그룹은 물론 세계 엘리트망을 통한 영향력 역시 대단한 사람이었다. 그리하여 앵글턴이 1944년 OSS 요원으로 이탈리아에서 근무할 때 로스차일드가 그를 유대인계 지하조직과 연결시켜 주었다.

이스라엘에 원자탄 제조 공장을 설립하기로 한 것은 바로 이 로스차일드경의 발상이었다. 그는 이스라엘이 독립 선언을 한 지 불과 몇 달 안 되어, 가까운 친구이자 영국 시온주의 운동의 책임자인 카임 바이즈만과 함께 이스라엘의 레호보스(Rehovoth)라는 곳에 '원자물리학 연구소'를 설립했다. 그러고 나서 바이즈만학회를 만들어 세계적인 원자물리학자들에게서 원자력에 관한 정보를 뽑아오기 시작했다.

그중에는 알베르트 아인슈타인이나 철학자이며 수학자인 버트런드 러셀 같은 사람도 끼어 있어서, 덕분에 로스차일드는 일본에 대한 원자탄 투하 계획인 미국의 '맨해튼 프로젝트'의 내막을 잘 알게 되었다.

앞에서 간단하게 설명했던 '클레이 쇼'가 국제무역과장으로 있던 퍼민덱스사는 CIA와 모사드와 랜스키 사이에서 이들의 지시를 받아 공작을 수행하는 특별기동대였다. 퍼민덱스의 원명은 'Permanent Industrial Expositions'로서 CMC라는 회사의 한 계열사고, CMC는 동유럽 출신 유대인 게오르게스 만델(Georges Mandel)이 만든 것인데, 이 계통의 회사들은 모두 무역 사업을 빙자해 정보·첩보 활동을 하는 단체의 표면적인 이름일 뿐이다.

이 회사 이사진 중에 유대인 에드가 스턴(Edgar Stern Jr.)이 있는데, 그의 아버지는 미국 내에서 이스라엘의 로비 활동에 필요한 자금을 대주는 중요한 사람 중 하나였으며, 이 스턴 그룹 자체가 랜스키 갱단을 비롯해서 미국·영국·이스라엘·프랑스 등의 첩보 활동과 깊은 연관이 있는 집안이었다.

CMC사의 대주주 중 하나는 BCI(Banque De Credit International) 은행인데, 유대교 랍비인 티보르 로젠바움(Tibor Rosenbaum)이 창설했으며, 엘리트들의 본거지인 스위스 제네바에 본부를 두고 있다. 그런데 로젠바움은 세계 유대인의회의 부의장이자 세계 시온주의자의회의 창설자고, 제네바 소재의 '유대인대표단'의 이사여서, 이스라엘의 《하아레츠(Haaretz)》라는 신문은 "티보르 로젠바움이 곧 이스라엘이다"라고까지 평할 정도였다.

BCI 은행은 랜스키의 검은 돈뿐 아니라 모사드나 CIA가 마약 장사로 벌어들이는 검은 돈을 세탁하는 역할을 맡고 있었다.

퍼민텍스사의 회장은 루이스 블룸필드인데, 역시 이스라엘에 대단히 충성하는 사람이었다. 블룸필드는 전쟁 중 영국의 특별 첩보 활동을 관장하는 SOE(Special Operations Executive) 요원으로 활동했는데, 그의 직속상관은 윌리엄 스티븐슨(Sir William Stephenson)경으로 이미 전쟁 전에 영국 첩보 활동의 터전을 미국에 마련해 놓고, 모사드와 랜스키, 록펠러 그룹을 연결시켜 놓은 사람이다. 유명한 첩보 영화 〈007 제임스 본드〉에서 '제임스 본드(James Bond)'는 바로 이 스티븐슨을 그린 것이라고 한다.

스티븐슨이 만든 SOE라는 조직은 전후에 완전히 둔갑하여, 현재 홀린저 그룹(Hollinger Group)으로 변신했다. 이 그룹은 전세계에 언론 제국을 이룬 회사 중의 하나로서, 《런던 텔레그래프 뉴스페이퍼(London Telegraph Newspapers)》와 《예루살렘 포스트(Jerusalem Post)》를 비롯하여 미국·캐나다·프랑스·독일 등에 2백여 개의 주요 신문사를 갖고 있는 회사다.

회장은 빌더버그 그룹의 주요 멤버인 캐나다 사람 '콘래드 블랙(Conrad Black)'이며, 이사진은 물론 빌더버그·CFR·삼변회의 회원들로 거의 채워져 있는데, 그중에는 우리가 잘 알고 있는 헨리 키신저나 캐링턴경 같은 사람도 들어가 있다.

블룸필드와 클레이 쇼는 전쟁중에 OSS에 같이 근무하면서 서로 알게 되었다. 쇼는 영국에 근거를 두고 활동하면서 처칠 총리와 친해졌을 뿐 아니라 처칠의 개인 고문으로 있던 스티븐슨과도 친해졌고, 또 함께 일하던 앵글턴과도 잘 알게 되었다. 이들이 모두 케네디 암살과 관계된 사람들이라는 것은 이미 소개했고, 영국 계통의 첩보 요원들을 총지휘한 사람은 로스차일드경이었다.

여하튼 블룸필드와 쇼는 퍼민덱스라는 회사에서 다시 함께 일하게 되었으며, 표면적으로는 세계 각 지역에 있는 무역전람회 같은 곳에 참가하여 상품전시회도 갖곤 했다. 케네디가 암살당하는 1963년 11월 22일에도 그들은 댈러스 무역관에서 전시를 하고 있었으며, 케네디는 그곳에서 연설을 하기로 되어 있어서 그곳으로 가는 도중에 저격을 당했던 것이다.

진상을 폭로하려다가 살해당한 오스왈드

CIA는 오스왈드를 '꼭두각시'로 만들기 위해 미리부터 그가 카스트로 동조자며 공산주의자라고 조작하기 위한 공작을 벌인다. 그에게 거리에서 카스트로를 옹호하는 전단을 뿌리게 하고, 하필이면 '우연히' 그 사람을 선택하여 방송국에 가서 인터뷰도 하게 한다. 그리고 오스왈드는 그 조작의 이유가 무엇인지도 모르고 충성을 다 바쳐 거짓 공산주의자 노릇을 한다.

그리하여 오스왈드는 케네디를 죽인 명분을 "정의롭게 공산 혁명에 성공하여 잘살고 있는 쿠바를 미국이 잔인하게 점령하려고 한다는 사실을 알고는 공산주의의 신봉자로서 묵과할 수 없어서"라고 내세운다. 그것은 물론 미국민들에게 보여주기 위한 말에 불과했을 뿐이다.

또 그 명분을 뒷받침하는 방송사의 인터뷰도 흥미롭다. NBC TV 및 라디오와 결연을 맺은 뉴올리언스의 WDSU 방송사는 1963년[55], 오스왈드의 공산주의 견해에 대해 인터뷰했고, 사건이 터지자 그 테이프를 FBI에 넘겨주었다. 그리고 신문사들은 그를 초빙하여 카스트로에 대한 좌담회에 참가하게 했고, 댈러스 거리에서 카스트로 전단을 뿌리는 것을 찍어놓았다가 사건 발발 후에 언론에 공개했다.

어째서 언론은 케네디 암살 사건이 일어나기도 전인데, 평소 주목받을 만한 점이 전혀 없었던 그의 활동에 대해 인터뷰하고, 많은 시간과 값비싼 필름을 낭비해 가며 그를 촬영해 두었을까? 그 사연은 WDSU라는 방송사의 주인이 스턴 그룹이라는 사실, 그리고 스턴 그룹은 클레이 쇼와 밀접한 관계가 있으며, ADL[56] 조직에 자금을 대주고 있다는 사실을 감안하면 쉽게 알 수 있을 것이다.

그리하여 케네디가 저격당하자마자 WDSU는 NBC와 함께 전국 통신망을 통하여 오스왈드의 과거사를 방송함으로써, 미국민들에게 그 혼자만의 단독 범행이라는 인상을 심어주었다. 하지만 그때는 오스왈드를 검거하여 구속만 했을 뿐이지 아직 수사에 착수하지도 않은 상태여서, 그가 과연 총을 쏘았는지, 진범인지 아닌지도 판가름되기 훨씬 전이었다. 게다가 오스왈드는 자기는 "무죄며 변호사를 대달라"고 요

---

55) 케네디는 1963년 11월 22일에 암살당했으므로, 3개월 전의 일이다.
56) The Anti-Defamation League의 약자로, '명예훼손예방연맹'쯤으로 알면 된다. 이 것은 유대인의 명예를 더럽히는 일을 막는다는 취지로 결성된 사회 활동 조직인데, 사실은 이스라엘의 비밀정보국 모사드가 조종하는 많은 위장 조직 중 하나다.

청했지만, 통상적으로 어느 범인에게나 허용되는 변호사 접견도 그에게는 구속 12시간이 경과되도록 허락되지 않았다.

케네디 암살범을 살해한 범인도 옥중 의문사

케네디 저격 사건이 발생하자마자 뉴스는 삽시간에 전세계로 퍼져나갔다. 그리고 범인 오스왈드의 암살 동기는 카스트로와 쿠바를 위해서였다고 설명했다. 그러나 오스왈드는 처음부터 자신의 무죄를 주장했고 자기를 체포하는 것은 조작극이라고 주장했다. 시간이 흐르면 그의 입에서 무슨 소리가 나올 줄 몰랐다. 그의 말에 여론이 관심을 갖게 되면 음모의 모든 전말이 발각날 수도 있었던 것이다.

그리하여 '음모의 무리'들은 그가 사람들이 많은 곳을 지나가게 만들었고, 잭 루비가 다가가 권총으로 그를 쏘아죽이도록 했다. '오스왈드 저격'의 명분은 얼마든지 있었다. 케네디를 흠모했던 한 사람으로서 그런 대통령을 죽인 범인을 그냥 놔둘 수 없어서 자기가 직접 나섰다는 것이었고, 아마도 잭 루비 자신도 그런 정상이 참작되어 아주 가벼운 형량을 받을 것으로 믿었을 것이다.

루비가 투옥되자마자 맨 처음 전화를 건 곳이 앨 그루버(Al Gruber)라는 사람이었는데, 그루버는 랜스키의 부하로 미키 코헨(Mickey Cohen)[57]의 가까운 친구였다. 그와 루비는 오래 전부터 안면이 있는 사이였지만 10년 이상 서로 만나지 않다가, 케네디가 저격당하기 직전에 그루버가 루비를 찾아와 밀담을 나누었던 것이다.

이 밖에도 여러 가지 사실과 정황 증거들을 모아 추리를 해보면, 루비도 케네디 암살 음모에 전부터 깊이 관여되어 있었고, 오스왈드와는 이미 잘 아는 사이였다고 추정된다.

---

57) 캘리포니아 지역을 관장하는 갱단 두목으로서 할리우드의 영화 산업을 장악하고 있던 사람이다. 그는 케네디 대통령에게 마릴린 먼로를 소개하는 중간자 역할을 했다.

아무튼 루비가 1심에서 사형을 언도받자 루비의 가족들은 벨리[58] 라는 변호사가 루비를 위해 일하지 않는다는 것을 알아차리고는 고용을 파기했다. 루비는 당연히 상소를 할 것이었고, 자신도 오스왈드와 마찬가지로 이용당하고 버려지는 '1회용'에 불과하다는 것을 느꼈으므로 살기 위해 2심 때는 모든 것을 폭로할 것이 틀림없었다.

그러나 '음모의 무리'에게 그것은 절대로 안 될 일이었다. 국민들은 수사당국에서 발표한 오스왈드의 단독 범행 사실과 동기, 루비의 행동과 케네디가 맞은 총탄 등의 물적 증거 등에 대해서 납득하기 어려워 했으며, 계속 불신의 여론이 들끓었다.

케네디가 죽은 덕분에 부통령에서 대통령으로 승격한 존슨 대통령은 얼 워런(Earl Warren) 연방대법원 판사를 총책으로 하는 '워런위원회'를 조직하여 모든 상황을 재조사하도록 했다.

이때 전후 사정을 모르는 루비는 자기도 오스왈드처럼 죽을 것을 두려워해, 워런에게 워싱턴의 워런청문회에 출석할 수 있게 해달라면서 그곳에서 "깜짝 놀랄 사실을 폭로하겠다"고 했지만 워런은 이 부탁을 거절했다. 진실을 조사한다는 워런이 그렇게 중요한 증언을 왜 거절했을까?

워런이 한 일이라고는 처음의 조사가 정확했다는 내용을 다시 발표한 것뿐이고, 음모의 무리들에게는 대단히 '다행스럽게도' 루비는 재심을 청구할 기회도 없이 옥중에서 죽어버렸다.

케네디의 죽음으로 가장 이득을 본 사람은?

케네디의 죽음으로 인하여 가장 이득을 본 사람은 누구일까? 아마도 표면적으로 제일 이득을 본 사람은 대통령이 된 존슨을 꼽아야 하지 않을까 싶다.

---

58) Melvin Belli. 코헨의 절친한 친구였다.

그러나 첫째손가락이고 둘째손가락이고 따질 필요 없이, 이득을 본 무리들은 모두 다 한통속이라고 보면 된다. 존슨만 해도 케네디의 죽음으로 이득을 본 무리들과 긴밀한 관계를 갖고 있었던 것이다.

그는 텍사스 주의 상원의원이 된 후부터 랜스키에게서 계속 뇌물을 받아왔으며, 그 대가로 그에게 정치적인 특혜를 주었다. 마이클 파이퍼의 『마지막 심판』에 의하면, 그는 부패한 정치인 중에서도 가장 추악하게 부패한 정치인이었으며, 그래서 감옥에 가도 긴 옥살이를 해야 할 사람인데 엘리트들이 감싸주어 모면한 사람이었다. 대통령이 된 다음부터는 갱단에 대한 투쟁은 고사하고 오히려 그들을 도왔으며, 케네디가 굳게 지켜오던 반이스라엘 노선, 중동 문제 중립 입장이 당장에 친이스라엘 정도가 아니라 무한정이고 무조건적인 경제적·정치적 지원으로 돌변했다.

그뿐이 아니다. 존슨은 베트남에서 전쟁을 확전시켜 랜스키, CIA, 모사드의 동남아 마약 장사를 크게 번영케 했으며 무기 생산업자와 금융가들의 배를 불렸다.

프리메이슨 역사 전문가에 따르면, 대법원 판사 워런은 33급 프리메이슨이었고 범죄 조직, 즉 갱단의 조종을 받았던 사람이라고 한다. 그렇다면 그가 한 일과 상황적으로 일치된다.

또 그는 특별히 가깝게 지내는 저명한 칼럼니스트 드루 피어슨(Drew Pearson)과 잭 앤더슨(Jack Anderson)과 함께, 대중들이 정부의 발표를 신임할 수 있도록 칼럼을 써서 일종의 대중 세뇌공작 역할을 담당했고, 이스라엘에 대한 고급 기사도 많이 썼다. 그런 고급 정보를 얻을 수 있었다는 것 자체가 ADL이나 정보통들과 긴밀한 관계를 유지하고 있었다는 증거며, 또 그 조직들은 그들의 사회적 지위를 향상시켜 주기 위해 강연·여행·신문 발행 등 여러 가지를 배려해 주었던 것이다.

국무장관을 지낸 존 F. 덜레스(John Foster Dulles)의 동생인 앨런 덜레스는 CIA 국장으로 있다가 케네디에게 파면당한 사람이다. 이들 형제는 러시아 혁명의 볼셰비키와 독일의 히틀러에게 자금을 대주었고, 앨런 덜레스는 나치 정권하에서 화벤 화학회사의 미국 관계를 총괄하는 변호사로 일하기도 했다. 앨런은 인종우월주의자였고, CIA 국장으로 있을 때 사람의 정신 상태를 조종하는 최면술 비슷한 MK울트라(MKUltra) 프로그램을 CIA에 도입한 사람이다.

MK울트라 프로그램이란 전자파 등을 이용해 사람의 심리를 마음대로 조종하는 방법으로, 원래 나치가 개발한 것인데 소련과 미국에서도 심도 깊게 연구하여 상당히 발전시켜 놓았다. 로널드 레이건도 캘리포니아 주지사로 있을 때부터 관심을 갖고 지원을 아끼지 않았던 이 프로그램은 멀쩡한 사람을 암살범이나 테러범으로 만들 수도 있다.

얼마 전 미국 오클라호마 시에서 건물을 폭파한 티모시 맥베이(Timothy McVeigh)라는 사람도 이 프로그램의 희생자 중의 하나며, 또 벨기에에서는 경찰 고관들과 정치가들이 소년 소녀를 납치하여 성폭행하고 살해해 암매장한 일이 있어 세계를 경악시켰는데, 이 사건 또한 이 프로그램과 관련이 있다.

이러한 소년 소녀 납치 사건은 어쩌다 운나쁘게 벨기에에서 노출되었을 뿐이지 미국·영국 등에서 무수히 자행되고 있는 일이며, 북미에서는 매년 10만 명 이상의 어린이들이 납치되어 행방불명된다. 이 어린이들 대부분이 위에서 말한 MK울트라 실험에 쓰이기도 하고 성희롱감이 되기도 하며 절대로 공개할 수 없는 특수 작전 등 특별 임무를 수행하는 작전에 투입된다. 또 이러한 일에 참가하는 조직 중에는 유수한 종교 단체도 끼어 있는데, 그들은 완벽한 학교까지 만들어 기숙사에 이들을 수용하고 있는 실정이다.

로드니 스티치(Rodney Stich)의 책 『미국의 사기극(*Defrauding America*)』을 보면 또 한 가지 재미있는 사실을 발견하게 된다. 그는 정보 계통에서 일했기 때문에 미국 정부 관리와 CIA의 얽히고설킨 사연을 책에 많이 담아놓았다.

CIA 고위 요원 트렌턴 파커(Trenton Parker) 대령의 진술에 의하면, CIA 안에 방첩 활동을 하는 페가수스(Pegasus)라는 작은 조직이 있는데, 이 조직은 케네디 암살에 관련된 사람들의 이름이 녹음된 테이프를 보관하고 있다고 한다. 이 테이프에는 록펠러(어느 록펠러인지는 확인되지 않았음), 앨런 덜레스, 린든 존슨, 조지 부시, 에드거 후버 등의 이름이 있었으며, 주로 CIA의 1976~1982년의 불법적인 활동에 대한 정보가 담겨 있었다고 한다.

그리고 이 이야기를 진술할 당시에는 갖고 있던 테이프를 하원 합동 군사위원회 위원이었던 래리 맥도널드(Larry McDonald) 하원의원의 요청에 의해 넘겨줄 수밖에 없었고, 곧 이어서 파커 대령이 덜레스에게 전화를 걸어 "괜찮겠습니까?"라고 물어보았을 때 덜레스는 이렇게 대답했다.

"그 사람들이 그런 짓을 한다면 우리는 우리대로 해야 할 일이 또 있지."

당시 맥도널드 의원은 극동지방으로 여행을 갔다와서 그 테이프를 공개할 예정이었다. 그러나 그는 'KAL 007호'를 타고 떠났기 때문에 영영 돌아오지 못했다. 누군가가 'KAL 007호'의 컴퓨터 자동 항법 장치를 조정하여 비행기가 소련 영토를 통과하도록 만들어놓았고, 소련으로 하여금 그 비행기를 격추시키도록 유도했던 것이다.

【 참고 서적 】

- David Icke, *And The Truth Shall Set You Free*.

- Frederick Forsyth, *The Day of the Jackal*.

- J. M. Roberts, *The Mythology of the Secret Societies*.

- Michael Collins Piper, *Final Judgement ; The Missing Link In*

The JFK Assassination Conspiracy.

- Victor Ostrovsky, *By Way of Deception* ; *The Other Side of Deception.*

빌 클린턴도 프리메이슨이다

마약 장사꾼, 빌 클린턴

엘리트들의 정부를 누상 정부라고 부른다면 상대적으로 우리가 알고 있는 표면적인 세상의 정부들은 누하 정부(樓下政府)라고 이름붙일 수 있을 것이다. 그렇다면 이 누하의 세상에서 최고의 권력자는 아마도 '미국의 대통령'일 것이다. 따라서 엘리트들은 미국의 대통령과 어떤 식으로든 관련되어 있을 것이 뻔하다. 이제 그 관련 사항을 현직 대통령인 클린턴의 예를 들어 살펴보기로 하자.

빌 클린턴(William Jefferson Clinton)은 1946년 8월 19일 외갓집인 아칸소 주 호프라는 곳에서 유복자로 태어났다. 빌이 7세 때 어머니가 간호사 자격을 얻어 외갓집에서 경제적으로 독립했고, 인구 3만 6천 명 정도 되는 핫스프링스(Hot Springs)라는 온천지에서 교육을 받으며 자랐다. 어려서부터 총명했던 그는 어디 가서 무엇을 하나 항상 인기가 높았고, 언행이 친밀감을 주어 더욱 인기를 끌었다.

그는 고교 시절에 이미 아칸소 주에서는 유명했으며, 17세 때에는 고등학교에서 모의 정치 행사의 하나로 행해진 선거에서 '소년 국가(Boys Nation)'의 대표로 선출되었다. 그 때문에 워싱턴으로 여행을 가게 되어 의사당을 견학하고 여러 국회의원들을 만났으며, 백악관의 케네디 대통령과도 오찬을 함께하는 영광을 얻었는데, 그는 그때 정치가가 되기로 마음먹었다고 한다.

그때부터 그는 정치가가 되려는 야심에서 여러 가지 활동에 참여하여 맹활약하는가 하면, 국회의원 선거의 선거운동원으로도 활약하며 경험을 쌓았다. 그리고 그 유명한 로즈 장학금(Rhodes scholarship)을 받아 영국의 옥스퍼드대학에서도 잠깐 공부했으며, 젊은 나이에 아칸소 주립 법과대학에서 교편도 잡았다.

그는 조그마한 아칸소 주에서 유명 인사가 되었고 장래가 촉망되는 젊은이로서 많은 정치가와 사회 지도자들의 사랑을 받는 존재가 되었다. 그 무렵 그는 정치의 실상에 대해서 어느 정도 터득해, 정치를 하려면 돈과 조직이 있어야 하며 국민에게 좋은 인상을 주어야 한다는 것을 일찍부터 마음에 새겨두었다.

그가 태어나고 자라서 기반을 구축한 아칸소 주는 작은 곳이기는 해도 엘리트들의 거점인 곳이다. 아칸소 주 주지사를 역임했던 록펠러 그룹의 윈드럽 록펠러(Winthrop Rockefeller)가 이곳에 큰 농장을 갖고 있어서, 클린턴은 록펠러 그룹과 쉽게 연결이 될 수 있었다. 그의 총명한 재능을 알아보고 아들처럼 지도해 준 파슨 보트(Parson Wo Vaught)는 프리메이슨에서 32급이나 되는 높은 지위에 있던 사람이었다.

또한 아칸소 주는 원래 남부 스코틀랜드파의 근거지로, 미국의 비밀 테러 조직으로 악명 높은 KKK(Ku Klux Klan)단의 본거지기도 하다. KKK단은 프리메이슨의 지파인 '말타의 십자(Maltese Cross)'에 속하며, 일명 '황금 원의 기사(Knights of Golden Circle)'라고 하는 프리메이슨 계보의 후신이다. 이 계보는 미국 남북전쟁 때 남부 정부인 미연합국(the Confederate States of America)의 핵심체였던 조직으로서, 원래 로스차일드의 지휘를 받다가 근래에 와서는 이스라엘 비밀정보국인 모사드의 조종을 받고 있는 단체다.

그래서 빌 클린턴은 아직 젊은 나이지만 벌써 33급 프리메이슨이 되었고, CFR · 삼변회 · 빌더버그의 멤버가 된 것이다.

그는 1974년 아칸소 주립 법과대학 교수로 있으면서 약관 27세 때 처음 하원의원으로 출마했으나 낙선했다. 그러나 아칸소 주가 전통적으로 공화당의 표밭이어서 도전한다는 것 자체가 불가능하다고 믿었는데, 거의 이길 수 있을 만큼 경이로운 득표를 했고, 드디어 1977년에는 30세로 법무장관의 자리에 오르게 되었다.

그는 2년 동안 법무장관을 지내면서 자신의 조직을 단단하게 구축했고, 1979년 1월에는 전 미국에서 최연소 주지사가 되었다. 그리고 그때부터 12년 동안 자신의 난공불락의 권력 조직체를 만들었다.

주지사가 된 그는 주정부 금융 기관으로 '아칸소 재정진흥기관(ADFA : Arkansas Development Finance Authority)'을 창설하고, 세금으로 거둬들인 돈을 유망한 사업체 · 학교 · 대학 · 교회 등에 저리로 융자해 주는 일을 시작했다. 물론 모두가 칭찬할 만한 일이었다. 그러나 그는 이 금융 기관의 요직을 자기의 수족들로 채우고 자신에게 충성하는 사람들에게 무이자로(표면상으로는 이자를 내도록 되어 있지만) 돈을 빌려주어 막대한 돈을 벌도록 해주었다. 그러나 드러나지 않은 ADFA의 원래 목적이 또 하나 있었는데, 그것은 정치 자금을 만들기 위해 마약 장사를 하고 전 미국에 마약을 보급하는 한편, 마약 판 돈을 세탁해 주는 일이었다.

이 기관을 만들기 위해 클린턴은 부인인 힐러리 소유의 변호사 회사 '로즈 로펌(Rose Law Firm)'의 웹 허벨(Webb Hubbell)에게 ADFA의 기본 취지과 법안을 작성하여 주의회에 제출토록 하고, 자신은 뒤에서 공작하여 법안이 의회에서 통과되도록 했다.

ADFA 창설 직후, 클린턴은 웹 허벨을 시켜 '파크 오 미터(Park-O-Meter)'라는 주차장 요금기 제조회사를 설립하게 하고 제일 먼저 융자를 받도록 만들었다. 그런데 이 회사는 엉뚱하게도 주차장 요금기가 아니라 경비행기의 '코'에 해당하는 앞부분의 둥그런 부분품을 만들어 수출했다. 사실 이 회사는 상대국의 마약업자가 엉터리 회사를 차려 부품을 수입하는 것처럼 꾸미고, 그 엉터리 회사에서는 그 코에 마약을 담아 다시 미국으로 밀수입하기 위해 설립된 것이었다.

이러한 작업을 순조롭게 하기 위해서 클린턴은 비행장을 새로 만들었고, 근처의 인가 없는 산의 나무를 베어 작은 평지를 수십 개 만들었으며, 도로까지 만들어놓았다. 비행기가 저공 비행을 하면서 돈이나 마약을 떨어뜨리면 지상에서 기다리고 있던 조직원이 이것을 받아 처분하는 시스템을 만들었던 것이다.

그러자 아칸소 주가 취급하는 세탁 자금이 한 달 평균 1억 달러를 초과하게 되었다. 작은 아칸소 주가 취급하기에는 너무 큰 액수라 클린턴은 이를 다시 은폐할 수 있는 거대한 은행이 필요해졌다.

그런 이유로 클린턴은 아칸소 주에서 워튼(Worthen)이라는 작은 은행을 가진 잭슨 스티븐스(Jackson Stephens)에게 돈을 대주면서 BCCI[59]라는 은행에 투자하게 하였으며, BCCI를 이용하여 전세계적으로 돈을 세탁하고 빼돌리게 만들었다.

이 스티븐스라는 사람은 레이건과 부시 행정부 때 유명했던 이란-콘트라(Iran-Contra) 테러 조직의 일원으로서, 남미와 이란 등지에서

---

59) Bank of Credit and Commerce International. 1970년 초기에 설립되어 1991년에 돈 세탁 스캔들로 문을 닫은 은행이다. 이 은행은 원래 로스차일드의 아메리카 은행의 자본금으로 출범하였으나, 후에는 아메리카 은행 24퍼센트, 이탈리아의 BNL(Banca Nazionale del Lavoro) 은행과 전·현직 대통령들과 연관이 깊은 미국의 작은 은행연합이 41퍼센트, 그리고 약 35퍼센트의 중동 자금을 자산으로 가지고 있었다. 중동의 주주는 바레인의 통치자 가문, 샤자의 통치자 가문, 두바이(Dhubai)의 통치자 가문, 사우디아라비아의 통치자 가문, 이란의 통치자 가문, 그 밖에 다수의 중동 기업가들이었다.

CIA와 백악관의 올리버 노스(Oliver North) 중령 등과 합작하여 마약·무기·돈을 수송하고 주로 BCCI를 통해 돈을 세탁한 사람이다. 이때 마약을 수송하기 위해 아칸소 주의 메나(Mena)라는 작은 마을의 비행장에 경비행기 몇 대와 비행사 몇 명을 데려다 놓았는데, 그중 배리 실(Barry Seal)과 테리 리드(Terry Reed)라는 사람이 이러한 불법적인 일을 견딜 수 없어 실토하게 되었다.

모조리 살해당한 배신자와 목격자

리드는 원래 공군 조종사로 라오스전에도 참가했고 주로 정보장교로 근무하다 예편하여 사업을 하던 사람인데, CIA에 차출되어 멕시코에서 첨단기술 판매와 컨설팅 회사를 운영하게 되었다. 그러나 알고 보니 마약을 밀수하는 일이어서 깨끗한 일로 전직시켜 달라고 CIA에 요청했으나, 결국 아칸소에서 마약·무기를 운송하는 비행사로 전락하게 되었다.

리드는 올리버 노스 중령도 자주 만나고 빌 클린턴과 그의 동생 로저 클린턴, 마약 수송 책임자인 댄 라세이터(Dan Lasater) 등 관련 인사들과 자주 회동도 하고 음란 파티에도 함께 참석했었다. 그러나 그는 양심의 가책을 견딜 수 없어 정의감을 발동시켜 요로에 진정을 넣었지만, 그곳에 있는 인사들은 전부 클린턴과 같은 패거리였다.

그는 클린턴 등 관련 인사들이 체포되는 장면을 목격하는 대신, 오히려 자신이 마약 밀수를 했다는 죄목으로 입건당했고, 1989년 법정에서 이러한 내용을 증언하고 여러 언론에도 하소연했으나 하나도 효과를 보지 못했다.

또다른 조종사 배리 실은 1995년 《워싱턴 포스트》 기자에게, 메나에서 무기를 싣고 가서 남미의 볼리비아·아르헨티나·브라질·니카라과의 콘트라에게 수송했으며, 돌아오는 길에는 마약을 싣고 와서 뉴욕·시카고·디트로이트·세인트루이스 등 여러 도시로 운반했다고 양심선언을 했다.

《워싱턴 포스트》에서는 변호사 등 여러 전문가를 포함시켜 간부회의를 열고 장장 11주 동안 고민한 끝에 결국 '알려지지 않은 엄청난 이야기'라는 거창한 제목으로 특종 기사를 게재하기로 결정을 보았다. 그런데 갑자기 로버트 카이저(Robert Kaiser) 편집장이 "근거 없는 중상모략이며, 사실 무근의 내용이다!"라며 중지시켜 버렸다. 아마도 CFR·삼변회·빌더버그의 회원이자 《워싱턴 포스트》지의 사주인 캐서린 그래험(Katherine Graham) 여사가 다른 회원들과 상의했고, 결국 클린턴을 살리기로 결정을 내려 편집장이 갑자기 반대하고 나섰던 것 같다. 결국 테리 리드는 입건되어 고생을 하게 되었으나, 배리 실은 살해당하고 말았다.

이러한 일로 살해당한 사람은 배리 실뿐만이 아니었다. 케빈 아이브스(Kevin Ives)와 돈 헨리(Don Henry)라는 10대 소년들은 메나 비행장 근처를 지나는 철길에서 변사체로 발견되었다. 이들의 사체는 클린턴 주지사가 임명한 아칸소 주 의무관인 파미 맬락(Fahmy Malak)에의해 검시되었다. 그리고 사고사라는 결론을 내렸는데, 이에 불복한 부모들이 재검할 것을 요구해 법원의 판결까지 받아냈으나, 맬락을 비롯한 주정부 기관은 이것을 거부하고 증거물을 넘기지 않았다. 그런 다음 클린턴은 재빨리 의회를 움직여서 '자살자는 검시할 필요가 없다'는 법을 만들어버렸다.

얼마 후, 돈 헨리는 뒤에서 칼에 찔렸으며 케빈 아이브스의 머리는 철길로 옮겨지기 전에 이미 으스러져 있었다는 유력한 주장이 나와 사회 여론이 정부에 압력을 주었으나, 맬락은 계속 "두 소년은 철길에 누워서 잠이 드는 바람에 기차에 치인 것"이라고 주장했다. 그 대가로 클린턴은 맬락의 월급까지 인상시켜 주었다.

두 소년은 비행기가 비행을 하다가 돈과 마약을 떨어뜨리는 장면을 우연히 보게 되었고, 목격자가 있다는 사실을 알게 된 그들 무리에게 살해당했던 것이다.

그 밖에도 모두 6명의 청소년 목격자들이 있었는데, 이들 모두 차례로 살해당했다. 그중 한 명은 자기도 죽게 될 것을 알고 죽기 전에 친구들에게 전화하여 작별 인사를 하고 가족들과도 작별 인사를 해두었다. 그의 이름은 케이스 매카스키(Keith McKaskie)로, 1988년 주지사 선거 날 왜건 휠이라는 피자집에서 피자를 먹으면서 "클린턴이 오늘 선거에서 이기면 나는 죽게 될 것"이라고 말했고, 그날 밤 그는 살해당했다.

또 클린턴의 배려로 검은 돈을 세탁하는 일을 맡아 많은 돈을 번 잭슨 스티븐스(Jackson Stephens)는 클린턴과는 뗄래야 뗄 수 없는 관계인데, 지난번 선거 때는 클린턴의 상대로 나온 공화당의 보브 돌(Bob Dole) 유세팀에 끼어 경제 담당 책임자로 돌의 선거 자금을 걷었다. 이쯤 되면 미국 정치가 어떻게 돌아가는지 독자들은 짐작할 수 있으리라 생각한다.

클린턴의 끝없는 성욕과 곤욕스런 경호원들

클린턴의 오랜 친구인 래리 니콜스(Larry Nichols)는 마케팅 전문가였는데 실직하자 클린턴에게 취직을 부탁하여 ADFA의 시장개척 담당 부장 자리를 얻었다. 그는 클린턴의 두터운 신임을 받았지만, 일을 해나가다 보니 그로서는 이해가 안 되는 일이 너무나 많았다. 아무런 사전 설명을 받지 못했기 때문이다.

예를 들면 ADFA의 공채를 고안하는 일을 공모했는데 업체 선정 과정이 비밀리에 진행되었으며, 며칠 후에 힐러리 소유의 로즈 로펌이 선택되었다. 의아하게 생각한 니콜스는 이사회에서 회장에게 "도대체 선발 기준이 무엇이냐?"고 물었다. 로즈 로펌보다 경험과 자격이 훨씬 월등한 회사가 5개사나 더 있었기 때문이다. 게다가 로즈 로펌은 선택되자마자 준비 비용으로 1백만 달러를 즉각 지불받았으며, 비슷한 일이 있을 때마다 맡아놓고 낙찰을 받고 사업비를 받았다.

마케팅 전문가인 니콜스로서는 또 이해가 가지 않는 것이, 사업 전망이 전혀 보이지 않는 회사에 많은 돈을 빌려주는 것이었다. ADFA는 클린턴의 친구 돈 타이슨(Don Tyson)에게 무려 1천만 달러를 빌려주었고, 타이슨은 그 돈으로 전망도 없는 대형 식료품 회사를 만들었다. 그래서 니콜스는 사장에게 "그들이 돈을 어떻게 갚겠습니까?" 하고 물었다. 그러자 우든 엡스(Wooden Epes) 사장은 이상하다는 듯이 니콜스를 쳐다보며 이렇게 대답했다.

"갚지 않아."

나중에 안 사실이지만, 사장은 니콜스가 알고 있으면서 괜히 물어보는 것으로 알았다고 했다. 물론 타이슨은 한 푼도 돈을 갚지 않은 것은 말할 필요도 없다.

이때부터 니콜스는 호랑이굴에 잘못 들어왔다는 생각을 하게 되었고, 차라리 충분한 정보를 수집하여 나중에 '정의의 칼'로 써먹어야겠다고 생각했다. 그리하여 얼마 후 그걸 들고 클린턴에게 가서 "그런 일을 청산하라"고 위협했다. 그렇지 않으면 자기가 언론에 폭로하겠다고 최후통첩을 했던 것이다.

그러나 클린턴은 그 일을 청산하지도 않았고 니콜스에게 가타부타 말도 없었다. 그래서 니콜스는 그 정보를 언론에 터뜨리고 말았는데, 아무리 기다려도 신문이나 방송에 그 기사가 등장하지 않았다. 그 대신 그는 여러 가지 사소한 파렴치범으로 구속되어 고난의 세월을 살아야 했다.

재판을 받을 때 법정에 몰려든 기자들에게 그 사실을 밝히려 했으나 기자들은 검사 쪽으로만 몰려갔을 뿐 니콜스에게는 오지도 않아 이야기할 기회조차 얻지 못했다. 뿐만 아니라 그의 담당변호사인 개리 존슨(Gary Johnson)도 협박을 받아, 변호사는 자기 신변을 지키기 위해 자신의 아파트 입구에 몰래 카메라를 장치해 놓았다. 혹시라도 괴한이들이닥치면 나중에 증거물로 삼으려 했던 것이다.

그런데 그 카메라의 촬영 범위에 개리의 아파트 문뿐만 아니라 옆집 문까지 포함되었는데, 그 옆집을 들락거리는 낯익은 사내 하나가 있었다. 그게 바로 클린턴이었고, 옆집에 혼자 사는 여인은 클린턴의 성추문 상대 중 하나인 제니퍼 플라워스(Jennifer Flowers)였다.

그 테이프에는 클린턴이 자기 주머니에서 열쇠를 꺼내서 자기 집에 들어가듯 자연스럽게 옆집으로 들어가는 것이 몇 번이나 녹화되어 있었고 개리 존슨 자신이 클린턴을 직접 보기도 했는데, 이것이 우연의 일치라는 것은 플라워스가 개리보다 나중에 이사 온 것만으로도 증거가 되었다.

얼마 후 플라워스와의 성추문에 관한 얘기가 언론에 등장하자 클린턴은 "그 여자를 잘 모르며 성관계를 가진 일도 전혀 없다"고 양심 선언까지 했다. 개리는 그런 클린턴이 너무 가증스러워 "내가 그 말이 거짓말이라는 걸 증명해 줄 수 있는 비디오테이프를 갖고 있다"라는 얘기를 몇 사람에게 했다. 그게 화근이 되어, 그는 주 경찰관으로 보이는 괴한 몇 명에게 가택 침입을 당했고 뼈가 여러 군데 부러지고 신장과 간이 파열될 정도로 흠씬 얻어맞은 다음 비디오테이프도 빼앗겼다.

클린턴의 성욕은 걷잡을 수 없을 정도여서 경호 경찰들을 이용해 닥치는 대로 마음에 드는 여자들을 끌어들였다는 것은 이미 잘 알려진 사실이다. 경호 경찰 가운데에는 참다 못해 클린턴이 바람 피운 내용을 폭로한 사람이 여럿 되었다.

클린턴이 육체의 향연을 벌이는 데 국가의 비용을 얼마나 소비했는지, 낮이건 밤이건 시도 때도 없이 발동되는 그의 성욕에 경호 업무가 얼마나 과중되었는지, 클린턴이 어떻게 누구를 농락했으며, 자기들이 어떻게 그 여자들을 끌어들였는지에 대해 자세히 털어놓았던 것이다. 그러나 그들은 대부분 면직되거나 살해당했다.

또 하나 유명한 사건은 1993년에 터져나온 화이트워터(Whitewater)

스캔들이다.

스캔들이 터지자 클린턴은 한 금융회사[60]에 투자를 잘못했을 뿐이라고 변명했으나, 한쪽에서는 연방정부의 돈을 빼돌려 개인적으로 치부했다는 의구심이 꾸준하게 제기되었다. 그러자 백악관은 로버트 피스키(Robert Fiske)를 특별 검사로 임명하여 독립적인 조사를 시작했다. 특별 검사가 시작되자 곧바로 로즈 로펌은 수많은 관계 서류를 서류 분쇄기에 넣어 파기시켰다.

그리고 며칠 후에는 돈 세탁 책임자로 알려진 스티븐스 소유의 워튼 은행 4층에서 화재가 발생하여 화이트워터에 관련된 서류가 불타 없어져버렸다. 또한 1993년 7월 20일에는 백악관의 차석고문으로 있던 빈스 포스터(Vince Foster)가 워싱턴의 한 공원에서 자살(?)한 시체로 발견되었다. 그는 클린턴의 어렸을 적 친구일 뿐 아니라 힐러리의 로즈 로펌에서 일하던 변호사였으며, 클린턴이 백악관으로 이사한 다음부터는 아칸소의 일과 백악관에 있는 클린턴의 일을 전담했던 사람이었다. 포스터가 죽자 백악관 그의 사무실에 4명의 직원이 들어가 관련 서류를 없애느라 사무실은 난장판이 되었다.

로즈 로펌에서 서류를 파기시켰던 당사자 중 한 명인 제러미 헤지스(Jeremy Hedges)는 서류마다 포스터의 사인이 분명히 돼 있었다고 증언했다. 이 소식을 들은 사람들은 신문사·검찰·경찰 등에 전화하여 "서류 파기를 중지시켜라"라고 요청하는 한편, 로즈 로펌 앞에서 플래카드를 들고 데모했지만, 중지는커녕 로즈 로펌에 나타난 기자는 단 한 사람도 없었다.

경찰은 포스터의 죽음을 발표하면서 검시나 총기 테스트도 하기 전에 이미 '자살'이라고 발표했으며, 그의 오른손에 권총이 쥐어져 있었기 때문이라고 했다. 그러나 그는 왼손잡이였다.

---

60) Madison Savings and Loans.

게다가 경찰에서 처음 작성한 사건 보고서의 사본을 래리 니콜스가 입수해 공개했는데, 그것에 따르면 포스터의 시체는 자동차에서 발견되었다.

또한 나중에 경찰에서 제공한 사진을 보면 시체 부근에 단풍이 든 갈색 나뭇잎들이 많이 떨어져 있는데, 그가 죽었을 때는 여름이었으며, 시체 발견 현장에 갔던 신문기자들의 증언에 의하면 그 부근에 나뭇잎 같은 것은 없었다고 한다.

또 한 가지 의심스러운 것은, 아칸소 주 마약 목격 청소년 6명의 자살(?) 사건이며 메나 마약 사건, 포스터 자살 사건, 그리고 화이트워터 사건을 담당한 검사가 공교롭게도 모두 로버트 피스키였다는 사실이다.

그리하여 피스키 검사는 사람들에게 많은 지탄을 받았지만 그의 위치는 전혀 흔들림이 없었고, 청소년 자살 사건 때에는 "사회의 비난에 시달리느라 정신적 고통이 많았다"며 41퍼센트나 봉급이 인상되었다.

아칸소 주에 생긴 '정직한 정부를 위한 시민회(Citizens for Honest Government : CHV)'라는 조직은 이러한 내용과 관련된 증거 자료와 인터뷰 등을 비디오테이프에 담아 워싱턴에 있는 상·하원 의원들 전원에게 직접 전달했으나 의원들은 역시 '근거 없는 소리'라며 관심도 두지 않았다. 뿐만 아니라 《타임스》, 《뉴스 위크》, 《워싱턴 포스트》, 《뉴욕 타임스》 등 주요 언론 매체들은 모두 입을 모아 CHV를 "허황된 인신 공격 소문을 퍼뜨리는 악랄한 조직"이라고 매도해 버렸는데, 그나마 소득이 있다면 그로 인해 피스키 검사가 면직되었다는 사실이다.

이 밖에도 클린턴의 불법 행위는 너무나 많아서 여기에서 모두 이야기할 수는 없다. 이러한 행위가 밝혀지기까지 직접 관련되었던 경찰·검사·기자·변호사 등 많은 사람들이 현재 엉뚱한 일로 감옥에 있거나 숨어다니고, 또 많은 사람들이 죽음을 당했다는 사실을 밝힌다.

래리 니콜스는 허위 조작 사기죄로 입건되었으나 경찰이 조작한 것이 탄로나 두 번이나 무죄로 풀려났는데, 그의 구속은 언론에서 크게 보도했지만 무죄 방면 소식이나 경찰의 위조 사실은 전혀 보도된 일이 없다. 그는 그동안 암살당할 위기에 세 번이나 접하고도 다행히 살아 남았지만, 아직도 위협은 여전해서 언제 그의 삶이 끝날지 모르는 상태다.

또한 메나 비행장의 마약 밀수 관계를 조사했던 빌 던컨 FBI 요원, 러셀 웰치 주경찰, 마약 수송 책임자 댄 라세이터를 입건시켰던 닥터 디로터 수사관 등도 래리 니콜스와 사정이 크게 다를 바 없다.

클린턴은 언론의 도움으로 살고 있다

클린턴의 불법 행위가 아직도 잘 은폐되어 있다는 사실은, 아무리 권력이 있다 해도 언론의 도움 없이는 불가능한 일이다. 언론을 통제하고 있는 '힘'의 지시가 없이는 불가능한 것이다. 그렇다면 클린턴은 왜 그들의 지원을 받고 있는 것일까 하는 의문이 생긴다. 그가 그들의 이익을 위하여 철두철미하게 일하기 때문이라는 이유 외에 다른 것은 상상할 수 없는 노릇이다.

개인적으로 그가 대중에 어필하는 매력은 가히 천재적이라고 감탄하지 않을 수 없다. D. 록펠러는 클린턴 주지사가 권력 집단을 형성하고 불법적인 행위를 계속하면서도 대중의 인기를 계속 유지하는 능력을 높이 샀고, 그래서 그를 1991년 독일의 바덴바덴에서 열린 빌더버그 회의에 데리고 갔던 것이다.

록펠러는 그를 차기 대통령으로 만들기 위해 여러 회원들에게 소개했고, 공화당의 부시 대통령도 그 공작에 합세했다고 알려져 있다.

1998년 후반에 모니카 르윈스키(Monica Lewinski)와 스타(Kenneth Starr) 검사에 의해 사상 최초로 대통령의 성행위가 노출되었지만 여전히 인기를 누리고 있는 것을 보면, 그의 솔직하고 영특해 보이는 외모가 대중에게 많이 어필하는 것 같다. 그러나 그런 매력적인 외모 속에 무서운 음모의 얼굴이 있다는 것을 잊어서는 안 된다.

여기에 소개하는 명단은 클린턴과 관계되어 1991년부터 살해된 사람들의 이름이며, 경찰에서 발표한 사인은 '교통 사고'나 '자살'로 되어 있다.

- 댄 캐솔라로(Dan Casolaro) : 신문기자로 메나 건과 ADFA 건을 조사하고 있었으며 1991년 8월 10일 살해당함. 경찰 발표는 자살.
- 빅터 레이저(Victor Raiser)와 그의 아들 : 클린턴 대통령 선거 유세팀의 재정 관계 책임자로, 1992년 7월 30일 의문의 비행기 사고로 죽음.
- C. 르블루(LeBleu), T. 매키헌(McKeahan), R. 윌리엄스(Williams), S. 윌리스(Willis) : 클린턴의 경호원들로 1993년 2월 28일 와코(Waco) 종교단체 점거 때 모두 총에 맞아 죽음. 와코교도들이 쏜 총에 맞아 죽었을까?
- W. 바클리(Barkley), B. 해세이(Hassey), S. 레이놀즈(Reynolds), T. 세이블(Sabel) : 클린턴의 경호원들로 1993년 5월 19일 헬리콥터 사고로 죽음.
- 존 윌슨(John A. Wilson) : 워싱턴 시의원으로 클린턴의 비리 사실을 폭로하려 했으나 1993년 5월 19일 죽음. 공식 발표로는 자살.
- 폴 윌처(Paul Wilcher) : 메나 건을 조사하던 워싱턴의 변호사로 1993년 6월 22일 변사체로 발견됨. 공식 발표는 자살.
- 존 워커(John Walker) : 화이트워터 건을 수사하던 고위 수사 담당관으로 1993년 8월 15일 변사체로 발견됨. 공식 사인은 자살.
- S. 허드(Heard), S. 딕슨(Dickson) : 클린턴 정부의 의료보건자문위원회 위원으로 1993년 9월 10일 의문의 비행기 사고로 사망.
- 루터 제리 팍스(Luther Jerry Parks) : 클린턴 선거 유세팀의 경호 책임자로 1993년 9월 26일 살해당함.
- 에드 윌리(Ed Willey) : 클린턴 대통령 선거 유세팀의 재정위원회

책임자로 1993년 11월 30일 의문의 변사체로 발견됨. 공식적으로는 자살.

- 허쉘 프라이데이(Herschel Friday) : 클린턴 대통령 선거 유세팀의 재정위원으로 1994년 3월 3일 의문의 비행기 사고로 죽음.

- 로널드 로저스(Ronald Rogers) : 1994년 3월 3일 '정직한 정부를 위한 시민회'와 인터뷰를 하러 가는 도중 살해당함.

- 캐시 퍼거슨(Kathy Ferguson) : 클린턴의 경호원 대니 퍼거슨(Danny Ferguson)의 전 부인으로 1994년 5월 11일 의문의 시체로 발견돼 자살로 공식 발표됨.

- 빌 셸턴(Bill Shelton) : 클린턴의 경호원 대니 퍼거슨의 동료. 주경찰관이며 캐시 퍼거슨의 약혼자로 1994년 6월 12일 변사체로 발견됨. 공식적으로는 자살.

- 캘빈 월래븐 : 경찰에 마약 분포 상황의 정보를 제공해 준 사람으로, 재판 도중 증인으로 나가기로 한 1994년 7월 28일 변사체로 발견됨. 경찰 발표로는 자살.

- 앨런 휘처(Alan G. Whicher) : 클린턴의 전 경호원이었고 후에 경호 책임자로 발탁되었으나 1995년 4월 19일 오클라호마의 빌딩 폭파 사건 때 사망. 오클라호마의 폭발 사건은 미 정부의 마인드 컨트롤, 즉 심리 조정 훈련을 받은 티모시 맥베이와 테리 니콜스(Terry Nichols)가 폭탄을 만들고 그들의 지시로 폭파했던 것임.

걸프 전쟁의 내막

걸프 전쟁으로 돈 번 미국과 영국

조지 부시 전 미국 대통령이나 당시 국무장관이었던 제임스 베이커(James Baker)는 모두 석유업자라고 할 수 있을 정도로 대대로 석유회사의 주주였으며, 이들을 움직이는 엘리트들과 함께 정가를 주름잡으며 세계 역사를 만들던 사람들이다.

때문에 그들의 그룹뿐 아니라 모든 석유 회사들은 항상 기름값을 올리는 데 흥미가 있다는 것은 짐작하기 어렵지 않다. 다시 말하면 기름 장사하는 사람들이나 정치하는 사람들이나 모두 동업자 관계라고 볼 수 있다는 것이다.

기름값을 올리는 데는 전쟁이 아주 긴요한 도구로 사용된다. 그러므로 전쟁을 만들기 위해 전세계를 다니면서 열심히 일하는 것은 이들에게는 참으로 가치 있는 일인 셈이다.

석유의 보고인 중동의 기름 생산을 분할하면 할수록 그들은 점점 이로워지며, 아랍 국가들이 갈라져 서로 싸움을 하고 있으면 그들의 수

입은 더 늘어날 뿐 아니라 이스라엘도 여러 면으로 덕을 보게 되는 것이다. 다시 말하면 일석다조(一石多鳥)가 되는 것이다. 그래서 그들은 항상 중동이 서로 이권다툼을 하고 전쟁을 하도록 연구하고 있다.

중동의 싸움은 신세계 질서 계획에 따른 세계 단일 정부를 수립하기 위해 '분할 통치', 즉 가를 수 있는 대로 갈라서 통치하기 쉽도록 해야 한다는 원칙에도 딱 들어맞는 것이다.

1990년 7월 런던의 랭커스터하우스에서 NATO 정상 회담이 있었고, 부시 미 대통령도 그 회의에 참석했다. 틀림없이 이 회의에서 걸프 전쟁을 계획했을 것이라고 짐작되는데, 그 회의에서 원래 NATO의 영역, 즉 북대서양이 아닌 중동 지역에도 NATO군을 출동시킬 수 있도록 만들었기 때문이다. 그로 인해 NATO군은 세계의 군대 또는 세계 단일의 UN군으로 일보 전진한 셈이었다.

이것을 NATO에서는 '영역외 배치(Out-of-Area Deployment)'라고 부르며, 소위 '런던 선언'이라고 부르는 이 정상 회담에서 결정한 내용에 따르면 NATO는 옛 소련 동맹국과 긴밀한 협조를 한다는 것이었다. 그리하여 NATO 조직 안에 옛 소련의 동맹국들을 차례로 가입시켜 거대한 군사 조직으로 만들고, NATO군을 점차적으로 확대하여 유럽이나 북대서양의 범위를 벗어난 세계의 군대로 변모시킨다는 것이다. 따라서 어느 단계에 이르러서는 대한민국 군대도 NATO군에 흡수되어 UN에 국군통수권을 넘겨주는 날이 올지도 모른다.

걸프 전쟁은 이라크가 쿠웨이트를 침공하여 일어났다. 원래 이라크와 쿠웨이트는 하나의 나라였는데 옛날 식민지 시대에 영국과 엘리트들이 이 지역을 차지하고 '독립'시켜 주면서 두 나라로 쪼개 통치자를 각각 만들어놓았다. 다시 말하면 그들은 '분할 통치' 방식을 일찍부터 써먹었던 것이다.

그런데 이 일은 오래된 것이고 좀더 근래의 이야기를 한다면, 1990년 8월 16일자 월간 《월 스트리트(Wall Street)》를 보면 이런 기사가 나온다. 1968년에 미국의 CIA는 바트(Baath Party)당을 지원하여 정권을 잡도록 하고 사담 후세인(Saddam Hussein)이라는 독재자를 국가 원수로 만들어주었다. 그래서 후세인은 CIA를, 자기 은인이기도 하지만 속말을 할 수 있는 친구이자 항상 자기를 지원해 주는 듬직한 상대로 생각해 왔다.

그러던 중 미국과 영국의 정보 조직에서, 이란의 호메이니 정권이 혁명을 일으켜 국가 질서가 엉망이니 이 기회를 틈타 쳐들어가면 곧 이란을 삼킬 수 있을 것이라는 정보를 후세인에게 계속 던져주었다. 후세인은 이 말에 솔깃하여 결국 이란과 전쟁을 벌였는데, 이란은 미국·영국이 알려준 대로 호락호락한 상대가 아니어서 결국 양쪽 다 전쟁 때문에 8년이란 긴 세월을 허비하고는 기진맥진해 버렸다.

그런데 호메이니가 혁명을 일으키기 전 '샤'를 권좌에 앉힌 것이 CIA였고, 샤에게 쫓겨 프랑스로 망명을 간 호메이니를 돌봐준 것도 CIA였던 사실을 상기해 보면, 이라크에서 일어나는 일을 다시 한 번 곰곰이 생각해 볼 일이다. 결국 미국과 영국은 후세인을 감언이설로 꾀어 이란과 이라크를 싸움 붙여놓고 8년 동안 무기를 잘 팔아먹은데다가 기름 장사로 돈도 벌고, 은행들은 군자금을 빌려주어 이렇게저렇게 돈을 흠뻑 빨아냈던 것이다.

이런 상황이어서 기진맥진한 후세인이 돈을 밝힐 수밖에 없게 된 것은 상상하기 어렵지 않다. 그래서 그는 더욱더 쿠웨이트를 탐내게 되었고, 그것을 모를 리 없는 미국과 영국은 그의 욕심을 자기들에게 이익이 되는 방향으로 써먹을 작정을 하고 있었다.

이라크의 쿠웨이트 침공을 유도한 부시 대통령

미국 부시 대통령은 1990년 7월 16~17일 이라크 군대가 쿠웨이트 국경에 집결하고 있다는 보고를 받지만 아무 조치도 취하지 않았다. 그리고 7월 25일에는 주이라크 미국 에이프릴 글래스피(April

Glaspie) 대사가 바그다드에서 후세인을 만나 부시 대통령의 훈시를 전달했다.

"부시 행정부로서는 아랍 국가들 사이의 분쟁에 대해서는 어떠한 의견을 갖고 있지 않습니다. 예를 들면 귀국과 쿠웨이트와의 국경 분쟁 같은 것 말입니다. 우리 대통령은 귀국과 더욱 두터운 유대 관계를 갖기를 원하고 있습니다."

그런 다음 그녀는 그 길로 휴가를 떠나버렸다. 아마도 미국의 이러한 언질 때문에 후세인은 더욱더 안심하고 쿠웨이트를 침공했을 것이다.

한편 7월 25일 글래스피 대사가 후세인을 만나기 직전, 미국 백악관에서는 부시 대통령과 국가 안보 고문이면서 헨리 키신저의 개인 회사인 키신저 어소시에이츠(Kissinger Associates)에 소속된 브렌트 스코크로프트(Brent Scowcroft) 등이 모여서 소련의 고르바초프 대통령에게 동의를 구하는 합의서를 작성하고 있었다. 미국이 이라크를 침공해도 관여치 않겠다는 내용이었다.

그리고 다음날 CIA 소속 비행기 SR-71 4대가 캘리포니아의 크로스랜딩(Crows Landing) 해군비행장에서 출발했고, 워싱턴에 들러 기름을 넣으면서 스코크로프트, CIA의 윌리엄 웹스터(William Webster) 국장 등을 태우고 모스코바로 향했다.

이러한 사실은 당시 그 비행기의 조종사였던 해군 정보부 요원 군터 러스바커(Gunther Russbacher)의 증언에 의해 밝혀졌다. 그는 출발 전날인 7월 25일 비행에 관한 브리핑을 받았고, 모스코바에서 고바르초프와 미국 일행의 회동 현장에 참석했던 러시아 관료로부터 이야기를 들었다는 것이다.

이렇게 엄청난 일을 진행시키면서도 부시 대통령은 공식적으로 아무런 담화도 발표하지 않았고, 쿠웨이트 국경에는 이라크 군대가 계속 집결하여 7월 30일경에는 약 10만 명으로 추정되는 이라크 군대가 집결해 있었다.

이라크의 쿠웨이트 침공 2일 전, 하원의회 청문회에 출석한 존 켈리(John Kelly：CFR 회원)[61] 국무차관은 "만일 쿠웨이트가 침공당하면 미국이 방어해 줄 것인가?"라는 질문을 받고 이렇게 답변했다.

"미국은 걸프 지역의 어느 국가와도 방위 조약을 맺지 않았다."

그리하여 8월 2일 이라크는 마침내 쿠웨이트를 침공했고, 그날 부시는 콜로라도의 아스펜(Aspen)에서 마거릿 대처 영국 총리와 회동한 후 6일에는 백악관에서 다시 만났다. 대처는 항상 그랬듯이 호전적인 태도로 "후세인에게 버릇을 가르쳐주어야 한다"고 하고, 스코크로프트 국가 안보 고문도 "군사적 대응을 해야 한다"고 의견을 냄으로써 부시는 "미국의 일이 아닌 제3자의 일"이라고 하던 태도를 바꾸기 시작했다.

미국은 사우디아라비아에게 "후세인이 다음에는 사우디를 침공할 것"이라고 일단 겁을 준 다음 미군을 사우디에 집결시켰다. 그리고 세계에 대해서는, 미국은 이라크와 쿠웨이트의 일에 관여하지 않을 것이며, 미군의 사우디 파견은 다만 사우디 보호를 위한 행동일 뿐이고, 후세인을 제재하려면 경제 봉쇄를 하는 것이 최상의 길이라고 말했다. 그러면서 미국은 사우디아라비아·독일·일본에게 비용을 분담하자며 "돈을 내놓으라"고 성화를 부리기 시작했다.

부시는 후세인을 '제2의 히틀러'라고 부르며 "2차 세계대전 때에는 히틀러가 점점 커지는 것을 혹시나 하고 구경만 하다가 결국 큰 대가를 치렀지만, 제2의 히틀러에게는 2차 세계대전 때처럼 실수하지 않을

---

61) 여기뿐만 아니라 다른 부분에서도 이름 뒤 괄호 안에 Bil·CFR·삼변회·300위원 등등이 병기되어 있는 것은, 그들이 전이나 후에 해당 조직의 단원이 되었다는 뜻이다. 하지만 그렇다고 해서 그들 모두가 자기 조직이 하는 일을 다 알고 있다고는 단언하지 못한다. 그들 가운데에는 전혀 모르거나 일부만 알고 있을 수도 있는가 하면, 또는 자기 나름대로의 목적이 있어서 가입할 수도 있으며, 경우에 따라서는 이용당하는 수도 있기 때문이다.

것이며 그가 더 커지기 전에 부숴야 한다"고 점점 강한 태도를 보였다. 부시는 자신의 아버지가 히틀러에게 자금을 지원해 나치 독일을 강화 시킨 일과, 전쟁 자금을 교전국 양쪽에 대주었던 미국의 정치가들도 성토했어야 옳았건만 그러지 않았다.

8월 23일 스코크로프트는 다음과 같은 의미 있는 담화를 발표했다. "미국과 소련이 적대 관계에서 벗어나면서 우리는 새로운 세계 질서 인 '신세계 질서'의 단계로 접어들기 시작한 것이라고 믿는다."

내 기억으로는 이때부터 부시를 비롯해서 영국의 대처 총리, 프랑스 의 미테랑 대통령 등 세계의 정치 지도자들이 '신세계 질서'라는 용어 를 공공연하게 사용하기 시작했던 것 같다. 이것이 한국에서는 국제 화·세계화라는 용어로 수입되었는데, "세계가 움직이는 대열에 함께 동참하여 발전하자"는 표면적인 의미야 바람직한 것이지만 이러한 기 본 심리를 이용하여 '자유 무역'이니 무역 장벽을 없애자느니 하는 것 은 여러 모로 생각해 볼 필요가 있다.

아무튼 이러한 부시의 포석을 대처와 미테랑이 찬성하면서 UN에 서 승인을 받게 되고, 명실공히 미국 혼자서 UN군을 결성한다. 그리 고 11월 8일에 미군을 증파함으로써 사우디에 집결한 미군은 방어에서 공격으로 방향을 전환했고, 1주일 후에는 부시가 유럽과 중동을 방문 해 미국을 지지해 줄 것을 요청했다.

시리아의 아사드 대통령으로부터 2만 명의 병력을 지원받은 부시의 UN군은 마침내 1991년 1월 16일, 이라크를 침공한다.

그런데 이보다 한 달 전인 1990년 12월 15일, 제임스 베이커 국무장 관은 '새로운 쿠웨이트에서의 미 육군 민간업무 명령 제352호(U.S. Army Report from the 352nd Civil Affairs Command on the New Kuwait)'라는 문서에 서명한 일이 있었다.

거기에는 쿠웨이트를 어떻게 완전히 파괴할 것이며, 어떻게 유전에 불을 지르고, 어떻게 다시 전보다 더 좋게 재건할 것이며, 더욱 강력한 독재 체제를 어떻게 건설할 것인가에 대한 계획이 수립되어 있었다. 게다가 화재가 난 유전을 진화하는 일에 참여할 회사와 재건 공사에 참여할 회사, 그리고 전후에 미국이 접수하여 운영할 아랍 회사들의 명단까지 적혀 있었다.

이것은 조지 앤드루(George C. Andrew)의 『치외법권의 친구와 적 (*Extra-Terrestrial Friends And Foes*)』에 나오는 내용이며, 그의 말에 의하면 '제352호' 서류는 이제 비밀 해제가 되어 누구나 읽을 수 있다고 했다.

또 한 가지 간과하면 안 될 사실은, 후세인이 미국을 상대로 싸울 수 있는 힘을 기르도록 미국이 자금을 대주었다는 점이다. 잘 납득이 가지 않는 이야기지만, 미국민의 세금이 간접적으로 후세인에게 흘러 들어가도록 프로그램을 만들었다는 것이다. 그 내용은 이렇다.

후세인은 1989년 미국 애틀랜타에 있는 이탈리아계 은행 BNL (Banca Nazionale del Lavoro)에서 50억 달러를 융자해 갔는데, 거기에 백악관이 지불보증을 섰다. 일명 'BNL 스캔들'이라고 불린 이 사건은 1991년 헨리 곤잘레스(Henry Gonzalez) 하원의원에 의해 발표되었는데, 백악관은 후세인이 그 돈으로 미국의 농산물을 산다는 조건을 내걸었기 때문에 지불보증을 섰다고 답변했다.

그러나 후세인은 융자금을 갚지 않아 결국 미국민 세금으로 그 돈을 대신 갚아주게 되었고, 후세인은 그 돈으로 곡물을 사는 대신에 무기를 사들였다. 이 사실이 노출되어 조사관들의 입을 거쳐 요로에 진정이 들어갔다. "후세인이 농산물을 사는 것이 아니고 무기를 사들이고 있으므로 중지시켜야 한다"는 것이었는데, 그럼에도 불구하고 융자금은 은행에서 계속 빠져나갔다.

뿐만 아니라 후세인은 이 돈으로 CIA가 칠레에 설립한 카디온산업 (Cardeon Industries)이라는 위장 화학회사를 통해 독가스도 사들였으며, 전쟁이 일어나자 지불을 정지했다. 일이 이렇게 되면, 은행이나 회사가 손해볼 수는 없는 일이니 국민들이 낸 세금인 국고금으로 대신 지불해 주게 된다. 하지만 그런 만큼 누군가는 책임을 지어야 하는데, 이런 경우 진정한 책임자가 아니라 지령에 의하여 하라는 대로 일한 하수인이 그 책임을 지게 된다.

BNL 스캔들로 문책을 당한 사람은 BNL 애틀랜타의 지점장 크리스토퍼 드러굴(Christopher P. Drogoul)이었다. 일개 지점장 주제에 본사의 승인 없이 독단으로 50억 달러나 되는 돈을 지불 능력이 없는 사람에게 융자해 주었다는 것이 그의 죄명이었다. 그러나 당시 이 사건을 취급한 애틀랜타의 마빈 슈브(Marvin Schoob) 지방판사는 "50억 달러나 되는 거금을 로마의 본사 승인 없이 지점장이 융자해 주었다는 얘기는 가당치 않은 것으로, 그는 더욱 거대하고 복잡한 음모의 조직에서 하수인 역할을 했을 뿐이며……. 아마도 그 큰 조직이라는 것은 BNL의 본사와 어쩌면 미국·영국·이탈리아·이라크 정부가 모두 참여하여 만든 음모일 가능성이 높으며……. 이러한 냄새 나는 연기가 모든 창문을 통해 새어나오고 있으며, 현재 그 건물은 불타고 있다는 확신이 든다"고 단언했다.

이런 말은 정부의 고위층이나 엘리트들이 볼 때 절대 해서는 안 되는 소리인 것은 당연했다. 마빈 슈브 판사는 그 길로 사라졌고, 대신 어네스트 티드웰(Ernest Tidwell)이라는 판사가 사건을 인계받아 재판을 맡게 되었다. 그는 재판장이 되자마자 "BNL 은행 비리 사건에 대하여, CIA나 부시 대통령, 백악관이 관련된 증거는 모두 채택할 수 없다"고 하면서 사용하지 못하도록 만들어버렸으며, 드러굴은 그의 변호사를 통해 "형량을 적게 받으려면 빨리 유죄를 인정하라"는 자문과 종용을 받았다.

이러한 사연은 연방검찰부(Federal Justice Department)의 전직 수사관이었던 찰스 발레타(Charles Barletta)의 증언을 미국의 《주목 (Spotlight)》이라는 작은 신문이 1992년 11월 9일자에 게재한 기사에 실린 것이다. 그의 증언에 의하면, 키신저 어소시에이츠가 1984년부터 이탈리아 피아트 자동차 회사의 계열사인 BNL 은행을 통해 후세인에게 융자를 알선했다면서 이렇게 결론을 내렸다.

연방정부 수사팀은 키신저 어소시에이츠의 범죄적인 행위에 대한 증거를 무수히 갖고 있었으나, 헨리 키신저는 특별한 면책 특권이 있는지 아무 일도 없는 것처럼 계속 활동하고 있다. 어떻게 그럴 수가 있는지 알 길은 없으나, 그는 닉슨 정권 때 '외교 정책의 황제'로서 일하던 시절과 전혀 다름없이 지금도 똑같은 특권을 누리고 있으며, 때마다 그는 상금을 타듯 이익을 보고 그 책임은 항상 다른 사람이 지고 있다. 그런 만큼 의회에서 용기를 갖고 그의 강력한 방탄 조끼의 내력을 완전히 조사하지 않는 한 아무도 그를 건드릴 수가 없을 것이다.

지금도 UN특별사찰단(UNOCOM)은 이라크의 핵무기 개발 여부를 지속적으로 조사하고 있다. 1998년 11월에 후세인은 UN 안전보장이사회에 조건을 내걸면서 사찰을 일단 거절했는데, 이에 대해 러시아·중국·프랑스는 긍정적이었지만 미국·영국은 불호령을 내리며 무조건의 사찰 허용을 요구했다. 미국은 다시 공격 카운트다운을 시작했으나, 미국 폭격기 출격 15분 전에 후세인의 후퇴로 이라크는 일단 불바다를 모면하게 되었다.

이러한 일련의 과정에서 지적하고 싶은 것은, 이라크가 세계에서 두 번째로 큰 유전을 갖고 있다는 점이다. 프랑스·인도·파키스탄 등은 실제로 핵무기를 만들어 실험까지 했지만 말로만 왈가왈부 떠들다 그쳤는 데 비해, 이라크에는 불호령을 내림과 동시에 조금도 여유를 주지 않고 몰아붙인 것이다.

세계의 여러 시민 단체들이, 죄없는 이라크 민간인들에게까지 피해를 끼치고 있는 미국의 정책이 비인도적이고 인류에 대한 범죄라고까지 질타하지만 미국은 엄격한 조치를 누그러뜨리지 않고 있다.

또한 미국은 마약 퇴치를 위해서라면서 파나마의 노리에가를 직접 가서 잡아와 감옥에 처넣었다. 외교적인 문제나 국제적인 도의 같은 것은 전혀 아랑곳하지 않고, 미군을 출동시켜 남의 나라의 현직 국가 원수를 직접 잡아온 것이다. 그렇다면 '마약 퇴치를 위해서' 미얀마의 마약 재배 지역은 왜 건드리지 않는가? 미국과 멀리 떨어져 있으니 까? 그렇다면 파나마와 같은 남미에 있는 콜롬비아의 마약 재배 지역 은……?

신문이나 잡지의 기사를 읽을 때 '행간을 읽는다'는 말이 있다. 언론 이 보도한다고 해서 곧이곧대로 눈으로만 읽을 것이 아니라, 생각하 면서, 의문을 가지면서 마음으로 읽기 바란다. 왜 파나마의 노리에가 는 붙잡아오면서 콜롬비아나 미얀마는 내버려두는지 생각해 보기 바 란다.

시온의 칙훈서

세계 단일 정부 계획을 세워놓은 밀서

『시온의 칙훈서』의 원이름은 『시온 지도장로 정회의 의정칙훈서(시온 指導長老 正會의 議定勅訓書)』인데, 누가 이 책을 썼는지는 아무도 모르지만, 1백~2백 년 전에 발견되었다.

이 칙훈서에는 소수의 집단이 신세계 질서 계획을 위한 지상 정부(至上政府 : Super Government)를 수립하기 위해, 무력 대신 금력을 이용해 세계를 정복하는 청사진이 그려져 있다. 모든 정치인을 돈으로 매수하고, 언론을 독점하여 국민들의 마음을 조종하며, 인간을 마치 양떼처럼 만들어 노예화시키겠다는 계획이다.

칙훈서와 비슷한 문건은 15세기경부터 여러 곳에서 발견되었다. 1770년경 일루미나티가 소장했던 문서가 이 칙훈서와 거의 같은 것인데, 바바리아의 경찰에 압수된 일도 있다. 이 칙훈서는 2백여 년 전 프랑스에서 처음 발견되었고, 이것이 러시아로 건너가 우리가 아는 칙훈서의 원본이 되었으며, 다시 유럽으로 건너가 프랑스어를 비롯하여 다른 몇 나라 말로 번역되었다.

이 칙훈서를 읽으면 현재 미국을 비롯하여 한국 등 세계 모든 곳에서 일어나고 있는 현상이 우연이 아니라 계획대로 진행되고 있는 것이라는 사실을 깨달을 수 있다. 한국을 비롯한 각국의 위정자들은 물론 모르고 하는 일이겠지만, 그들이 지금 얼마나 시온주의자들의 입맛에 맞도록 행동하고 있는지 알게 된다면 스스로 깜짝 놀랄 것이다.

칙훈서에는 위정자들이 정권을 잡기 위해서는 국민을 어떻게 우롱하면서 권모술수를 써야 하는지 그 방법이 자세하게 나와 있어서, 정치꾼들에게는 권모술수의 교본이고, 국민들에게는 정치꾼들의 전형적인 수법이 어떤 것인지를 알게 해주는 안내서다.

또한 정상적인 사고 능력을 가진 사람이라면 우리가 듣고 보는 뉴스·미디어를 어떻게 보아야 할 것이며, 정부의 선전 선동과 홍보 활동, 세뇌 공작과 진실을 어떻게 구분할 것인지를 다시 한 번 생각하게 될 것이다.

그러나 이 칙훈서가 우리와 어떠한 연관성이 있는지 실감하기 어려운 독자들도 있으리라 생각한다. 그런 사람들은 우선 현재 우리가 겪고 있는 'IMF 사태'를 생각해 보라.

한국은 외환 위기를 맞았고, IMF 구제금융이라는 것을 받아야만 했다. 그리하여 한국은 자본 시장의 문을 활짝 열어젖혔으니, 기업의 구조 조정을 위해 회사들을 숱하게 팔아넘기고, 누가 더 외국 자본을 많이 끌어들이느냐 경쟁을 벌이게 되었다.

그리하여 수많은 외국 자본이 한국의 기업들을 사들이고, 기업에 투자하고, 주식 시장에 진출하게 되었는데, 그 외국 자본들 뒤에는 앞에서 언급한 지상 정부를 꿈꾸는 무리들이 자리하고 있다. 다시 말하면, 이제 한국도 그들의 직접적인 손길을 피할 수 없게 되었다는 것이다. 그런 인식을 갖고 칙훈서의 내용을 음미하며 이 책을 읽기 바란다.

이 책의 진위 여부에 대해, 유대인 측과 비유대인 측의 주장이 팽팽히 맞서고 있다. 유대인 측에서는 누가 유대인들을 모함하기 위하여 만든 것이라 하고, 비유대인 측에서는 사실상 유대인들이 세계를 장악하여 통치하려는 '하나가 된 세계의 질서' 또는 신세계 질서 계획을 위한 지침서라고 주장한다.

그런가 하면 한편에서는 프리메이슨의 원조인 템플 기사단의 핵심 조직인 '시온의 수도원(The Priory of Sion)'이 신세계 질서 계획을 성취하기 위해 만든 것이라는 설도 있다. 그렇다면 이 칙훈서는 1800년대 훨씬 이전에 제작된 것일 수도 있다.

사실 이와 비슷한 지침서는 15세기경부터 유대인들의 소장 유물 속에서 발견되었으며, 1800년경에 처음 만들어진 것은 아닌 듯하다. 그 제작 시기와 저자는 누구인지 몰라도 그동안의 여러 칙훈서나 지침서를 총망라하여 '시온 지도장로 정회'에서 만든 것으로 짐작된다.

아무튼 누가 언제 만들었든 간에 그들은 인간 사회를 어떻게 하면 마음대로 휘두를 수 있는지 알고 있었던 것 같고, 그렇기 때문에 일반 대중이 이 책을 대할 수 없도록 철저하게 단속하며 대단한 영향력을 행사한 듯싶다. 이렇게 숨겨진 『시온의 칙훈서』가 조금씩 세상에 그 모습을 드러냈는데, 그 과정도 우여곡절이 많다.

1884년 러시아의 한 장군의 딸 글링카(Justine Glinka)는 러시아 내무장관의 비서인 오르게프스키 장군의 지령을 받고 프랑스 파리에서 정보 수집 임무를 수행하고 있었다. 그녀는 정보원으로 유대인 요셉 슈오르스트(Joseph Schorst)를 고용했는데, 슈오르스트는 프리메이슨으로 미스라임파에 속한 사람이었다.

슈오르스트는 어느 날 『시온의 칙훈서』라는 것을 설명하면서 구입할 것을 제의했고, 글링카는 2천 5백 프랑을 지불하고 이를 구입했다. 글랑카는 이를 즉시 러시아어로 번역한 다음, 프랑스어 원본과 함께 오르게프스키 장군에게로 보냈고, 장군은 이를 자신의 상관인 슈레빈 내무장관에게 보내면서 황제에게 올려야 한다고 역설했다.

슈레빈 장관이 이것을 자기가 평소에 신세를 많이 졌던 유대인 부호에게 보여주자 황제에게는 보내지 말라고 해 공문서 도서관에 보관해 버렸다. 한편 글링카에게 칙훈서를 구입하도록 권유한 슈오르스트는 곧 생명의 위협을 느껴 이집트로 도망갔고, 프랑스 경찰의 기록으로는 그곳에서 살해당했다.

그러는 사이에 러시아 황제의 여성 관계를 비방한 책이 프랑스에 나돈다는 소문을 듣고, 러시아 황제는 화가 나서 자신의 비밀경찰을 통해 이를 조사하도록 했다. 러시아 비밀경찰의 하나인 유대인 마니울로프(Maniulov)가 글링카의 소행이라고 거짓 보고를 올려, 그녀는 본국으로 소환되어 오렐(Orel)에 있는 자기 집에 가택 연금을 당하게 된다.

그러면서 그녀는 오렐 지역을 관장하는 귀족이며 치안 책임자였던 알렉시스 수코팀(Alexis Sukhotim)과 가깝게 지내게 되고, 어느 날 그에게 칙훈서의 사본을 건네준다. 그는 이 책을 다시 자기 친구인 스테파노프(Stepanov)와 세르지우스 닐루스(Sergius Nilus) 교수에게 보여주는데, 스테파노프는 1897년 이것을 개인적으로 등사하여 유포시켰다. 그러나 닐루스 교수(외국종교학 전공)는 이 칙훈서를 러시아어로 번역하여 『하찮음 속의 위대함(*The Great Within the Small*)』이란 제목의 책으로 만들어 1901년 대량 출판했다.

이때 닐루스의 친구인 부트니(G. Butni)라는 사람이 한 권을 사서 영국으로 가져갔고, 이것이 대영박물관에 1906년 8월 10일자로 등록되어 지금도 보관되어 있다. 그리고 이것이 현재 남아 있는 세계 유일의 원본이다.

그후 닐루스 교수는 1917년 자세한 설명을 덧붙이고 원고를 더 다듬어서 재판을 찍었는데, 시중에 배포하기도 전에 3월 공산혁명이 일어났다. 정권을 잡은 케렌스키는 닐루스의 책을 모두 압수하여 없애도록 강제 조치를 내렸다. 그 책을 소유하고 있는 자는 현장에서 총살해 버릴 정도로 철저하게 없애버렸던 것이다.

그리고 얼마 후인 1924년 닐루스 교수는 키예프(Kiev)[62]에서 체카 (Cheka : 소련비밀경찰기관. GPU, KGB의 전신)에 체포되어 온갖 고문을 당했는데, 이때 유대인 교도소장이 말하기를 칙훈서를 출판해 추정할 수 없을 만큼 엄청난 해악을 끼쳤다고 하면서 고문했다고 한다. 그 후 간신히 석방되어 몇 달간 자유로웠으나 이번에는 모스코바에서 다시 게페우(GPU)에 체포되어 투옥되었으며, 1926년 2월에 다시 석방되어 블라디미르(Vladimir)에서 망명 생활을 하다가 1929년 1월 13일에 사망했다.

그런데 닐루스 교수의 두 번째 책인 1917년판 중에 몇 권이 비밀리에 밀수출되어 독일의 고트프리트 벡(Gottfried zum Beek)이라는 사람이 1919년 번역 출판했고, 영국과 프랑스에서는 1920년에, 1921년에는 미국에서 각각 출판되었으며, 그후 이탈리아어·아랍어·일본어로도 번역 출판되었다.

한편 스테파노프의 등사본 책은 손으로 쓴 것이어서 알아보기가 어렵기도 하거니와, 공산혁명 이후에는 완전히 자취를 감추었다.

그런데 1919년 독일에서 출판된 칙훈서는 별로 많이 보급되지 못했던 것 같다. 히틀러도 이 책에 대해 모르고 있었기 때문이다. 히틀러는 후에 알프레드 로젠버그(Alfred Rosenberg)에게서 소개받아 읽게 되며, 이것을 대량 출판하여 독일인에게 읽혔다는 설이 있다.

그렇다면 나치의 고위직에 있던 유대인 로젠버그와 그의 동료들은 왜 이런 책을 히틀러에게 소개하여 독일 국민들에게 반유대 사상을 불어넣었을까? 오스트리아의 작가 루돌프 콤머(Rudolf Kommer)에 의하면, 그것은 유대인 빅터 로스차일드(Victor Rothschild)의 지시에 의한 것이었다고 한다. 독일인에게 반유대 사상을 심어서 유대인들이 박해를 당하면 유대인들은 시온 국가의 건국을 더욱 절실하게 바라게

---

62) 우크라이나공화국의 수도.

되며, 시온 국가를 건국할 곳을 마련하는 데 사력을 다하게 될 것이라는 논리에서였다.

『시온의 칙훈서』가 유대인들이 제작한 것이라는 주장은 다음과 같은 논거를 갖고 있다.

'의정 칙훈서'를 말 그대로 해석하면, 회의의 의사 진행 기록과 결의 사항을 간단명료하게 정리 기록한 것이다. 따라서 『시온의 칙훈서』는 '시온'의 지도자들이 모여 통치자를 위해 통치술과 행동 방식 따위를 논의하고 결론을 내린 기록, 즉 통치자를 위한 통치 지침이라고 할 수 있다.

물론 그것은 피지배층을 위한 것이 아니고 지배층을 위한 지침이었으므로 기밀에 속하는 것이어서, 지도 장로들의 손에서 손으로만 대대로 물려오면서 수정하고 보완되어 왔다. 그러다가 가끔씩 그 내용이 부분적으로 또는 개요 정도가 바깥으로 흘러나와 출판되었던 것이다.

이러한 주장이 신뢰도가 높은 것은, 만일 『시온의 칙훈서』가 유대인을 음해하기 위한 것이라면 그 내용들이 거짓이라고 증명할 수 있어야 하는데, 그러기는커녕 나서는 유대인조차 없었기 때문이다. 괜히 나서면 오히려 세인들의 눈길을 끌게 되고, 가만히 있으면 세인들이 관심을 거둘 것이기 때문에 그런 것 같다.

하느님은 유대인에게 세계 통치권을 주셨다

'현대 시온주의의 아버지'라고 불리는 테오도르 헤르츨이 세계 시온주의자협회의 회장직을 바이즈만 박사에게 물려주면서 1920년 10월 6일, '수석 랍비 헤르츨'의 송별 만찬이 벌어졌다. 회장직에서 물러난 이 수석 랍비는 자신의 제국의 순방을 떠나는 참이었다. 이것은 영국의 황태자가 대영제국 순방 여행길에 오르는 것과 마찬가지였기에, 바이즈만 신임 회장은 수석 랍비를 위해 다음과 같은 연설을 했다(《유대 가디안(Jewish Guardian)》, 1920년 10월 8일자).

유대인의 안녕을 기원하도록 마련된 하느님의 가호는 하느님이 헤르츠를 랍비를 전세계에 퍼지게 함으로써 증거할 것입니다.

그렇다면 이제 위 내용과 연관을 지어 다음의 '칙훈 제11장'을 읽어보자.

하느님은 우리를 그의 선택된 민족으로 삼으시고, 세계 만방에 흩어지게 하는 선물을 주셨다. 이러한 사실은 세상의 모든 사람들의 눈에는 가련한 것으로 보이겠지만 실제로는 우리에게 큰 힘을 주신 것이며, 그로 인하여 우리로 하여금 전세계를 통치하는 주권을 갖도록 그 터전을 마련해 주신 것이다.

이 글에서 우리는 다음 몇 가지 사실에 주목할 필요가 있다.

첫째, '지도 장로(Learned Elders)'는 실제로 존재한다. 둘째, 바이즈만 박사는 그들에 대하여 모든 것을 알고 있다. 셋째, 팔레스타인을 시온 국가로 만들겠다는 것은 유대인들의 아주 사소한 목적에 불과하며, '진정한 목적'을 위한 위장 포석일 것이다.

그런데 여기서 '장로'라고 부르는 사람들은 누구를 말하는 것인가? 이들은 알려지지 않은 비밀 조직이며 완전히 장막에 가려진 사람들이다. 그들은 영국에 있는 '유대인의회(Jewish Parliament)'나 파리에 있는 '만국이스라엘인동맹'(Universal Israelite Alliance)의 대의원들도 아니다. 단지 독일의 '알게마이너(AEG) 전기회사'[63]의 발터 라테나우(Walter Rathenau)라는 사람이 언급을 약간 한 적이 있었다.

그는 스스로가 프리메이슨의 지도자였기 때문에 아마도 다른 장로들의 이름을 알고 있었을 것이다. 그는 《빈 자유 언론(Wiener Freie

---

63) 미국 제너럴 일렉트릭사는 이 회사의 지배 주주다.

Presse)》이라는 신문의 1912년 12월 24일자에 실린 자기 글에서 이렇게 설파했다.

"자기들끼리는 서로 잘 아는 3백 명[64] 정도의 사람들이 유럽대륙(세계)의 운명을 좌우하고 있으며, 지도자는 그들 스스로 선출한다."

또한 영국의 총리를 지낸 소설가 벤저민 디즈레일리[65]는 1844년 그의 정치소설 『코닝스비(Coningsby)』에서 아주 엄청난 이야기를 했다.

"세상 사람들이 감히 상상도 할 수 없는 아주 엉뚱한 사람들이 세계를 지배하고 있다. ……이 사람들은 모두 유대인들이다."

이제 『시온의 칙훈서』가 세상에 드러나, 디즈레일리가 말했던 각국 정부의 장막 뒤에 있다는 사람들이 어떤 부류의 사람들인지 알 수 있게 될 것 같다.

자, 그렇다면 『시온의 칙훈서』 중 가장 중요한 '제11장'을 여기에 소개한다.

칙훈서 제11장

1. 국가 원수의 자문위원회는 마치 통치자의 권위를 갖고 있는 것처럼 보인다. 그것은 입법 여단(立法旅團)이라고 할 수 있는 입법 부서가 되는 것이고, 그는 그 부서에 종속된 일원일 뿐이지만, 법 제정이나 해설의 방책을 결정한다. 대통령령 따위의 국가 원수의 특별 법령을 만드는 곳으로서 실질적인 역할을 하는 것이다.

2. 이것이 바로 새 헌법 제정의 발단이 된다. 따라서 우리는 법을 만들고 권리를 만들며 법을 다스리는 일을 모두 해야 한다. 첫째 입법여단에 법안을 상정하는 식으로 가장하고, 둘째 일반 조치에 관한 법령

---

64) 300위원들을 가리킴.

65) 유대인계 영국 학자·작가로서 원래 이름이 '이스라엘'인데, 빅토리아 여왕과 각별한 사이였던 그는 영국 총리를 역임했다.

을 가장한 대통령령이나 각료 회의의 결의 사항, 또는 의회의 포고로 가장하며, 셋째 적당한 시기가 되면 정부 전복의 기회를 이용하여 우리가 원하는 새 법령을 만들도록 한다.

3. 항상 현명한 정책을 창안해 낸다는 인정을 받게 되면 그 다음부터는 새로운 정책을 창안하는 일에 전력을 다해야 하고, 동시에 위에서 말한 '혁명'을 완수하는 국가의 기능을 조정하는 일에 몰두해야 한다. 그리하여 혁신적인 새 헌법을 공표하는 순간부터 언론의 자유, 집회결사의 자유, 양심의 자유, 투표의 원칙 등 수많은 것들을 없애고, 그런 것들을 아예 인간의 뇌리에서 사라지도록 해야 한다.

국민이 피부로 느낄 수 있는 변혁을 공표하는 순간부터 우리는 계속 조심해야 한다. 만일 개정된 헌법이 너무 엄격하고 너무 많은 것을 제한한다고 느끼면 국민은 공포감을 느끼고 그로 인해 절망감을 갖게 될 것이며, 반면에 너무 느슨하여 지나칠 정도로 자유스럽다고 느끼면 우리가 제대로 일하지 못했다고 자인해야 할 것이기 때문이다. 후자의 경우, 우리를 절대로 실수하지 않을 사람으로 믿고 있던 국민들은 실망하면서 더 이상 우리를 신뢰하지 않게 되는 등, 아무튼 우리가 일을 잘했다는 소리는 듣지 못할 것이다.

그러나 어쨌든 새 헌법이 제정된 당분간은 잘못하면 피해를 입을 수도 있기 때문에 조심해야 한다. 다만 명심할 일은, 새 헌법이 공포되고 전세계의 인구가 혁명이 끝나 세상이 바뀌었다는 사실에 경악하며 미래에 대한 공포감으로 아직 정신을 못 차리고 있을 때, 그 기회를 놓치지 말아야 한다는 것이다. 우리 세력이 상상을 초월할 만큼 거대하여 도저히 항거하거나 거세한다는 것이 불가능하다는 것을 실감하게 해 주어야 하며, 또한 그들의 걱정과 고충을 들어주는 척하면서 우리에게 도전하는 소리나 행동이 나오면 장소와 때를 가리지 말고 가차없이 분쇄하여야 하는 것이다.

그리하여 시간의 여유를 주지 말고 재빠르게 우리가 원하던 바를 낱

낱이 달성해야 할 것이며, 권력이 분리되거나 약화되지 말고 일사천리
로 업무를 완수해야 할 것이다. 그렇게 되면 사람들은 공포에 떨면서 모
든 일에 눈을 감고 마지막 결과를 기다리는 수밖에 없게 되는 것이다.

4. '고이(Goy)'[66]들을 '양떼'라고 한다면 우리는 '늑대'라고 해야 할
것이다. 따라서 늑대가 양떼를 차지했을 때 어떤 일이 일어날지 모두
잘 알고 있을 것이다.

5. 우리가 자유를 빼앗으면 고이들은 자유를 갈망하게 된다. 그럴 때
는 그들에게 평화의 적들을 소탕하고 물의를 일으키는 반대파들을 모
두 평정하기만 하면 다시 자유를 갖게 해주겠다고 하라. 그러면 그들
은 모두 눈을 감고 그때만 기다리고 있을 것이다.

6. 다만 자유를 다시 찾을 수 있는 그때가 언제쯤 될 것이라는 말은
아예 입도 뻥긋 하지 않는 것이 현명할 것이다.

7. 우리 민족이 직접 정면으로 도전해서, 그것이 여의치 않으면 우회
해서 공격했을 때 성취하지 못할 일이 세상에 어디 있겠는가. 우리는
본디부터 알려지지 않은 비밀 조직인 메이슨이며, 그 목적은 고이들이
감히 짐작할 수도 없는 것이다. 소나 돼지 같은 짐승들인 고이들은 우
리에게 현혹되어 자기 동료들 얼굴에 침을 뱉기 위해 메이슨파의 앞잡
이가 되는 것이다.

8. 하느님은 우리를 그의 선택된 민족으로 삼으시고, 세계 만방에 흩
어지게 하는 선물을 주셨다. 이러한 사실은 세상의 모든 사람들의 눈
에는 가련하게 보이겠지만 실제로는 우리에게 큰 힘을 주신 것으로 우
리로 하여금 전세계를 통치하는 주권을 갖도록 그 터전을 마련해 주신
것이다.

9. 이제 우리는 이미 반석(盤石)을 마련해 놓았으니 앞으로 할 일은
그리 많지 않을 것이다.

---

66) 유대인이 아닌 사람으로 지도층 위치에 있는 사람. 특히 정치인들을 멸시조로 부르
는 말.

칙훈서의 주요 내용

제1장

인간 본연의 심리 상태를 이해해야 한다/정치가는 교활해야 한다/권리는 절대적인 힘이 있을 때만 과시할 수 있다/강한 자의 권리/우리는 '힘'과 '믿도록 만드는 일'을 좌우명으로 삼아야 한다/세계 모든 정부들은 우리 지상 정부의 발 앞에 굴하게 될 것이다/부패와 파벌을 이용하라/대중 심리를 자극하고 이용하라

제2장

전쟁을 이용한 돈벌이/유대인들이 주도권을 잡을 수 있는 근본/이름뿐인 국가 원수와 보이지 않는 실세들/다윈의 진화론, 마르크시즘, 니체의 실존주의 등 파괴적 이론과 교육을 이용하여 멸망으로 유인하는 방법

제3장

권력 조직에 침투하여 혼란을 조성하고 권력 남용을 유도하는 한편, 비권력 단체에 침투하여 권력층에 대한 반대 운동을 주도하면 백발백중 전체가 멸망하게 된다/빈민층을 이용하면 가장 강력한 무기를 획득할 수 있다/깡패·폭력배 이용법/세계적인 경제 공황(유대 민족은 제외) 조성/ '고이'의 생태와 그들을 꼭두각시로 다루는 법

제4장

전제공화국을 세우는 단계/자유와 평등을 가르치는 신(神)을 파괴하라/모두 부자가 되겠다고 나서는 황금 만능주의가 횡행하고 인간미 없는 차디찬 사회가 조성되면, 우리가 칼을 빼어 세계를 통일할 때가 도래한 것이다

제5장

절대군주주의의 필연성/거짓말로 대중을 이끈다/자본을 독점하라/국민의 판단 능력을 조작하고 혼란스런 사회를 조성한다/사회를 극단적인 혼란상태에 빠뜨려 국민들이 강력한 전제 정부의 탄생을 갈망하도록 만든다

제6장

세상의 부를 독점한다/각국의 자급자족 능력을 말살한다/'고이'들의 끝없는 물욕과 권력욕을 이용한다/사치를 조장한다/노동자들의 불복종·무질서 등을 이용해 생산의 원천을 봉쇄한다

제7장

군비 확장과 경찰력 증강을 꾀하라/세계 각지에서 분규와 적대감을 조장하라/몇몇 국가들이 집단적으로 우리에게 반항할 때는 세계 전쟁을 도발시켜 굴복하게 한다

제8장

우리 조직원들을 정계·법조계·학계에 진출시켜 법 조항을 애매모호하게 만든다/유대인에게 가장 중요한 과목은 경제학이며, 우리의 정부를 경제학자들로 채운다/충성하는 자는 요직을, 반항하는 자는 본보기로 극형에 처한다

제9장

유대 민족의 지상 국가/사물의 이치를 꿰뚫어보는 눈/행정 당국과 깡패/젊은 기독교인들을 파멸시킨다/사법계의 주도권을 잡아 법조항을 우리 마음대로 해석한다/저항 세력이 나타나면 그 인구 집중 지대를 폭발시켜 도시 자체가 사라지도록 할 수도 있다

제10장

국민들에게 정치 허무주의를 심어주고, 자신의 인생을 즐기는 데 전념하도록 만든다/무식한 국민에게도 선거권을 주는 의미/프리메이슨이 지도하는 천재적인 조직과 그 기능/자유주의 사상의 취약점/우리의 꼭두각시를 대통령으로 선택하여 내세운다/언론인과 고위 관료는 자신들의 부정 부패로 옭아매어 뒤에서 조종한다

제11장

우리는 양떼인 '고이'들에게 늑대가 되어 자유를 박탈한다/우리는 비밀 조직 프리메이슨이며, '고이'를 앞잡이로 이용한다/하느님은 우리에게 세계 통치권을 주기 위해 사방으로 흩어져 살게 하셨다

제12장

'자유'에 대한 프리메이슨의 해석/언론을 장악하여 국민의 의식 구조를 마음대로 조종하는 방법/언론을 지도하는 방법/언론을 통하여 사회를 완전히 장악하는 방법/거짓말만 인쇄하라

제13장

전세계 국가들이 빚과 가난에 허덕이게 만들어 우리에게 공손한 하인 노릇을 하도록 만든다/노동자들을 기만하고, 그들이 오락·운동·음악 등에 정신을 팔도록 만든다

제14장

유대인의 종교를 세계 유일의 종교로 만들어 세계인에게 유대인의 하느님을 신봉하게 한다/예수 그리스도를 섬기는 일은 금지시켜야 한다/진보적이고 선진화된 나라에는 추잡하고 타락한 문화를 퍼뜨리고 조장한다

제15장

때가 되면 단 하루만에 세계 집권을 위한 혁명을 끝낸다/질서를 위해서는 무자비한 처벌이 필요하다/ '젠타일(gentile)'[67]들은 멍청하므로 가축으로 취급하라/우리는 잔인해야 한다

제16장

'새로운 사조'라는 미명하에 대학에서 우리의 지상 정부를 위해 교육시키고, 절대 통치자에게 충성하도록 만든다/출생 근본에 따라 개개인의 운명과 직업을 정한다/역사를 조작하라

제17장

인간을 개조시켜 융통성 없고 기계적인 인간을 만든다/성직자들을 없애고 교황청을 허수아비로 만들어, 유대 민족의 왕이 우주의 참 교황이 되고 세계 교회의 교주가 되도록 만든다/권력층을 농락하며 부패한 탐관오리가 되라

제18장

어용난동을 창출하는 한편 사이비 반정부 인사를 만들어 정부를 성토한다/참 유대왕의 신변 보호 방법/대통령에 대한 비밀 호위 방법/범죄자들은 심증만 가지고도 구속한다

제19장

반정부 인사들을 제거하는 요령/역사 서적을 변조하여 순교자나 순국 선열들을 왜곡시킨다

---

67) 유대인이 말하는 이방인. 특히 기독교인을 가리킴.

3

누상 정부의 조직들

역사를 조종하면 미래를 조종한다

소설 『1984년』을 쓴 조지 오웰의 다음 말을 되새겨보기 바란다.

"현재를 조종하는 자는 역사를 조종할 수 있고, 역사를 조종하는 자는 미래를 조종하게 된다."

프리메이슨들은 자신들 조직의 힘으로 역사를 조종해 왔고 현재를 조종하고 있으며 미래를 조종할 것이다.

그들의 조직은 하나가 아니다. 지역에 따라, 모임의 성격 또는 구심점인 지도자에 따라 조직이 구성돼 있다. 크게 나눠보자면, 영국 런던의 채탐하우스(Chatham House)에 근거를 둔 왕립국제문제연구소(Royal Institute of International Affairs : RIIA)와, 미국 뉴욕에 본부를 둔 CFR(외교문제협의회)이라는 두 단체가 근간을 이룬다.

또 이 두 단체는 '원탁회의'의 지부처럼 조직되어 서로 협력하는데, 그들이 2차 세계대전 이후에 만든 빌더버그 그룹, 삼변회, 로마클럽(Club of Rome : CR), UN은 '세계의 숨은 정부'를 구성하는 중요한 골격을 이루고 있다.

이러한 조직의 회원은 세계적으로 이름난 정치인들을 비롯하여, 그들의 참모들, 은행가, 석유 회사의 간부들, 다국적 기업의 총수들, 언론사의 사주와 중역들, 언론인, 군인, 법률가, 교육가들로 구성되어 있다.

그런데 그들이 모두 수평적 관계를 가지는 것이 아니라 조직 위에 조직, 그리고 그 위에 또 조직이 있는 식이다. 그러나 회원들은 그 사실을 알지 못하며, 각 조직은 독립적으로 운영하고 엘리트들의 계획은 각자 또는 몇몇이 모여 수행한다.

따라서 회원들은 자기네 조직이 실제로 어떤 일을 추진하고 있는지, 자신들이 어떻게 이용당하고 있는지 전혀 모르는 것이 보통이다. 그러나 이들은 조직이 겉으로 내건 간판에 합당한 일을 하는 것처럼 세상 사람들을 기만하기 위해서는 모두 긴요한 사람들이다.

그들이 어떤 조직들을 만들어놓았고, 어떤 사람들이 거기에 속해서, 무슨 일들을 하는지 살펴보자.

300위원회

이 조직의 원래 이름은 알 수가 없다. 그러나 알려져 있기로는 본디 이름이 '올림피안(Olympians)'이라 한다. 아마도 그리스 신화에 등장하는 올림푸스의 신들처럼 막강한 능력과 힘을 갖고 있기 때문에 붙여진 이름일 것이다.

또다른 이름은 '300위원회(Committee of 300)'다. 아마도 3백 명의 엘리트들이 힘을 모아 세계를 요리하고 있다는 뜻을 간접적으로 표현한 것일 게다.

미국의 1달러짜리 지폐를 보면 13층의 피라미드가 그려져 있는데, 이 300위원회는 그 꼭대기에 군림하는 존재와 같다고 생각하면 될 것이다. 다시 말하면 세계에서 가장 막강한 정부라든가 강력한 권력을 가진 개인보다도 훨씬 세력이 크고 강하며, 그 정부나 개인을 지배하는 가장 높은 조직이 바로 300위원회라는 얘기다.

그들의 근거지는 영국의 런던이며, 그들은 금융·국방·정당·종교 등 모든 분야를 장악하고 있다. 그리고 런던의 금융 센터를 통해 광산·금속·귀금속·보석·마약·아편·의약품 등을 비롯해, 불로소득의 고리대금 업체인 은행들, 사교의 지도자들, 심지어 록뮤직계까지 모두 한 손에 쥐고 통제하고 있으며, 그 모든 세력의 중심은 영국 여왕이다. 이들은 일루미나티와 검은 귀족(Black Nobility)과 함께 세계 엘리트 조직의 정상에 위치하고 있다.

그들은 새롭게 두각을 나타내는 세계적인 인재들을 포섭하여 새로운 회원으로 만들기도 한다. 예를 들면 세계적인 방송사 CNN의 사주인 테드 터너는 방송을 통해 그들을 위한 프로그램을 많이 소개했다는 공로로 얼마 전 300위원회의 위원으로 추대되었다.

몇백 년 동안 세계적인 갑부로 군림해 온 가문은 거의 자동적으로 회원이 되는데, 이미 적지 않은 국가들을 통제할 수 있는 세력이 그들에게 있기 때문에 그건 자연스러운 일이다. 예를 들면 한때 독일의 우편 사업을 독점했던 '본 투른(The Von Thurn)'과 '탁시스(Taxis)' 가문은 미국의 대표적인 부호인 록펠러를 '가난한 친척'쯤으로 여길 정도로 부자인 것이다.

다음에 소개하는 조직과 단체들은 모두 300위원회의 지도를 받고 있으며, 세계적인 부호들부터 시작하여 정치·경제·문화 각 방면의 저명한 인사들이 이 조직의 회원들이다.

300위원회의 직접적인 지도를 받는 단체와 조직들

【연구 단체】
- 시국문제아카데미(Academy for Contemporary Problems)
- 아프리카기금(Africa Fund)
- 국제개발국(Agency of International Development)
- 앨버트 프레빈재단(Albert Previn Foundation)
- 세계 이스라엘동맹(Alliance Israelite Universalle)

- 미국 민간자유운동조합(American Civil Liberties Union)
- 미국 인종관계위원회(American Council of Race Relations)
- 미국 방위협회(American Defence Society)
- 이스라엘 안전을 위한 미국인협회(American for a Safe Israel)
- 미국 언론학회(American Press Institute)
- 미국인 보호연맹(American Protective League)
- 반(反) 무고(誣告)연맹(Anti-Defamation League)
- 아랍문제취급 담당국(Arab Bureau)
- 아랍 고위층위원회(Arab Higher Committee)
- 아카(황실 캠브리안 아카데미)재단(ARCA Foundation)
- 아리스토텔레스 학회(Aristotelian Society)
- 아모어 연구재단(Armour Research Foundation)
- 아서 D. 리틀공사(Arthur D. Little, Inc.)
- 아시아연구학회(Asian Research Institute)
- 심층(深層) 연구센터(Augmentation Research Center)
- 군축 및 외교정책 간부회의(Arms Control and Foreign Policy Caucus)
- 아스펜연구소(Aspen Institute)
- 인도주의 심리학을 위한 협회(Association for Humanistic Psychology)
- 드 허시 남작기금(Baron De Hirsh Fund)
- 바텔 기념사업재단(Battelle Memorial Foundation)
- 벡텔(Bechtel)
- 버트런드 러셀평화재단(Bertrand Russell Peace Foundation)
- 버거 국가재단(Berger National Foundation)
- 베를린 미래연구센터(Berlin Center for Future Research)
- 성서 고고학연구회(Biblical Archaeological Review)

- 빌더버그회(Bildergergers)
- 흑종단(Black Order)
- 보이코트 뉴파운드랜드공사(Boycott Newfoundland Corporation)
- 영국 왕실협회(British Royal Society)
- 영미가(英美加)공사(British American Canadian Corporation)
- 영국 뉴파운드랜드공사(British Newfoundland Corporation)
- 국제개혁선전국(Bureau of International Revolutionary Propaganda)
- 영국 석유공사(British Petroleum)
- 영연방 협동결속동맹(Brotherhood of Cooperative Commonwealth)
- 영원한 형제애동맹(Brotherhood of Eternal Love)
- 캠브리지사제회(Cambridge Apostles)
- 캐나다 유대인노동연맹촉진회(Canadian Histadrut Campaign)
- 캐나다 외교문제협의회(Canadian Institute of Foreign Relations)
- 캐나다 유대민족의회(Canadian Jewish Congress)
- 캐나다 퍼시픽주식회사(Canadian Pacific Ltd.)
- 헌법의 권리센터(Centre for Constitutional Rights)
- 캐리비안-중미 행동그룹(Caribbean-Central American Action Group)
- 쿠바 연구센터(Center for Cuban Studies)
- 뉴욕 성요한 대성당(Cathedral of St. John the Divine, New York)
- 민주화를 위한 센터(Center for Democratic Institutions)
- 인간행위과학 고차원 연구센터(Centre for Advanced Studies in the Behavioral Sciences)
- 국제정책센터(Center for International Policy)
- 민주정책센터(Center for Democratic Policy)

- 기독교사회주의자연맹(Christian Socialist League)
- 사회지도를 위한 법률연구센터(Center for the Study of Responsive Law)
- 기독교원리주의회(Christian Fundamentalism)
- 중국 인민 외교문제연구소(Chinese People's Institute of Foreign Affairs)
- 치니재단(Cini Foundation)
- 로마클럽(Club of Rome)
- 공산주의 정보교환국(Cominform)
- 국가도의(道義)위원회(Committee on National Morale)
- 14인 위원회(Committee of Fourteen)
- 차후 30년 위원회(Committee for the Next Thirty Years)
- 공산주의자연맹(Communist League)
- 세계 단일헌법구성위원회(Committee to Frame A World Constitution)
- 외교문제협의회(Council on Foreign Relations)
- 산업기구의회(Congress of Industrial Organizations)
- 남미협의회(Council of South America)
- 데이비드 사순 회사(David Sassoon Company)
- 드 비어스 통합광산회사(De Beers Consolidated Mines)
- 브러셀 민주연맹(Democratic League of Brussels)
- 동인도 300위원회(East India Committee of 300)
- 경제사회통제협회(Economic and Social Control:ECOSOC)
- 이집트 개척협회(Egyptian Exploration Society)
- 환경기금(Environmental Fund)
- 잉글리시 프로퍼티 주식회사(English Property Corporation Ltd.)
- 멸종위기민족협회(Endangered People's Society)

- 에살렌연구회(Esalen Institute)
- 언바이어른메트릭스 주식회사(Environmetrics Inc.)
- 미국 시온주의자연합(Federation of American Zionists)
- 페이비언협회(Fabian Society)
- 화해 친우회(和解親友會 : Fellowship of Reconciliation)
- 기독교 사회질서동지회(Fellowship for a Christian Social Order)
- 국가진보재단(Foundation for national Progress)
- 포드험대학기관 교육연구소(Fordham University Institution Educational Research)
- 포드재단(Ford Foundation)
- 갈랜드기금(Garland Fund)
- 독일 마샬기금(German Marshall Fund)
- 이스라엘 종교사회통치회(Governing Body of the Israelite Religious Community)
- 걸프 남부연구소(Gulf South Research Institute)
- 하가나회(Haganah)
- 지옥불클럽(Hells Fire Club)
- 하버드대학(Harvard University)
- 호스피스공사(Hospice Inc.)
- 호레이스 만 연맹(Horace Mann League)
- 허드슨연구소(Hudson Institute)
- 허드슨 길드(Hudson Guild)
- 허드슨 베이회사(Hudson Bay Company)
- 산업기독인동지회(Industrial Christian Fellowship)
- 임페리얼 케미칼 산업주식회사(Imperial Chemical Industries)
- 런던 임페리얼컬리지대학(Imperial College University of London)

- 태평양연안국 관계연구소(Institute for Pacific Relations)
- 두뇌연구소(Institute for Brain Research)
- 사회연구소(Institute for Social Research)
- 정책연구소(Institute for Policy Studies)
- 세계질서연구소(Institute for World Order)
- 미래연구소(Institute for the Future)
- 인터-알파회(Inter-Alpha)
- 마약, 범죄, 사법연구소(Institute on Drugs, Crime and Justice)
- 종교간 평화대책회의(Interreligious Peace Colloquium)
- 미주국가사회 개발연구소(Inter-American Social Development Institute)
- 이건회(Irgun)
- 국제전략연구소(International Institute for Strategic Studies)
- 국제 적십자회(International Red Cross)
- 국제 부두노동조합(International Brotherhood of Teamsters)
- 캐나다 예루살렘재단(Jerusalem Foundation, Canada)
- 키신저 어소시에이츠(Kissinger Associates)
- 말타의 기사단(Knights of Malta)
- 구룡(九龍) 상공회의소(Kowloon Chamber of Commerce)
- 국제연맹(League of Nations)
- 후원조달 관리연구소(Logistics Management Institute)
- 런던 경제학원(London School of Economics)
- 영국 유대인단체 런던 간사장회의(London Board of Deputies of British Jews)
- 메리 카터 페인트회사(Mary Carter Paint Company)
- 매사추세츠 공과대학(Massachusetts Institute of Technology)
- 멜론연구소(Mellon Institute)

- 형이상학협회(Metaphysical Society)
- 밀너 그룹(Milner Group)
- 모카토 금속회사(Mocatto Metals)
- 몽 펠러랭협회(Mont Pelerin Society)
- 군산복합체에 대한 범국가행동연구소(National Action Research on Military / Industrial Complex)
- 전국 기독교협의회(National Council of Churches)
- 생산성 향상기관 전국센터(National Center for Productivity Institute)
- 전미 흑인진흥협회(NAACP)
- 전국 사고연구센터(National Opinion Research Center)
- 전국 훈련연구실(National Training Laboratories)
- 신민주연합(New Democratic Coalition)
- 신세계재단(New World Foundation)
- 뉴욕 랜드연구소(New York Rand Institute)
- 미국 마리유아나법 폐지운동 전국조직(NORML)
- 북대서양조약기구(North Atlantic Treaty Organization(NATO))
- 기묘한 동지들종단(Odd Fellows)
- 해골종단(Order of Skull and Bones)
- 예루살렘 성요한종단(Order of St. John of Jerusalem)
- 골든 돈종단(Order of Golden Dawn)
- 옥스팜(OXFAM)
- 미주기구(Organization of American States)
- 옥스포드 자동전산기회사(Oxford Univac.)
- 화교문제위원회(Overseas Chinese Affairs Committee)
- 팔레스타인 답사기금(Palestine Exploration Fund)
- 태평양연구센터(Pacific Studies Center)

• 팔리세이즈 재단(Palisades Foundation)
• 페닌슐라 앤드 오리엔트 항해회사(Peninsula and Orient Navigation Company)
• 퍼민덱스(PERMINDEX)
• 템플 기사단(Poor Knights of Templars)
• 파워공사(Power Corporation)
• 프린스턴대학(Princeton University)
• 랜드공사(Rand Corporation)
• RCA 회사(Radio Corporation of America(RCA))
• 홍콩황실경찰국(Royal Police of Hong Kong)
• 랜드 사회과학원(Rand School of Social Sciences)
• 삼각연구소(Research Triangle Institution)
• 로즈 장학금위원회(Rhodes Scholarship Committee)
• 리오 틴토 회사(Rio Tinto Zinc Company)
• 리버사이드교회 무장해제 프로그램회(Riverside Church Disarmament Program)
• 원탁회의(Round Table)
• 왕립국제문제연구소(Royal Institute for International Affairs)
• 로열 더치 셸 석유회사(Royal Dutch Shell Company)
• 러셀 세이지 재단(Russell Sage Foundation)
• 샌프란시스코 재단(San Francisco Foundation)
• 샵스 픽슬리 워드회(Sharps Pixley Ward)
• 사회과학연구심의소(Social Science Research Council)
• 사회주의자국제연합(Socialist International)
• 미국 사회주의당(Socialist Party of the United States)
• 종교연구진흥회(Society for Promotion of Study of Religions)
• 남아프리카 재단(South Africa Foundation)

- 삼합회(Society of Heaven : TRIADS)
- 스탠포드연구소(Stanford Research Institute)
- 소비에트연방 과학공학위원회(Soviet State Committee for Science and Technology)
- 손일선회(Sun Yat Sen Society)
- 스톡홀롬 국제평화연구소(Stockholm International Peace Research Institute)
- 시스템개발공사(Systems Development Corporation)
- 타비스톡 인간관계연구소(Tavistock Institute for Human Relations)
- 템플 마운트 재단(Temple Mount Foundation)
- 템포공사(Tempo Corporation)
- 무신론자클럽(The Atheist Club)
- 사차원의식 클럽(The Fourth State of Consciousness Club)
- 골든 돈 밀폐(密閉)종단(The Hermetic Order of the Golden Dawn)
- 나시 왕자회(The Nasi Princes)
- 십이상단(十二上端)국제회(The High Twelve International)
- 시국문제재단(The Public Agenda Foundation)
- 신성한 무질서종단(The Order of the Divine Disorder)
- 대모종단(The Order of Magna Mater)
- 생활의 질 연구소(The Quality of Life Institute)
- 신지학자협회(Theosophist Society)
- 툴레회(Thule Society)
- 전 대서양협의회(Transatlantic Council)
- 세계 프리메이슨협회(Universal Freemasonry)
- 세계 시온주의자협회(Universal Zionism)

- 삼변회(Trilateral Commission)
- 미국평화연구소(U.S. Institute for Peace)
- 로마클럽 미국지회(U.S. Association of the Club of Rome)
- 양심적과학자조합(Union of Concerned Scientists)
- 펜실베이니아대학 와턴학원(University of Pennsylvania Wharton School)
- 유니타(UN훈련-연구 기관 : UNITAR)
- 빅커스 무기회사(Vickers Armament Company)
- 제임스 P. 와벅 가문(Warburg James P. and Family)
- 웨스턴 훈련연구실(Western Training Laboratories)
- 윌턴 파크 가문(Wilton Park)
- 왕홍혼 회사(Wong Hong Hon Company)
- 미국직장연구소(Work in America Institute)
- 여성기독교인 절제조합(Women's Christian Temperance Union)
- 세계기독교협의회(World Council of Churches)
- 기독교 청년 연합회(YMCA)
- 기독교여전도연합회(YWCA)

【 금용 기관[1] 】

- 아메리칸 익스프레스(American Express)
- 이탈리아 스비제라 은행(Banca de la Svizzera d'Italia)
- 안디오이노 은행(Banca Andioino)
- 이탈리아 미국은행(Banca d'America d'Italia)
- 라보로 국립은행(Banca Nazionale del Lavoro)

---

1) 아래 열거한 은행들 중에서 '바셀 은행감독위원회(Basel Committee on Banking)'만 제외하고는, 과거부터 지금까지 계속 마약·다이아몬드·금·무기 등의 무역을 하고 있다.

- 프리바타 은행(Banca Privata)
- 암브로시아노 은행(Banco Ambrosiano)
- 카리브 은행(Banco Caribe)
- 멕시코 상업은행(Banco Commercial Mexicana)
- 연합은행(Banco Consolidato)
- 에스파냐 은행(Banco d'Espana)
- 콜럼비아 은행(Banco de Colombia)
- 상업은행(Banco de Commercio)
- 이베리오-아메리카 은행(Banco de Iberio-America)
- 전국은행(Banco de la Nacion)
- 에스타다 은행(Banco del Estada)
- 국제은행(Banco Internacional)
- 라틴 은행(Banco Latino)
- 멕시코 물산은행(Banco Mercantile de Mexico)
- 쿠바 중앙은행(Banco Nacional de Cuba)
- 파나마 중앙은행(Banco Nacional de Panama) 및 54개 파나마 소
  은행들
- 이탈리아 상업은행(Bankok Commercial d'Italian)
- 방콕 메트로폴리탄 은행(Bankok Metropolitan Bank)
- 메슈렉 은행(Bank al Meshreq)
- 아메리카 은행(Bank America)
- 국제결제은행(Bank for International Settlements)
- 하포알림 은행(Bank Hapoalim)
- 리유 은행(Bank Leu)
- 리유미 은행(Bank Leumi)
- 방콕 은행(Bank of Bankok)
- 보스턴 은행(Bank of Boston)

- 캐나다 은행(Bank of Canada)
- 국제 신용상업은행(Bank of Credit and Commerce International)
- 동아시아 은행(Bank of East Asia)
- 영국 은행(Bank of England)
- 에스캄비아 은행(Bank of Escambia)
- 제네바 은행(Bank of Geneva)
- 아일랜드 은행(Bank of Ireland)
- 런던-멕시코 은행(Bank of London and Mexico)
- 몬트리올 은행(Bank of Montreal)
- 노포크 은행(Bank of Norfolk)
- 노바스코샤 은행(Bank of Nova Scotia)
- 오하이오 은행(Bank of Ohio)
- 브뤼셀-람베르 은행(Banque Bruxelles-Lambert)
- 아랍 상업은행(Banque Commerciale Arabes)
- 국제신용은행(Banque du Credit International)
- 페이-바 파리 은행(Banque e Paris et Pays-Bas)
- 파리 루이 드레이퓨 은행(Banque Louis Dreyfus e Paris)
- 남미 프랑스-파리 은행(Banque Francais et Italienn por l' Amerique du Sud)
- 개인은행(Banque Privee)
- 남미은행(Banques Sud Ameris)
- 버클레이즈 은행(Barclays Bank)
- 베어링 형제 은행(Baring Brothers Bank)
- 버넷 은행(Barnett Banks)
- 바셀러 한데스방크 은행(Baseler Handeslbank)
- 바셀 은행감독위원회(Basel Committee on Banking)
- 비시시아이 은행(BCCI)

- 센트러스트 은행(Centrust Bank)
- 캐나다 제국상업은행(Canadian Imperial Bank of Commerce)
- 차터드 은행(Chartered Bank)
- 차터하우스 재펏 은행(Charterhouse Japhet Bank)
- 체이스 맨해튼 은행(Chase Manhattan Bank)
- 케미칼 은행(Chemical Bank)
- 시티뱅크 은행(Citibank)
- 애틀란타 시민-남부은행(Citizens and Southern Bank of Atlanta)
- 마이애미 시티 내셔널 은행(City National Bank of Miami)
- 클라리턴 은행(Claridon Bank)
- 클리블랜드 내셔널 시티 은행(Cleveland National City Bank)
- 코퍼레이트 은행 신탁회사(Corporate Bank and Trust Company)
- 스위스 신용(Credit Suisse)
- 미국 신용상업지주회사(Credit and Commerce American Holdings)
- 크로커 국립은행(Crocker National Bank)
- 네덜란드 열도 신용상업지주회사(Credit and Commerce Holdings, Netherlands Antilles)
- 드레스덴 은행(Dresdener Bank)
- 디뉴플리즈, 슈럼버거, 말렛 은행(de'Neuflize, Schlumberger, Mallet Bank)
- 뒤셀도르프 글로벌 은행(Dusseldorf Global Bank)
- 조지아 퍼스트 아메리칸 은행(First American Bank of Georgia)
- 뉴욕 퍼스트 아메리칸 은행(First American Bank of New York)
- 펜사콜라 퍼스트 아메리칸 은행(First American Bank of Pensacola)
- 버지니아 퍼스트 아메리칸 은행(First American Bank of Virginia)

- 퍼스트 아메리칸 은행공사(First American Banking Corp.)
- 퍼스트 엠파이어 은행(First Empire Bank)
- 퍼스트 피델리티 은행(First Fidelity Bank)
- 보스턴 퍼스트 내셔널 은행(First National Bank of Boston)
- 퍼스트 내셔널 시티 은행(First national City Bank)
- 플로리다 내셔널 은행(Florida National Bank)
- 외국통상은행(Foreign Trade Bank)
- 프랭클린 내셔널 은행(Franklin National Bank)
- 홍콩 상하이 은행공사(Hong Kong and Shanghai Banking Corporation)
- 함브로스 은행(Hambros Bank)
- 엔키노 독립은행(Independence Bank of Encino)
- 이스라엘 디스카운트 은행(Israeli Discount Bank)
- 라이텍스 은행(Litex Bank)
- 리유블리얀스카 은행(Ljubljanska Bank)
- 로이드 은행(Lloyd Bank)
- 해상 미들랜드 은행(Marine Midland Bank)
- 미들랜드 은행(Midland Bank)
- 모건 은행(Morgan Bank)
- 모건 주식회사(Morgan Et Cie)
- 모건 그렌펠 은행(Morgan Grenfell Bank)
- 나로드니 은행(Narodny Bank)
- 클리블랜드 내셔널 은행(National Bank of Cleveland)
- 플로리다 내셔널 은행(National Bank of Florida)
- 내셔널 뉴웨스트민스터 은행(National Westminster Bank)
- 오리온 은행(Orion Bank)
- 파라비치니 은행주식회사(Paravicini Bank Ltd.)

- 리퍼블릭 내셔널 은행(Republic National Bank)
- 캐나다 로열 은행(Royal Bank of Canada)
- 슈뢰더 은행(Schroeder Bank)
- 셀리그만 은행(Seligman Bank)
- 상하이 상업은행(Shanghai Commercial Bank)
- 숭 은행(Soong Bank)
- 스탠더드 앤드 차터드 은행(Standard and Chartered Bank)
- 스탠더드 은행(Standard Bank)
- 스위스 은행공사(Swiss Bank Corporation)
- 스위스 이스라엘 통상은행(Swiss Israel Trade Bank)
- 통상개발은행(Trade Development Bank)
- 유니뱅크 은행(Unibank)
- 이스라엘 유니온 은행(Union Bank of Israel)
- 스위스 유니온 은행(Union Bank of Switzerland)
- 바닝 은행(Vanying Bank)
- 화이트 웰드 은행(White Weld Bank)
- 세계 은행(World Bank)
- 낫소 세계상업은행(World Commerce Bank of Nassau)
- 세계통상은행(World Trade Bank)
- 보초드 한델스방크 은행(Wozchod Handelsbank)

【 법조계 기관과 변호사 】
- 미국변호사협회(American Bar Association)
- 클리포드 왕키 로펌(Clifford and Warnke)
- 쿠더트 형제 로펌(Coudert Brothers)
- 크라베이스 스웨인 무어 로펌(Cravaith, Swain and Moore)
- 윌키 파 갤러허 로펌(Wilkie, Farr and Gallagher)

【 회계 회사 】

• 프라이스 워터하우스 회계사(Price, Waterhouse)

【 미국 내 학술 연구 기관 】

• 브루킹스 연구소(Brookings Institute)
• 플로 연구소(Flow Laboratories)
• 허드슨 연구소(Hudson Institute)
• 정책연구소(Institute for Policy Studies：IPS)
• 사회연구소(Institute for Social Research)
• 미래연구소(Institute for the Future)
• 매사추세츠 공과대학(MIT)—알프레드 P. 슬로언 관리행정학교
• 현대공학부(Contemporary Technology)
• 산업행정관리부(Industrial Relations)
• 르윈 그룹 심리부(Lewin Group Psychology)
• NASA-ERC 컴퓨터연구실험실(NASA-ERC Computer Research Laboratories)
• 해군연구소그룹 심리부(Office of Naval Research Group, Psychology)
• 절차행정관리부(Systems Dynamics)
• 멀 토머스 회사(Merle Thomas Corporation)
• 국립훈련실험실(National Training Laboratories)
• 기획연구공사-아서 D.리틀-G.E. "템포"-연구실행회사(Planning Research Corporation - Arthur D. Little - G.E. "Tempo"- Operations Research Inc.)
• 랜드 연구개발공사(Rand Research and Development Corporation)
• 스탠포드 연구소(Stanford Research Institute：SRI)

- 펜실베이니아 대학 와튼 경제상업학교(University of Pennsylvania—Wharton School of Finance & Commerce)
- 월든 연구소(Walden Research)

【 과거와 근간의 회원 명단 】

- 아버가베미 후작(Abergavemy, Marquis of)
- 딘 에치슨(Acheson, Dean)
- 마이클 애딘경(Adeane, Lord Michael)
- 조반니 아그넬리(Agnelli, Giovanni)
- 앨바 공작(Alba, Duke of)
- 앨딩턴경(Aldington, Lord)
- 미구엘 앨리먼(Aleman, Miguel)
- T.E. 앨리본 교수(Allibone, Professor T.E.)
- 앨솝(Alsop) 가문에서 정하는 자손
- 휴턴 애모리(Amory, Houghton)
- 찰스 A. 앤더슨(Anderson, Charles A.)
- 로버트 O. 앤더슨(Anderson, Robert O.)
- 드웨인 안드레아스(Andreas, Dwayne)
- 아스퀴스경(Asquith, Lord)
- 존 제이콥 애스터(Astor, John Jacob)와 월도프(Waldorf) 계승자
- 오랑제브(Aurangzeb) 자손들
- 폴 오스틴(Austin, Paul)
- 래널프 바코경(Baco, Sir Ranulph)
- 아서 밸푸어(Balfour, Arthur)
- 발로경(Balogh, Lord)
- 스토몬트 밴크로프트남작(Bancroft, Baron Stormont)
- 배링(Baring)

• B. 바나토(Barnato, B.)

• 존 배런경(Barran, Sir John)

• 피터 백센델경(Baxendell, Sir Peter)

• 사보이의 베아트리체 공주(Beatrice of Savoy, Princess)

• 비버브룩경(Beaverbrook, Lord)

• 로버트 벡(Beck, Robert)

• 해럴드 비일리경(Beeley, Sir Harold)

• 앨프레드 베이트(Beit, Alfred)

• 앤서니 웨지우드 벤(Benn, Anthony Wedgewood)

• 존 W. 베넷(Bennet, John W.)

• 길베르토 베네통과 카를로(Benneton, Gilberto or alternate Carlo)

• 앤드루 버티(Bertie, Andrew)

• 월터 베산트경(Besant, Sir Walter)

• 니콜라스 베탈경(Bethal, Lord Nicholas)

• 데이비드 바이알킨(Bialkin, David)

• 윌리엄 빙험(Bingham, William)

• J.F. 비니(Binny, J.F.)

• 윌프레드 블런트(Blunt, Wilfred)

• 프랑코 오르시니 보나카시(Bonacassi, Franco Orsini)

• 프리츠 보처(Bottcher, Fritz)

• 손턴 브래드쇼(Bradshaw, Thornton)

• 빌리 브랜트(Brandt, Willy)

• 킹맨 브루스터(Brewster, Kingman)

• 앨러스테어 버컨(Buchan, Alastair)

• 워런 버펫(Buffet, Warren)

• 윌리엄 C. 벌릿(Bullitt, William C.)

• 에드워드 벌워-리튼(Bulwer-Lytton, Edward)

- 맥조지 번디(Bundy, McGeorge)
- 윌리엄 번디(Bundy, William)
- 조지 부시(Bush, George)
- 존 카보트(Cabot, John) 가문이 정하는 자손
- 해럴드 앤서니 카치아 남작(Caccia, Baron Harold Anthony)
- 존 캐드먼경(Cadman, Sir John)
- 조셉 칼리파노(Califano, Joseph)
- 캐링턴경(Carrington, Lord)
- 에드워드 카터(Carter, Edward)
- 도넛 캐틀린(Catlin, Donat)
- 카토경(Catto, Lord)
- 데본셔의 빅터 C.W. 카벤디시 공작(Cavendish, Victor C.W. Duke of Devonshire)
- 휴스턴 스튜어트 체임벌린(Chamberlain, Houston Stewart)
- 조지 채치린(Chechirin, Georgi) 또는 가문이 정하는 자손
- 윈스턴 처칠(Churchill, Winston)
- V. 치치레니(Cicireni, V.) 또는 가문이 정하는 자손
- 비토리오 치니 백작(Cini, Count Vittorio)
- 하워드 클라크(Clark, Howard)
- 아모리 클리블랜드(Cleveland, Amory)
- 할랜드 클리블랜드(Cleveland, Harland)
- 클라크 클리포드(Clifford, Clark)
- 코볼드경(Cobold, Lord)
- 윌리엄 슬로언 코핀 목사(Coffin, the Rev William Sloane)
- 오렌지 종가(宗家)의 콘스탄티(Constanti, House of Orange)
- 존 쿠퍼(Cooper, John) 가문이 정하는 자손
- 코덴호브-킬러기 백작(Coudenhove-Kilergi, Count)

- 코드레이경(Cowdray, Lord)
- 퍼시 콕스경(Cox, Sir Percy)
- 에블린 베어링 크로머경(Cromer, Lord Evelyn Baring)
- 에릭 크로서경(Crowther, Sir Eric)
- 맨스필드 커밍경(Cumming, Sir Mansfield)
- 라이오넬 커티스(Curtis, Lionel)
- 윌리엄 K. 다르키(d'Arcy, William K.)
- 에티엔 다빙턴 백작(D'Avington, Count Etienne)
- 장 듀로크 다너(Danner, Jean Duroc)
- 존 W. 데이비스(Davis, John W.)
- 카를로 드 베네디티(de Benneditti, Carlo)
- 더크 드 브륀(De Bruyne, Dirk)
- 알레인 드 군즈버그 백작(De Gunzberg, Baron Alain)
- 월터 드 라마터 장군(De Lamater, Major General Walter)
- 장 드 메닐(De Menil Jean)
- 림머 드 브리스(De Vries, Rimmer)
- 필리프 드 줄루에타경(de Zulueta, Sir Philip)
- 샤를 루이 드 아렘버그 후작(de'Aremberg, Marquis Charles Louis)
- 델라노(Delano) 가문이 정하는 자손
- R. 덴트(Dent, R.)
- 헨리 디터딩경(Deterding, Sir Henri)
- 사보이 종가의 구티에레즈 디 스파다포라스 백작(di Spadaforas, Count Guitierez(House of Savoy))
- 알렉 더글러스-홈경(Douglas-Home, Sir Alec)
- 에릭 드레이크경(Drake, Sir Eric)
- 프랑수아 듀센(Duchene, Francois)
- 듀퐁(DuPont)

- 켄트의 백작 에드워드(Edward, Duke of Kent)
- 사울 아이젠버그(Eisenberg, Shaul)
- 니콜라스 엘리엇(Elliott, Nicholas)
- 윌리엄 얀델 엘리엇(Elliott, William Yandel)
- 엘스워시경(Elsworthy, Lord)
- 빅터 파머(Farmer, Victor)
- 존 M. 포비스(Forbes, John M.)
- 피에르 포스카로(Foscaro, Pierre)
- 아놀드 프랑스경(France, Sir Arnold)
- 휴 프레이저경(Fraser, Sir Hugh)
- 덴마크 왕 프레더릭 9세(Frederik IX, King of Denmark) 가문이 정하는 자손
- 라자드 프레레스(Freres, Lazard)
- 람베르토 프레스코발디(Frescohbaldi, Lamberto)
- 마이클 프리보그(Fribourg, Michael)
- 앨버트 갤러틴(Gallatin, Albert) 가문이 정하는 자손
- 데니스 가보(Gabor, Dennis)
- 리처드 가드너(Gardner, Richard)
- 오클랜드 게데스경(Geddes, Sir Auckland)
- 리이 게데스경(Geddes, Sir Reay)
- 로이드 조지(George, Lloyd)
- 제임스 기펜(Giffen, James)
- 존 D. 길머(Gilmer, John D.)
- 저스틴 귀스티니아니(Giustiniani, Justin)
- 글래드스턴경(Gladstone, Lord)
- 글루체스터의 백작(Gloucestor, The Duke of)
- 월터 록하트 고든(Gordon, Walter Lockhart)

- 피터 J. 그레이스(Grace, Peter J.)
- 데니스 아서 그린힐경(Greenhill, Lord Dennis Arthur)
- 데니스 그린힐경(Greenhill, Sir Dennis)
- 에드워드 그레이경(Grey, Sir Edward)
- 피에르 길렌함마(Gyllenhammar, Pierres)
- 노르웨이 왕 하콘(Haakon, King of Norway)
- 더글러스 헤이그경(Haig, Sir Douglas)
- 헤일섐경(Hailsham, Lord)
- 리처드 버든 홀드레인(Haldane, Richard Burdone)
- 핼리팩스경(Halifax, Lord)
- 피터 빅커스 홀경(Hall, Sir Peter Vickers)
- 조셀린 함브로경(Hambro, Sir Jocelyn)
- 시릴 해밀턴(Hamilton, Cyril)
- 애버릴 해리먼(Harriman, Averill)
- 로버트 하트경(Hart, Sir Robert)
- 아서 H. 하트먼(Hartman, Arthur H.)
- 데니스 힐리(Healey, Dennis)
- 헬스비경(Helsby, Lord)
- 엘리자베스 2세 여왕(Queen Elizabeth II)
- 줄리아나 여왕(Her Majesty Queen Juliana)
- 베아트릭스 공주(Her Royal Highness Princess Beatrix)
- 윌리엄 헤셀틴경(Heseltine, Sir William)
- 마거릿 여왕(Her Royal Highness Queen Margreta)
- 헤세 종백작(宗伯爵)(Hesse, Grand Duke descendants) 가문이
  정하는 자손
- 폴 G. 호프먼(Hoffman, Paul G.)
- 윌리엄 홀랜드(Holland, William)

- 브라간자 종가(House of Braganza)
- 호헨졸런 종가(House of Hohenzollern)
- 만델 하우스 대령(House, Colonel Mandel)
- 제프리 하우경(Howe, Sir Geoffrey)
- 토머스 H. 휴(Hughes, Thomas H.)
- 티먼 휴고(Hugo, Thieman)
- 로버트 M. 허친스(Hutchins, Robert M.)
- 앨더스 헉슬리(Huxley, Aldous)
- 인치케이프경(Inchcape, Lord)
- 켄 제이미슨(Jamieson, Ken)
- 어네스트 이스라엘 자페트(Japhet, Ernst Israel)
- 존 제이(Jay, John) 가문이 정하는 자손
- 존 메이나드 케인스(Keynes, John Maynard)
- J.J. 조드리(Jodry, J.J.)
- 키스 조셉경(Joseph, Sir Keith)
- 밀턴 카츠(Katz, Milton)
- 아서 카우프먼(Kaufman, Asher)
- 케네스 키스경(Keith, Sir Kenneth)
- 윌리엄 존스턴 케스위크(Keswick, William Johnston)
- 윌리엄 존슨 케스위크경 또는 H.N.L 케스위크(Keswick, Sir William Johnston or Keswick, H. N. L.)
- 킴벌리경(Kimberly, Lord)
- 알렉산더 킹(King, Dr. Alexander)
- 그레이슨 L. 킹(Kirk, Grayson L.)
- 헨리 키신저(Kissinger, Henry)
- 호레이쇼 키츠너경(Kitchener, Lord Horatio)
- 맥스 콘스탐(Kohnstamm, Max)

- 칼 코시(Korsch, Karl)
- 피에르 람버트 남작(Lambert, Baron Pierre)
- G. 로렌스(Lawrence, G.)
- 라자르(Lazar)
- 르위스 레먼(Lehrman, Lewis)
- 해럴드 레버경(Lever, Sir Harold)
- 커트 르윈 박사(Lewin, Dr. Kurt)
- 월터 리프만(Lippmann, Walter)
- 로버트 R. 리빙스턴(Livingstone, Robert R.) 가문이 정하는 자손
- 브루스 로크하트(Lockhart, Bruce)
- 고든 로크하트(Lockhart, Gordon)
- S. 리노비츠(Linowitz, S.)
- 존 루던경(Loudon, Sir John)
- 피에르 파올로 루자토(Luzzatto, Pierpaolo)
- 글래스펀의 영주, 매케이(Mackay, Lord, of Classfern)
- 휴 매케이-탤락경(Mackay-Tallack, Sir Hugh)
- 핼포드 매킨더(Mackinder, Halford)
- 자딘 매디슨(Matheson, Jardine)
- 구에세피 마지니(Mazzini, Gueseppi)
- W.E. 매클로린(McClaughlin, W.E.)
- 존 J. 매클로이(McCloy, John J.)
- 앤드루 맥파디언경(McFadyean, Sir Andrew)
- 조지 매기(McGhee, George)
- 해럴드 맥밀런(McMillan, Harold)
- 앤드루 멜론(Mellon, Andrew)
- 윌리엄 라리머 멜론(Mellon, William Larimer) 또는 가문이 정하
  는 자손

- 프랭크 메이어(Meyer, Frank)
- 롤랜드 미츠너(Michener, Roland)
- 아나스타스 미코반(Mikovan, Anastas)
- 앨프레드 밀너경(Milner, Lord Alfred)
- 프랑수아 미테랑(Mitterand, Francois)
- 장 모네(Monett, Jean)
- 새뮤얼 몬테규(Montague, Samuel)
- 세박 몬테피요르경 또는 휴 주교(Montefiore, Lord Sebag or Bishop Hugh)
- 존 P. 모건(Morgan, John P.)
- 스튜어트 모트(Mott, Stewart)
- 브라이언 에드워드 마운틴경(Mountain, Sir Brian Edward)
- 데니스 마운틴경(Mountain, Sir Dennis)
- 루이스 마운트배튼경(Mountbatten, Lord Louis)
- A. 문티(Munthe, A.) 또는 가문이 정하는 자손
- 존 네이스빗(Naisbitt, John)
- 유발 니먼(Neeman, Yuval)
- 데이비드 뉴비깅(Newbigging, David)
- 베탈의 니콜라스 영주 니콜스경(Nicols, Lord Nicholas of Bethal)
- 몬테규 노먼(Norman, Montaque)
- 로서비의 오브라이언경(O'Brian of Lotherby, Lord)
- 앵귀스 오길비(Ogilvie, Angus)
- 모리스 올드필드경(Oldfield, Sir Morris)
- 어네스트 오펜하이머, 후계자 해리(Oppenbheimer, Sir Earnest, 후계자 Harry)
- 할레크의 영주 데이비드 옴스비 고어(Ormsby Gore, David(Lord Harlech)

- 프랑코 보나카시 오르시니(Orsini, Franco Bonacassi)
- 움베르토 오톨라니(Ortolani, Umberto)
- J.P.W. 오스티귀(Ostiguy, J.P.W.)
- 윌리엄 S. 팔리(Paley, William S.)
- 팔라바치니(Pallavacini)
- 올라프 팔메(Palme, Olaf)
- 팔머스턴(Palmerston)
- 야콥 팜스티어나(Palmstierna, Jacob)
- 리처드 T. 피스(Pease, Richard T.)
- 오렐리오 피체이(Peccei, Aurellio)
- 에드먼드 피이크경(Peek, Sir Edmund)
- 미카엘 펠레그레노 추기경(Pellegreno, Michael, Cardinal)
- 넬슨 퍼킨스(Perkins, Nelson)
- 에드워드 페스텔(Pestel, Eduard)
- 루돌프 피터슨(Peterson, Rudolf)
- 피터 G. 페터슨(Petterson, Peter G.)
- 존 R. 페티(Petty, John R.)
- 에딘버러 백작 필립공(Philip, Prince, Duke of Edinburgh)
- 조지 피어시(Piercy, George)
- 기포드 핀초트(Pinchott, Gifford)
- 찰스 프랫(Pratt, Charles)
- 워터하우스 프라이스(Price Waterhouse)가 임명하는 사람
- 라치웰(Radziwall)
- 라니에 왕자(Ranier, Prince)
- 존 제이콥 라스콥(Raskob, John Jacob)
- 레카나티(Recanati)
- 존 롤링스 리스(Rees, John Rawlings)

- 존 리스(Rees, John)
- 존 레니이경(Rennie, Sir John)
- 조지프 레팅거(Rettinger, Joseph)
- 세실 존 로즈(Rhodes, Cecil John)
- 데이비드 록펠러(Rockefeller, David)
- 입스덴의 영주 에릭 롤경(Role, Lord Eric of Ipsden)
- 모턴 로젠탈(Rosenthal, Morton)
- 유진 로스토(Rostow, Eugene)
- 로드미어경(Rothmere, Lord)
- 엘리 드 로스차일드 또는 에드몽 드 로스차일드 또는 로스차일드 남작(Rothschild, Elie de 또는 Edmon de 또는 Baron Rothschild)
- 로버트 런시(Runcie, Dr. Robert)
- 존 러셀경(Russell, Lord John)
- 버트런드 러셀경(Russell, Sir Bertrand)
- 장 생 구어(Saint Gouers, Jean)
- 드 로베르 샐리스버리 또는 세실 셸버른 가스코아인 또는 샐리스버리 영주(Salisbury, Marquisse de Robert 또는 Gascoiugne Cecil Shelburne, The Salisbury, Lord)
- 마커스 새뮤얼경(Samuel, Sir Marcus)
- M.G. 샌드버그(Sandberg, M.G.)
- 로버트 사노프(Sarnoff, Robert)
- 스테판 슈미하이니 또는 동생 알렉산더 토머스(Schmidheiny, Stephan 또는 동생 Thomas, Alexander)와 번갈아
- 앤드루 쉰베르크(Schoenberg, Andrew)
- 슈뢰더(Schroeder)
- 조지 슐츠(Schultz, George)
- E. 슈바첸베르크(Schwartzenburg, E.)

- 하틀리 쇼크로스경(Shawcross, Sir Hartley)
- 월터 셰리단(Sheridan, Walter)
- 루빈 실로아오크(Shiloaoch, Rubin)
- 퍼시 실리토경(Silitoe, Sir Percy)
- 윌리엄 사이몬(Simon, William)
- 알프레드 P. 슬로언(Sloan, Alfred P.)
- 얀 스무츠(Smuts, Jan)
- 스펠만(Spelman)
- 로버트 스프롤(Sproull, Robert)
- C. 스탈스(Stals, Dr. C.)
- 데이비드 스탬프(Stamp, David)
- 조지 스타이거(Stiger, George)
- 스트라스모어경(Strathmore, Lord)
- 케네스 스트롱경(Strong, Sir Kenneth)
- 모리스 스트롱(Strong, Maurice)
- 서덜랜드(Sutherland)
- 스워슬링경(Swathling, Lord)
- J.K. 스와이어(Swire, J.K.)
- G. 타시(Tasse, G.) 또는 가문이 정하는 자손
- R. 템플경(Temple, Sir R.)
- 윌리엄 보이스 톰슨(Thompson, William Boyce)
- 톰슨경(Thompson, Lord)
- 한스 하인리히 티센-보나미스자 남작(Thyssen-Bornamisza, Baron Hans Henrich)
- 험프리 트레벌린경(Trevelyn, Lord Humphrey)
- 마크 터너경(Turner, Sir Mark)
- 테드 터너(Turner, Ted)

- 타이런경(Tyron, Lord)

- 빅터 우르퀴디(Urquidi, Victor)

- H. 반 덴 브로옥(Van Den Broek, H.)

- 밴더빌트(Vanderbilt)

- 사이러스 밴스(Vance, Cyrus)

- 윌리엄 C. 베리티(Verity, William C.)

- 애뮤얼 베스티경(Vesty, Lord Amuel)

- 제프리 비커스경(Vickers, Sir Geoffrey)

- 제럴드 하이드 빌리에(Villiers, Gerald Hyde)

- 불피 백작(Volpi, Count)

- 아우구스트 폰 핑크 남작(von Fink, Baron August)

- 오토 폰 합스부르크 공작, 합스부르크 로렌 종가(von Hapsburg, Archduke Otto, Von House of Hapsburg-Lorraine)

- 맥스 투른 앤 탁시스(Thurn and Taxis, Max)

- 피터 왈렌버그(Wallenburg, Peter) 또는 가문이 정한 사람

- S.C. 와벅(Warburg, S.C.)

- 바바라 워드 잭슨 여사(Ward Jackson, Lady Barbara)

- 로케이 워너(Warner, Rawkeigh)

- 폴 완키(Warnke, Paul)

- 얼 워런(Warren, Earl)

- 토머스 왓슨(Watson, Thomas)

- 시드니 웹(Webb, Sydney)

- 데이비드 웨일(Weill, David)

- 앤드루 웨일(Weill, Dr. Andrew)

- 캐스퍼 와인버거경(Weinberger, Sir Caspar)

- 카임 바이즈만(Weizmann, Chaim)

- H.G. 웰스(Wells, H.G.)

• 코드레이 영주 피어슨 휘트먼(Wheetman, Pearson : Lord Cowdray)
• 딕 골드스미스 화이트(White, Sir Dick Goldsmith)
• 스트레이트 휘트니(Whitney, Straight)
• 윌리엄 와이즈먼경(Wiseman, Sir William)
• 비텔스바흐(Wittelsbach)
• 아이작 울프손경(Wolfson, Sir Isaac)
• 찰스 우드(Wood, Charles)
• 오언 영(Young, Owen)
• 오기타 사부로(大來 佐武郎)
• 캥 바오(Keng, Bao)
• 장 V. F.(Chang, V. F.)
• 파오 위강(包玉剛. Pao Y. K.)
• 왕 관쳉(王寬誠. Wang Kwan Cheng, Dr.)

검은 귀족

'검은 귀족'파는 주로 이탈리아, 그것도 베니스와 제노바를 중심으로 활동하고 있다. 중세에 이 두 도시는 지금의 뉴욕처럼 세계의 금융·무역의 중심지로, 유럽 부호들이 자리잡았던 곳이기도 하고, 신대륙을 발견하고 지리상 큰 발견을 하는 거장 크리스토퍼 콜럼버스와 존 카보트의 출신지기도 하다.

이곳에 당시 세력을 잡고 있던 '검은 귀족'이라는 가문들이 있었고, 그 후손으로 현재 가장 널리 알려진 가문이 조반니 아그넬리 가문이다. 아그넬리 가문은 이탈리아의 산업·금융계를 장악하고 있는데, 일찍이 '로마클럽'[2]을 탄생시킨 원동력이 되었으며 '빌더버그 그룹'[3]의 중요한 멤버기도 하다. 항간에 "이탈리아 총리의 제일 중요한 직무는 아그넬리 저택의 문 손잡이를 광채나게 잘 닦는 일이다"라는 우스갯소

---

2) 프리메이슨의 지파 중 하나로 뒤쪽 〈로마클럽〉 편에서 소개된다.
3) 프리메이슨의 지파 중 하나로 뒤쪽 〈빌더버그 그룹〉 편에서 자세히 소개된다.

리가 떠돌 정도다.

검은 귀족의 역사는 서기 553년 동로마제국의 유스티니아누스 1세 때 창설되었다는 전설을 갖고 있으니 무려 1천 년 이상 거슬러 올라가야 한다. 당시 동로마 사회에서 중요한 위치를 차지하고 있던 검은 귀족 가문의 책무는 옛 로마제국의 영광을 되찾는 것이었으며, 이러한 움직임의 중심 세력이 검은 귀족파였다고 한다.

이들에게 귀엘프(Guelf)[4]와 기벨린(Ghibelline)[5]의 대결은 국면 전환의 분수령이 된다. 귀엘프는 로마제국의 헤게모니를 장악하려는 독일계 왕자 '벨프'에서부터 시작되었으며, 기벨린은 기벨리아 성을 차지하고 있던 호헨스타우펜 가문에서 파생했다. 귀엘프는 교황을 지지하고 기벨린은 호헨스타우펜 가문의 통치를 지지하며 두 가문이 팽팽하게 맞섰던 것이다.

이 두 가문의 대결은 결국 검은 귀족에 속한 귀엘프 가문의 승리로 끝났고, 이로써 귀엘프 가문은 대단한 세력을 갖게 되어 당시의 국제무역과 은행업을 절대적으로 장악하게 된다. 롬바르디아에 금융 센터를 설치하고 플로렌스·제노바·베니스·밀라노, 그리고 독일의 함부르크, 네덜란드의 암스테르담, 영국의 런던에까지 은행을 차려 각 지역의 금융권을 장악했다. 그리고 현대에 이르러서는 금융 센터를 스위스로 옮겨 금융 관계뿐 아니라 스위스의 탄탄한 신용을 이용하여 마약 거래와 돈 세탁의 1인자 역할을 하고 있다.

또 그들은 '오렌지 결사단(Order of Orange)'[6]을 앞세워 미국·영국 등지에서 거의 독점적으로 노예 장사를 했으며, 영국에서 중앙은행을 만들어 영국의 금융권을 거머쥔 실세가 되었다. 현재 북아일랜드

---

4) 12~15세기에 이탈리아에서 교황을 지지했던 파. 일명 교황당원이라고 함.
5) 이탈리아에서 독일 황제의 편을 들어 교황에 반대했던 파. 일명 황제당원이라고 함.
6) 오렌지공(公) 윌리엄(William of Orange : 영국의 윌리엄 1세)을 왕위에 앉힌 세력.

분쟁의 불씨인 프로테스탄트를 대표하는 배후의 '오렌지 결사단'이 바로 그들 조직이다.

유럽 왕가들은 '푸른 피(Blue Blood)'라는 고귀한 혈통의 가문들이며, 대부분 검은 귀족의 계보에 속한다. 영국 왕실도 따지고 보면 그들의 후손이라고 한다. 때문에 스웨덴·네덜란드·스페인·영국의 왕족들이 빌더버그 모임에 참석하는 것이며, 영국의 엘리자베스 여왕도 300위원 중 한 명이다.

그리고 프리메이슨의 지파 중에 '푸른 로지(Blue Lodge)'라는 것이 있는데, 이 이름은 이 지파가 '푸른 피'에서 비롯되었기 때문에 붙여진 이름이다.

일루미나티

빛을 받은 사람들의 모임

이 조직은 18세기 후반 독일 바바리아 지방의 한 대학에서 창설되었다. 그 당시 엄했던 가톨릭교, 특히 예수회의 전통에 따른 모든 제도에 반항하면서 자유 사상을 불러일으킨 철학적인 비밀 단체로서, 특히 예수회와 프리메이슨의 조직을 모방하여 엄격한 동지애와 비밀 엄수를 강조했다.

초창기에는 굉장한 호응을 얻어 전유럽에서 많은 지식인들을 흡수했으나, 18세기 말엽 바바리아에서 불법화되면서 지하로 들어갔다. 후에 로스차일드 가문의 자본력과 합세하여 프랑스 혁명과 러시아 공산 혁명 등을 사주한 조직이기도 하다.

일루미나티는 그후 미국으로 건너와서 뉴욕을 근거지로 삼아 세계의 경제권을 장악하고, 미국의 CFR 등 세계적으로 수많은 비밀 조직을 세웠으며, 미국의 정치를 조종하는 한편 선진국들을 배후에서 조종하는 막후 조직으로 알려져 있다.

물론 지하로 숨어 들어간 다음부터의 모든 이야기는 공식적으로 확인되지 않은 것들이며, 물적 증거를 제시할 수 없다. 이 조직은 워낙 비밀 엄수가 철저한데다가 막강한 힘을 갖고 있기 때문에 조사한다는 것 자체가 불가능하고, 그 하부 조직들이 일루미나티라는 이름을 사용하지 않고 수많은 다른 이름으로 위장하고 있기 때문에 철저히 베일에 싸여 있는 것이다.

지금까지 드러난 조직으로는 미국의 CFR과 삼변회, 영국의 왕립국제문제연구소와 빌더버그 그룹 같은 것들이 대표적이다.

또한 이들은 로스차일드 가문, 검은 귀족 가문 등의 세력들과 손을 잡고 로마클럽, 원탁회의, 300위원회 등을 조직했으며, 그 산하에 UN처럼 공식적인 조직과 기구들을 여러 개 만들어 세계를 지배하고 있다. 따라서 미국에서는 이 조직에서 지명하는 사람만이 대통령이 될 수 있는 형편이어서, 상당수의 사람들이 미국의 정책을 조종하는 건 바로 일루미나티라고 믿을 정도다.

일루미나티라는 말은 '빛을 받은 사람', '우주의 진리를 터득한 사람', 또는 불교식으로 말하면 '해탈한 사람'이란 뜻으로 지어진 명칭이며, 사전을 보면 '18세기에 유행한 무신론자로서 자유주의자고 과격한 공화주의자'라고 씌어 있다.

이 파는 미국 돈 1달러짜리 뒷면에 있는 피라미드 그림과 피라미드 꼭대기에서 발하는 빛을 상징으로 삼고 있다. 그들에게 빛을 발하는 횃불은 큰 의미가 있기 때문에 뉴욕에 있는 '자유의 여신상'도 횃불을 쥐고 있는 것이다. 또한 록펠러 센터 앞에는 미래를 내다보는 능력을 가진 그리스의 젊은 용사의 신 프로메테우스가 하늘에 올라가 훔쳐온 횃불을 쥐고 있는 조각상이 세워져 있고, 올림픽에서 사용하는 횃불도 프로메테우스의 횃불을 상징하는 것으로 이것 또한 일루미나티의 발상이다.

이 조직의 창시자는 아담 바이샤우트로, 1748년 독일 바바리아 지방

▲ 서양에서 흔히 볼 수 있는 한 도시 시청의 휘장. 삼
각형, 전시안, 태양에서 나오는 빛, 비둘기, 왕관 상부
에 장식된 꼭지 없는 피라미드를 위에서 본 모양, V자
등 프리메이슨의 주요 상징들이 표시되어 있다.

▲ 영국 왕의 왕관에 있는 중요한 장식 중 하나는 사각
형 장식이다. 피라미드 꼭지가 있어야 할 자리에 다이
아몬드가 박혀 있는데, 이것을 말타의 사각형이라 부르
며 미화 1달러에 들어 있는 것과 동일한 피라미드다.

소재 대학의 한 유대인 교수의 아들로 태어났다. 그의 부친은 그가 아직 어렸을 때 사망했으며, 장성하여 성당에서 영세를 받을 때 대부로 삼은 사람이 익슈타트 남작이었다.

다행히 익슈타트 남작은 막강한 부와 권력을 가진 사람이어서 바이샤우트는 남작의 경제적 도움으로 공부를 할 수 있었으며, 15세에 예수회 사제단의 장학금을 받고 예수회 대학에 입학했다.

그는 대학 재학 중에 많은 책을 읽었으며, 특히 그 당시 프랑스의 루소 같은 이의 진보적인 철학 사상에 심취했는데, 그때 그는 가톨릭교 교리에 대해 회의적인 사상가들이 있다는 것을 알게 되었다.

졸업 당시에 이미 해박한 지식을 인정받아, 아버지와 마찬가지로 1772년부터 모교인 잉골슈타트대학(University of Ingolstadt) 법학과에서 교편을 잡았다. 강의를 해나가면서 그는 기계적으로 강요하는 방식의 예수회 이념에서 대두되는 의문점을 풀기 위해 많은 노력을 기울였다. 마침내 그는 예수회의 방법에서 탈피하려는 의사를 공식적으로 표명했고, 이에 동조해 그를 따르는 사람들이 많이 모여들었다.

그가 강의 중에 가톨릭교도가 아닌 학자들의 저서도 소개하는 등 개혁적인 행동을 계속하자, 동료 교수들이나 대학 당국인 예수회와 아주 불편한 관계가 되었다. 물론 그가 대단히 인기 있는 교수였기 때문에 가능한 일이었겠지만, 그 당시 바바리아 지방이 예수회의 절대적인 영향력 아래 있었던 점을 고려하면 대단히 용기 있는 행동이었다.

그후 그는 자신의 인기를 바탕으로 종교철학과의 주임 교수로 추대되었다. 당시에는 종교(예수회)가 현실 생활에서도 막강한 영향력을 발휘했기에 '종교철학과 주임 교수'는 일반 학과 교수와는 비교할 수조차 없을 만큼 막강한 권한이 주어지는 중요한 자리였다.

그런 만큼 예수회 재단과 대학 당국의 반대가 극심했지만, 그는 절대적인 권한을 휘두르는 성직자들에 반대하여 예수회를 탈퇴한 사람들을 규합하여 무난히 그 자리에 오를 수 있었다.

한편 1770년 그는 다른 유대인처럼 금융가로 두각을 나타내기 시작했고, 야심이 대단했던 마이어 A. 로스차일드와 상봉하게 된다. 두 사람은 세계를 통치하는 거대한 일을 꾸미자는 데 의기투합하여 『시온의 칙훈서』를 현대화하기로 합의를 보았다. 단 로스차일드는 표면에 나서지 않고 경제적인 지원만 하기로 했다.

바이샤우트는 대학가에서 색다른 사상을 주창하여 많은 사람들에게 인기를 얻고 따르는 사람도 많아졌지만, 반면 적도 많았다. 그를 좋아하는 사람들은 그가 매우 현명하고 섬세하다고 생각했지만 싫어하는 사람들은 그가 항상 음흉하며 계략 꾸미기를 좋아하고 부정적이어서 싫어할 수밖에 없는 인물로 평가했다.

이러한 상황에서 자신의 세력을 키워야겠다고 결심한 그는 평등 사상을 가진 사람들을 규합하여 비밀 조직체를 만드는 일에 착수했다. 그 당시에 이미 프리메이슨이라는 비밀 조직은 오랫동안 사회의 많은 인재들을 흡수하고 있었으며, 예수회 또한 프리메이슨이 만든 것이었다. 그래서 그는 예수회의 단원 다루는 방법과 프리메이슨의 조직법을 모방, 발전시켜서 '일루미나티' 조직을 만들었던 것이다.

일루미나티, 구해줘요

'일루미나티'란 문자 그대로 광명이 내려 천지의 이치를 깨닫는다는 뜻으로, 1776년 5월 1일[7]에 5명이 모여 정식으로 창립했다.

그는 곧 프리메이슨 단체에 침투하여 메이슨의 주요 멤버들을 흡수하고, '프리메이슨 안의 프리메이슨이 되겠다'는 전략을 채택하여 바바리아에서부터 침투하기 시작했다. 그 당시 프리메이슨 조직은 거의 비밀 아닌 비밀 단체였으며, 타락한 단원들이 많아서 그들이 명실공히

---

7) 러시아 공산혁명이 성공한 후 공산당이 '5월 1일'을 노동절로 택한 것은 바로 일루미나티의 창립일을 기념하기 위해서였다.

사회의 중추 역할을 한다고 하기는 어려운 지경이었다. 때문에 새로운 기풍을 간절하게 소망하던 지각 있는 단원들은 일루미나티의 새롭고 진보된 사상에 매료되기 시작했다.

잉골슈타트에서부터 시작된 이 조직은 대단히 빠른 속도로 확산되어 1779년에는 바바리아를 완전 장악하고 유럽 각지로 퍼져나갔다. 독일의 중앙부와 남부, 특히 뮌헨·프랑크푸르트의 지식인들을 흡수했으며, 오스트리아·헝가리·이탈리아를 비롯하여 프랑스의 리옹·스트라스부르·그르노블까지 확산되었다. 이때 단원으로 가입한 사람들 가운데에는 괴테·쉴러·모차르트 같은 유명 인사들도 있었고, 심지어는 바바리아의 왕 요셉 2세까지도 단원이 될 정도였다.

그 무렵 독일에서는 왕정이 아닌 공화국 정부 제도에 대한 토론이 활발한 상황이어서, 이들은 모임에서 주로 종교철학과 일반 철학에 대하여 토론했다. 루소·모렐리·마블리의 사상 따위를 논했는데, 그런 상황에서 일루미나티는 평등주의와 합리주의를 근본 사상으로 내세워 많은 호응을 얻었다.

그들이 항상 내세우는 모토는 자유·평등·박애(동지애)다. 프랑스 혁명에서도 이 모토를 주장했던 것처럼 지금 이 세 단어는 수많은 단체와 정치 운동에서 사용되고 있다.

일루미나티에서는 단원을 가입시킬 때 조심스럽게 시간을 두고 대상자의 모든 것을 철저히 확인한 뒤에 받아들이곤 했다. 또한 단원이 된 다음에도 메이슨의 방법을 그대로 받아들여, 처음에는 초보자인 '미너발레', 다음에는 '미너발레 일루미나토'라는 등급이 주어지며, 제일 높은 등급인 '아레오파구스'[8]까지 차근차근 승급하도록 했다. 아레오파구스는 그 존재 자체가 극비로 평단원들은 그들이 누군지도 모를

---

8) Areopagus. 고대 아테네의 최고 재판소인데, 아레오파구스 언덕에 있어서 이런 이름이 붙었다.

정도였다. 이들이 일루미나티의 모든 중요한 정책 사항을 결정했다.

일루미나티의 창설 기념일인 5월 1일, 노동절을 흔히 메이 데이(May Day)라고 부르는데, 이 말은 조난당했을 때 사용하기도 한다. 이것을 무전으로 신호를 보낼 때는 'SOS'라고 부호화하지만, 말로는 '메이 데이'라고 한다.

이것은 '구원을 받겠다'는 뜻보다 사실은 '어려운 문제가 생겼다'는 의미로, 구원 요청 대용으로 사용된다. '일루미나티'와 '구원 요청'이라……! "뽀빠이, 살려줘요!"가 아니라 "일루미나티, 구해줘요!"라고 하라는 말인가? 이것은 우연일까? 지난 1992년에 터졌던 미국 'LA폭동 사건'이 5월 1일에 일어났는데, 이것 또한 우연의 일치일까?

프랭클린 루스벨트 대통령은 이와 관련하여 대단히 의미심장한 말을 남겼다.

"세상에 일어나는 모든 정치적인 일은 우연이란 있을 수 없다. 오로지 계획했기 때문에 일어나는 것이다."

일루미나티의 분열

아무튼 독일의 일루미나티는 이렇게 조직과 세력이 파죽지세로 확장되어 가고 있었으나 프랑스에서만은 그렇지 못했다. 프랑스에는 이미 '오리엔트 총종단'이라는 탄탄한 조직이 건재해 있었으며, 이들은 유럽 다른 지역에서 커다란 인기를 끌고 있는 일루미나티라는 새로운 움직임에 대해 거부감을 갖고 있었다.

이러한 상황에서 바이샤우트는 당시에 존경받는 철학가·작가인 아돌프 크니게 남작을 단원으로 받아들였다. 이 사람은 대단히 열성적이었고 성격이 급하여 빠른 시일 내에 결과를 보려 하는 사람이었다. 그래서 그는 영향력 있는 사회 유지들을 끌어들이고 매우 의욕적으로 활동을 전개했다. 바이샤우트는 크니게 남작이 너무 성질이 급한 것이 마음에 걸리긴 했지만, 그가 사회적으로 중요한 위치에 있었고 열성적인 점을 높이 사서 그를 격려하기 위해 전 조직의 제2인자로 앉혔다.

그런데 활동을 하다 보니 크니게는 곧 불만이 생기기 시작했다. 조직의 최상급자인 아레오파구스들의 사고 방식이 반종교적이라고 하면서도 적극적이지 못하고, 새로운 사상에 대하여 너무 미온적이라는 생각을 갖게 된 것이다.

그리하여 그는 조직 자체부터 큰 혁명을 해야 한다고 역설하며, 원래 바이샤우트가 설계한 이상적인 평등주의 교육 이념이나 사회의 일부분에만 적용되는 합리주의는 과감히 버려야 한다고 주장했다. 그러나 그 당시 독일의 사회상을 고려할 때, 크니게의 사상은 의견으로서 토론만 하는 것은 용납될 수 있겠지만 실천에 옮긴다는 것은 너무 과격한 결단으로서 불가능한 일이었다. 기독교적인 생활 방식이나 사회의 모든 기능을 성직자들이 움직이고 있던 당시 사회 상황을 고려해 보면 자칫하면 오히려 조직을 파멸로 몰아넣을 수도 있는 위험한 일이었던 것이다.

그러나 크니게는 다수의 아레오파구스들에게 자신의 주장을 설파했고, 종교적 믿음과 선진적인 철학은 종국에 가서는 융합될 수 있다고 믿도록 만들었다. 크니게의 사상은, 1781년에 아레오파구스의 의결 기구인 '아레오파기테'[9]에서 정식 강령으로 채택되었다. 그리고 그때까지는 소수의 아레오파구스가 합의하여 결정을 내렸지만 그때부터는 조직 전체가 바이샤우트 1인의 명령으로 움직이는 독재 형태로 바뀌었고, 바이샤우트는 크니게에게 많은 권한을 이양했다.

크니게는 자연에 대한 과학적인 연구와 인간성에 대한 연구를 목적으로 조직을 개편하고, 견습 메이슨을 위한 회당을 따로 만들었다. 견습 메이슨 딱지를 뗀 다음에는 초보자, 다음에는 기사급, 다음은 점차적으로 신분을 숨기기 시작하는 사제급, 지도 사제급 등 등급을

---

9) Areopagites. '아레오파구스의 재판관들'이라는 뜻.

세분화시켰다. 조직은 날이 갈수록 확장되어 1784년 초에는 절정을 이루었다.

그러나 크니게의 열성으로 조직이 번성하여 감에 따라 바이샤우트와 크니게 사이에는 성격과 사고 방식의 차이로 인해 자주 이견이 생기기 시작했다. 문제의 발단은 상급 메이슨의 즉위식 형식에 관한 문제였다. 바이샤우트는 크니게의 방식이 로마가톨릭의 형식을 너무 따라서 거창하고 지나치게 신비주의적이라 일루미나티의 본래 목적을 왜곡하기 쉽다는 의견을 내놓았다. 그러나 크니게는 완강히 버티면서, 만일 자기의 주장이 관철되지 않으면 조직의 비밀을 적에게 누설시키겠다고 협박까지 했다.

드디어 1784년 7월 크니게는 일루미나티를 탈퇴하기에 이른다. 상황이 이렇게 되자 조직 내의 불협화음과 상급자들의 활동 내용 따위가 1782년경부터 사회에 떠돌기 시작했다. 비밀 엄수를 엄격히 지켜야 할 단원들의 입에서 흘러나왔던 것이다.

그러다가 결국은 한 단원이 자기가 섬기는 공작에게 일루미나티의 내용에 대해 털어놓았는데, 어마어마하게 과장해 이야기를 떠벌렸다. 그렇지 않아도 그 무렵 오스트리아가 합스부르크 왕가와 합병하여 바바리아를 분열시키려 한다는 음모설이 떠돌고 있어서, 일루미나티가 오스트리아와 결속했다는 이야기에 사람들은 경악을 금치 못했다. 이 사건을 계기로 일루미나티는 1784년 6월부터 바바리아에서의 모임을 금지한다는 명령을 받았다.

일루미나티는 아직도 정부 내부에 많은 연고자들이 있었고 영향력을 행사할 수 있어서, 그걸 믿고 여론과 대중들을 상대로 항거해 보았지만, 조직의 비밀이 점점 더 많이 누설되자 사태는 일루미나티 쪽에 불리하게 돌아갔다. 드디어 1785년 3월 2일, 정부는 프리메이슨과 일루미나티라는 조직을 불법 단체로 결정하고 탄압하기 시작했다.

경찰은 이들의 모임 장소인 회당을 습격했고 많은 비밀 문서들을 압수해 갔다. 그 바람에 그 내용들이 신문이나 책자를 통해 대중들에게 알려졌는데, 조직이 단원들의 생살여탈권까지 쥐고 있었다는 사실은 세계의 폭발적인 관심을 끌어모았다.

그리하여 바이샤우트와 크니게는 각각 망명하여 1786년과 1788년에 자기들의 입장을 해명하는 내용의 책을 써내는 등 격동의 몇 년을 보낸다. 이러한 기사거리가 세계적으로 알려짐으로써 덴마크의 코펜하겐, 프랑스의 파리, 영국의 런던, 심지어는 미국의 보스턴에서까지 이들의 책이 출판되고 논란의 대상이 되었다.

바이샤우트는 베를린에 망명해 있던 1786년, 업무차 베를린을 방문한 모비롱이라는 프랑스 정부의 고위 관료와 만났다. 모비롱은 일루미나티에 대해 나름대로 호의를 갖고 많은 관심을 기울여왔는데, 그가 원래 예수회에 대해 매우 비판적인 생각을 갖고 있었고 프리메이슨 조직에 대해서도 별로 탐탁치 않게 여기고 있었기 때문이다.

바이샤우트로부터 많은 지도를 받은 모비롱은 프랑스로 돌아가 프리메이슨 조직을 일루미나티의 손아귀에 넣은 다음 기존의 프리메이슨 조직을 파괴하는 공작을 펴기로 했으며, 그 일환으로 오를레앙 공작을 그랜드 마스터로 추대했다. '그랜드 마스터'라는 직위는 최소한 한 나라의 프리메이슨 조직의 총수를 말한다.[10]

프리메이슨 활동의 중심 무대가 프랑스로 옮겨가면서 표면적으로는 일루미나티라는 조직이 끝난 것처럼 보였지만 내부적으로는 계속 활발하게 움직였다. 정치와 종교에서 인간을 해방시킨다는 이들의 목적은 새로운 사조로 유럽 전체에 퍼져나갔다. 그리하여 그때까지 내려오던 세습적인 정치·종교 체제와 이념적으로 많은 대립이 생기면서 쌍방은 사회 전반에 걸쳐 치열한 공방을 벌였고, 대중들은 점점 더 혼란

---

10) 미국의 조지 워싱턴 대통령도 그 당시 미국의 그랜드 마스터였기 때문에 대통령이 될 수 있었다.

속으로 빠져들었다.

독일의 일루미나티 단원들은 이런 과정을 거쳐 유럽 각지로 뿔뿔이 흩어졌고, 바이샤우트의 중심 세력은 프랑스에 뿌리를 내리게 되었다. 이로써 일루미나티 조직망이 전세계로 퍼져나갔다는 것이 공식적인 역사책 등에서 읽을 수 있는 내용이다.

그러나 이들은 단순히 피난만 한 것이 아니라 유럽 전역의 주요 도시에 퍼져, 마치 씨를 뿌린 것처럼 자라기 시작했다. 그중에서도 가장 많은 사람들이 모이고 왕성한 활동을 보인 곳은 프랑스였다.

일루미나티의 프랑스 활동을 보면, 범법자로서 망명해 왔다는 점을 강조한 '파리 범법자동맹'이 있었고, 그 산하 조직으로는 '정의 동맹', 또 그 밑에는 '공산 동맹'이 있었다. 참고로 소개하자면 카를 마르크스와 프리드리히 엥겔스는 프랑스로 유학와 있다가 이 공산 동맹에 가입했다.

드러난 비밀 문서들

1784년 바이샤우트의 지시를 받고 독일의 프랑크푸르트에서 '프랑스 혁명'에 관한 문서와 『시온의 칙훈서』 등을 갖고 프랑스 파리로 가던 단원 하나가 도중에 랄리스탄(Ralistan)이라는 곳에서 공교롭게도 벼락에 맞아 죽은 일이 있었다. 경찰이 시체를 처리하는 과정에서 그 비밀 문서들이 드러났고, 바바리아 정부는 프랑스 정부에 자초지종을 설명하며 '일루미나티'와 '프리메이슨'의 위험성을 경고해 주었다. 그러나 프랑스 정부는 이를 믿지 않고 "프랑스에서는 모두 공개적으로 활동하고 있으니 그럴 리 없다"고 일소에 붙였다.

이 사건은 바바리아 정부로 하여금 일루미나티와 프리메이슨을 불법 단체로 결정 짓게 하는 중요한 요인이 되었다. 1876년 바바리아 정부는 『일루미나티 종단과 종단법의 원본』이라는 책을 만들어 각국 정부와 유럽 전체의 교구장들에게 보냈다. 그러나 일루미나티의 세력,

즉 로스차일드의 세력은 이를 잠재울 수 있을 만큼 강한 영향력을 갖고 있었다.

아마도 바바리아 정부의 충고를 들었더라면 프랑스 왕정은 혁명으로 쓰러지지 않았을지도 모른다. 프랑스 혁명에 관한 자세한 이야기는 〈숨겨진 진실들〉 편의 '프랑스 혁명'을 참조하라.

세계 정부 수립을 위한 경제권 장악

이 무렵 미국의 프리메이슨 상급 단원들 중 몇 사람은 일루미나티가 프리메이슨 속의 극비 조직으로 이미 자리잡았다면서, 그들은 전체 프리메이슨뿐만 아니라 미국을 포함한 세계를 정복하려는 음모를 꾸미고 있다고 수차 경고했다. 초대 대통령이자 33급 메이슨으로 그랜드마스터를 지낸 조지 워싱턴도 은행을 중심으로 한 경제적인 주도권 장악에 대해 경고했을 뿐 아니라 최선을 다해 싸우기도 했다.

프랑스 혁명이 성공한 후 로스차일드 가문은 왼손으로는 나폴레옹에게, 오른손으로는 영국·독일 등 다른 나라에 전쟁 비용을 지원하여 나폴레옹과 대적할 능력을 키워주었다. 로스차일드는 프랑스가 워털루에서 영국과 최종 결전을 할 때, 나폴레옹이 이긴 것처럼 거짓 소문을 퍼뜨려 영국 증권시장을 거의 송두리째 차지하는 횡재를 했다. 그때부터 영국의 재정은 로스차일드의 손아귀에 들어가게 되었다.

로스차일드는 여기에서 그치지 않고 세계 정복을 위한 가장 좋은 방법은 세계 전쟁이라는 데 착안하고 음모를 꾸미기 시작했다. 일루미나티 조직과 더불어, 어느 편이 이기든 관계없이 엄청난 돈을 벌 수 있는 전쟁을 획책하면서 세계 단일 정부의 꿈을 차근차근 진행해 나갔다.

일루미나티의 혁명 공작에 필요한 자금은 영국·프랑스·독일·미국의 국제 금융가들이 지원해 주었다. 이들의 궁극적인 목적은 세계 단일 정부를 수립하여 절대군주 제도를 수립하는 것이지만, 금융가의 입장에서 보아도 가장 틀림없는 투자였기 때문이다. 전쟁을 시작해 패배한 다 해도 나머지 국민들이 피땀 흘려 제공하는 노동력이 있고, 전쟁 보상이라는 명목으로 원금과 이자를 포함한 엄청난 돈이 돌아올 것이며, 전쟁에 승리하면 거금이 생겼으니 물론 상당한 이득을 얹어 되갚으면 되는 것이기 때문이다.

또 이들은 이러한 일을 더욱 효과적으로 진행시키기 위해 각국의 금융 제도를 완전히 자기네들의 수중에 넣고, 정부를 자기들의 하수인으로 만들었다. 그리하여 미국의 연방준비제도이사회, 영국의 영국은행 등, 우리가 '선진국'이라고 부르는 나라들의 통화는 그들의 손에 의해 통제되고 있다.

아직도 일반 국민들은 화폐 정책이나 경제 정책을 선출된 정치가들이 통제하는 것으로 믿고 있다. 그들은 중앙은행이 정부에 소속되어 있다고 생각하도록 세뇌 공작을 잘해 놓았다. 따라서 경제 정책을 정부가 잘하느니 못하느니 논하는 것 자체가 우스운 대화인 셈이다.

그 좋은 예가 1987년 10월 19일 '검은 월요일'로 불린 증권시장의 대폭락이다. 1929년 10월의 '검은 목요일'로 인해 세계 대공황이 일어난 이후 가장 큰 사건이어서 국민들의 시선은 당시의 레이건 대통령에게 전부 쏠렸지만, 사실상 그가 할 수 있는 일이라고는 앨런 그린스팬 연방준비은행(FRB) 총재의 처분만 기다리는 길밖에 없었다.

그때 다행히도 그린스팬이 폭락한 증시를 회복시켜 레이건의 인기는 급상승했다. 실제 상황은 이런데도 불구하고 미국민은 물론 한국인들까지도 세계에서 가장 권력이 강한 사람은 미국 대통령이고 그 다음이 FRB 총재라고 생각한다. 그나마 많이 발전했다고 할 수 있다.

그러나 아직도 미국 대통령의 인기는 FRB 총재의 결정 여하에 달려 있다는 것을 이해하는 사람은 극소수에 불과하다. 대통령 선거에서 국민의 경제 사정에 따라 집권당의 재당선이 좌우되긴 하지만, 일반 국민의 기대와는 달리 그 문제는 이미 정치가들의 손을 떠났다. 국민 개

개인의 경제 상태를 결정하고 물가·임금 등 국가의 경제 상황을 조정하여 실업자의 수를 조절하는 일은 돈을 만지는 금융가들의 손에 달려 있건만, 국민들은 아직도 그걸 깨닫지 못하고 있다.

클린턴 대통령이 그 추악한 성추문의 소용돌이 속에서도 높은 인기를 유지하는 것은 바로 경제 상태 덕분이며, 모든 언론들도 그의 유능한 경제 관리 능력을 부추기고 있다. 이들이 국민들을 아무것도 모르는 양떼에 비유하는 것은 국민들이 이렇게 언론의 조작에 끌려다니기 때문이다.

지도자 계보

바이샤우트는 1830년에 이미 인간과 신에 대한 개념을 만들어 프리메이슨의 철학으로 삼았다. 이 사상은 후에 니체가 받아들여 체계화시킨 후 세상에 발표하였으며, 이는 다시 파시즘과 나치즘의 근간이 되었다. 그리고 그는 1834년 이탈리아의 사상가·혁명가로 명성이 높은 기우세페 마지니에게 자신의 지위를 물려주고 물러났다. 마지니는 그 후 미국의 남북전쟁 때는 남군의 장군으로 맹활약하고, 스코틀랜드파의 그랜드 마스터와 전세계 프리메이슨의 그랜드 마스터를 지냈다. 또한 나중에 프리메이슨의 새로운 교본인 『윤리와 교리』를 만들어 유명해지는 앨버트 파이크[11] 장군을 포섭하여 일루미나티를 위해 큰 공헌을 하도록 했다.

마지니는 파이크 장군과 함께 세계 단일 정부 수립을 위해 세계 몇몇 곳에서 혁명을 일으키고 세계 전쟁을 일으킨다는 군사적인 계획을 짜기도 했다. 그의 혁명적인 사상과 행동 때문에 파리에 본부를 둔 오리엔트 총종단은 유럽 각국의 정부로부터 점차 의심의 눈길을 받았다. 그래서 그는 파이크 장군과 함께 미국 사우스캐롤라이나의 찰스턴,

---

11) 앨버트 파이크 장군은 1859~1871년에 일루미나티 운동의 선봉자가 되었다.

▲ 앨버트 파이크 장군은 19세기 미국인으로 스코틀랜드파의 그랜드 마스터가 되었다. 보스턴에서 태어난 그는 변호사·언론인·시인·남북전쟁 때 참전한 남군 장군으로 알려져 있다. 또한 프리메이슨의 교본이라 할 수 있는 『윤리와 교리』라는 책을 쓴 사람으로도 유명하다. 그의 본거지가 아칸소 주의 리틀록이었기 때문에 그곳이 미국 프리메이슨의 뿌리가 되었다. 일루미나티의 거두들은 백과사전이나 인명사전에서 찾아보기 어렵다. 바이샤우트나 파이크의 이름 역시 어디에도 기록되어 있지 않다.

이탈리아의 로마, 독일의 베를린 등지에 비밀 본부를 설치하고, 파이크 장군은 아칸소 주의 리틀록에 살면서 세계 프리메이슨을 지도했다.

그는 공산주의·나치즘·시온주의 등의 사상을 조직화하고 정치적 세력으로 구축하여 세계 전쟁이 일어나도록 유도하면서, 최소한 두 번 정도의 혁명이 일어나도록 계획을 세웠다. 이들은 1차 세계대전이 일어나도록 공작했고, 러시아의 왕정을 없애고 무신론의 공산주의 혁명이 일어나도록 했으며, 그러고 난 다음에는 세계 단일 정부를 만들기 위해 '국제연맹'을 파리에서 창설한다.

그러나 이 국제연맹이 실패로 돌아가자 마침내 2차 세계대전을 계획한다. 두 번째의 세계 전쟁을 일으키기 위해 나치즘을 조장하고, 크룹·와벅·로스차일드 등 국제 금융가들에게 자금 지원을 하도록 했다. 전쟁중에 나치 독일로 하여금 유대인들을 학살하게 하여 전세계적으로 독일에 대한 증오 무드를 조장하고, 정치적 시온주의의 세력을 키우며, 공산주의의 세력을 키워서 다음 싸움의 상대가 되도록 하는 등 갖가지 분쟁을 준비했다.

그리하여 2차 세계대전이 끝날 무렵에 벌써, 루스벨트·처칠·스탈린 세 사람이 모여서 머리를 맞대고 '한국 전쟁'과 '베트남 전쟁'을 계획하고 있었다. 또한 중국에 공산 세력을 키우는 한편, 극동아시아·중동·아프리카 등 각 지역에 분쟁의 불씨를 심어놓았다.

마지니가 죽은 다음에는 이탈리아의 혁명 사상가인 아드리안 레미가 뒤를 이으면서 계속 세대교체 하여 오늘에 이르고 있다.

사람을 키우는 조직

일루미나티의 특이한 장점은 통신 수단을 위시한 과학 문명이 절대적으로 선두적 위치에 있다는 점이다. 그들은 마르코니가 무선 전신을 발명하기 훨씬 전부터 이미 무전기를 이용해 세계적으로 통신 연락을 했다.

그들이 과학의 이기를 세상 사람들보다 먼저 사용하는 추세는 현대에도 계속되고 있다. 현재 전세계의 우주항공·에너지공학·생물공학 등 과학 기술의 발전을 최대한 저지하면서 자기네들은 전속력으로 개발하고 있어, 그들의 과학 수준과 일반 세상의 과학 수준은 엄청난 차이가 난다.

그들은 1940년대부터 비행접시 UFO에 관한 연구를 하고 있었고, 그렇기 때문에 UFO가 일반에게는 비밀로 되어 있는 것이다. 심리학 분야에서도 그들은 우리가 상상하기 어려울 정도의 발전을 이룩해

냈다.

또한 그들은 명석한 두뇌를 가진 젊은 학생들을 찾아내 장학금을 지급하면서 사상 교육을 시킨다. 지금까지 알려진 바에 의하면, 스코틀랜드의 고든스타운(Gordonstown), 독일의 살렘(Salem), 그리스의 아나브레이터(Anabreiter)에 그들의 학교가 설립되어 있으며, 클린턴 대통령도 그들이 창설한 로즈 장학금을 받고 영국 옥스퍼드대학에서 얼마간 수학한 일이 있으며, 지금 영국 여왕의 남편인 필립공이나 마운트베이튼 공작은 고든스타운의 학교에서 수학한 일이 있다.

이들은 전세계적으로 각 분야의 전문가와 권위자들을 양성하고 있으며, 딘 러스크, 로버트 맥나마라, 휴버트 험프리, 풀브라이트 같은 사람들이 그들의 교육을 받은 사람들이다.

1865년 로스차일드는 프랑크푸르트의 그린실드라는 곳에서 유대인 랍비 쉬프의 아들 야콥 쉬프를 만나게 되었다. 소년기를 막 벗은 18세밖에 안 되는 청년이었으나, 로스차일드는 그의 권모술수적인 성격과 예리한 판단력을 알아보고, 그를 미국의 금융 책임자로 만들기 위해 뉴욕으로 보낸다.

몇 년 동안 미국을 관찰하던 야콥은 1874년 유대인이 경영하는 작은 금융회사 쿤롭(Kuhn Loeb & Co.)에 투자하여 동업자가 되고, 1885년에는 이 회사의 총수가 된다.

한편 그는 미국으로 떠날 때 다음과 같은 네 가지의 임무를 받았다.

첫째 미국의 금융권을 장악하는 일, 둘째 미국 정부의 고급 관리, 의회 의원들, 대법원의 판사나 변호사 등을 매수하는 일, 셋째 미국 내 소수 그룹, 특히 흑인의 권리 신장을 위한 투쟁을 도와주어 백인 주류 사회를 혼란으로 이끌 것, 넷째 종교, 특히 기독교에 침투하여 종교 조직을 파괴할 것이 그가 부여받은 임무였다.

미국의 19세기 후반은 격동의 시기였다. 그야말로 산업이 눈부시게 발전하여 철도·철강·섬유·석유·광산 산업 등 모든 기본 산업들이 활발하게 움직이고 있었는데, 그런 만큼 모든 산업들이 막대한 자금이 필요했다.

당시 미국에는 모건, 드렉셀(Drexel) 등 여러 금융가가 있었으나 이들만의 재력으로는 필요한 산업 자금을 지원한다는 것이 너무나 힘겨웠다. 유일한 방법은 유럽에서 자금을 들여오는 것인데, 유럽의 자금이란 바로 로스차일드의 자본으로, 바로 이 부분에서 야콥 쉬프가 활약해야 했다.

쉬프는 산업에 직접 투자도 했지만, 경쟁 상대자들에게도 자금을 알선하여 모두 로스차일드의 산하로 들어오도록 했다. 이들에게는 미국에서는 야콥 쉬프의 지도하에서 행동을 통일해야 한다는 조건이 붙었다. 그들에게 투자하도록 함으로써 쉬프나 로스차일드는 겉으로 알려지지 않았고 지금도 그의 이름을 찾아보기 쉽지 않다.

하지만 명실공히 미국의 제일 금융가로 주도권을 장악하면서, 레먼 브라더스(Lehman Brothers), 골드먼 삭스(Goldman Sachs) 등 국제 금융회사들도 모두 그의 수하에서 움직이게 되었고, 그 덕분에 모건을 비롯하여 철강의 카네기, 석유의 록펠러, 철도의 해리먼 등 미국의 재벌가들이 클 수 있었다.

그리고 이들은 시간이 흐르면서 거의 모두 상호간의 결혼으로 혈연 관계를 맺었다. 로스차일드 가문이 종가처럼 행세하게 되는 커다란 재벌 정치, 즉 대기업의 귀족 사회가 형성된 것이다.

그 다음 단계는 미국의 중앙은행을 완전히 자기들의 수중에 넣는 일이었다. 중앙은행을 개인의 손에 넘기는 법을 만든다고 하면 반대 의원들이 많겠지만, 다수의 국회의원들을 매수하기로 들면 어려울 것도 없었다. 입법된다 하더라도 대통령이 거부권을 행사해 버리면 끝장이었다. 따라서 대통령이나 당의 지도자격인 인물을 확실히 잡아야 했다. 그러자면 공화당이나 민주당 가운데 적어도 한 개 당은 확실히 장악해 두는 것이 바람직한 일이었다.

당시에는 공화당이 압도적으로 국민의 지지를 받고 있어 치고 들어 갈 틈새가 없었다. 그런 반면에 민주당은 오랫동안 정권을 잡지도 못 했을 뿐 아니라 돈이 없어서 조직적인 활동도 하지 못했다. 일루미나 티 엘리트들은 돈은 얼마든지 쓸 수 있는 재력이 있었으므로 공략 대 상을 민주당으로 정했다. 다만 국민의 지원을 받아 여론을 형성하는 것은 돈으로 해결하기 쉬운 일이 아니었다.

그리하여 그들은 미국 내에 지지 세력을 구축하기 위해 유대인들을 대거 미국으로 유입시키는 책략을 꾸미기 시작했다. 1890년경부터 우 선 러시아를 비롯해 폴란드·루마니아·불가리아 등 동유럽 각국의 정 부들을 움직여 유대인에게 폭정을 퍼붓도록 했다. 유대인들은 어느 날 부터인가 갑자기 내쫓기고 재산을 몰수당하며 학살당했다. 유대인들 은 그들을 따뜻하게 받아주는 미국으로 대거 이민 왔으며, 민주당은 이들을 자신들의 지지 기반으로 만들었다.

1814~1914년 사이에 러일 전쟁, 미국 남북전쟁 등 굵직굵직한 전쟁 을 겪으면서 그들은 많은 돈을 벌 수 있었다. 그러나 이러한 전쟁은 모 두 지역전일 뿐 다른 지역은 별다른 영향 없이 계속 번영의 길을 걷고 있었다. 이러한 현상은 그들의 궁극적인 목표인 세계 단일 정부 수립 에는 바람직하지 않았다. 그들은 세계적인 차원에서의 거대한 전쟁이 필요하다는 인식을 새삼 깨달았다.

마지니와 파이크가 이미 결정한 대로 가공할 전쟁을 일으키고 그 결 과 전 인류가 평화를 갈구하는 염원을 갖도록 유도하여 그 과업의 수 행으로 국제연맹을 만들었지만 실패로 돌아갔다. 일루미나티의 이러 한 흉계를 꿰뚫어봤던 러시아 황제 때문이었다.

그 때문에 국제연맹이 성공을 거두지 못했을 뿐 아니라 그가 있는 한 미국에 중앙은행을 만든다는 것도 거의 불가능했다. 러시아는 미국 의 남북전쟁에도 참견하여 그들의 일을 방해하고 세계의 '석유 왕국' 으로 둔갑하여 미국의 록펠러와 로스차일드의 경쟁 상대가 될 요인도 갖고 있었기 때문이다.

그래서 이들은 우선 러시아의 왕정을 없애기로 하고, 공산혁명을 러시아에서부터 시작하기로 결정했다. 이에 대한 자세한 내용은 〈숨겨진 이야기〉 편의 '러시아 혁명'에서 자세히 설명했다.

세계를 장악한 일루미나티

야콥 쉬프의 세 번째 임무는 미국 내 소수 그룹, 특히 흑인의 권리 신장 투쟁을 도와주어 백인 주류 사회를 혼란으로 이끄는 것이었다. 그리하여 그들은 1909년에 '유색인종진흥 국민연합(National Association for Advancement of Colored People : NAACP)'이라는 흑인 조직을 만들었으며, 1913년에는 ADL(반 무고연맹)이라는 유대인 조직을 만들었다.

또한 수많은 자선 단체·인권 단체 등을 만들어 자유주의 사상을 보급함과 동시에, 자신들이 인간을 위하고 평화를 위하는 일꾼이라는 사실을 사회에 널리 알려 존경을 받도록 거짓 표현을 했다.

쉬프는 자신의 계승자는 개인보다는 '조직'이 더욱 활동하기에 효과적일 것이라는 생각으로, 1920년 미국에 CFR 같은 조직을 만들도록 알선했다. 당시에는 새로운 조직을 만드는 일이 세계적인 현상이어서 조직 창설은 자연스러운 일이었다. 쉬프는 그랜드 마스터의 지위를 록펠러에게 물려주어 미국과 전세계를 통치할 수 있도록 했다.

또한 CFR의 부설 조직으로 해외정책협회(FPA)·세계문제협의회(WAC)·상업자문협의회(BAC)·민주활동미국인(ADA) 등등 많은 조직과 단체를 두었다. 그리고 세계적으로 로마클럽·원탁회의 등을 조직했으며, 그 산하에 왕립국제문제연구소·300위원회·빌더버그 그룹·삼변회 그리고 UN 같은 조직을 만든 것이다.

그리하여 일루미나티는 이제 미국을 위시한 각국 정부를 완전 장악한 셈이며, 이들의 말을 듣지 않으면 대통령이 될 수 없도록 시스템이 갖춰져 있다. 미국 군대와 경찰 병력도 단일화하기 위하여 연방비상관리단(Federal Emergency Management Agency : FEMA)을 만들고 경찰 병력도 복합분쟁 해결팀(Multi-jurisdictional Task Force : MJTF)을 조직해 전국 어디에나 투입할 수 있도록 조직을 개편했다. 이 경찰 해결팀은 얼마 전 와코의 종교 집단을 없애는 일에 처음으로 투입되었다.

일루미나티가 사람들을 장악하는 방식을 살펴보자. 우선 견딜 수 없을 정도로 사회를 험악한 지경으로 몰아넣어 사람들이 자기 안전을 위해 마음놓고 살 수 있는 사회를 갈구하게 만든다. 정부가 강력한 힘을 발휘하여 그 원인을 제거해 주기를 원할 때 나서서 완전 통제 사회를 구축하는 것이다.

그때는 모든 국민이 정부의 노예가 될 것이며 인간이라기보다는 다만 하나의 숫자에 불과할 것이다. 그리하여 자본주의 사회에서 인간은 상품으로 고려된다. 이러한 사회상에 대한 이야기는 조지 오웰의 『1984년』이라는 소설에 잘 표현되어 있으며, 인체 칩은 『성경』 요한계시록 13장 16~18절에도 설명되어 있다.

이러한 정부를 스탈린 같은 독재자가 통치하고 있다고 생각해 보라. 이러한 것이 세계 단일 정부이며, 이러한 사회를 '신세계 질서'라고 한다. 이 모든 단계적인 계획이 100여 년 이전에 발표된『시온의 칙훈서』에 명시되어 있다.

그렇기 때문에 세상 인심이 점점 더 흉악해지고 기독교인들은 말세가 가까워졌다고 말하는 것이다. 그러나 사실은 소수 몇 사람들의 계획에 의해 세상이 변하고 있다는 것을 모르고 하는 말이다.

또한 이들은 사회에서 크게 인정받고 있는 후버연구소·스탠포드연구소 등등 수백 개의 연구기관을 만들어, 세계 단일 정부를 위한 연구 프로젝트를 하나하나 완성해 나가고 있다. 이 연구소들은 모두 타비스톡(Tavistock)이라는 연구소의 진두지휘를 받으며 수많은 분야를 연구하고 있다. 이들의 첫째 과제는 사회 풍조를 움직이고 문화를 창조하면서 대중 심리를 마음대로 조작하는 일이며, 자기네들만의 과학 발전을 위해 연구하고 있다.

그 엄청난 연구비를 대기 위하여 마약 장사를 하는데, 마약은 또 이 사회에 나약한 인간들을 양산해 내는 역할을 충실히 수행하기 때문에 그들에겐 '꿩 먹고 알 먹고'인 셈이다. 그런데 세계 마약 장사의 90퍼센트는 미국 정부가 하고 있다. 매스컴에 등장하는 마약범들은 정부와 경쟁을 하는 꼴이기 때문에 잡히는 것이고, 현재 미국의 통계로는 마약 사범의 체포율은 약 5퍼센트에 불과하다고 한다. 이렇게 번 돈은 사업 자금으로도 사용되며 동시에 미국 사회를 더욱 험악한 사회로 만드는 것이므로 일석이조의 이득을 얻는 것이다.

미국 정부가 관리하는 노예단이 있다는 것을 아는 사람은 거의 없을 것이다. 노예단에서는 어린이들부터 30세 미만의 성인까지 취급하고 있으며, 이들 중 많은 사람들이 정치가들의 성 노리개감으로 이용되고, 마약 사업에 이용되기도 하며, 암살자들의 저격조수로 이용되기도 한다.

이들은 CIA와 NASA의 MK울트라 프로그램을 사용하여 대상자를 다중인격자로 만들고, 암호나 신호로 다른 인격의 인간이 되도록 인격을 분리시켜 마음대로 조종한다. 그렇게 되면 대상자는 어떤 행위를 한 다음에도 자기가 무엇을 했는지 기억조차 못한다.

『시온의 칙훈서』에 의하면, 이런 짓을 하는 정치가들은 당분간은 필요한 정치가들이지만, 종국적인 지상 정부를 수립했을 때에는 이들을 쓰레기처럼 없애버릴 것이다. 그때에는 하느님이 선택한 유대인들은 종주 민족이 되고 그 밖의 다른 민족들은 이들의 종속 민족이 되는 것이다.

그러나 현재 일루미나티의 지도권에 있는 사람들이나 유대인들의 경험 과정상, 그 칙훈서가 '젠타일'의 손에 들어갔을 때를 대비하여 일부러 유대인에 대한 반감을 가지도록 이러한 구절을 넣지 않았나 하는 의구심을 갖게 된다. 극단적으로 생각하면, 마치 유대인들을 모두 말살시키려는 것 같은 인상도 준다.

쉬프의 마지막 임무인 종교계의 침투는 거의 완료되었다. 여기서 말하는 종교란 주로 개신교를 지칭한다. 가톨릭교는 바티칸 하나만 장악하면 전세계의 교회를 통솔할 수 있지만 개신교는 교파도 많고 파벌도 많기 때문에 광범하게 침투할 필요가 있기 때문이다. 또한 전 미국 사회에 끼치는 영향도 대단해서 정치적 이용 가치도 크다. 그리고 그 밖의 타 종교와 사이비 종교는 주로 정보계통의 기관을 통하여 침투하고 조종한다. 명실공히 이들이 모든 종교에 파고 들어가 관장하고 있다고 말할 수 있다.

일루미나티는 『시온의 칙훈서』를 자신들의 지표로 사용하고 있다고 알려져 있다. 유대인들은 긴 역사를 갖고 있고, 그 역사는 대부분 고난과 핍박의 역사였기에, 그들은 자신들이 당한 과거의 역사적인 교훈을 잊지 않고 현명하게 사용하고 있다.

그중의 하나는 15세기에 있었던 콘스탄티노플 대주교의 칙훈이다. 이것은 물론 시온의 칙훈에도 반영되었지만, 그들은 종교 단체 등 모든 조직을 점령하는 데 있어서 5백여 년 전의 칙훈을 지금도 충실하게 따르고 있다.

1492년 봄에 스페인에서 대거 유대인들을 축출하려고 했을 때의 일이다. 당시 유대인은 축출을 면하려면 다른 스페인 사람들과 같은 종교를 믿고 그들과 동화되어야 했는데, 이러한 일은 유대인으로서의 정체성을 포기하는 일이어서 몹시 고민스러운 문제였다. 고민을 거듭하던 한 랍비가 콘스탄티노플의 대주교에게 편지를 보내 조언을 구했고, 대주교의 답변은 다음과 같았다.

- 스페인 왕이 기독교로 개종하라고 요구한 문제에 대하여, 다른 방법

이 없으니 그 제의를 수락하고 기독교인이 되기를 권고한다.

- 재산이 약탈당하는 문제에 대하여, 아들들을 장사꾼으로 만들어 앞으로 기독교인들의 재산을 두고두고 조금씩 조금씩 약탈하도록 권고한다.
- 먹고사는 생계를 유지하는 문제에 대하여, 아들들을 의사나 약장사를 만들어 기독교인들의 생명을 앗아가도록 권고한다.
- 그들이 유대교회를 파괴시킬 걱정에 대하여, 아들들을 성서학자로 만들고 신부로 만들어, 그들의 교회 안으로 파고 들어가 자리를 잡고 그 교회들을 파괴하도록 권고한다.
- 다른 많은 번뇌에 대하여, 아들들을 검사나 변호사로 만들어 정치에 참여하도록 해서, 그들에게 멍에를 씌우고 세계를 정복함으로써 복수하도록 권고한다.
- 우리가 주는 이 권고들은 칙훈이니 이를 조금도 소홀히 한다든가 변색시키지 말도록 하라. 왜냐하면 지금 받는 굴욕의 경험으로 종국에는 권력을 잡게 되는 것이기 때문이다.

유대인들은 5백여 년 전 받은 이 칙훈을 철칙으로 삼고 실행하며 살아가고 있는 셈이다.

【 참고 서적 】

- James M. Warburg, *The West in Crisis*.
- J. M. Roberts, *The Mythology of the Secret Societies*.
- John Robinson, *Proofs of a Conspiracy*.
- Myron Fagan, Anthony J. Holder, *David Sielaff, Illuminati and the CFR*.
- Nesta Webster, *Secret Societies and Subversive Movements*.

해골종단

해골종단은 앞에 소개한 여러 조직들이 혼합된 형태인데, 특히 미국의 정치를 위시한 사회 전반에 걸쳐 지대한 영향력을 끼치는 조직이기에 여기 소개한다.

우선 이 조직의 상징은 흰색으로 해골이 있고 그 아래 두 개의 넓적 다리 뼈를 서로 엇걸려 X자 모양으로 그린, 흔히 우리가 해적선 깃발에서 보았던 표식이다.

이것은 중세나 18세기를 다룬 어린이 만화에나 나오는 그림이 아니고 현재도 건재할 뿐 아니라 우리의 생활과 직접적인 연관이 있는 조직이다. 이들은 본부를 미국 예일대학에 두고 엄격한 비밀을 지키고 있으며, 회기 중에는 '모소리움'이라고 부르는 '무덤'에서 1주일에 두 번씩 모인다.

'모소리움'은 서양의 공포 영화에 많이 등장하는데, 커다란 대리석 같은 고급 돌로 유리창 없는 집을 짓고 그 안에 시체를 넣은 관을 놓아두는 곳으로서, 일종의 납골당인데 한 가족이나 가문에서 마련한 묘지

▲ 17세기 스코틀랜드 에딘버러 부근에 프리메이슨의 회당이 건립되었는데, 그 회당 옆에는 메이슨들의 공동묘지가 있다. 사진은 그곳에 있는 무덤의 비석. 해골과 X자로 된 뼈, 그리고 메이슨들의 건축 연장이 조각되어 있다.

를 말한다.

이 조직은 그 내용이 더러 세상에 알려져 있으나 아직도 많은 비밀을 안고 있어, 어느 정도나 알려져 있는지조차 모른다. 대략 150년 전에 독일의 한 지파로 미국에 건너왔고, '죽음의 형제(Brotherhood of Death)'라고 불린 때도 있었다 한다.

미국에서는 윌리엄 러셀(General William Huntington Russell) 장군과 알폰소 태프트(Alphonso Taft)가 1832~1833년경에 창설한 것으로 알려져 있다. 알폰소 태프트는 미국의 국무장관을 지냈고 그의 아들 윌리엄 태프트(William Howard Taft)는 대통령과 대법원장을 역임했던 사람이다.

이 조직은 1856년에 코네티컷 주 의회에서 직접 정관을 만들어 '러셀 신탁(Russell Trust)'이라는 이름으로 등록했으며, 활동 내용이나 회계 감사 등 모든 면에 대해서 보고할 의무가 면제되었다. 그러므로 '러셀 신탁'이 해골종단의 법적인 명칭이다.

이 조직은 애초부터 심한 인종 편견을 갖고 있어, 유색 인종이나 열등 인종을 상대로 마약 장사를 해온 조직이기도 하다. 이들은 러셀 공사(Russell & Company)라는 회사를 만들어 19세기에 터키의 아편을 중국으로 밀수입하는 아편 장사를 해서 막대한 돈을 벌기도 했다.

이 조직의 유일한 경쟁자는 보스턴에 근거를 둔 퍼킨스라는 가문이었다. 영국 왕실과 손을 잡은 조직이었는데, 얼마 후 러셀 공사가 퍼킨스의 조직을 흡수해 버리자 미국에서의 마약업은 러셀 공사가 거의 독점하다시피 했다. 이들은 300위원회 멤버이자 '푸른 피' 계열인 쿨리지(Coolidge) 가문, 딜라노(Dilano) 가문과 손을 잡아 대통령도 탄생시켰던 것이다.

러셀 공사가 중국에서 아편 장사를 하고 있을 때, 중국의 광둥(廣東) 본사의 총책은 F. 루스벨트 대통령의 외할아버지인 W. 델라노(Warren Delano Jr.)였으며, 영국의 귀족들도 이들과 함께 손잡고 장사한 사람이 여럿 있었다. 그들은 거의 다 300위원회의 회원이었다.

대개 한 번 가입하면 그 자식들도 저절로 회원이 되는데, 현재 널리 알려진 미국의 유명 가문들을 소개하면 다음과 같다.

- 부시 가문
- 록펠러 가문
- 해리만 가문
- 휘트니 가문

- 페인 가문
- 밴더빌트 가문
- 번디 가문

그 밖에도 단원들의 가계를 따져보면 영국 귀족 출신의 가문들도 많고, 1630~1660년경에 미국으로 이주해 온 청교도들의 이름도 많다. 단원들은 집안간의 결혼을 통해 인맥을 쌓고 재력가들의 사회에 진입하여 정치적 세력도 서로 나눠 가졌다.

이렇게 하여 수천 년간 내려오는 영국계 귀족 피와 재력가들의 피를 합함으로써, 새로운 귀족 계급을 창조해 냈다. 현재 미국의 정계·법조계·금융계·교육계·언론계·종교계를 비롯하여 경찰·군 등의 첩보계통, 인구 문제·건강·의료·제약·식품업, 심리학(특히 대중 심리 공작 분야)과 마약업계에서 주도권을 잡고 있다.

또한 이 조직은 원탁회의나 로마클럽 등과 거의 동화되어 있는 상태다. 때문에 미국의 조지 부시 전 대통령은 자기 아버지의 뒤를 이어 1948년 학생 시절에 가입했으며, 이 조직의 도움으로 CIA 국장까지 쉽게 올라갔다.

그의 아버지 프리스코트 부시(Prescott Bush)도 아주 유명한 해골종단 단원이었다. 이 이야기는 해골을 되돌려받기 위해 아파치인디언 산카를로스 부족의 대표로 참여하여 협상했던 네드 앤더슨(Ned Anderson)의 증언에 근거를 둔 것인데, 그는 1918년 5월 5명의 다른 단원들과 함께 미국의 유명한 아파치인디언의 지도자였던 제로니모(Geronimo)의 무덤을 파헤쳐 그의 해골을 도굴해 왔다. 그것을 예일 대학에 있는 자기네들의 모소리움에 갖고 와서 제식을 올리는 데 사용한 것이다.

이들은 미국 남북전쟁 때 로스차일드 가문과 결탁하여 남부와 북부 양편에 전쟁 자금을 대주었고, 19세기 말과 20세기를 거친 현재에도

우생학 운동은 거의 이 사람들이 주도하고 있다. 세계기독교연합회
(The World Council of Churches : WCC)도 이들이 창설한 것으로 알
려져 있다.

아마도 대부분의 독자들은 WCC나 월드 비전(World Vision) 같은
단체가 해골종단의 조종을 받고 있다는 말에 놀랄 것이다. 그러나 교
회 중에는 프리메이슨의 조종을 받는 곳이 적지 않다. 일반 교회나 신
학교 같은 곳의 건물에 부적과 같은 상징물[12]이 장식되어 있는 것을
보면, 독자들은 해당 교회뿐 아니라 그 교파 전체를 색안경을 쓰고 관
찰할 필요가 있다. 다시 말하면 적그리스도라는 말과 종횡으로 비교
관찰해 보기 바란다는 말이다.

또 세계경찰이라고 말할 수 있는 인터폴이나 서양의 경찰 계통의 휘
장을 보면 거의 예외 없이 프리메이슨을 가리키는 상징물이 있음을 발
견할 수 있다.

이뿐이 아니다. 대회사의 상호나 마크를 보아도 이러한 것들이 있으
며, 인도주의의 상징처럼 알려져 있는 적십자사 같은 단체에서도 프리
메이슨의 상징물(붉은 십자)을 사용하고 있는 것이다.

또 해골종단이나 프리메이슨이 교회에 침투한 것은 워낙 역사가 길
어 구분하기 어려울 정도다. 흔히 교회의 성가대복, 학위를 받을 때
입는 의상에 V자 띠를 앞가슴에 드리우는데, 이것은 프리메이슨의 직
각자[13]를 뜻하는 것으로, 음으로 양으로 그들의 영향을 받고 있다는
증거다.

이들은 매년 대학 1~2학년 남학생 중에서 약 15명 정도의 단원 대
상자를 선택하며, 이들을 후보자로 삼아 얼마 동안 훈련시키고 관찰한
다. 그런 다음 이들이 상급 학년에 오르면 비로소 단원으로 가입시키

---

12) 〈프리메이슨의 상징물〉 편을 참조하라.
13) 그 각도는 90도 또는 60도다.

는데, 이 입단식이 대단히 괴기스럽다.

입단식은 예일대학이 있는 세인트로렌스 강의 디어(Deer) 섬[14]에서 행하는데, 우선 양말까지 벗어 나체가 된 다음 성기에 리본을 매어놓는다. 그리고 해골과 뼈가 그려져 있는 관에 들어가 누운 다음, 자위 행위를 하여 사정하는데, 그때 자신의 기분을 큰 소리로 묘사해야 한다.

이게 바로 신입단원이 거쳐야 할 통과의례다. 그 뒤에 해골과 뼈의 이름을 지어주고 '말타의 기사' 등의 칭호를 준다. 그리하여 이들은 철두철미한 단원간의 형제 의리, 비밀 존중, 상호 협조 등의 법칙을 지키고, 마침내 모든 분야를 조종하는 위치로 올라간다.

그렇다면 왜 이들은 해적단의 상징인, 해골과 X로 교차된 두 개의 뼈를 자기네들의 상징으로 사용했을까? 이 상징이 원래 템플 기사단의 상징이었고, 그들이 특히 해전을 할 때면 이 상징물을 깃발로 사용했기 때문에 해적들이 이 상징을 도용한 것이지, 원래는 해골종단의 것이다.

또 한 가지 의문은 무시무시하고 괴기한 조직의 이름이다. 내가 추리하기로는 이렇다.

일반 기독교인이 말하는, '사탄'을 숭배하는 믿음은 죽음을 항상 가까이 다루고 있다. 예수가 죽기 이전부터 이 이름이 존재했다. 그런 이유로 예수가 죽음을 당한 곳이 골고다(Golgotha), 즉 아람어로 '해골(gulgult)'이라는 동산이었던 것이고, 그래서 후에 아프로디테 여신의 신전을 서기 70년경 골고다에 세웠다는 것이다.

아프로디테는 '사랑'의 여신으로, 지금도 성욕을 돋우는 흥분제를 '아프로디지악(aphrodisiac)'이라고 부른다. 로마인들은 아프로디테 여신을 어머니로 여겼으며, 동정녀, 어머니, 죽음의 여신을 합한 삼위일체로 죽음과 귀신의 세상을 관장하는 여신이라 생각해 왔다.

---

14) 섬 전체가 해골종단의 소유다.

　그래서 이 여신을 섬기는 진실한 기독교인은 해골 등으로 제사를 드리는 기독교 조직이나 신학교 따위를 만들어 다스리고 있다.

　『시온의 칙훈서』에 나오는 "기독교도들을 파멸시켜라"라는 대목과 연결하여 생각해 보면, 뭔가 의미가 닿는 것 같지 않은가.

브나이 브리스

'Independent Order of BNAI BRITH.'

이것은 '브나이 브리스(BNAI BRITH)'라고 부르는 이 조직의 정식 이름인데, 짧게는 'I.O.B.B.'라고도 표기한다.

브나이 브리스라는 말은 '계약의 자손(Sons of Covenant)', 즉 히브리의 율법인 '모세의 법률'에 따라 하느님이 선택한 유대인의 자손들이라는 뜻이라 유대인만 가입할 수 있다.

이 조직은 1843년 뉴욕에서 헨리 존스(Henry Jones)라는 사람과 독일 출신 유대인 다수가 모여 창설한 프리메이슨의 한 계보로, 지역종단과 총종단의 도장을 보면, '유대인 메이슨(Jewish Masonic Society)'이라는 글자가 씌어 있다.

이 조직은 대개의 다른 사회 단체와 마찬가지로, 표면적으로는 자조와 자선을 표방하지만, 내적으로는 정치 활동을 하고 있다. 이 조직은 창설 이래 오늘날까지 독일이 주 활동 무대이며, 가장 주된 목표는 국제주의 노선을 통해 국제적으로 독일계 유대인의 우월성을 획득하는 것이다.

1882년에 이르러 세력이 확대되자 모리츠 에팅거(Moritz Ettinger)의 책임 아래 독일로 진출하여 지역 종단을 세우게 되었다. 다행히도 유대인들의 열화와 같은 성원에 힘입어 지역 종단을 많이 세울 수 있었고, 3년 후인 1885년에는 뉴욕종단의 그랜드 마스터로 있던 줄리어스 비엔이 독일로 건너가 첫 번째로 '독일종단'을 세울 정도가 되었다. 조직은 계속 확대되어 루마니아·오스트리아·헝가리 등으로 계속 퍼져나갔지만 전체적인 지휘는 여전히 뉴욕에서 하고 있다.

이 조직은 미국 남북전쟁 때 남군과 노예 정책을 공개적으로 지지했으며, 지금도 비밀리에 KKK단을 지지하고 조종하고 있는 것으로 알려져 있다. 현재 흑인 지도자들을 인종 차별주의자며 반유대주의자라고 규탄하고 있는 단체다.

브나이 브리스는 창설 이래 역사적으로 많은 활동을 했는데, 1917년에는 러시아에서 공산혁명이 일어났을 때 지도자 케렌스키를 배출하기도 했다. 그후 1928년 10월 세계 유대인중개기구(Jewish World Agency)가 창설될 때에는 세계 유대인 조직에서, 브나이 브리스에서 창안한 '민족주의로서의 시온주의'란 노선을 채택해, 이 조직의 우월성을 인정받고 하나의 세계 정책을 고안하기에 이르렀다.

브나이 브리스는 요즈음 신문 지상에 심심치 않게 이름이 오르내리는데, 그것은 '유대인 6백만 명 학살'을 기정 사실화하려는 그들의 운동 때문이다.

앞에서도 언급했지만, 요즘 들어 나치 독일의 6백만 유대인 학살, 가스실 독살, 시체를 이용한 상품 제작 등이 모두 조작이라는 주장이 나오고 있다.

브나이 브리스는 그런 주장을 하는 사람들이 '유대인을 증오하는 선동분자'며, 인류에 대한 범죄를 저지르는 일이라고 못박는다. 그래서 그들은 '선동분자'를 사직 당국에 고발하고 재판에 회부하는 일을 맹

럴히 추진하면서 사회 여론을 조성하고, 인권 운동을 앞세워 브나이
브리스의 주장을 기정 사실화하는 데 주력하고 있다.
　널리 알려진 ADL은 브나이 브리스에 속한 산하 조직이다.

원탁회의

세실 로즈(Cecil Rhodes, 1853~1902)라는 영국인 대부호는 아프리카 대륙을 샅샅이 뒤진 끝에 다이아몬드 왕국을 세웠으며, 그의 후손들은 남아프리카공화국에서 지금도 대규모 다이아몬드 광산을 운영하고 있다. 지금은 짐바브웨(Zimbabwe)라고 부르는 나라의 전 이름은 로데지아(Rhodesia)였는데, 그게 바로 그의 이름을 따서 붙인 이름이었으니, 대단한 세력가였던 것만은 틀림없는 것 같다.

그는 옥스퍼드대학에 다닐 때 존 러스킨(John Ruskin)[15] 교수를 만나보고 존경하게 되었고, 그래서 러스킨 교수의 영향을 크게 받았다.

러스킨은 그리스 철학가인 플라톤을 몹시 존경하여 하루도 빼놓지 않고 그의 저서를 읽곤 했다. 그중에서도 그는 특히 플라톤이 주장하는 정치 체제에 매료되어 있었다. 그것은 밑에서 위로 올라가는 형식이 아니라 위에서 밑으로 내려오는, 지도층에서 결정되어 일방적으로

---

15) 1819~1900, 영국의 평론가이자 사회사상가.

국민들에게 지시하는 체제였다.

러스킨은 세계에 새로운 질서가 필요하다고 믿었고, 전세계에 중앙집권 권력 체제가 이루어져 전세계의 생산과 공급을 관리해야 한다는 신념을 갖게 되었다. 이러한 사상은 영국 노동당의 기본 철학이 되었으며, 나중에는 영국 보수당에까지 퍼졌다.

그런데 러스킨의 사상은 한발 더 나아가, 전세계를 한 사람의 독재자가 통치해야 한다는 데까지 발전했다. 여기서의 독재자란 우리가 흔히 생각하는 폭군으로서의 독재자가 아니라 현자로서의 독재자를 뜻한다. 그는 가난한 사람들이 잘 살려면 현명한 독재자가 나타나야 한다고 진심으로 믿었다.

그러한 사상을 바탕으로 러스킨은 후에 카를 마르크스와 프리드리히 엥겔스의 사상에 심취하기도 했고, 일루미나티의 평등주의와 합리주의를 신봉하게 되었다.

아무튼 로즈는 러스킨 교수가 옥스퍼드대학교 총장 취임식 때 한 연설문을 평생 갖고 있을 정도로 러스킨의 사상을 신봉했는데, 그 연설문 내용 중에 중요한 점은 세계 단일 정부를 수립한다는 것이었다. 그 생각은 로스의 마음을 평생토록 사로잡았다.

로즈는 아프리카를 본거지로 거대한 광산 회사들을 차리고 다이아몬드를 생산해 내면서 어마어마한 부자가 되었다. 그리고 남부 아프리카의 케이프 식민정부의 총리를 지내면서, 자신의 재력을 이용하여 영국과 남아연방의 국회를 손쉽게 조종하는 능력을 보여주었다. 300위원회의 위원인 그는 세계 단일 정부 수립 목표를 달성하기 위하여 평생을 노력했고, 자신의 재력을 아낌없이 총동원했다.

그가 만든 비밀 조직에는 여러 가지 이름이 붙어 있다. 흔히 올림피안이나 원탁회의라는 이름으로 불렸는데, 여기서는 원탁회의라고 부르기로 하자.

원탁회의는 프리메이슨 중에서도 일루미나티 조직에 속하는, 전면에 나서서 권력을 잡은 유명한 사람들보다는 뒤에서 그들을 조종하는 실세인 사람들을 회원으로 받아들이곤 했다.

이들은 역사책에 이름이 오르지 않을 것 같은 사람들을 더 선호했는데, 영국의 《타임스》지의 사주였던 애스터경(Lord Astor : 300위원), 남아프리카에서 보어전쟁을 일으켜서 수많은 부녀자를 학살하게 한 키츠너경(Lord Kichener : 300위원), 영국의 외상과 총리를 지낸 샐리스버리경(Lord Salisbury : 300위원), 배런 로스차일드경(Baron Nathan Riothschild : 300위원) 등이 그런 사람들이었다.

이들은 공동의 노력으로 광산의 이권을 갖고 있었고, 남아프리카공화국을 세운 장본인들이었다. 1899년에는 와벅·슈뢰더·라자드·모건 같은 사람들이 회원이 되어 로스차일드와 함께 세계의 금융계를 장악하기도 했다.

로즈는 1902년 죽을 때 그의 유산을 대부분 원탁회의에서 사용하도록 했지만, 원탁회의의 비용은 거의 로스차일드 가문에서 담당했다. 로즈는 유산 중 일부로 '로즈 장학금'을 만들어 매년 영연방에서 60명, 미국에서 32명, 독일에서 약간 명의 수재를 뽑아 옥스퍼드대학에서 수학하도록 했다. 빌 클린턴 대통령도 로즈 장학생이었다.

로즈 장학금의 목적은 영어권의 수재들에게 세계 단일 정부의 관념을 심어주고, 각자 자기 나라의 지도자가 되게 하는 것이다. 따라서 특히 밸리올대학, 뉴컬리지 같은 옥스퍼드 내의 대학은 원탁회의의 중심지가 되었다.

로즈의 뒤를 이어 앨프레드 밀너(Alfred Milner : 300위원)가 주도권을 쥔 뒤에는 왕립국제문제연구소를 발족했다.

밀너의 지도하에 원탁회의는 점차 정부 내의 영향력을 증대시켜 회원인 아서 밸푸어(Arthur Balfour : 300위원)를 외상과 총리의 자리에 앉힐 수 있을 정도가 되었다.

원탁회의는 영연방안을 만들고 정부가 이를 실천에 옮기도록 했으며, 1차 세계대전 때 밀너는 로이드 조지(Lloyd George : 300위원) 총리의 전시 내각에 많은 영향력을 행사했다. 1919년 파리 평화회담을 주선한 것도 원탁회의가 한 일이며, 1차 세계대전 종식 후 생긴 국제연맹도 이들이 만든 것이었다. 이 국제연맹은 약 20년 후 실패하기는 했지만, 최초로 건설한 '세계 정부'였다. 아프리카의 보어전쟁에서부터 영국의 역사는 이들이 만들었다고 할 수 있으며, 1917~1945년 동안 아일랜드·팔레스타인·인도에 대한 실질적인 정책을 이들이 주관했던 것이다.

원탁회의는 영국뿐 아니라 남아프리카·캐나다·오스트리아·뉴질랜드·인도·미국에 그 지부를 조직했으며, 1910년부터 《원탁(the Round Table)》이라는 잡지도 내고 있다.

미국 조지타운대학 캐롤 퀴글리 교수의 책 『영국계 미국인들의 업적(*The Anglo-American Establishment*)』을 보면 이런 구절이 나온다.

밀너의 소그룹은 정책과 행정 면에서 막대한 권력을 휘두르며 자기네들의 행위에 대한 출판이나 공문서 작성을 거의 완벽하게 장악하고 있다. 대중의 의사를 조성하는 정보 공급을 통제하면서, 자신들의 업적에 대한 역사를 완전히 마음대로 조작하여 쓰고 가르치도록 하고 있는 것이다…….

그들은 세상에서 자신들의 정체를 전혀 모르고 있을 정도로 스스로를 성공적으로 숨겨왔던 것이다.

이 조직은 미국으로 건너와 이름만 바꿔 자신들의 목적을 행동에 옮기기 시작한다. 초기에는 미국 쪽에서 '카네기 대영제국 신탁(Carnegie United Kingdom Trust)'이라는 회사를 비롯하여 록펠러, 모건, 휘트니 가문 소유의 회사들이, 유럽 쪽에서는 로스차일드 가문, 라자드 형제의 가문 등이 경제적으로 지원했다. 물론 그 밖에도 많은 회사

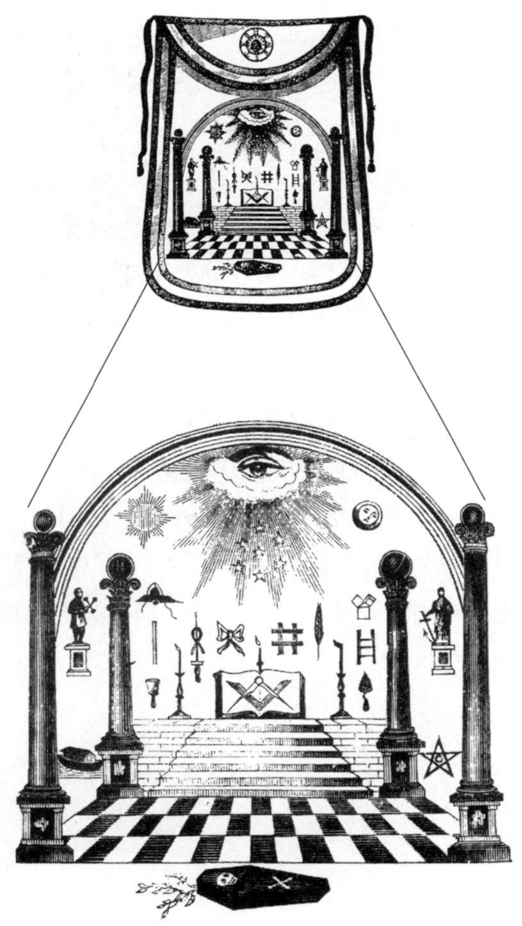

▲ 프랑스의 라파예트 장군 부인이 손수 수놓아 만든 조지 워싱턴의 에이프런. 프리메이슨의 사상과 제단을 묘사한 그림을 수놓았다. 하느님은 우주를 만드는 위대한 건축가고, 그의 형상을 닮은 인간은 지구에서 건물을 짓는 건축가다. 이 그림에는 프리메이슨의 가장 숭고한 임무는 하늘의 거룩한 과업을 영적으로 지상에 반영하는 일이며, 이러한 일들을 가능하게 하는 그들의 사원(Temple)은 지상에 존재하고 있으나, 항상 전시안이 있는 하늘을 올려다보도록 되어 있다는 의미가 포함되어 있다.

와 개인들이 이 조직을 지원했는데, 그들은 모두 신세계 질서 계획, 즉 세계 단일 정부 수립을 목적으로 하고 있다.

세계 단일 정부라고 하면 처음에는 거의 다 바람직한 생각이라고 찬성할 것이다. 지금 이 글을 쓰고 있는 나 자신도 그렇게 생각했지만, 그들의 진정한 목적을 알고 난 다음부터는 소름이 끼칠 정도로 두려울 뿐이다.

그들은 1인의 유대인 독재 군주를 종신으로 세우고, 비유대인들을 완벽하게 장악하고 통치하려는 꿈을 꾸고 있다. 이것이 사실인지 아닌지는 잘 모르겠지만 최소한 『시온의 칙훈서』에는 그렇게 씌어 있고, 지금까지의 과정을 보면 『시온의 칙훈서』에서 말한 것들이 소름이 끼칠 정도로 맞아떨어지고 있다.

우드로 윌슨 대통령 당시 그를 조종하던 에드워드 하우스(Col. Edward Mandel House : 유대인)가 1912년에 소설 형식을 빌려 쓴 『필리프 드루, 행정가(*Philip Dru, Administrator*)』를 보면, 권력을 잡는 방식, 권력자가 원하는 사람을 대통령에 당선시키는 방법, 국민이 선출한 국회의원이나 대통령을 꼭두각시 하수인으로 부려먹는 방법 등이 상세히 설명되어 있다.

왕립국제문제연구소

1919년 파리 평화회담에 참가했던 영국·미국의 엘리트들은 따로 영국 왕립국제문제연구소(Royal Institute of International Affairs : RIIA)를 만들었다. 그리고 같은 사람들이 1920~1921년에 미국의 외교문제협의회라는 것을 만들었다.

영어를 사용하는 나라들의 종주국이라고 할 수 있는 영국과 미국은 사실 이 두 조직이 있기 때문에 각별한 관계를 유지할 수 있었다. 외형적으로는 두 국가가 있지만 실제로는 마치 한 나라처럼 이 두 조직의 계획에 의해 움직이고 있는 것이다. 현재는 영국 여왕을 우두머리로 하는 RIIA가 영국과 세계 문제를 통괄하고 있다.

그렇다면 왜 영국이 과거의 영화를 잃어버리고 지금은 못살고 있는가? 엘리트들은 어느 한 나라의 이익을 위하는 일에는 관심이 없기 때문이다. 그들은 오로지 세계를 통치한다는 것만이 관심사이며, 그러한 현상은 미국에서도 마찬가지다. 이들은 전시안을 신봉하는 사람들로서, 조직의 핵심을 이루는 다수의 사람들이 영국이나 미국의 국적을 갖고 있지만 자신들의 이상과 믿음은 따로 있다.

그들은 자신들의 목적을 위해서는 기꺼이 자국의 군인이나 시민들을 학살하는 것이다. 이러한 예는 얼마든지 있다. 다만 일반 대중이 그런 내용을 모르고 있을 뿐이다.

현재 왕립국제문제연구소의 소장은 3명이 합동으로 맡고 있는데, 그들은 다음과 같다.

- 캐링턴경(Lord Carrington) : 영국 보수당 정권 때 장관을 했고 NATO의 사무총장을 지냈으며 300위원회와 삼변회 회원이고 빌더버그 그룹의 회장을 지낸 바 있다.
- 캘러헌경(Lord Callaghan of Cardiff) : 노동당 정권 때 총리를 역임했고 여러 장관직을 맡기도 했으며 빌더버그 그룹의 회원이다.
- 젠킨스경(Lord Roy Jenkins of Hillhead) : 삼변회와 빌더버그 그룹의 창립자 중의 하나로서, 노동당 정권 때 여러 장관직을 맡았으며 재무장관도 역임한 바 있다.

이 가운데 젠킨스경은 소위 '영국의 4인방'에 속하는데, 이들 중 나머지 3명은 다음과 같다.

- 오언경(Lord David Owen) : 1981년 노동당을 탈퇴하여 사회민주당을 만들고 유럽협의회 회장직도 역임했으며 삼변회 회원이다.
- 에드워드 히스(Edward Heath) : 보수당 정권의 총리를 역임했고 빌더버그 그룹, 삼변회의 회원이다.
- 투겐다트경(Lord Christopher Tugendhat) : 보수당 국회의원이며 신세계 질서 계획의 홍보에 앞장서고 있는 디츨리재단(Ditchley Foundation)의 이사 등을 역임했다.

이러한 단체들은 대외적으로는 '두뇌 집단'이라고 할 수 있는 순수한 외교문제연구 단체이다. 이 단체의 모임에는 많은 저명 인사들이 와서 연설도 하고 의견도 교환하지만, 모두 소위 채담하우스 규칙(Chatham House Rule)이라는 것을 적용받는다. 어떠한 비밀도 회의 안에서는 말할 수 있으나 그런 정보의 출처에 대한 설명이나 질문을 해서는 안 되는 것이다. 물론 중요한 회의는 비공개로, 회원이나 초청된 사람만 갈 수 있다.

이 조직에 재정적 후원을 하는 주요 회사나 단체들을 간략하게 소개하면 다음과 같다.

- 영국 외무성(The British Foreign Commonwealth Office)
- 영국 국방성(The Ministry of Defence)
- 영국 재무성(Ministry of Treasury)
- 모건 신용평가사(Morgan Guaranty Trust Company)
- 미국 대사관(The United States Embassy)
- 영국 석유(British Petroleum)
- 쉘 인터내셔널사(Shell International)
- 영국 은행(Bank of England)
- 로이드 은행(Lloyd Bank)
- 영미 담배산업협회(British American Tobacco Industries)
- 영국 성공회(Church of England)
- ABC 뉴스 인터내셔널사(ABC News International Inc.)
- CBS 뉴스(CBS News)
- NBC 뉴스(NBC News Worldwide Inc.)
- 후지 텔레비전(Fuji Television)
- 《슈피겔(Der Spiegel)》
- 《가디언(The Guardian)》

- 《타임스(The Times)》
- 《뉴욕 타임스(The New York Times)》
- 《워싱턴 포스트(The Washington Post)》
- 《월스트리트 저널(The Wall Street Journal)》
- 《리더스 다이제스트(The Readers Digest)》
- BBC 방송(BBC World Service)
- 체이스 맨해튼 은행(Chase Manhattan Bank)
- 영국 노동당 국제부(The British Labour Party International Department)

외교문제협의회

미국 조직인 외교문제협의회(CFR)는 영국 RIIA의 미국 지부로, 1921년 7월 29일 정식으로 뉴욕에서 발족되었다. 미국에서 국제연맹의 부족함을 보완하고 세계 정부 수립의 필요성을 좀더 근본적으로 홍보할 필요를 느꼈기 때문이다. 영국의 조직과 차이가 있다면, 회원층이 영국보다는 좀 광범위하고 많다는 점이다.

그러나 이것은 별 의미가 없다. 일반 회원들은 회의에 참가해도 엘리트들의 계획이나 실지 진행하고 있는 사업 내용을 알 길이 없기 때문이다. 이것은 조직 안에 조직이 있다는 증거다. 따라서 그 내막을 알게 된 몇몇 회원들은 경악하여 탈퇴한 후 보고들은 것을 공개하며 그들을 비판하는 것이다.

현재 약 2천여 명의 회원이 있으며, 수십 년 동안 그토록 막강한 세력을 유지하면서도 외부에 잘 알려지지 않은 이유는, 그들의 '부칙 제2장'에 회의의 내용을 발설하는 회원은 즉시 제명된다고 씌어 있기 때문이다. 회원 명단은 지금도 편지를 써서 알려달라고 하면 대강은 알려주지만, 그 회원들의 대부분은 조직의 진실된 목적을 모르고 있기 때문에 자신들은 비밀 조직이 아니라고 말한다.

CFR을 창설한 중심 인물로는, 1919년 파리의 베르사유 협정 때 참석했던 에드워드 하우스 대령, 언론가 월터 리프먼, 존 덜레스(아이젠하워 대통령 시절의 국무장관), 앨런 덜레스(CIA 부장), 크리스천 허터(덜레스의 뒤를 이은 국무장관) 같은 사람들이었다. 또한 조직의 운영 자금은 J. P. 모건, 존 록펠러, 버나드 바루크, 폴 와벅, 오토 칸, 야콥 쉬프 같은 사람들이 지원했다.

그리고 그들은 《해외 문제(Foreign Affairs)》라는 기관지 등을 펴내면서, 자신들의 목적을 세계의 사회적·경제적 질서를 바로잡음으로써 새로운 국제 질서를 확립하는 일이라고 표방하고 있다. 그러나 전 회원이었던 해군 소장 체스터 워드 제독이 공개한 내용을 한번 살펴보자.

세상에서 가장 권력이 강한 엘리트 집단의 유일한 공동 목적은 미국의 독립과 주권을 앗아가는 것이며, 미국을 소련과 합쳐 같은 공산주의 국가로 건설하는 것이다. 국제 엘리트라는 CFR의 회원들은 월 가의 국제 금융가들과 그들의 참모들이며, 일차적으로 그들이 원하는 것은 세계의 은행업을 독점하여 세계 정부를 수립하는 것이다. 세계 정부란 아마도 UN을 절대적인 지상 정부로 변환시킨 것 같다.

또한 일찍이 CFR을 연구해 온 댄 스무트(Dan Smoot)라는 사람은 이렇게 설파했다.

"CFR의 궁극적인 목표는 사회주의의 단일 세계 정부를 수립하는 것이며, 미국을 그 일부로 만드는 것이다……."

이들의 발언을 보면, 미국을 공산주의 또는 사회주의 사회로 만든다는 말이 자주 나오는데, 이 점을 주의 깊게 보기 바란다.

1945년 UN을 창설하기 위한 샌프란시스코 국제회의에 미국 대표로 참가한 사람들 중 47명이 CFR 회원이었다. 그중에는 국무장관을 지낸 에드워드 스태티니우스, 존 덜레스, 넬슨 록펠러, 애들레이 스티븐슨, UN의 초대 의장 앨저 히스(Alger Hiss) 같은 사람들이 있었다. 또 워싱턴 정가에서는 민주당이든 공화당이든 정당에 상관없이 각 부서의 책임자는 CFR의 회원 명단에서 골라 임명하곤 했다.

CFR의 회원으로 스팀슨 국무장관 밑에서 인사담당 차관으로 있던 존 매클로이는 이런 증언을 남겼다.

언제든지 사람이 필요할 때는 CFR의 명단을 꺼내 사람을 고르고 CFR 본부인 뉴욕에 전화를 하곤 했다.

그의 증언이 사실이라는 것은 1921년 이후 재무장관 18명 중 12명, 국무장관 16명 중 12명, 국방장관 15명 중 9명, CIA 부장 11명 중 7명, 웨스트포인트사관학교 교장 7명 중 6명, 유럽 연합군총사령관은 전원, NATO 주재 미국대사 전원이 CFR 회원이었으며, 그 밖에 각 부서의 수많은 간부들도 그 회원들로 충당된 것을 보면 알 수 있다.

그리고 공화당·민주당 정권에 상관없이 국가안전자문위원, 국무장관, 국방장관, 재무장관처럼 가장 중요한 4개의 직위는, 특히 근래에 접어들면서 거의 항상 CFR 회원이 차지하고 있다.

미국 대통령 선거에 출마한 사람들의 예를 보자. 표에 적힌 사람들은 모두 CFR의 회원들이다.

CFR은 정치·경제·언론·흥행·교육·법조계의 조직들과 함께 팀워크를 이루고 있으며, 때문에 CFR에는 각계의 명망가들이 가입되어 있다. 언론계도 예외가 아닌데, 언론과 문학은 국민 대중의 사고 능력과 방식 등 정신 기능을 조종하고 창조하는 역할을 하기 때문에 대단히 중요한 부문이다.

〈미국 대통령과 CFR과의 관계〉

선거 연도	민주당	공화당
1952	애들레이 스티븐슨	드와이트 아이젠하워
1956	애들레이 스티븐슨	드와이트 아이젠하워
1960	존 케네디	리처드 닉슨
1964	린든 존슨 CFR 회원은 아니었지만 엘리트 조직과 대단히 가까운 관계였음. 케네디가 죽고 난 다음에 엘리트들의 과업을 훌륭히 이행했음.	배리 골드워터 대통령에 낙선하였으며 CFR 회원도 아니었음. 1964년의 대통령 선거는 CFR 비회원 후보끼리의 유일한 선거전이었으나, 유세 도중 총격을 받고 부상을 입어 사실상 계속 유세를 할 수 없는 상황이었음.
1968	허버트 험프리	리처드 닉슨
1972	조지 맥거번 선거 당시에는 회원이 아니었으나 나중에 회원이 되었음.	리처드 닉슨
1976	지미 카터 선거 당시에는 회원이 아니었으나 나중에 회원이 되었음.	제럴드 포드 선거 당시 회원이 아니었으나 1983년에 삼변회 회원이 되었음.
1980		로널드 레이건 비회원이었으나 부통령인 조지 부시가 CFR·삼변회 회원이었음. 그는 표면상으로만 대통령이었지 실제로는 부통령이었고, CFR 회원이며 CIA 국장을 지낸 조지 부시가 중요한 안건을 결정했음.
1984	월터 먼데일 전 삼변회 회원이었고 현 CFR 회원임.	
1988	마이클 두카키스	조지 부시
1992	빌 클린턴	조지 부시
1996	빌 클린턴	로버트 돌

CFR뿐 아니라 엘리트 그룹의 주요 멤버인 J. P. 모건은 1915년에 미국 중앙은행을 만들기 위한 공작을 할 때, 여론을 자기 입장에 유리하게 조종하기 위해 언론을 장악해야 할 필요를 느꼈다. 그리하여 그는 미국 전역에 있는 가장 영향력 있는 신문사 25개를 구입해 자기 소유로 만들어버렸고, 179개의 일간지에서 근무하는 언론인 중에서 가장 대중의 신임을 받는 언론인 12명을 추려 채용했다. 조직은 그 편집장들을 조심스럽게 감시, 지휘하여 언론의 방향을 제시하면서 CFR의 영향 밑에 두었다.

물론 시간이 지나면서 다른 언론사 사주들도 이들 그룹에 합세하기도 했고, 또 이들이 세력을 확장시키기도 했지만, 주인이 다른 언론사라 해도 주요 언론인들은 CFR 회원과 연관성이 있었다.

376쪽에 열거한 자료는 1980년 10월의 자료인데, 오로지 CFR과의 관계만 표시한 것일 뿐, 다른 프리메이슨 조직과 관련된 언론사·언론인들은 빠진 것이다.

대부분 명성 있는 언론인들은 하버드대학이나 컬럼비아대학 출신이다. 이 두 대학의 총장들은 항상 CFR의 회원들이었고, 학생들에게 CFR이 무엇을 원하는지를 가르쳐 그들이 사회에 나와 일반 대중에게 마찬가지의 사상을 신봉하도록 만들었다. 그리고 그들은 대중에게 알리고 싶은 소식만 공개하고 CFR의 진로에 장애가 되는 뉴스는 다루지 않든가 둔갑시켜 엉뚱한 방향으로 이해하도록 보도한다.

이러한 사실에 대하여 가장 박력 있게 투쟁한 언론인은, MIT의 언어학자이며 유대인인 노암 촘스키(Noam Chomsky) 같은 이다.

그는 『워싱턴 커넥션』, 『콜럼버스 5백 년 후 지리상의 발견은 계속되다』, 『합의 제작하기』 등 많은 저서를 펴내서 미국 정부의 용서할 수 없는 정책을 신랄하게 비평했으나, 언론에서는 그의 소리를 별로 찾아볼 수 없다. 그의 말을 일반에게 알리고 싶지 않은 높은 사람들의 결정이 있었기 때문이다.

〈언론에 종사하는 CFR 회원수〉

매체	언론사	CFR 회원수
TV 방송망	CBS	12
	NBC	8
	RCA Corp	7
	ABC	5
통신사	AP통신(Associated Press)	5
	UP통신(United Press)	1
신문사	뉴욕 타임스(New York Times)	8
	워싱턴 포스트(The Washington post)	3
	다우 존스사(Dow Jones & Co.) [월스트리트 저널(Wall Street Journal) 포함]	5
	타임스 미러(Times Mirror) [로스앤젤레스 타임스(Los Angeles Times)]	2
	필드 앤터프라이즈(Field Enterprises) [시카고 선 타임스(Chicago Sun Times)]	3
	뉴욕 데일리뉴스(New York Daily News)	1
잡지사	타임스사(Times Inc.) [포춘(Fortune), 라이프(Life), 머니(Money), 피플(People), 스포츠 일러스트레이티드(Sports Illustrated), 타임스(Times) 포함]	8
	뉴스 위크(News Week)	3
	리더스 다이제스트(Reader's Digest)	2
	애틀랜틱 만슬리(Atlantic Monthly)	1
	하퍼스 매거진(Harper's Magazine)	1
	내셔널 리뷰(National Review)	1
칼럼니스트	마르퀴스 차일드(Marquis Child)	
	조지프 크래프트(Joseph Kraft)	
	빌 마이어스(Bill Moyers)	

우연의 일치일지는 몰라도, 이렇게 언론을 요리하는 방법이 『시온의 칙훈서』 12장에 자세히 나와 있어 무릎을 치며 감탄할 수밖에 없게 만든다.

또 한 가지 이들이 비상한 관심을 두는 것은 젊은이들의 음악이다. 『시온의 칙훈서』 9장 끝부분을 보면 "젊은이들을 파괴시켜라"라는 대목이 나온다. 음악을 이용하여 마치 마약처럼 젊은이들에게 영향을 끼치는 것이다.

개리 앨런(Gary Allen)이라는 작가는 이렇게 설파했다.

젊은이들은 기성 세대에 대항 반항의 한 방편으로 광란의 음악을 좋아한다. 그러나 이러한 음악을 취급하는 라디오·TV·잡지·레코드사 같은 회사들과 흥행업체들은 기성세대가 갖고 있으며, 이런 것들은 미국 사회에 매우 강한 영향력을 행사하고 있다.

그리고 마약의 일종인 환각제 'LSD의 제왕'이라는 별명이 붙은 티모시 리어리 박사는 이렇게 말했다.

로큰롤 음악이 마약을 장려한다는 말은 절대적으로 옳은 이야기다. 그것이 바로 우리가 추구하는 바이며…… 마약이야말로 혁명을 일으키는 데 가장 효과 있는 촉진제기 때문이다.

또 '발명의 어머니들'이라고 하는 록그룹의 리더인 프랭크 자파는 음악의 위력에 대해 이렇게 말했다.

오늘날 귀를 때리는 굉음과 눈부시도록 번쩍이는 사이키 조명에 장단을 맞춰 노래하고 춤추는 일은 젊은 사람들에게 엄청난 교화 작용을 시키는 거대한 연장이다. 이는 알맞은 장단과 고저를 조화시킴으로써 인체 내의 화학성분 조합을 변형시키는 작용을 한다. 이런 것들과 함께 어떤 비트를 주면 사람들은 박수를 치고 발을 구른다. 만일 이것이 사실이라면 다른 어떤 비트를 택했을 때에는 주먹을 쥐고 모두 때려부수게 만들 수 없다고 누가 장담하겠는가?

젊은이들 사이에 유행하는 광기의 음악은 소리의 고저와 장단과 크기와 조명의 조화뿐 아니라, 그들이 입으로 말하는 노래말에도 메시지가 숨겨져 있다.

이제는 로큰롤의 점잖은 고전이라고 말할 수 있는 비틀즈의 노래만 보아도 '마약'에 관한 말이 많이 나오고 이를 예찬할 정도며, 또 10~20년 전에 유명했던 'KISS' 그룹은 그룹의 이름 자체가 '사탄에게 봉사하는 기사들(Knights In Service to Satan)'의 준말로, 거의 공개적으로 사탄을 표방하고 있다. 그들뿐 아니라 대부분의 록뮤직 그룹들의 노래에는 대개 이러한 뜻을 내포하고 있는 노래말이 많이 있다.

또 근래에 와서는 '리버스 스피치(reverse speech)'라고 하여 녹음한 노래나 말을 거꾸로 재생하여 들으면 엉뚱한 소리가 나오는 음악도 있다. 이를 잘 들어보면 노래한 사람의 속마음을 이야기하는 말이 들린다.

이 방법이 나온 지는 10여 년이 넘었지만 근래 수 년 동안 데이비드 오츠(David Oates)라는 사람이 깊이 연구했고, 이제는 말하는 사람의 진의가 무엇인지를 알아내는 방법으로 사용될 정도다.

타비스톡 인간관계연구소

사람을 조종하는 연구소

1922년 RIIA는 영국 육군의 존 리스(John Rawlings Reese) 소령에게 서섹스대학 부설로 세계에서 가장 큰 세뇌 공작 시설을 차리라는 명령을 내렸다.

이 시설을 '타비스톡 인간관계연구소(Tavistock Institute for Human Relations)'라고 이름붙였으며, 이것이 영국의 심리전 방책을 만들어내는 본산지가 되었다.

그후 2차 세계대전 중에 타비스톡연구소의 커트 르윈 박사의 제안에 따라 미국은 CIA의 전신인 OSS를 창설하였고, 르윈 자신은 '전략폭격조사연구소(Strategic Bombing Survey)'를 만들어 소장이 되었다.

2차 세계대전 중 연합군은 그의 조언을 받아들여, 독일의 군사 시설을 폭격하는 대신 독일 노동자들의 가정집에 폭격을 퍼부어 도시의 약 60퍼센트를 파괴시켰다. 독일 패망 2개월 전의 '드레스덴 폭격'이 그 대표적인 예다. 그 이후에도 이들은 세계 각지에서 이러한 일을 전략으로 행해오고 있다.

2차 세계대전이 끝난 다음, 심리전 연구는 NATO에 의해 더욱 중요성을 인정받아 과학정책연구소가 만들어졌고, 적의 민심 교란뿐 아니라 평화시에도 일반 대중의 심리를 조종하기 위해 마약 등 약물을 이용하는 연구에 몰두했다. 그리하여 근래에 와서는 '원격관찰(Remote Viewing)'이라고 해서 아무런 기구 없이 수만 리 밖의 광경을 볼 수 있는 기술을 연구하는 수준에까지 이르렀다. 이것은 몸은 미국에 있으면서 옛 소련의 핵무기 군사 시설 통제실을 마치 직접 가서 보는 것처럼 정확하게 묘사해 내는 기술로, 조 매코나키(Joe McConnachie)라는 사람의 증언에 의한 이야기다.

원격관찰술은 지금도 러시아의 옛 KGB에서 많이 사용하고 있는 방법이고, 현재는 멀리 떨어진 상태에서 염력으로 물건을 움직인다든가 쇠를 구부리는 따위의 능력을 연구하는 수준에 다다라 있다. 타비스톡 연구소는 미 해군에 ONI(Office of Naval Intelligence)라는 첩보대를 만들어 이런 식으로 CIA보다 훨씬 우수한 첩보 활동을 했다.

300위원회는 세계 각지에 수백 개의 정부 기관 또는 개인 기관으로 연구소를 만들고 사회의 기술자나 과학자라고 부르는 전문가들을 흡수하여 사회 정책을 계획하고, 여러 가지 연구를 통해 대중 여론과 개개인의 생각을 조종하고 있다. 그러나 그 연구소들은 일반적인 이름이 붙어 있어서 대중들은 그저 좋은 일을 하는 곳이라고만 알 뿐이다.

그 연구소들 가운데 유명한 것만 대강 소개하면 다음과 같다.

산업민주연맹

산업민주연맹(League of Industrial Democracy)은 주로 철강·자동차·주택 산업에 관련되는 노동자들의 노동조합을 대상으로 세뇌 공작하여 고용주에게 거의 불가능한 일을 요구하도록 만들고, 결국 노사 분규를 책동하는 작업을 한다.

어윈 수얼(Irwin Suall), 마이클 노박(Michael Novak), 진 커크패트릭(Jean Kirkpatrick), 유진 로스토(Eugene Rostow), 래인 커클랜드(Lane Kirkland), 앨버트 셴커(Albert Schenker) 등이 관계되어 있다.

사회문제연구소

사회문제연구소(Institute for Social Relations)는 미국 대중의 사고방식을 바꾸는 일을 목적으로 한다. 할랜드 클리블랜드(Harland Cleveland), 윌리스 하먼(Willis Harmon)이 주요 인물이다.

캠브리지 정책연구소

캠브리지 정책연구소(Cambridge Policy Studies Institute) 국제사회주의자로 알려진 아펠로비츠(Gar Apelrovitz)가 1969년에 독일 마샬기금(German Marshall Fund)의 재정 지원으로 창설했다. 그는 로마클럽을 위해 쓴 책『원자력 외교(*Atomic Diplomacy*)』에서, 미국을 페이비언식 사회주의 사회로 만들고 단일 세계 정부의 목적을 달성하기 위하여 어떠한 연구를 해야 하며 어떠한 일을 실천에 옮겨야 하는가를 역설했다.

북대서양연구소 경제문제위원회

북대서양연구소 경제문제위원회(Economic Committee of the North Atlantic Institute)는 세계 경제 체제에 대응하는 NATO의 ‘기획부서’로서, 로마클럽을 창설한 오렐리오 파케이 박사가 책임자로 있다.

하버드 심리문제상담소

Harvard Psychological Clinic. 이 조직은 300위원회가 무한한 영향력을 발휘할 수 있도록 미국의 사회 분위기를 조성하는 것이 목적이며, 커트 르윈 박사 이하 15명의 요원이 일하고 있다.

시스템 개발공사

Systems Development Corporation. 미국·영국의 정보 기관 관계
자들을 평가하고 국가별 사업 과업을 평가하여 인사들을 적재적소에
배치하는 일을 우선으로 한다.

예를 들면 스페인을 무기력하고 해이한 가톨릭 국가로 만드는 작업
을 하기 위하여 적당한 사람을 배치한다든가, UN을 무능한 사무총장
지도하에 놓아 기능을 제대로 발휘할 수 없도록 하는 작업 따위를 계
획, 실행하는 것이다.

책임자인 셸든 아렌베르크는 전 시민을 사찰하기 위해 '뉴욕 주 신
원확인정보 시스템(NYSIIS)'이라는 것을 만들어, 뉴욕 주의 전 시민에
대하여, 마치 군대의 군번에 따라 모든 인적 사항이 기록되는 것과 마
찬가지로, 개인적 일체 사항을 한 장소에 기록해 놓았다.

이는 헌법에도 위배되는 일이지만, 이런 일이 뉴욕 주에서 실제로
실행되었을 뿐 아니라 미국 전 국민을 상대로 확장할 계획을 세우고
있는 것이다. 다시 말해서 조지 오웰의 『1984년』의 사회가 실현될 날
이 가까워지고 있다는 이야기다. 그리고 이러한 일이 미국뿐 아니라
세계적으로 일어나고 있는 실정이다.

후버연구소

The Hoover Institution. 창립 당시에는 반공을 목적으로 했는데,
그후 점차 사회주의 쪽으로 기울어지고 있는 형편이다. 연간 예산은
약 2백만 달러이며 재정 지원은 300위원회의 계열사들이 하고 있다.

보수적인 경향을 갖고 있는 것으로 알려져 있으며, 군축협상과 미국
국내 문제 등을 다루며 평화적으로 세계의 변환을 해결하자는 것이 그
들의 주장이다. 그러나 실제로는 1953년 300위원회가 장악하기 시작

하면서 세계 단일 정부를 수립하기 위한 전초 작전에 필요한 정책을
연구하고 그 영향력을 행사하는 조직으로 사용되고 있다.

헤리티지 재단

헤리티지 재단(Heritage Foundation)은 양조회사로 엄청난 수익을
올린 요제프 쿠어스가 창립한 조직으로, 원래는 보수적인 정책을 만들
어내는 단체로 알려져 있었다. 그러나 로마클럽의 영향을 받은 다음부
터는 점진적 사회주의로 변환하였다.

독자들은 미국의 레이건 대통령이 영국의 대처 총리와 극히 가까웠
고, 레이건의 정책에 대처가 거의 무조건 동의한 것으로 기억하겠지
만, 실제로는 대처의 의사에 레이건이 동의했던 것이다. 이러한 공작
은 헤리티지 재단에서 마련했다.

인간자원연구소

인간자원연구소(Human Resources Research Office). 보통
'HUMRRO'라고 부르며, 군대에서의 심리공학 연구를 하는 기관이다.
여기서 일하는 연구원 대부분은 타비스톡연구소에서 훈련받은 사람들
이며, 사병들의 전투 동기, 사기, 음악이 주는 영향 따위를 연구하고
있다. 현재 미국에서 인간 행동에 관한 연구 기관으로는 가장 큰 조직
이며, 외형적으로는 비영리 민간 단체로 등록되어 있다.

이들은 군인을 무기처럼 개성이나 인격이 없는 물건으로서 사용하
기 위한 심리공학을 연구한다. 즉 사람의 마음을 조종자가 원하는 대
로 움직이는 기술을 터득시키고, 인간 무기들을 작동시키는 법을 고급
장교들에게 훈련시키는 것이다.

존 콜먼 박사의 말에 의하면, 이 기술이 작전명이 '사막의 태풍'이었
던 걸프 전쟁 때 미군이 이라크 군인 1만 2천 명을 산 채로 거리낌없이
생매장시키는 작업을 할 수 있도록 만들었다 한다. 이 군인들은 개인

적인 옳고그름의 판단 능력을 상실하고, 명령에 의하여 로봇처럼 움직였던 것이다. 이러한 기술이 언젠가는 반정부 사상을 가진 시민들을 무자비하게 죽이는 데 사용될 것이다.

스탠포드 연구센터

스탠포드 연구센터(Stanford Research Institute:SRI)는 1946년 타비스톡연구소가 설립한 것이며, 알래스카 북단의 유전을 소유하고 있는 대서양 리치필드사(ARCO)의 소유주 로버트 앤더슨이 그 소유권을 300위원회에 넘기자 그를 돕기 위하여 만든 것이다.

이 조직은 괄목할 만한 일을 많이 했는데, 그중 몇 개를 소개해 보자. 케네디 대통령 당시 쿠바와의 핵미사일 위기를 넘겼을 때, 지금의 '위기 관리(Crisis Management)'라는 프로그램을 만들어 대통령에게 건의했으나 기각된 일이 있었다. 그러나 스탠포드 연구센터는 이어서 NASA와 모종의 계약을 하고 큰일을 했으나 아직까지 그 내용은 베일에 싸여 있는 형편이다.

이 조직은 과학 발전을 중지시키려고 노력하는데, 일반 과학의 발달은 답보 상태에 있도록 하고, 엘리트들의 과학 프로그램은 계속 발전시켜 그 격차를 심화시키려 하는 것이다.

그들의 과학은 현재 외계인과 UFO의 비행 기술을 따라가고 있을 정도로 발전되었으며, 여러 가지 의학·생화학 기술 등도 공상과학 소설에나 나오는 기술들을 이미 확보하고 있는 것으로 알려져 있다. 때문에 NASA나 미 공군도 많은 비밀을 갖고 있고 애리조나 주의 '51구역(Area 51)' 같은 곳은 그 존재 자체가 비밀 아닌 비밀이 되어 있다.

이들은 NASA와 미군의 시설과 인재를 차출하기도 하고 자기들만의 사병을 별도로 고용하고 있으며, 그 안은 미국 정부의 권한도 미치지 못할 정도다. 미 공군은 1946년 뉴멕시코의 로즈웰(Roswell)에서 있었던 UFO의 추락 사건을 숨기느라 지금도 어설픈 거짓말을 하고 있고,

NASA도 공식적으로 발표하는 것 외의 수많은 비밀을 숨기느라 진땀을 빼고 있다.

이들의 또다른 과제는 반문화적 풍토를 만드는 일이다. 그 일환으로 마약·로큰롤·향락주의·사탄문화 등을 조장하여 만연시키고, 환경 문제·자유주의·인권 문제 따위를 내걸어 사회를 혼란하게 만들고 투쟁하게 함으로써 세상을 어지럽게 만드는 것이다.

환경·자유·인권 등을 내세우면 많은 사람들에게 호응을 얻지만, 정작 그들의 속마음은 겉으로 표방하는 것과는 다르다. 이것 역시 이해하기 어려운 일이지만, 왜 그러는지에 대한 이유는 아마『시온의 칙훈서』를 읽으면 그 답이 나올 것으로 믿는다.

'비틀스'를 미국에 소개시킨 배후에는 SRI가 있었다. SRI가 엘리트의 네트워크를 통해 선전하고 후원하여 성공한 것이 '비틀스'다.

또한 이들은 갱단끼리의 불화를 조장하여 서로를 죽이는 패싸움을 연출하기도 한다. SRI에 '사회 현상(social phenomena)'이라는 프로그램이 있었는데, 이 때문에 1950년대 뉴욕 갱단들 간에 대규모 싸움이 일어났다. 싸움의 원인은 오리무중이었는데, 1980년에 우연히 '사회 현상'이라는 비밀 문서가 발견되어, SRI가 교묘하게 뒷공작했다는 것이 알려지게 되었다.

이러한 일은 사회 혼란을 빚어 국민들을 불안하게 하기 위한 것으로, 물론 SRI 혼자서 하는 것은 아니다.

미국 경찰이나 FBI 같은 기관이 열심히 마약 밀매범을 검거하고 있으나 검거율은 전체 마약범의 5퍼센트에도 이르지 못한다. 이 검거율을 보고 못 잡는 것이 아니라 안 잡는 것이라고 해석하는 사람이 많고, 심지어 잡히는 사람들은 동종업계인 CIA와 경쟁했기 때문에 '괘씸죄'로 잡히는 것이라고 할 정도다.

그런데 재미있는 것은 마약사범은 잡혔다 하더라도 얼마 안 가서 풀려난다는 점이다. 그러므로 마약 장사꾼들로서는 어쩌다 잡힌다 해도 장사해 볼 가치가 있다는 확신이 들 수밖에 없다.

현재 미국에서는 털끝만큼도 마약을 허용하지 않는다면서 전 공무원들을 대상으로 마약 테스트를 하는 등, 정부가 마약퇴치 운동에 얼마나 열심인가를 보여준다. 그러나 대통령이 사는 백악관은 마약 테스트를 하지 않는데, 그 이유는 '정직한 정부를 위한 시민 단체'에서 〈클린턴 이야기〉라는 제목의 비디오로 고발한 내용을 살펴보면 금세 알 수 있다. 백악관 종사자들이 마약 같은 것은 절대 하지 않기 때문이 아니라 클린턴 대통령이 마약 장사꾼들과 공모하여 돈 세탁하는 두목이기 때문이라는 것이다.

SRI는 인간의 사고 방식이나 행동을 어떻게 바꿀 수 있는가를 연구 개발한 일이 있었다. 이를 '아쿠아리언 음모'라고 부르는데, 형식상 그들에게 연구를 의뢰한 기관들을 살펴보면 다음과 같다.

- 과학기술연구소
- 미 국방성 국방연구 및 국방공학부서
- 미 국방성 우주항공 연구
- 벡텔사
- 휴렛 패커드사
- 아메리카 은행
- 맥도널더글러스사

이 밖에도 SRI는 화학전과 세균전에 대한 연구도 하고 있다.

SRI의 가공할 만한 과학의 발전은 일반의 상상을 초월한 것이다. 현재에도 미국과 옛 소련 산하의 연구팀들이 엄연히 존재하고 있다. 예를 들면 1998년 여름에 말레이시아·인도네시아 지역에 거대한 산불이 났던 것을 기억할 것이다. 이때 러시아는 말레이시아 정부에 무료로 인공 태풍을 만들어주겠다고 제의한 일이 있었다. 다시 말하자면 인공적으로 태풍을 만드는 기술이 이미 확보되었다는 이야기다.

이것뿐이 아니다. 근래에 와서 언론을 통해 ‘엘니뇨 현상’이니 ‘나니뇨 현상’이니 하는 용어를 많이 들었을 것이다. 이것을 사람들은 자연적인 현상으로 알고 있겠지만, 사실은 SRI가 이러한 현상을 인위적으로 만든다는 것이다. 그래서 북한은 계속되는 가뭄과 장마를 겪고 있고, 남한도 얼마 전에 게릴라식 소나기라는 것을 맛보았던 것이다.

그런가 하면 우리는 인간이 아직 광속의 근처에도 가지 못한 것으로 알지만, 현재 인위적으로 광속의 4.7배라는 빠른 속도로 통신을 할 수 있는 기술이 이미 개발되었으며, 횡선파를 이용하여 실내 온도에서 쇠를 녹일 수 있고, 바위를 폭파시키며, 물 밑 1백 미터에 있는 잠수함을 폭파시킬 수도 있고, 바닷물의 온도를 올리고 내릴 수도 있으며, 공기를 이동시켜 기후를 조절할 수도 있다고 한다.

여기서 다시 강조하고 싶은 것은 인류의 과학이 현재 이 정도인데도 일반은 모르고 있다는 점이다. 이것 역시 어느 국가에 의한 것이 아니라 엘리트들에 의한 것이다.

지금까지 타비스톡의 연구기관 가운데 몇몇 중요한 것들만 소개했다. 물론 여기 소개한 것은 그중 극소수일 뿐이다. 이들 연구기관의 대부분은 미국을 위하기보다는 미국을 배반하고 미국에 대하여 반역적 행위를 한다는 것이 그 골자다. 미국을 위시한 여러 나라의 대통령이나 총리 등의 국가 원수들을 자기가 속한 국가의 반역자로 만드는 기관이다.

다시 말하면, 이들은 한국 전쟁에서 연합군이 전쟁에 이기지 못하도록 미군 사령관들에게 납득이 가지 않는 명령을 내리는 이적 행위를 하기도 하고, 이에 반론을 제기하는 군인은 맥아더 장군처럼 파면시키기도 하면서, 구체적으로 공작을 꾸미고 실천에 옮기는 사령탑과 행동조직의 역할까지 하는 것이다.

로마클럽

엘리트들의 환경 · 인구 문제 연구

로마클럽(Club of Rome)은 환경과 인구 문제를 주로 다루는 조직이다. 1968년 이탈리아의 프리메이슨 오렐리오 피케이 박사가 피아트 자동차회사의 중역으로 있으면서 자기의 상관인 조반니 아그넬리(300위원, 빌더버그 그룹)를 회장으로 모시고 록펠러의 후원 아래 운영하던 조직이다.

처음에는 이탈리아의 록펠러 저택에서 모였다. 단일 세계 정부와 원만한 세계 통치를 위해 인구 문제와 세계 환경 문제의 심각성을 알림으로써 세계의 중앙 집권 체제의 정당성을 홍보하며, 서방 세계와 제3세계의 산업 개발을 억압·지연시키는 국가간의 외교 문제가 이 조직의 목적이었다. 특히 이들은 NATO와 미국 정부를 위시한 각 정부를 대상으로 활동해 왔다.

이들은 출범 이후 수많은 연구 결과를 발표했다. 예를 들면 1972년 『발전의 한계(*Limits To Growth*)』라는 간행물이 있었는데, 이것은 대단한 인기를 끌어 벌써 18쇄 이상을 찍었으며, 최소 23개국 언어로 번역될 정도로 널리 읽혔다.

이 책은 세계 각지에 있는 환경 운동 단체들의 지론을 많이 소개하고 있어, 인류를 위한 환경 문제를 진지하게 다룬 것 같아 보이지만, 저변에 깔려 있는 목적은 역시 엘리트들과 일치한다. 물론 이들이 미국이나 UN의 환경 문제 연구와 유기적인 관련을 갖고 함께 보조를 맞추는 것은 당연하다.

삼변회의 지시로 카터 정권 당시 에드문트 머스키 국무장관(삼변회, CFR)은 1980년 7월 24일 「지구 2000년」이라는 보고서를 대통령에게 제출했다. 이 보고서는 인구 과잉·식량 부족·환경 문제로 2000년까지는 최소 1억 7천만 명이 죽을 것으로 예상했다. 그로부터 6개월 후에는 백악관의 '환경품질심의회'의 「지구의 미래, 행동 단계」라는 보고 논문을 출판하게 되었는데, 주요 골자는 다음과 같았다.

"인구 조절은 불임의 수단과 기타 방법으로 달성해야 하며, 저개발국가나 개발도상국가에 대한 과학과 기술의 이전을 되도록 막아야 한다"는 것이다.

이러한 것이 정책에 반영되어, 머스키의 뒤를 이은 사이러스 밴스(삼변회, CFR, Bil, 300위원) 국무장관은 '서기 2000년을 위한 위원회'라는 것을 만들었다. 밴스는 애당초 '지구 2000년과 지구의 미래'라는 프로그램을 주장했는데, 그는 1977년에 UN에서 연설할 때 저개발국들이 IMF를 위시한 불공평한 세계 경제 체제를 개선할 것을 요구하자, 오히려 신세계 질서에 의한 환경 문제 개선책을 따르라고 주장했다.

로마클럽이 환경 문제와 환경 운영 원칙을 말하는 것은 당연하며 옳은 일이 아닐 수 없다. 그러나 이런 운동을 앞세우는 사람들이 바로 세계 경제를 자기들 마음대로 운영하며, 전쟁을 조작하고, 수많은 사람을 고통 속에서 굶고 병들어 죽어가게 하며, 정말 환경 보존에 도움이 되는 발명이나 과학 기술은 개발을 탄압하고 있다. 양의 가죽을 쓴 그들의 본모습을 알고 있는 한 무턱대고 추종할 수가 없는 것이다.

현재 소수의 과학자들이 지구의 자장을 이용하여 전기도 필요 없고 원료도 필요 없는 기술들, 즉 원자융합 에너지, 화학반응에 의한 발전(發電), 바람이나 파도를 이용한 에너지 등을 부지런히 개발하고 있지만, 그들 밑에서 압박받고 천시당하고 있는 실정이다.

그렇기 때문에 현재 미국의 빌 클린턴이나 앨 고어 부통령이 환경주의자인 것처럼 굴고 있는 것을 우리는 색안경을 쓰고 볼 필요가 있다. 클린턴은 삼변회·CFR·Bil의 멤버이며 앨 고어도 CFR의 단원이기 때문이다.

이들은 환경 문제를 해결하기 위해 경제 성장을 중지해야 한다고 주장한다. 이는 대부분의 환경주의자들도 동의하는 일이다. 그러나 경제 성장을 무시할 수만도 없는 노릇이니, 경제 성장과 환경 보호를 함께 할 수 있는 방법을 모색하는 것이 바람직하다.

세계는 경제 성장을 한다는 구실로 지구를 사방으로 파헤쳐놓아 사람이 살기 어려운 환경으로 만들었다. 심지어 '소비는 미덕'이라는 구호까지 만들어내 양떼 같은 국민들로 하여금 이 말을 믿고, 잘살기 위해 '만들어서, 쓰고, 버리고, 묻고, 태우고' 해서 황폐한 지구를 만드는 데 열심히 공헌하게 했다. 사람들은 무엇이 잘사는 것인지 그 의미조차 음미할 기능을 상실한 채 살아가고 있다.

이것이 바로 엘리트들이 원하는 것이고 그들의 프로그램이다. 그래야 가까운 시일 안에 쓸데없는 열등 인간은 무더기로 죽어없어지고, 살아남은 인간도 기력이 없어져 하라는 대로 말 잘 듣는 노예가 될 것이기 때문이다. 그래야만 자기네들의 지상 천국을 건설하고, 종주 민족이 세상을 다스리며, 그 밖의 민족이나 인류는 그들의 노예가 되는 신세계 질서 계획이 완성되기 때문이다.

지금 세상은 원자력 개발에 대해 무척 신경을 쓰고 있다. 우선 대부분의 환경주의자들이 원자력을 반대하고 있고, 이들의 논리에 부합하여 미국을 위시한 강대국들이 국력을 이용해 저개발국가나 개발도상국의 원자력 개발을 극력 반대하고 방해하고 있다.

자장 에너지나 핵융합 에너지 같은 이상적인 과학 발전이 태동한 것을 언론이나 학계 등을 동원해 초기에 묵살시키는 데에는 성공했으나, 이미 어느 정도 기반을 확립한 원자 기술은 가난한 나라에서는 아주 싼 비용으로 에너지원을 장만할 수 있기 때문에 선호할 수밖에 없다. 그래서 그들이 반대하는 것이다. 에너지가 풍부하다는 말은 가난에서 벗어난다는 이야기와 직결되고, 일단 가난에서 벗어난 나라는 자기들의 이익과 주권을 지키는 데 더욱 강력한 의지를 갖는다. 이것은 세계 정부를 수립하고 세상을 통치하려는 엘리트들의 목적에 상반되는 일이라 중단시키려 하는 것이다.

그러자니 일반 대중에게 내세울 대의명분을 찾던 중 '환경'을 찾아낸 것이다. 특히 이러한 조직이 비영리 단체고 사회의 저변에서 조직된 것일수록 더 효과가 있다.

이들의 뜻에 거역하다 희생된 사람으로는, 파키스탄의 알리 부토(Ali Bhutto)를 생각할 수 있다. 회교 국가의 수장인 그는 이스라엘이 중동에서 계속 세력을 확산하는 데 두려움을 갖고, 자기 나라의 국력을 신장시키기 위하여 원자탄을 개발하기로 했다. 로마클럽과 CFR에서는 즉시 울 학(Zia ul Haq) 장군을 시켜 국가를 전복시키고 부토를 사형시키도록 만들었다.

그런데 파키스탄의 국가 원수가 된 울 학 장군은 더이상 미국의 꼭두각시 노릇을 하지 않겠다는 뜻으로, 깡패를 동원하여 미국 대사관에 불을 질러 엘리트들에게 자기의 뜻을 과시했다. 당돌한 그의 행위는 엘리트들에게는 용서할 수 없는 일이라, 얼마 후 그는 비행기 사고로 죽게 된다.

이 비행기 사고라는 것도 재미있다. 울 학 장군은 터키 정보부로부터 "암살 계획이 있으니 비행기 여행을 삼가라"는 전갈을 받았다. 하지만 그는 "그렇다면 보험을 들겠다"면서 방패막이로 미군 정보부의 허버 와섬(Herber Wassom) 준장 이하 몇 명의 미군 정보원을 데리고 C-130 허큘리스 헬리콥터에 탑승했다.

그런데 이륙한 지 몇 분 후에 그 헬기는 추락하고 탑승자 전원이 사망했다. 후에 조사단이 출동하여 아무리 조사해도 비행기나 조종사의 잘못은 전혀 발견하지 못했고 사건은 미결 처리되었다. 그도 그럴 것이, 비행장 근처에 대기하고 있던 트럭에서 비밀 무기인 고주파 전자포로 헬리콥터를 추락시켰기 때문이다.

이 고주파 광선은 맞는 순간 대상물의 모든 전기 작용이 중단됨으로써 타격을 주는 무기인데, 아무튼 "그들은 목적을 위해서는 희생을 아끼지 않는다"는 것을 알 수 있다. 미군 수천 명이나 장군은 얼마든지 있으니 그들을 희생시킨다 해도 하나도 아까울 것이 없다는 뜻이다. 또 그런 방법이 사실을 은폐하고 선전하는 데 아주 효과적인 것이다.

인구 문제는 환경 문제와 결부되어 로마클럽에 있어 대단히 중요하다. 신세계 질서 계획에 따르면, 인구 문제는 지구상에 정원이 있기 때문에 필요 이상의 인구는 없애버려야 한다. 이것을 '잉여 인구'라고 부르며, 없애버린다는 말은 이 잉여 인구를 없앤다는 말이고, 전체적인 인간의 생산율을 줄이고 열등 인간이나 민족을 먼저 죽여없앤다는 뜻이다. 그야말로 소름 끼치는 이야기다.

그런데 로마클럽의 발생지인 이탈리아는 로마클럽 때문에 오히려 희생되었다. 유럽 국가로서 중동과 가장 가깝고, 그들의 정치·경제에 직접 관계가 있으며, 일루미나티의 창립자인 바이샤우트가 파괴하라고 했던 가톨릭교의 종주국이기 때문이다.

그리하여 이탈리아의 산업을 격하시키고 인구를 줄이는 공작이 시작되었다. 하지만 이를 알아챈 알도 모로 총리는 이에 저항하면서, 이탈리아를 산업국으로 만들고 산아 제한도 반대했다. 이를 못마땅하게 여긴 미국의 키신저 국무장관은 모로 총리에게 "이탈리아를 부국으로 만들겠다는 생각을 포기하지 않으면 좋지 않을 것"이라고 여러 차례 협박했다. 결국 모로는 이에 복종하지 않은 죄로 1978년 봄, '붉은 여단'에 의하여 납치되어 총살당했다.

이 '붉은 여단'은 공산주의 색채를 띤 테러집단으로, 이탈리아의 고위층 인사들은 이들을 감싸주었는데 그들에 의해 모로 총리가 희생당한 것이다. 이렇게 엘리트들은 적대 관계에 있는 양쪽을 모두 조종하고 있다. 계획을 만든 사람들 역시 이탈리아 사람으로, 엘리트들은 개인적 국가 관념이 전혀 없다는 것을 다시 한 번 증명해 준다.

로마클럽이 탄생할 즈음, 폴 얼리히 교수가 쓴 『인구 폭탄(*The Population Bomb*)』이라는 책은 무려 2천만 부나 팔렸다. 그 내용 중에 이런 구절이 나온다.

가족 계획에 대한 우리의 입장은 가정에서 시작하여 전세계적으로 확산되어야 한다는 것이다. 가족 계획은 우리 가정에서부터 시작해야 하며, 그 방법은 마음이 동하는 자극과 벌금 따위의 제도를 사용하여 자발적으로 하도록 하되, 만일 자발적인 방법이 실패할 경우에는…… 우리는 가만히 앉아서 인구폭발 암 증세를 치료만 하고 있을 수는 없는 것이며, 그 암은 잘라내야 하는 것이다.

얼리히 교수는 엘리트들이 콘트롤하는 스탠포드대학의 생리학 교수이며, 그의 부인 앤은 로마클럽의 단원이었다. 그는 정부가 나서서 강압적인 산아 제한을 실시해야 한다면서, 수돗물이나 기본 음식물에 일시적으로 피임이 되는 약물을 섞는 방법 등을 써야 한다고 주장했다.

그의 이러한 사고 방식은 중국에 적용된다. 키신저는 중국을 몹시 좋아했다. 공산 중국과 미국은 '핑퐁 외교'라 하여 운동 선수들끼리 왕래가 있은 다음에 키신저가 비밀리에 베이징을 방문하여 두 나라의 외교관계가 이루어진 것으로 알려져 있다. 그러나 이 두 나라는 그 훨씬 전부터, 특히 미 CIA와 마약 장사로 간접적인 연락이 계속 있었으며, 키신저 이전에 애버럴 해리만이 물밑 작업을 해놓고 키신저에게 인계해 준 것이다.

그리하여 인구 조절에 관한 키신저와 얼리히 교수의 생각이 공산 중국에 반영되었다. 얼리히 교수의 말대로 '한 가족, 한 어린이' 정책이 발표되고 여러 가지 정부 혜택 프로그램을 통하여, 자식을 하나 이상 가지려는 마음을 좌절시키는 방법을 사용했으며, 직·간접적으로 UN에서 많은 비용을 지급했다.

'북대서양조약기구'라고 부르는 'NATO'는 규모를 확장하여 앞으로 세계군으로 둔갑하겠지만, 아직까지 세계를 움직일 수 있는 절대적인 힘을 갖고 있는 군대는 역시 미국 군대다. 로마클럽은 미군의 통수권을 갖기 위하여 아스펜연구소라는 사설 조직을 시켜 연방비상관리단(FEMA)을 창조하도록 했다.

비상시에는 전 미국의 군대·경찰 등 모든 치안에 관계되는 조직이 FEMA 사령관의 지휘하에 속한다는 조치였다. 사령관의 상관은 대통령 하나밖에 없다. 계엄령 같은 전시비상 상태법에 의하여, FEMA 사령관은 비상시에는 대통령과 마음만 맞으면 장관에서부터 하찮은 거지에 이르기까지 미국 전역의 모든 사람을 영장도 필요 없이 구금할 수 있고, 간단한 것은 그 자리에서 즉결 재판하여 처형할 수 있게 되는 것이다.

이들은 이러한 것을 만들어놓고, 실험적으로 펜실베이니아 주 해리스벅에 있는 '3마일 섬'이라는 원자력 발전소에서, 있지도 않은 사고를 가상적으로 만들어내고 'FEMA'를 적용시켜 실전 연습을 했다. 지금도 전세계의 사람들은 그 사건이 실제로 일어난 것으로 알고 있으며, 그 이후 원자력 문제가 나올 때마다 이 '3마일 섬' 사건과 우크라이나의 체르노빌 사건을 예로 들어 원자력의 위험도를 설명하고 있다.

이 밖에도 이들은 세계은행이나 UN의 의료사업 또는 식량 원조 등 여러 방법을 사용하여 인구 조절 시책을 무자비하게 밀어붙이고 있다. 예를 들면 홍역예방접종 약에 에이즈(AIDS) 병균을 만들어넣고는 아프리카의 빈민에게 무료로 접종해 주어 사상 처음으로 인위적인 '에이즈'라는 병을 조작해 냈고, 발암 물질을 음식물에 넣어 더욱 많은 사람들이 암에 걸려 죽도록 만드는가 하면, 이제는 비행기에서 병균 가루를 뿌려 집단으로 괴질병으로 죽도록 하는 방법도 사용될 형편이다.

국제연합

1945년 6월 26일 미국 샌프란시스코에서 50개국의 대표들이, 과거에 실패한 국제연맹과 같은 새로운 국제 조직을 세우기 위해 모였고, 그들은 여기에서 만장일치로 UN(The United Nations)헌장을 채택했다. 그러나 이것은 이미 여러 해에 걸친 막후 작업이 있었기에 성공한 것이며, 그 막후 작업은 당시 루스벨트 정권을 좌지우지하던 CFR의 공로였다.

1943년 코델 헐 국무장관은 레오 파스볼스키, 아사이아 보먼, 서머 웰스, 노먼 데이비스, 모턴 테일러와 함께 6명으로 구성된 국제연합 조직의 준비위원회를 만들었다. 여기서 헐만 빼놓고는 모두 CFR 멤버들이었으며, 이들은 후에 '비공식 안건 그룹(Informal Agenda Group)'으로 알려진다.

원래의 아이디어는 윌슨 대통령 때부터 미국 정계를 조종한 사람으로, 하우스 대령의 동료이며 CFR 창설 멤버의 한 사람인 아사이아 보먼이 내놓은 것이었다. 그들은 3명의 CFR 회원 변호사들을 불러 함께

UN 헌장의 초안을 짜고, 1944년 6월 15일 루스벨트 대통령과 함께 회동했으며, 당일로 대통령은 UN이라는 기구를 만들 계획이라는 것을 공표했다.

UN이라는 이름은 1941년 일본이 진주만을 공격하기 직전 백악관에서 루스벨트 대통령이 처칠 영국 총리와 회합을 가졌을 때 루스벨트가 착안한 이름이었다.

그런데 제임스 퍼로프가 『미국의 언어』에 기술한 바에 의하면, UN 창립회의는 74명의 CFR 회원이 참가하여 마치 CFR 회의와 같았다고 한다. 그도 그럴 것이, 현재 뉴욕에 있는 UN 본부는 록펠러가 무료로 기증한 땅에 지은 건물이다.

그러면 샌프란시스코 회의에 참가했던 미국 대표를 몇 사람 소개하여 잠깐 살펴보기로 하자.

존 매클로이(John McCloy)

1953~1970년에 CFR의 회장을 역임한 그는 300위원이고 빌더버그 그룹의 실행위원으로서 포드 재단의 회장, 록펠러의 체이스 맨해튼 은행의 회장, 루스벨트부터 레이건까지 9명의 대통령의 친구이자 자문위원이었으며, UN을 배후에서 조종한 사람이다.

그는 이탈리아 무솔리니의 경제 고문을 지냈으며, 1936년 베를린 올림픽 때 히틀러의 개인 좌석에서 루돌프 헤스(Rudolf Hess), 헤르만 괴링 원수와 함께 앉아 있었을 정도였다.

존 덜레스(John Foster Dulles)

히틀러 나치 정권에 재정적 지원을 하던 미국 회사들을 대표하는 변호사로서, 실제로 히틀러를 여러 면에서 도와주었다. CFR의 창립 멤버이고, 후에 아이젠하워 정권에서는 국무장관도 지낸 사람이다.

넬슨 록펠러(Nelson Rockefeller)

뉴욕 주의 주지사를 4번이나 한 사람이고, 제럴드 포드 대통령 때는 부통령을 지냈으며, 엘리트 중의 엘리트로 세계의 중요한 일에는 빠지지 않고 이름이 거론되는 그림자 같은 사람이다.

앨저 히스(Alger Hiss)

초대 UN 의장을 지낸 히스는 CFR 멤버로 미 국무성에서 일하던 사람이다. 후에 그가 소련의 비밀정보원으로 일했다는 것이 밝혀졌으며, 1944년 '덤바턴 옥스 회의(Dumbarton Oaks Conference)'의 간사장으로 일하면서 스탈린의 부하 몰로토프와 함께 UN 헌장의 세부적인 일을 마련한 사람이다.

1945년 2월에 있은 얄타회담 때 루스벨트 대통령은 그를 최고 국제 조직 전문가로 표현하였다. 그는 1946년 소련 간첩이었다는 보고에도 불구하고 덜레스 국무장관이 '카네기 국제평화기금'의 회장으로 추천하여 이사장으로 일했으나, 후에 간첩죄로 44개월 동안 옥고를 치렀다.

덱스터 화이트(Dexter White)

CFR 멤버로 샌프란시스코 회의에 참가했으나 후에 소련의 첩보원으로 알려진 사람이다.

애들레이 스티븐슨(Adlai Stevenson)

CFR 멤버로 아이젠하워와 맞서 민주당 후보로 대통령에 출마했던 사람이다.

UN에서 활동하는 정치가·외교관·고문 등의 주요 인물 뒤에서 이들을 조종하는 사람들은 세계의 돈을 주무르고 있는 록펠러·모건·와벅·쉬프 같은 이들이다. 그러면서도 세계의 일반 대중에게는 "세계의 평화를 가져오고 지역의 분쟁을 전쟁 대신 협상으로 해결하는 곳이 UN"이라고 설명한다.

사실 UN에서 일하는 사람들은 대부분 이런 사실을 실제로 믿고 그러한 신념으로 일하고 있다. 그러나 솔직히 UN이 폭군의 병정들이 안에 들어가 있는 '트로이의 목마' 노릇을 하는 것은 아닌가 하는 두려움이 앞선다. 사실 UN이라는 기구는 세계 단일 정부를 수립하기 위한 기초 공작을 하는 기구이며, 세계군을 창설하기 위한 전초 작업으로서 UN평화군을 세웠고, 평화군을 고의적으로 제 구실을 못하도록 고안하여 더욱 강력한 세계군의 필요성을 인식하도록 지구촌의 여론을 조작하는 과정이라는 생각이 든다.

1945년 이래 7명의 사무총장 전부가 똑같은 생각을 하고, 같은 프로그램을 추진했으며, 전임 사무총장이었던 부트로스 갈리 박사는 심지어 이집트의 독재자 나세르 대통령 밑에서 정치 생활을 시작한 사람이었다. 그는 상설 UN군을 만들어 각 나라에 세금을 부과하자는 안을 추진했으며, 그의 뒤를 이은 아난(Kofi Annan) 사무총장도 마찬가지의 일을 추진하고 있다.

애당초 UN이라는 기구를 창설할 때 여러 가지 부설 기구를 창설한 것은, 신세계 질서 계획을 성공적으로 완수하기 위한 일환으로, 전세계 인구의 일상 생활 전체를 통괄할 목적이었다. 예를 들면 인구 조절을 위한, 다시 말하면 우생학을 바탕으로 우월 인종을 만들고 세계의 인구를 줄이는 것을 목적으로 한 세계보건기구(WHO), 경제와 환경 통제를 위한 UNEP(UN Environment Programme), 교육·과학·문화를 통괄하는 유네스코(UNESCO) 등 많은 조직을 활성화할 것을 계산에 넣었던 것이다.

이러한 것들이 한국 대통령들이 국민들에게 주창하는 소위 세계화·국제화인데, 1970년 미국의 '존 버치 협회'의 창립자 중 한 사람인 로버트 웰시의 연설을 보면 아마도 UN의 미래 모습이 그려질 것이다.

UN의 회망과 계획, 더 정확하게 표현하자면 UN 위에 있는 두목들이 UN이 해야 할 과제로 여기는 희망과 계획은 세계의 인구를 조절하고, 과학과 기술의 발전을 통괄하며, 각국의 군대와 화력의 능력을 관장하고, 교육·건강을 통괄하며, 어떠한 명목으로든 모든 분야에 참여하여 통제권을 갖는 것이다.

이러한 부분적인 통괄 능력은 가식·기만·설복·속임·거짓 등의 방법을 사용하는 한편, 테러와 잔인한 폭력으로써 강요하는 양면 작전을 구사해 나가면 궁극적으로 전체를 완전 통제할 수 있는 능력으로 발전하게 될 것이다.

이것이 UN이 애당초 계획한 일이었고, 창설된 목적이었으며, 현재 하고 있는 일인 것이다.

빌더버그 그룹

이 조직은 원래 정해진 이름이 없는데, 통상적으로 1954년 네덜란드의 우스터빅(Oosterbeek)에 있는 빌더버그 호텔에서 처음 모임을 가졌다 하여 외부 사람들이 '빌더버그 그룹(The Bilderberg Group:Bil)'이라고 부르고 그 단원을 빌더버거(Bilderberger)라고 부르게 되었다.

모임은 영국·유럽·미국, 즉 앵글로족·유럽인·미국인 엘리트들로 구성되었으며, 폴란드의 사회주의자 조셉 레팅거(Joseph Retinger)와 네덜란드 여왕의 남편인 번하트(Prince Bernhard) 왕자가 이 그룹을 만든 공로자라고 할 수 있다.

번하트 왕자는 유럽 외상회의를 정기적으로 갖자고 주창했고, 우리가 아는 베네룩스 3국이라는 세계 최초의 자유무역 국가들을 만들어 통일 유럽의 모델을 보여준 장본인이기도 하다.

이 모임은 레팅거가 RIIA의 모임인 영국 채탐하우스에서 통일유럽에 대한 자기의 소신을 연설함으로써 발족하게 되었다. 그후 레팅거는 당시 영국 주재 미국 대사 애버럴 해리먼의 초청으로 미국을 방문하게 되고, 미국에서 유럽경제협동연맹(Independent League for European Cooperation 또는 Economic League for European Cooperation)의 창설을 지원받았다. 그때부터 빌더버그뿐 아니라 통일유럽 등 모든 신세계 질서 계획을 지원해 준 사람들을 소개하면 다음과 같다.

- 러셀 레핑웰(Russel C. Leffingwell) : J. P. 모건 은행의 파트너이며 CFR 멤버
- 록펠러 형제들
- 윌리엄 와이즈먼 : 로스차일드의 미국 금융회사 책임자, 300위원
- 조지 프랭클린 : 1953~1971년에 CFR의 간부였고, 록펠러 가문과 사돈 관계
- 존 덜레스 국무장관

레팅거는 조직 활동을 해가면서, 미래를 꾸려나갈 정치가·정치참모, 언론사 사주·중역을 비롯한 유명 언론인들, 다국적 기업인들, 은행 간부들, 군지휘관들, 유수한 교육가들을 규합한 그룹을 만들 필요가 있다고 생각했다. 그리하여 이런 생각을 당시 접촉하고 있던 사람들에게 밝히고 찬동을 얻어내서 모임을 구성했고, 첫 모임을 1954년 5월 29~31일 빌더버그 호텔에서 가졌다.

이 그룹은 CFR과 마찬가지로 신세계 질서 계획을 공작하고 있는 또하나의 중요한 단체다. 그들은 1년에 1~2번 세계 유명 관광지에서 비밀리에 회합을 가지며, 이 모임에는 미국·유럽의 재계·학계·정계·산업계·노동계의 지도자들이 참석한다. 모임의 자세한 목적이나 토의 사항은 거의 알기 어렵지만, 가끔 어떠한 안건을 토의할 것인지 윤곽 정도는 알려질 때가 있다. 그들의 모임을 따라다니는 한 연구가의 말에 의하면, 비록 부스러기 정보밖에 입수하지 못하지만 그 내용은 얼마 안 가서 각 정부의 시책으로 나타난다고 한다.

예를 들어 1966년의 회합에 참가한 사람들 중에 별로 세상에 이름이 알려지지 않은 사람들이 있었다. 미국의 헨리 키신저, 제럴드 포드, 스웨덴의 팔메, 네덜란드의 비슈발, 서독의 헬무트 슈미트, 이탈리아의 루모르(Rumor), 프랑스의 지스카르 데스탱이 그들이었다. 이들은 1966년 당시에는 별로 유명한 사람들이 아니었으나 얼마 후 각각 자기 나라에서 높은 지위에 올랐다.

빌더버그 그룹의 모임에는 소수의 실행위원이 있는데, 이 사람들은 투표에 의해 선출되는 것이 아니라 지명이나 추천으로 발탁되며, 특별한 사유가 없는 한 그 직책을 계속 맡게 된다. 이 실행위원회 회장은 번하트 왕자가 1976년 로키드 수뢰 사건에 연루돼 사퇴할 때까지 맡고 있었으며, 그 다음으로 홈(300위원) 영국 총리가 맡고 있다가, 1991년부터는 영국의 피터 캐링턴경이 그 자리를 이어받았다.

캐링턴경은 헨리 키신저와 지극히 가까운 사이로서, 영국의 장관을 거친 300위원이다. 또한 NATO의 사무총장도 지냈으며, 현재는 RIIA의 회장직을 맡고 있다.

빌더버그 그룹에서 활약하는 가장 중추적인 인물 중에 레팅거와 번하트 왕자를 옆에서 도와준 해리먼을 빼놓을 수 없다. 세계의 중요한 정책이나 거사에 그의 이름이 빠지는 일이 거의 없을 정도로 대단한 영향력을 지닌 사람이었으나, 항상 장막 뒤에 있으므로 그의 이름을 아는 사람이 거의 없다.

그는 1941년 루스벨트 대통령 밑에서 영국·소련·중국 등에 무기를 대여해 주는 소위 '무기 대여법'이나 전후 유럽 복구를 위한 원조 계획인 마샬 플랜 따위에 구상부터 실행까지 관여했으며, 1차 세계대전에서도 패전국인 독일의 재기를 막기 위해 베르사유 조약을 기안한 사람 중의 하나였다. 그리고 개인적인 사업을 통해 히틀러에게 여러 모로 재정도 지원했다.

빌더버그의 초대 회장을 지낸 번하트 왕자는 1911년 독일의 왕자로 태어나 네덜란드의 줄리아나 여왕(현 베아트릭스 여왕의 어머니 : 300위원)과 1937년에 결혼했다. 줄리아나의 가문은 오렌지 가문(House of Orange)으로 알려진 돈 많은 왕가이며, 로스차일드 소유의 쉘 석유회사와 록펠러 소유의 세계 최대 석유회사인 엑손 회사의 대주주기도 하다.

번하트 왕자는 독일 나치스의 SS 장교였고, 동시에 독일 화벤 회사의 정보부에서 첩보 활동도 했으며, 후에 자신이 직접 미국에 가서 빌더버그 단원을 뽑기도 했다. 그와 그의 가족은 독일군이 네덜란드를 점령했을 때, 영국을 통해 캐나다로 피난 가 있었고, 나치의 첩자였던 그가 이번에는 연합군의 연락책을 맡아 일했다.

이들 모임에 소요되는 모든 비용은 거의 자선 단체나 자선가들의 기부금에 의해 운영되며, 여기에 기부되는 돈은 세금 공제가 되기 때문에 결국 일반 시민들이 자선 사업에 낸 돈도 이들 모임의 운영비로 쓰인다는 결론을 내릴 수 있다.

그들은 모임을 가지면 앞으로 1년 동안 신세계 질서 계획을 위하여 어떠한 일을 해야 하는지 논의하고, 함께 일하는 다른 조직과의 유대 관계를 상의하는 것으로 알려져 있다. 이들 모임에 언론의 유력자들도 참가하지만 언론에 일언반구 새나가지 않는 것은 세상에 그 내용을 알리기 원치 않기 때문이다.

언론계의 유력자를 소개하면 다음과 같다.

- 캐서린 그래험 : 현재《워싱턴 포스트》의 사주이자《뉴스 위크》지와《AP통신》의 대주주.
- 콘래드 블랙 : 캐나다인으로 홀린저 그룹 총수. 홀린저 그룹은 전 세계 약 2백여 개의 유수한 신문사를 소유하고 있다.
- 로이터통신의 중역들.

실행위원 중의 한 사람인 앤드루 나이트는 콘래드 블랙의《런던 데일리 텔레그라프》지의 경제담당 논설위원으로 있었으며, 후에는 '뉴스 인터내셔널'사의 회장을 역임하기도 했다. 또한 영국의《더 선》,《투데이》,《더 타임스》,《더 선데이 타임스》 등의 사주인 루퍼트 머독의《뉴스 인터내셔널》의 회장이기도 했다. 그리고 1982년부터는 '디칠리 재단' 운영위원회의 일원이 되었다.

이 디칠리 재단은 신세계 질서 계획의 기수라 할 수 있는 조직이며, 특히 대중 심리 조종법 연구에 가장 앞서 있다는 런던의 타비스톡 인간관계연구소와 밀접한 연관을 갖고 있다. 타비스톡연구소의 연구 발표 문서에는 디칠리 재단의 이름과 RIIA의 회장을 맡고 있는 크리스토퍼 터젠해트 같은 이름이 나온다. 그리고 디칠리 재단의 미국 지부 총수는 카터 대통령 때 국무장관도 하고 록펠러 재단의 이사이기도 한 사이러스 밴스(CFR · 삼변회 · Bil · 300위원)이다.

이렇게 일반 대중이 무게 있게 취급하고 신뢰하는 굴지의 신문이나 잡지 · 방송 따위의 뉴스 미디어는 모두 엘리트들의 손에 있다. 그들은 세계의 소식을 알려주기보다는 자신들이 원하는 방향으로 대중의 지식과 사고 방식과 판단력을 제작하는 세뇌 공작의 도구로 언론을 사용하려 한다.

『시온의 칙훈서』를 보면 언론을 장악하는 방법이 나오는데, 그 내용을 보면 최소 '3대 1'의 비율로 압도하라고 되어 있다. 3배라는 숫자는 숫자뿐 아니라 크기에서도 압도해야 한다는 것이다. 그러나 실제로는 3배를 훨씬 초과하여 절대 다수를 그들이 관장하고 있다.

예를 들면 얼마 전에 인도네시아의 군대가 동티모르 섬에 침공하여 약 15만 명의 주민을 학살한 일이 있었다. 이러한 사건은 대서특필할 기사감이지만 이름 있는 신문에서는 어디서도 발표되지 않았다. 게다가 이를 계속 보도하려 했던 외국 기자들은 인도네시아 땅에서뿐만 아니라 자유의 나라 미국 또는 자신의 고국에 돌아와서도 의문사를 당했다. 뿐만 아니라 이러한 죽음을 맡은 경찰도 사건을 시원히 해결하지 못하고 대충 덮어두는 것이 상례였다.

이들은 어떻게 이렇게 완벽하게 세계를 통제할 수 있을까? 후각 능력이 뛰어난 사냥개 같은 기자들이 여객기 등의 교통 사고로 몇십 명 혹은 몇백 명이 죽은 기사거리를 빼먹은 적이 있는가? 물론 동티모르 사건은 무명의 작은 신문에 실리기는 했지만, 과연 몇 사람이나 이를 관심 있게 보았을까?

빌더버그 그룹에 관한 것도 마찬가지다. 아주 소수의 기자들이 이를 추적하고 파고들어 부스러기 정보를 얻어 발표하기 때문에 그나마 그들을 이 책에서 취급할 수 있었다.

1991년에는 독일의 바덴바덴에서 빌더버그 그룹의 회합을 가졌는데, 참석자 명단을 보면 데이비드 록펠러와 당시 아칸소 주 주지사였던 빌 클린턴이 있다. 이미 CFR·삼변회의 회원이 되어 있었던 클린턴이 빌더버그의 모임에 참석했다는 것은 그가 다음 대통령으로 지명되었다는 증거라고 볼 수 있다.

또 다른 주요 인사 중에는 이탈리아 피아트 자동차 사주 조반니 아그넬리가 있다. 그는 이탈리아 제일의 부자로서 은행·보험·화학·방직·무기 제조·출판계의 제1인자로 알려져 있으며, 이탈리아 유력 중앙지인《라 스탐파(La Stampa)》와《코리에레 델라 세라(Corriere dela Sera)》같은 언론사도 갖고 있다.

또 이때 참가한 유럽의 귀족으로는, 네덜란드의 베아트릭스 여왕, 스페인의 소피아 여왕, NATO의 역대 주요 인물들이었으며, 이때의 주요 안건은 세계군 창설에 관한 것이었다고 한다.

항상 그렇듯이, 빌더버그 그룹 뒤에는 로스차일드와 록펠러가 있다. 이들의 최고 심복이자 일 잘하는 참모격으로는 아무래도 헨리 키신저를 들어야 할 것 같다.

헨리 키신저는 빌더버그의 일원이며 삼변회·CFR·RIIA의 주요 회원이면서 록펠러·로스차일드의 체이스 맨해튼 은행과 록펠러 재단에서 중요한 역할을 하는 사람이다. 캐링턴경과 함께 '키신저 어소시에이츠' 회사를 만들어 활동하고 있다.

그는 바덴바덴 회의에서 "UN은 세계 어디라도 문제가 있을 때에는 즉시 군대를 배치할 수 있어야 한다"고 역설했다. 현재 UN 평화군이 보스니아·르완다 같은 곳에서 만족스런 역할을 하지 못하기 때문에, UN에 더 큰 권한을 부여해야 한다는 것이다.

그러나 일반인들은 UN은 더 큰 권한을 요구하는데 미국이 말을 안 듣는 것 같은 인상을 받는다. 그러나 미국은 더 좋은 호기를 노리며 UN의 요구에 저항하는 듯한 인상을 주고 있을 뿐이다. UN에 절대적인 힘을 실어주자고 주장하는 사람들이 현재 미국의 정책을 만드는 사람들인데 어떻게 저항한단 말인가? 이것은 바로 '문제—반응—해결'의 진행 순서에서, 더욱 완강한 반응을 이끌어내기 위해 문제를 더 심각하게 만드는 과정일 뿐이다.

유럽연합

'유럽연합(European Union : EU)' 또는 '유럽동맹'은 '유럽경제공동체'에서 시작되었다. 세계를 3개의 자유무역지대, 즉 남·북미주, 유럽, 아시아·호주 지역으로 나누어 경제블록을 만들 계획을 오래 전부터 세우고 있었는데, 일이 진행되면서 미주동맹·유럽동맹·태평양동맹으로 바뀐 것이다.

유럽경제공동체가 처음 시작되었고, 다음에 캐나다·미국·멕시코 3국이 북미자유무역협정(NAFTA)을 맺었으며, 이제는 남미로 번져 자유무역협정(FTA)이 되었다. 아시아 지역도 환태평양경제협력체(APEC)를 만들어 1994년 11월에 인도네시아의 자카르타에서 미국·호주·한국 등 태평양 연안 국가 원수들이 모여 모임을 가졌다.

유럽동맹의 다음 단계는 유럽합중국(The United States of Europe)이다. 이것은 수백 년을 거슬러 올라가 프리메이슨의 원조라고 할 수 있는 템플 기사단의 꿈이었는데, 그 당시 쓸 만한 세계라는 것은 '유럽'뿐이었기 때문에 그들에게 유럽 통합은 세계 통일을 의미했다.

유럽동맹을 태동시킨 중심 인물은 다음과 같다.

- 장 모네 : 프랑스 브랜디 양조 사업가의 아들로서 300위원
- 리하르트 쿠덴호프-칼러기 백작 : 오스트리아의 300위원
- 조셉 레팅거 : 폴란드의 사회주의자며 유럽의 중앙집권 체제를 위한 '유럽 운동'을 조직한 300위원

유럽동맹에 관한 한 장 모네가 제1의 공로자다. 장 모네는 약관 20세인 1910년 주류 시장을 개척하기 위해 캐나다에 첫발을 디딘다. 그때 그는 캐나다와 미국 서부를 실제로 개척해 상당한 세력을 가진 허드슨베이사의 고위 간부와, 프랑스 혈통으로 북미주에 은행을 갖고 있고 영국과 북미주 사이에 깊은 관계를 맺은 라자드 형제 가문과 친분을 갖게 되었다. 또한 캐나다의 총리나 미국 대통령들과는 속마음을 털어놓을 수 있을 정도로 가까운 사이가 되었다. 이러한 연유로 그는 캐나다에서 프랑스로 원자재를 수입하는 등 1차 세계대전 때 여러 가지 특별한 계약을 하게 된다. 그리고 전쟁이 끝난 다음에는 연합군 사령부 경제최고위원회의 고문으로 추대되었다.

그는 그런 활동을 통하여 밀너, 하우스 대령 등과 함께 베르사유 조약을 만들고, 국제연맹을 준비하던 사람들과도 친분을 가졌으며, 그들의 인정을 받아 국제연맹의 부사무총장으로 추대되었다.

6년 후에는 미국으로 건너와 '아메리카 은행'의 소유주인 트랜스아메리카(Trnasamerica) 회사의 부사장이 되었고, 유럽과 미대륙을 연결하는 아주 적절한 위치에 서게 되었다.

그는 해리 홉킨스(Harry Hopkins)와 절친해 그를 통해 F. 루스벨트를 소개받았는데, 홉킨스는 원래 록펠러의 측근으로서, 넬슨 록펠러의 추천으로 루스벨트 대통령의 참모가 되어 미국의 정치를 휘두른 사람이다.

홉킨스는 록펠러에 의해 뉴딜정책에 참여해, 미국의 1930년대 경제 공황을 더욱 길게 만든 실무자다. 홉킨스는 모네와 함께 소련을 적극 도왔으며, '무기 대여' 정책에도 깊숙이 관여해 미국의 군수 물자·핵무기 및 각종 무기 개발에 대한 정보를 소련에 전달해 주었다.

리하르트 쿠덴호프-칼러기 백작의 이름 '리하르트'는 음악가 리하르트 바그너(Richard Wagner)에게서 따온 것이다. 칼러기 백작은 1923년에 『유럽합중국(*The United States of Europe*)』, 일명 『범유럽』이라고 불리는 책을 썼다. 그는 실제로 범유럽동맹운동을 벌여 유럽 각지에 지부를 두었으며, 유럽의 정치가들이 하우스 대령, 후버 등을 포함한 영·미 유력자들과 친분 관계를 맺게 하였다. 그는 후일 그때의 일을 회상하면서 자신의 자서전에 이렇게 썼다.

1924년 초에 프랑스 친구 로스차일드 남작의 방문을 받았으며, 함부르크에 있는 맥스 와벅 씨도 내 책을 읽었다며 만나자고 했다. 와벅 씨는 당장 금화 6만 마르크를 3년에 나누어주겠다며 운동비에 보태쓰라고 희사해 매우 놀랐으며…….

와벅 씨는 내가 만난 사람 중에 가장 현명하고 존경할 만한 사람으로, 나의 범유럽동맹운동에 기틀이 되는 재정 지원자가 되었다. 그는 평생 동안 나의 운동을 지지했으며, 1925년에는 내가 미국을 여행하도록 주선하여, 미국에서 그의 동생 폴 와벅(Paul Warburg)과 바루크 씨를 만났다.

그런가 하면 영국의 처칠도 범유럽운동의 열성적인 지지자였다. 그는 1930년 미국의 《선데이 이브닝 포스트》지에 범유럽동맹에 관한 글을 기고하여 적극 지지한 적이 있다.

통일 유럽을 만드는 중요한 이정표 중의 하나는 2차 세계대전 후 황폐한 유럽을 재건하기 위한 마샬 플랜과 유럽 복구 프로그램이었다.

CFR이 조종하는 미국은 이러한 프로그램을 만들어 많은 돈을 대여해 주었다. 이 돈은 특정 국가의 주권이 너무 강해지지 않도록 하고 중앙 통제력을 높이기 위해 주로 사용되었다. 이러한 계획들은 해리 트루먼 대통령 시절에 마샬 국무장관이 만들어 마샬 플랜이라고 이름붙은 것으로 알려졌지만 실상은 모네와 CFR의 작품이었던 것이다.

1946~1947년에 CFR은 유럽 복구를 위한 연구조사단을 만들었으며, 변호사인 찰스 스포포드가 회장을, 데이비드 록펠러(300위원)가 총무를 맡았다. 이 록펠러는 현 CFR 회장이고 체이스 맨해튼 은행의 회장이며, 삼변회와 빌더버그 그룹을 조직한 사람이다.

아무튼 이 조사단의 조사 결과가 약 1년 후에 정부의 마샬 플랜이 되었는데, 그리 쉽게 진행되진 못했다. 많은 상·하원 의원들이 계획서를 보고 그 저의가 무엇인지 짐작했기 때문이다. 그러자 CFR이 나서서 자신들이 장악하고 있는 사업체들, 노동조합들, 언론사들을 총동원시켜 사회 여론을 만들어 성공시켰다. 이때 여론 조성에 가장 큰 역할을 한 신문이 《뉴욕 타임스》와 《워싱턴 포스트》였다.

세계의 엘리트들은 2차 세계대전이 끝나자 공산주의를 만들어내고 냉전이라는 것을 고안하여, 약 반세기 동안 대단히 요긴하게 사용했다. 이를 처음 사용한 것이 마샬 플랜 때다. 공산주의의 위협에서 벗어나기 위해서 유럽을 도와주어야 한다는 것이 주장이었다. 이 논리가 주효해서 무사히 의회의 승인을 얻게 되었다.

유럽공동체의 첫 단계는, 1952년 로버트 슈만이 '슈만 플랜'이라는 이름으로 유럽의 석탄과 철공업을 한데 묶은 일이었다. 서독·프랑스·이탈리아·벨기에·네덜란드·룩셈부르크 등 6개국의 철강과 석탄 산업을 중앙 통제하에 놓는다는 계획이었다. 슈만이라는 사람은 프랑스의 사회주의자로, 당시는 외상이었지만 후에 총리까지 되었던 사람인데, 사실 그를 뒤에서 조종한 사람은 모네였다.

모네와 그의 동지들은 하나의 명령 계통으로 이루어진 유럽군을 창설하려고 노력했는데, 이는 각 나라의 군대는 무장해제하고 새로이 전 유럽을 대표하는 군대를 만드는 것이 그 목적이었다. 그러나 유럽에 국한되었던 그의 안이 현재는 전세계를 하나로 묶는 세계군을 만들자는 운동으로 변화하여 UN을 중심으로 논란이 되고 있다.

1952년 6개국이 석탄과 철강 산업을 통합하겠다는 협정에 서명은 했지만 프랑스 의회에서 인준을 해주지 않아 결국 실현되지 못했다. 하지만 1957년 3월 25일 이 6개국은 다시 '로마 협정'이라는 두 개의 협정에 조인한다. 하나는 유럽경제공동체(EEC) 또는 유럽공동시장이라고 부르는 것이고, 또 하나는 유럽원자력공동체다.

이러한 협상은 항상 모네가 관여하여 조종했고, 그 뒤는 미국의 CFR이 돕고 있었다. 하버드대학 교수며 빌더버그 그룹의 명예 사무총장이고 삼변회의 회원인 어네스트 뷔겔은 『마샬 원조에서부터 대서양 동반자가 되기까지(*From Marshall Aid To Atlantic Partnership*)』를 통해 다음과 같이 술회했다.

당시 모네 씨와 그의 위원회 위원들이 비공식적으로 협상을 감독하고 있었으며, 장애물이 나타날 때마다 미국 브루스 대사를 중심으로 한 외교 군단이 긴장해 작동되곤 했다……. 즉 모네 씨가 어떤 나라가 문제를 일으킨다고 생각하면, 미국의 외교 채널, 즉 그 나라에 상주하는 미 대사관이 주재국의 외무장관을 통해 미국 정부의 의사를 밝혔고, 그 의사는 항상 모네 씨의 의사와 일치하곤 했다.

엘리트인 모네의 지휘로 유럽은 단계적으로 통일된 단일 규정을 만들기 시작했다. '단일유럽법'은 1992년에 전 유럽의 무역 장벽을 없애는 역할을 했고, '마스트리히트 합의'는 엘리트 통치하의 유럽합중국을 성취하는 데 한 걸음 더 다가서는 디딤돌이 되었다.

이렇게 단계적으로 일을 진행하는 이유는 급격한 변화를 꾀하면 아무리 우둔한 양떼라 해도 반항할 것이기 때문이다. 그래서 서로 별로 연관이 없어 보이는 별개의 일을 하나씩하나씩 소개하여 자연 진화적인 단계를 거친다. 처음 하나를 수락하면 다음 하나를 수락하게 되고 마지막에 가서는 궁극의 목적을 달성하게 되는 것이다. 거의 마지막 단계에 가서 양떼들이 이를 알아차리고 반항하더라도 이미 돌이킬 수 없는 단계까지 간 후기 때문에 계획에는 차질이 없는 것이다.

그러면 그때의 세상은 평화롭고 만족스러우며 행복한 세상이 되는가? 앞에서도 설명했지만 『시온의 칙훈서』를 읽어보면 어떠한 세상이 기다리고 있는지 이해하게 될 것이다. 이것에 대해 소련의 폭군 스탈린은 1942년에 쓴 『마르크스주의와 국가 관념에 대한 질문』에서 이렇게 표현했다.

세계 정부를 수립하려면 우선 세계를 몇 개의 지역 단위로 분할해야 한다. 이렇게 하면 자기가 속한 국가에 대한 충성심은 차츰 사라지고 지역 정부에 대한 충성심이 쉽게 싹트기 때문이다. 그러고 난 다음에 세계 단일 독재 정권으로 줄달음치는 것이다.

바로 이것이 지금 세계에서 일어나고 있는 현상이다. 1984년에 망명한 전 KGB 요원은 "소련과 동유럽 국가들은 '위장된 자유'를 얻게 될 것이고, 이것은 서방 세계에서 대환영을 받게 될 것이다. 소련의 동맹국들은 유럽공동체 체제에 흡수될 것이다"라고 했다. 1994년 12월에 클린턴 대통령은 "북미자유무역협정(NAFTA)은 아르헨티나까지 확장될 것"이라는 성명을 발표했으며, 거의 같은 시간에 유럽의 수뇌들은 옛 소련 공산권 국가들의 유럽동맹 가입을 허용할 것이라고 선언했다.

그의 말은 적중했고 계획은 점점 더 가속되고 있다. 우리는 이미 많은 디딤돌을 딛고 지나왔으며 앞으로 디딤돌은 별로 남지 않았다.

【 참고 서적 】

- Barry Goldwater, *With No Apologies*.

- Carroll Quigley, *The Anglo-American Establishment, Tragedy and Hope*.

- Dr. John Coleman, *Conspirators' Hierarchy*.

- James Perloff, *The Shadows of Power : The Council On Foreign Relations And The American Decline ; The American Language*.

- Jordan Maxwell, *Basic Presentation(video)*.

- Laurence H. Shoup & William Minter, *Imperial Brain Trust*.

- Zbigniew Brzezinski, *Between Two Ages-America's Role In The Technetronic Era*.

라리앙스 이스라엘리 유니버셜

이 긴 이름을 갖고 있는 조직은 프랑스에 적을 둔 유대인 단체로서, 프랑스어로 'Lalliance Israelite Universelle'이라고 표기한다. 우리말로 번역하자면 '만국 이스라엘민족연합체'라고 할 수 있으며, 간단하게는 'AIU'라고 표현한다.

이 조직도 브나이 브리스와 마찬가지로 프리메이슨 조직의 한 계보인데, 이 조직은 다른 조직처럼 내적인 신비한 비밀을 취급하는 것이 아니라, 자신의 신비함과 특유함을 외적으로 보여주는 파다.

이 조직의 설립 동기는 1840년 다마스커스에서 일어난 살인 사건부터 시작된다. 살해된 사람은 페레 토마스, 살인범들은 3명의 유대인이었는데, 살해 방법이 상당히 엽기적이었다. 얼마 후 3명의 범인이 체포되었고, 그중 한 사람이 범행 동기를 털어놓았다. 유대교 제식에 사용할 사람의 생피를 얻기 위해서였다는 것이다.

이러한 사실이 신문에 공개되자 세계는 경악을 금할 수 없었고, 그렇지 않아도 유대인을 증오하는 판에 좋은 핑곗거리를 주어 세계(물론 아시아는 제외한 세계를 말한다) 각국에서 많은 유대인들이 피해를 보게 되었다.

이를 염려한 유대인 지도자들이 단합하여 유대교는 사람의 생피를 사용하는 사악한 의식을 갖지 않는다는 것과, 유대교나 유대인의 실제 모습을 세계에 홍보하기 위해 1960년, 이 조직을 만들었다. 그러나 이 조직 역시 정치 활동이 또다른 목적이 되었다.

세계의 이렇다 할 종교들은 정치가들을 통해 정부를 만들고, 또 그들이 종교의 대변자 노릇까지 하는 게 상례인데, 유독 유대교만은 이를 대표하는 정부도 사회 조직도 없으며 지역적인 영토도 없기 때문이다.

이러한 특수한 상황에서 다른 종교와 같은 위치에 올라서기 위해 유대인들은 어느 나라에서 살든지 정치에 적극 참여하여 그 나라의 지도자가 되려고 노력한다. 그를 위해 AIU는 비밀 조직인 카할(Kahal)이나 그 지방 조직의 지시에 따를 것을 촉구하는 매개체 역할을 한다.

AIU의 총회장을 오래 지낸 아돌프 크레미유(Adolphe Cremieux)는 18급 프리메이슨으로서, 이 조직과 프리메이슨 역시 관계가 깊다는 것을 짐작할 수 있다. 이 사람뿐만 아니라 이와 비슷한 조직의 지도자급들은 일루미나티의 총본산인 오리엔트 총종단에 의해 지위가 인정되었다.

이 조직의 꿈인 국제유대인정부 설립은 1897년 시온주의가 세계의 유대 운동을 하나로 통합함으로써 일단 깨지고 말았다. 그러나 시온주의의 예언자인 아하드 하암(Ahad Haam)이라는 사람이 AIU의 단원이었다는 점은 특기할 만하며, 이들이 갖고 있던 꿈은 세계유대인중개기구(World Jewish Agency)가 이어받아 계속 노력하고 있다.

삼변회

삼변회(三邊會, The Trilateral Commission : TC)의 3변은 미국·유럽·일본 세 세력을 가리킨다. 이들이 협동하여 세계의 평화를 유지하고 경제 질서를 다시 건설하며 가난을 퇴치함으로써 자연스럽고 평화롭게 세계화 체제로 탈바꿈한다는 것이 이 조직의 목표다.

이에 대하여 배리 골드워터(Barry Goldwater) 상원의원은 『솔직하게(*With No Apologies*)』라는 저서에서 "삼변회의 진정한 목적은 세계의 경제권을 독점하고 각 국가의 정권보다 더욱 강력한 세력을 구축하여 세계를 지배하는 것이다"라고 설파했다.

이 조직은 카터 정권 때 국가안전고문을 역임한 브르제진스키(Zbigniew Brzezinski)의 발상으로 태동했다. 컬럼비아대학 교수이자 워싱턴의 브루킹스 연구소에 재직하던 그는 1970년대 초에 미국·유럽·일본을 연결하는 또 하나의 조직이 필요하다고 주장했다. 그의 이론에 감동을 받은 데이비드 록펠러(David Rockefeller)의 후원으로 삼변회는 1972~1973년에 만들어진다.

브르제진스키는 『두 시대의 사이, 전자기술 세대에서의 미국의 역할』과 언론 매체를 통한 기고문에서 다음과 같이 주장했다.

새로운 사회는 전자와 과학 기술, 특히 컴퓨터와 통신기술이 문화적·심리적·사회적·경제적으로 영향을 끼쳐 다시 형성되는 사회다. 그런 연유로 국가 관념이 희박해질 것이며, 단계적으로 발전한 나라들이 먼저 국경을 초월한 하나의 집단을 이루고, 그 집단이 간접적으로 연결되어 점점 더 큰 집단으로 발전하게 될 것이다. 예를 들어 유럽은 현재의 유럽동맹 같은 공동체가 확산되어 옛 소련을 모두 흡수하는 광범위한 범유럽연방을 구축하게 될 것이다.

데이비드 록펠러는 같은 생각의 동지를 규합하고 미국·유럽·일본에서 단원들을 흡수해, 브르제진스키를 간사장으로 만들었다. 1972년 7월 23~24일 처음 17명이 결성 회의를 하기 위해 뉴욕에 있는 록펠러의 저택에서 회동했을 때 주목할 만한 인사들은 다음과 같다.

- 헨리 키신저.
- 프레드 벅스텐 : 브루킹스 연구소의 선임연구원. 키신저 밑에서 국제경제문제 고문을 했다.
- 맥조지 번디 : 포드 재단 회장을 역임했고, 케네디와 존슨 대통령 밑에서 국가안전위원회의 회장을 했다.

초기에는 데이비드 록펠러를 비롯하여 포드 재단, 케터링 재단, 릴리 기금, 록펠러 형제기금, 티센 재단이 거액의 재정지원을 해주었고, 제너럴모터스·엑손·코카콜라·타임스·CBS·웰스파고 은행 등에서 각각 얼마간의 후원을 했다 한다. 사무실은 뉴욕 시 동부 46번가에 자리를 잡고 있다.

삼변회의 주요 멤버는 다음과 같다.

- 월터 먼데일 전 부통령
- 사이러스 밴스 전 국무장관
- 워런 크리스토퍼 전 국무장관
- 해럴드 브라운 전 국방장관(CFR)
- 마이클 블루멘털 전 재무장관
- 프레드 벅스텐 전 외환관리 재무차관보
- 폴 볼커 전 연방준비제도이사회 회장

창설된 후 이 조직이 처음으로 이루고 싶었던 일은 자기들이 선택한 사람을 백악관에 넣는 일이었다. 그리하여 록펠러와 브르제진스키가 백방으로 물색한 끝에 선택한 사람이 조지아 주 주지사를 하던 민주당 소속 지미 카터였다. 그들은 자신들의 조직과 돈과 언론을 총동원해 추잡한 흥정 끝에 그를 대통령으로 당선시켰다.

카터는 별수없이 그들의 꼭두각시 노릇을 할 수밖에 없었다. 카터는 자신의 취임식 연설문조차 브르제진스키가 써준 것을 그대로 읽었을 뿐이다. 카터 대통령의 말투를 흉내낸 "브르제진스키가 보았나?" "브르제진스키가 좋다고 하더냐?"라는 말이 백악관 직원들 사이에 유행할 정도로 카터는 매사를 브르제진스키의 지시에 따라 일했다.

카터는 선거 유세에서 자기가 대통령이 되면 CFR이나 빌더버그 그룹이 더 이상 미국을 지배하지 못하도록 하겠다고 했다. 그러나 그는 유세 동안 삼변회 회원들뿐만 아니라 CFR의 전 멤버들의 도움을 받았으며, 특히 딘 러스크, 더글러스 딜런, 《타임스》지의 헨리 루스 부사장 같은 위원들은 재정적인 후원까지 아끼지 않았다. 그는 당선된 직후 삼변회의 전체 65명의 단원 중에서 최소한 13명을 발탁하여 부통령의 자리부터 채웠다.

카터 대통령이 재임 기간 동안 삼변회나 록펠러 등의 사주를 받아 한 일을 살펴보자.

첫째, 카터는 이란 석유회사의 지분을 더 달라고 요구하는 샤를, '가짜' 호메이니를 앞세워 혁명을 일으켜 없앴다. 둘째, 미국 은행에서 빌린 돈을 못 갚는 파나마 정부에게 부채 상환 능력을 주기 위해 파나마 운하의 운영권을 이양해 주었다. 셋째, 니카라과의 소모사 정권을 붕괴시켰다.

카터는 이렇게 삼변회의 의사에 따라 충실히 일했지만 한 번의 임기로 물러나게 되었다. 삼변회를 대변해 너무 충실히 일했기 때문에 국민의 지지를 많이 상실한 것 같다.

그의 후임으로는 엘리트 회원이 아니었던 공화당의 로널드 레이건이 당선되었는데, 레이건은 출마 당시에 이렇게 말했다.

미국에는 엘리트들이 있어, 과거 수십 년 간 우리는 그들의 정부를 운영하고 있었다. 삼변회의 관심사는 국제적인 은행 사업과 다국적 기업 따위의 이익뿐이기 때문에, 나는 이제 그들과 함께 일하지 않고 나의 방법을 따르겠다…….

그러나 대통령 지명전이 끝나기 훨씬 전부터 그의 말은 어디론지 사라지고, CFR과 삼변회 회원인 조지 부시를 러닝메이트로 내정했을 뿐만 아니라 당선된 후에도 내각을 비롯해서 정부의 중심 세력을 CFR 회원들로 채웠다.

레이건은 CFR 64명, 삼변회 6명, 삼변회와 CFR 양쪽에 속한 사람 6명, 전 삼변회 회원 5명을 선택하여 엘리트 정부를 다시 만들었으며, 부통령인 부시의 의사에 따라 정치를 했다.

앞에서 호메이니를 가짜라고 한 말은 사실이다. 물론 증명하라고 한다면 그럴 수는 없다. 조사를 할 수도 없는 일이고 다만 몇 사람의 증언에 의존하는 길밖에 없기 때문이다.

아야톨라 호메이니는 1965년에 샤가 프랑스로 망명을 보낸 사람이다. 그의 망명 시절 사진을 보면 오른손 가운뎃손가락의 중간 마디가 잘려서 손가락이 9개밖에 없었다. 1979년 로스앤젤레스의《해럴드 이그재미너》지의 'A-2'면에 나온 사진을 보면 알 수 있다. 그런데 혁명 후의 호메이니 사진에는 손가락이 10개였다.

이에 대해 아미르 호베이다(Amir Hoveida) 총리는 공식석상에서 "내가 아는 호메이니는 손가락이 9개밖에 없었으므로, 지금의 호메이니는 가짜다"라고 선언했다가, 연설 도중에 성난 군중들에게 단상에서 끌려 내려가 빌딩 밖에서 총살당했다.

또 폴란드의 군 첩보대에서 일하던 미첼 골로니프스키 대령의 말에 의하면, 소련 첩보대는 쉬아이트 모슬렘파에 깊숙이 침투해 있었으며, 아야톨라는 소련의 앞잡이였다고 한다.

그리고 호메이니가 혁명을 일으켰을 때, 카터는 로버트 하이저 부사령관을 이란으로 보내 이란 장성들에게 호메이니에 대항하지 말라고 종용했다. 그 때문에 군은 출동하지 않았을 뿐 아니라 호메이니를 막으려고도 하지 않았다. 결국 이렇게 방관만 하던 샤의 군 지휘관들은 얼마 못 가서 모두 총살당했다.

이제 마지막으로 일본에서 활동중인 삼변회 주요 회원들의 명단[16]을 살펴보자.

- 나가이 요노스케 아오야마 학원 교수
- 후나바시 아사히 신문 워싱턴 지국장

---

16) 1995년 현재. 출처 자체가 영문으로 되어 있기 때문에 이름의 한자는 병기하지 않았다. 조사를 하려고도 생각해 보았지만 상당한 시간을 요하는 일이고 그럴 만큼 중요하지도 않다고 생각했다. 이 밖에도 72명의 회원이 더 있어, 일본의 삼변회 회원은 총 83명이다.

- 교텐 로유 도쿄 은행 회장
- 시노 요시토키 다이와 증권 명예회장
- 미야자와 기이치 참의원(전 총리)
- 미요시 마사야 경단련 회장
- 사토 세이자부로 교토대학 교수
- 마키하라 미노루 미쓰비시사 사장
- 모리카와 도시오 스미토모 은행 사장
- 가지 모토오 도쿄대학 교수
- 우에타니 히사미쓰 도쿄 야마이치 증권 전 회장

4

프리메이슨의 상징물들

프리메이슨의 상징물이 있는 교회들

프리메이슨이 이집트 신앙을 갖고 있으면서 기독교 신앙도 포용했다는 것은 앞에서 설명했다.

십자군 시대에 가장 유명했던 기독교 계통 종단인 템플 기사단은 가슴에 붉은 적십자를 흰 바탕에 달고 있었는데, 그것은 현재 국제적십자사의 표징이 되었으며, 프리메이슨 조직에도 '적십자종단(Order of Red Cross)'이 있다.

이러한 상징물은 다른 종교와 마찬가지로 기독교에도 많다. 예를 들면 예수나 제자들이 갖고 다니던 꼬부라진 지팡이는 이집트의 왕들이 손에 쥐고 있는 지팡이[1]에서 유래된 것이며, 크리스마스 트리는 고대 스칸디나비아 지방에서 기독교 시대 훨씬 이전부터 행해 오던 토속 문화에서 따온 것이다.

그런가 하면 '비둘기'는 약 4세기에 성령의 상징으로 처음 표현되었

---

1) 이집트의 신 오시리스를 상징한다.

으며, 7각 별은 7교회·7성령·7성사(七聖事) 등을 뜻한다고 풀이한다. 이중에는 이미 토속 신앙·신화 등이 갖고 있던 것을 기독교가 흡수하여 기독교적으로 해설한 것도 있고, 프리메이슨이 창조했다고 주장되는 것들도 있다. 어쨌든 이러한 상징들은 기독교 시대 훨씬 이전부터 이집트 등지에서 사용되었고 프리메이슨이 부적으로 사용하면서 기독교에 삽입된 것으로 전해진다.

'상징(symbol)'이라는 단어는 단어 자체가 중요한 의미를 갖고 있다. 상징이란 비슷한 것들이 모두 융화되어 하나의 성격을 가진 단일체로 나타난다는 뜻이다.

이에 반대되는 말인 디아볼릭(diabolic)의 'dia-'는 둘로 쪼개져 나타난다는 뜻이다. 그리고 '디아볼리즘(diabolism)'이라는 말은 악마를 섬긴다는 뜻인데, '악마'라는 것은 화목하게 융합된 것을 이간질하여 갈라놓고 불화를 생성시키는 존재를 가리킨다. 프리메이슨이 기독교나 다른 조직에 침투하여, 문제를 일으켜 그 조직을 갈라서 약화시킨 후 종국에 가서는 자신들 구미에 맞게 다시 통합시키는 행위를 연상시킨다.

예를 들어 기독교의 종파가 수없이 많아진 것이 프리메이슨의 공작이라고 해석하는 사람들이 많은 이유는, 그들의 수법을 간파했기 때문이다.

그리하여 상징이라는 말은 '통일한다'는 뜻으로 해석할 수도 있으며, 어떠한 특성을 나타내는 말로도 사용된다.

여기서 말하는 '상징물'이라는 것은 한국에도 흔히 있는 부적 같은 것으로 비유할 수 있다. 그걸 사용함으로써 어떤 효과를 보고, 또 그 힘을 기대하며, 종교적인 행사에서 여러 가지 기구나 몸으로 그리는 형상 또는 몸짓 같은 것들과 함께 중요성을 갖고 있기 때문이다.

프리메이슨은 각 상징물의 의미를 일반 대중에게는 그럴듯한 다른 말로 설명하여 거부감을 없애고, 어린이 만화에서부터 일상 생활 중에 흔히 접하게 하여 친근감을 느끼도록 유도한다. 게다가 이러한 많은 상징들은 동양에 살고 있는 우리의 일상 생활에도 직·간접적으로 침투해 있다.

여기에 그중 몇 개를 소개한다. 앞으로는 이 상징물들을 염두에 두고 서양의 문물을 대하기 바란다.

미국의 국가 휘장

미국의 휘장은 독수리 그림이다. 독수리 한 마리가 입에 'E PLURIBUS UNUM'이라는 13개의 글자를 쓴 리본을 부리에 물고, 한쪽은 33개, 다른 한쪽은 32개의 깃털이 달린 날개를 펴고 있다.

가슴에는 13개의 청백색 줄이 있고, 꼬리 깃털은 9개며, 한 발은 잎사귀와 올리브 열매가 각각 13개씩 달린 나뭇가지를 쥐고, 다른 발은 화살 13개를 쥐고 있다. 머리 위에는 은별 13개를 다윗의 별 모양으로 나열해 놓았다.

이 휘장은 〈프리메이슨이 만든 나라 미국〉 편에 자세히 설명했으니 참고하기 바란다.

미국의 1달러짜리 지폐에 숨겨져 있는 상징들

ANNUIT COEPTIS

1달러짜리 지폐 뒷면, 왼쪽 원 안 상부에 씌어 있는 이 글은 "그(神)는 우리에게 번영을 약속했다"라는 뜻이다.

다시 말하면 "미국의 앞날은 신이 보호해 주기 때문에 항상 번영한다"는 것인데, 영어로 말하면 "Our Enterprises in Success"라고 하여 "우리의 사업은 성공한다"로 해석하기도 한다.

그들의 사업이 무엇일까? 'Novus Ordo Seclorum'이다.

▲ 1달러 지폐에 숨겨져 있는 프리메이슨의 상징들.

NOVUS ORDO SECLORUM

뒷면 왼쪽 원 안 하부에 씌어 있는 이 말은 '신세계 질서(New Order Secular)'라는 뜻이다. 그리하여 이 두 문구를 합친 'Annuit Coeptis Nuvus Ordo Seclorum'이라는 문장은 "신세계 질서를 이룩함에 성공한다"라고 번역할 수 있다.

영국의 런던 박물관과 프랑스 파리의 루브르 박물관에 소장되어 있는 1774년의 일루미나티의 문서에도 이렇게 씌어 있기 때문에, 이 문구가 일루미나티의 용어라는 것이 증명되었다. 1934년 일루미나티의 공작으로 미국 연방준비제도이사회를 만드는 일에 성공하자, 그 기념으로 미국의 1달러짜리 지폐 뒷면에 피라미드와 함께 이 문구를 적어

넣은 것이다.

그들은 아마 자기들의 성공을 축하함과 동시에, 앞으로의 과업이 성공하기를 비는 뜻으로 이런 문구를 삽입한 것 같다.

MDCCLXXVI

왼쪽 원 피라미드 맨 아랫단에 이런 글자가 씌어 있는데, 이것은 로마자로 1776을 표시한 것이다.

미국이 독립한 해도 1776년이지만 일루미나티가 정식으로 탄생한 것도 1776년의 일이다. 따라서 미국 돈에 삽입한 1776이 미국의 독립을 기념하는 것이라고 할 수도 있지만, 다른 모든 표현을 종합하여 풀이해 보면, 이것은 일루미나티의 창립 연도를 기념하기 위한 것이라고 보아야 한다.

전시안(全視眼)

독자들이 가장 쉽게 발견할 수 있는 '전시안'은 미국 돈 1달러짜리 뒷면의 피라미드 정상에 있는 '빛을 발하는 눈'이다. 왼쪽 원 안을 보면 피라미드 정상에 삼각형이 있고, 그 안에 눈이 있으며, 삼각형은 금빛 광선을 뿜고 있다.

여기서 삼각형은 히브리 글자로 'A'에 해당하는 '아인(Ayin)'이고, '눈'이라는 뜻이다. 수상학으로는 '70'을 나타내는데, 삼각형은 수상학으로 '3'을, 금빛은 '태양'을 나타내며 숫자로는 '200'을 뜻한다. 이 숫자를 모두 합하면 13으로 나누어지는 '273'이 된다.

이 숫자는 시편 118장 22절의 "건축자의 버린 돌이 집 모퉁이의 머릿돌이 되었나니"라는 구절과 연결되며, '머릿돌'이라는 단어는 히브리어로 '숨은 빛'이라는 뜻을 내포하고 있다.

또 이것은 이집트의 신 호루스를 뜻하는데, 그는 태양신의 아들로 기독교로 말하자면 하느님의 아들인 '예수'에 해당한다고 할 수 있다.

이 신은 눈이 부실 정도로 밝은 빛을 발산하는데, 밝은 빛은 '현명하다'는 뜻과 '전지(全知)'라는 뜻을 가지고 있다. 기독교적인 표현을 빌리면 '메시아'를 표현하는 것이기도 하다.

이러한 연유에서 지금도 명석한 사람을 '밝은(bright)' 사람이라고 표현한다. 가장 성스럽고 존귀하며 신성한 것 중에 신성한 것, 신이 선택한 민족과 대하는 가장 순수한 근본이 되는 것이다.

이 그림에서 유의할 점은, 피라미드가 위꼭지가 없는 사각형 모양이고, 사이를 띄어 '전시안'을 그려놓았다는 사실이다.

E PLURIBUS UNUM

이 문장은 'in God we trust'로 해석하며, 이를 다시 수상학적으로 풀이하면 다음과 같다.

in : 9+5=14
God : 7+6+4=17
we : 5+5=10
trust : 2+9+3+1+2=17

위의 합계는 58이 되는데, 58을 이루는 낱개 숫자를 더하면(5+8) '13'이라는 숫자가 나온다. 이 역시 성스러운 '13'을 나타내는 것이다.

1달러 속에 숨겨져 있는 부엉이

부엉이는 어두운 곳에서 남이 보지 못할 때 홀로 잘 볼 수 있는 능력을 가진 짐승이다. 이것은 남이 못 보는 것을 볼 수 있는 초능력과 통하고, 현명하다는 의미도 되기 때문에 일루미나티의 컬럼비아계 보헤미안파를 대표하는 상징으로 사용되고 있다.

미국 캘리포니아 북단의 보헤미안 그로브(Bohemian Grove)라는

▲ 미국 돈 1달러짜리에 숨겨져 있는 부엉이.

곳에서는 매년 7월 마지막 2주 동안 프리메이슨 멤버들이 모여 제식을 갖고 회의도 하는데, 엄중하게 경비를 하기 때문에 허락 없이는 사람들이 들어가지 못한다. 회기 동안에는 밤 12시에 큰 모닥불을 마당에 피우고, 참석자들은 KKK 단원들이 입는 의상과 디자인은 똑같으나 색상은 장미처럼 검붉은 의상을 입으며, 뒤에는 약 8미터 높이의 큰 콘크리트 부엉이 상을 세워놓았다고 한다.

여기에 모이는 사람들 중에 이름이 알려진 사람들을 다 적는다는 것은 지면상 불가능하며 단원들을 모두 알 길도 없으나, 현재 살아 있는 역대 미국 대통령은 모두 여기에 참석하여 제식을 드릴 정도다.

부엉이는 미화 1달러짜리 앞면, 오른쪽 상단에 있는 '1'자를 둘러싼 테두리의 10시 반 방향에 육안으로는 식별하기 어려울 정도로 아주 작게 삽입돼 있다.

워싱턴 D.C.

프리메이슨이 세운 미국의 수도 워싱턴 D.C. 곳곳에 프리메이슨의 상징물들이 숨어 있다. 프랑스 출신으로 독립군이자 프리메이슨이었던 렝팡(Major Pierre Charles L'Enfant) 소령이 토머스 제퍼슨과 조지 워싱턴의 지시로 박학한 풍수지리 지식을 적용하여 설계한 계획 도시가 워싱턴 D.C.다.

이 도시는 국회의사당과 백악관, 국무성을 중심으로 설계되었는데, 도시 곳곳에 5각 별이 위치하고 있다. 5각 별인 펜타그람이 뒤집어져 있거나 일그러져 있으면 죽음, 악(惡), 파괴 등을 의미한다. 그런데 워싱턴의 5각 별들은 모두 일그러져 있다.

또 국회의사당은 부엉이가 피라미드 위에 앉아 있는 형상이다. 부엉이의 좌우 날개가 되는 루이지애나(Lousiana)로와 델라웨어(Delaware)로가, 그리고 워싱턴(Washington)로와 뉴저지(New Jersey)로가 만나는 각도가 각각 33도다. 또한 링컨(Lincoln) 공원을 기점으로 남북으로 뻗친 12번가를 기준으로, 켄터키(Kentucky)로와 테네시(Tennessee)로 역시 33도로 만난다. 33도는 프리메이슨 스코틀랜드파에서 가장 높은 지위다. 또 이 도시에는 V자 형태로 만나는 길이 많은데, V자의 원래 상징을 나타내기도 하지만, 동남 방향을 향한 매사추세츠로, 펜실베이니아로 같은 길들은 동지(冬至)에 해가 뜨는 방향을 나타낸 것이고, 동북을 향한 노스캐롤라이나, 메릴랜드, 뉴욕, 로스아일랜드로 같은 길들은 하지(夏至) 때 해가 뜨는 방향이다.

또한 국무성은 5각 별, 국회의사당은 6각 별이 그려진다. 그래서 기(氣)를 아는 사람들은 워싱턴에 들어가면 사람에 따라 나쁜 느낌을 갖기도 하고 아주 좋은 기분을 느끼기도 한다.

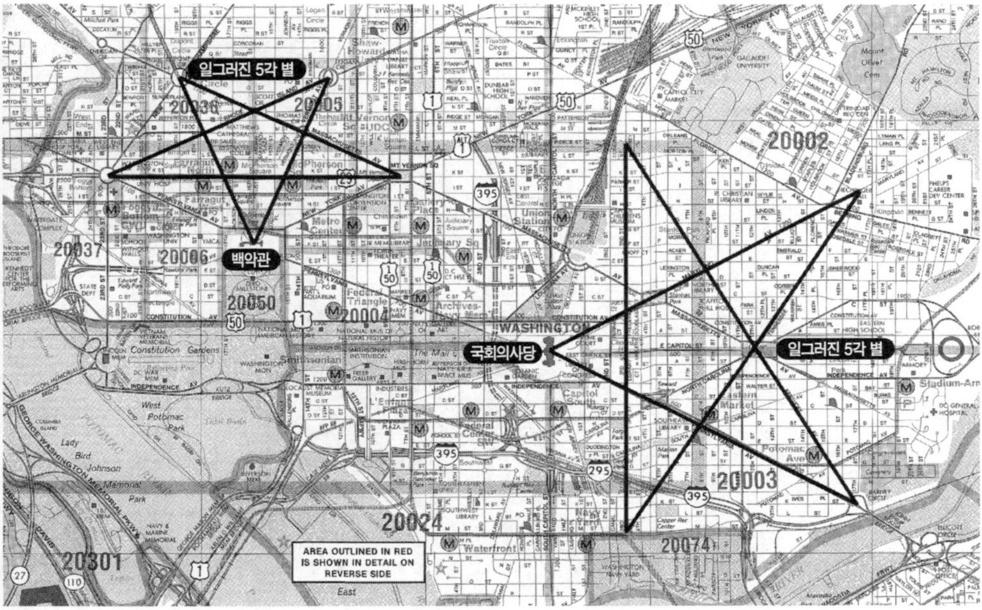

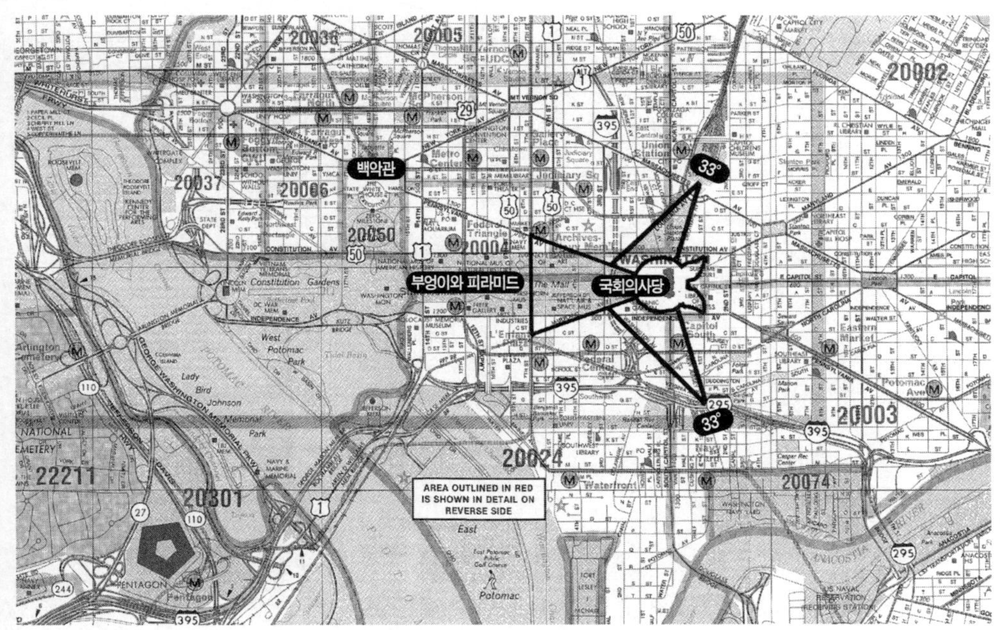
일그러진 5각 별
20030
20005
20002
백악관
20037
20006
20050
20004
국회의사당
일그러진 5각 별
WASHINGTON
20003
20024
20074
AREA OUTLINED IN RED
IS SHOWN IN DETAIL ON
REVERSE SIDE
East
20301
20036
20005
20002
백악관
20037
20006
33°
20050
20004
부엉이와 피라미드
국회의사당
22211
295
33°
20003
20301
20024
20074
AREA OUTLINED IN RED
IS SHOWN IN DETAIL ON
REVERSE SIDE
East
PENTAGON

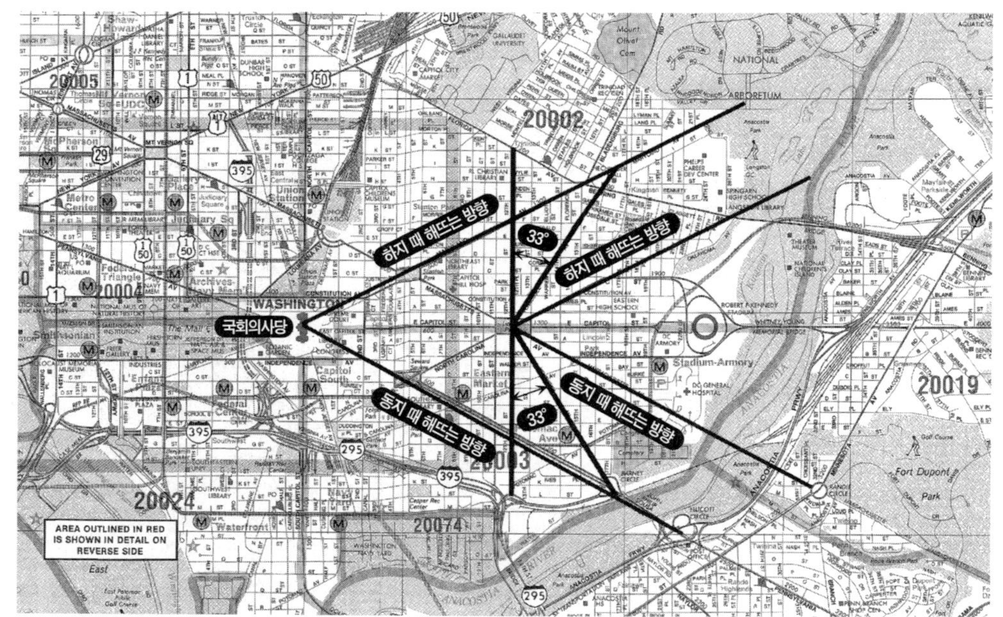

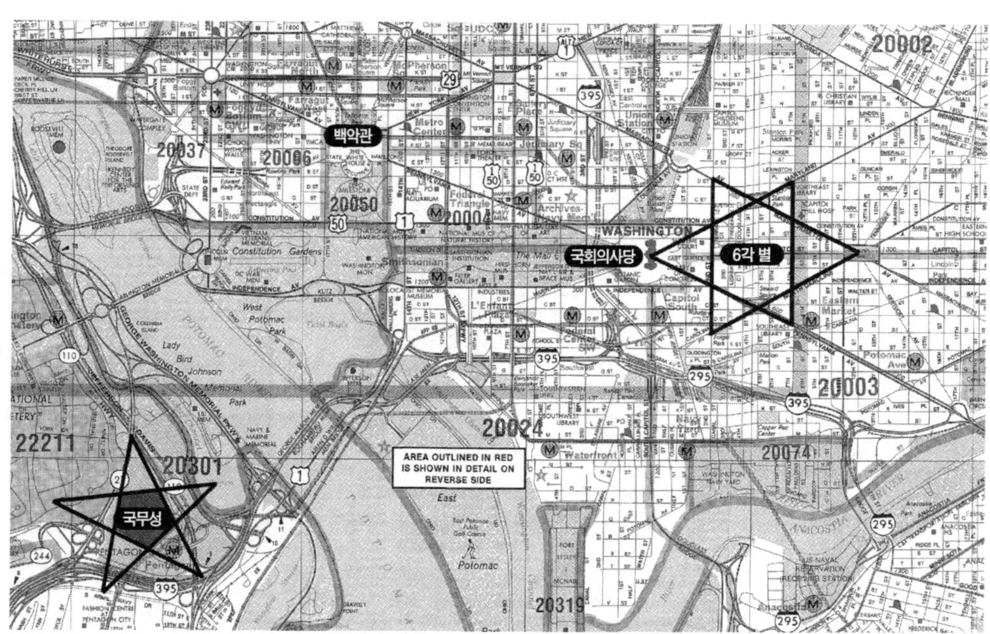

▲ 워싱턴 D.C.에 숨겨져 있는 프리메이슨의 상징들. 도시 곳곳에 일그러진 5각 별, 6각 별, 피라미드, 부엉이 등이 숨겨져 있다.

1776년 5월 1일

이날은 일루미나티가 정식으로 발족한 날로, 세계를 정복하기 시작한 날로 생각할 수 있다. 때문에 세계의 많은 나라들, 특히 공산국가에서 노동절(May Day)로 기념하고 있는 것이다.

세계를 통일하려면 우선 파괴를 해야 한다. 때문에 일루미나티는 세계를 파괴하는 것이 첫 번째 임무며, 그런 이유로 공산주의 혁명이 필요했던 것이다. 공산 국가들은 노동자·농민들의 주권을 앞세워 봉건제도를 타파하도록 운동을 전개했다. 그러므로 그들에게는 메이 데이가 각별히 중요한 의미를 지닌 날인 것이다.

이러한 뜻이 숨어 있기 때문에 위급한 상황이라든가 말썽이 생겼을 때 메이 데이를 부르는 것이다.

1776년 7월 4일 독립기념일

프리메이슨의 중요한 철학인 로시크루션 점성학으로 볼 때, 이날은 태양이 게자리·전갈자리와 13도를 이룬 날이다.

'7'이라는 숫자

7교회, 또는 7가지 하늘의 빛(해·달·금성·화성·목성·수성·토성의 7개의 별), 하느님의 7일간의 천지창조 등, '7'이라는 숫자는 여러 가지로 길한 숫자로 알려져 있다. 그래서 유대교회나 유대인 집에 가면 7개의 가지가 있는 촛대를 볼 수 있다.

'13'이라는 숫자

이 숫자에 대해서는 이미 〈프리메이슨〉과 〈프리메이슨이 만든 나라 미국〉 편에서 많이 설명했다. 그 요지는 '13'이라는 숫자가 일반인들이 생각하듯 불길한 숫자가 아니라 오히려 성스러운 숫자라는 것이다.

그 근거를 알아보면, 우선 우리의 역술에 12간지가 있듯이, 서양 점성술은 12개의 별자리로 길흉화복을 점친다. 양자리(Aries), 황소자리(Taurus), 쌍둥이자리(Gemini), 게자리(Cancer), 사자자리(Leo), 처녀자리(Virgo), 천칭자리(Libra), 전갈자리(Scorpio), 궁수자리(Sagittarius), 염소자리(Capricorn), 물병자리(Aquarius), 물고기자리(Pisces)가 바로 12궁인데, 여기에 태양을 합하면 '13'이 된다.

또한 예수와 예수의 제자 12명을 합하면 '13'명이 되며, 옛날 켈트족의 그레고리력(曆)은 1년을 '13'달과 하루로 나누었다. 그리고 여자는 1년에 '13'번 생리를 하도록 되어 있는데, '월경'이라는 것은 생명을 창조해 내는 성스러운 과업의 하나이기 때문에 '13'이라는 숫자 덕분에 우리는 존재하는 것이다.

워싱턴 기념탑

오벨리스크(obelisk)는 이시스의 남편 오시리스의, 또는 지상의 신 갭(Geb)의 발기된 남근을 의미한다. 이것은 하늘의 여신과 성교하기

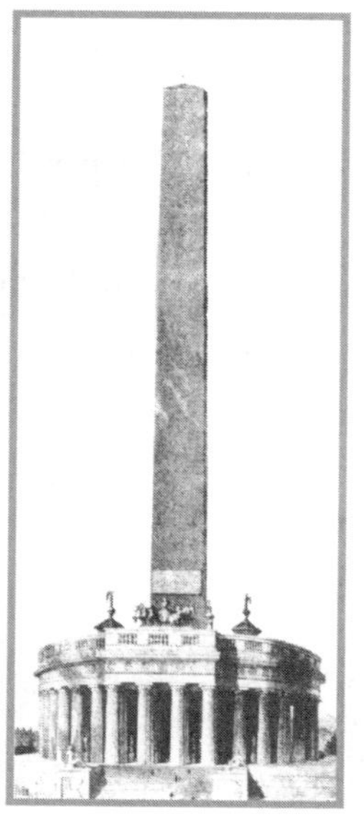

현재의 워싱턴 기념비 이전에 세워졌던 기념비. 프리메이슨의 상징이 훨씬 많이 들어 있다.

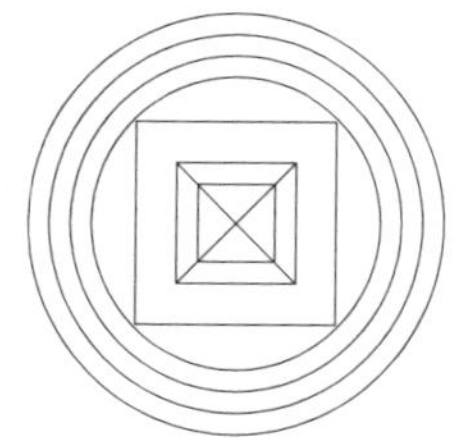

▲ 오벨리스크를 위에서 내려다본 모양.

를 기다리는 형상을 묘사한 것으로, 미국의 수도 워싱턴 D.C.에 있는 워싱턴 기념탑이 아주 정확하게 그들의 신앙을 묘사해 놓았다.

이 기념탑을 위에서 내려다보면 꼭대기는 삼각이 4개 합쳐진 피라미드를 이루고, 탑 주변에는 3개의 원이 그려져 있다.

피라미드

원래 그리스 말인 '피라미드'는 영혼·생각·상징, 그리고 불 또는 열의 본성을 뜻한다. 특히 하늘 쪽이 뾰족한 삼각형이 이러한 뜻을 내포하고 있다.[2]

워싱턴 기념탑이나 피라미드를 위에서 내려다보면 사각형에 대각선으로 금을 그은 것처럼 보이는데, 삼각형 4개가 서로 합해져 있는 것으로 보인다.

이 사각형을 '말타의 사각형(Maltese square)'이라고 부르며, 이것이 '켈트 십자(Celtic Cross)' 또는 '말타의 십자(Maltese Cross)'로 발전한다.

피라미드의 꼭지($\alpha\kappa\rho o\gamma\omega\nu\iota\alpha\iota o\zeta$)

이 단어는 그리스어인데 애크로고니아이오스(akrogoniaios)라고 읽으며, '으뜸 가는 주춧돌'이라는 뜻이다.

원래 '주춧돌'이란 뜻의 그리스어 'goniaios'에 유대인들이 '꼭지' 또는 '으뜸'이라는 뜻의 접두어 'akro-'를 달아 만든 단어로, 기독교에서는 메시아를 뜻하며, 마찬가지 뜻으로 '신성한 자의 왕림' 또는 '새 세상의 영원한 군주의 위치'를 말한다.

때문에 1달러짜리에 보이는 피라미드는 꼭지가 없는 대신 전시안이 들어 있는 것이다.

---

2) 다음에 나오는 '6각 별'을 참조할 것.

◀ 파리 콩코드 광장 중앙에 있는 오벨리스크. 이집트 룩소르(Luxor)에서 옮겨온 이것은 기원전 13세기 때의 것이다.

▼ 단치히(Danzig)의 중앙 광장에 서 있는 오벨리스크. 프리메이슨들은 여러 도시에 자신들의 신앙을 상징하는 오벨리스크를 세워놓았다.

▲ 바티칸의 성베드로 광장 중앙에 서 있는 오벨리스크.

원래 피라미드의 상부는 작은 사각형으로 되어 있다. 영국 왕의 왕관도 피라미드를 위에서 내려다본 모양으로, 사각형의 대각선 중앙이 없고, 그 자리에 대신 보석이 박혀 있다. 이를 말타의 사각형이라 하는데, 사각형을 다룰 때 자세히 설명했으니, 그곳을 참고하기 바란다.

G

이 글자는 흔히 프리메이슨의 상징인 컴퍼스와 각도기 가운데에 그려져 있다. 히브리어로 '기멜(Gimel)'이라고 부르며, 흰색이나 은색으로 씌어진 이 글자는 '하나(Achad)'라는 뜻이다. 다시 말하면 천계(天界)는 13개의 별로 구성되어 있고, 이 13개의 별이 '하나'를 이룬다는 것이다. 때문에 이 글자는 성스러운 이름인 '하느님'을 지칭하는 글자다.

또한 G자는 기하를 상징한다고도 한다. 여기서의 기하는 우리가 학교에서 배우는 수학의 일부분이 아니라 우주의 오묘한 진리를 간직하고 있는 성스러운 지식을 의미한다. 성스러운 내용은 신비스러운 천기이기 때문에 일반에게 공개할 수 없는 것이고, 조직에 가입한 선택된 자들만 알 수 있다.

▶ 'G'. 배경의 발광은 이집트의 태양 숭배 사상에서 나온 광선으로, 많은 나라들의 국기에 들어 있다.

머리 2개 달린 독수리

이 상징물을 보면 머리가 2개 달린 독수리가 동쪽과 서쪽을 각각 쳐다보며 칼(劍) 위에 앉아 있으며, 위에는 빛을 발하는 '33'이라는 글이 들어 있는 삼각형과 왕관이 있고, 아래에는 'ORDO AB CHAO'라는 글과, 그 밑에 'DEUS MEUMOUE JUS'라는 글이 씌어 있다.

동쪽과 서쪽을 쳐다보는 머리는 '동양'과 '서양'을 지배한다는 뜻이고, 발로 쥐고 있는 칼은 힘만이 정의가 될 수 있다는 뜻을 상징하는 것이다.

ORDO AB CHAO

머리 2개 달린 독수리의 발 밑에 있는 글인데, 번역하자면 '혼돈의 질서' 또는 '혼란의 종단'이라고 번역할 수 있다. 사회에 혼란을 일으키면 혼동의 세계인 '아마겟돈'으로 향하게 되고, 혼란이 극에 달한 뒤 모든 것이 지나가면 '하느님의 왕국(Kingdom of God)'이 도래해 평화로운 세상을 맞이한다.

메이슨들이 말하는 '왕국'은 다윗왕의 자손으로, 현명한 장로들이 뽑은 절대 권력의 전제 군주가 다스리는 아주 엄격한 제국을 말한다. 따라서 이 사회에는 필연적으로 혼란이 있어야 하므로 그들은 사회에 일삼아 문제를 일으킨다.

예를 들면 범죄나 마약, 윤리의 추락으로 인한 사회 파멸, 자유주의를 빙자한 사회 혼란, 전쟁·기아, 경제 파탄 따위의 인간 고뇌를 인위적으로 창조하는 것이 그들의 목적이다.

삼각형과 원

삼각형에는 두 가지의 삼각형이 있다.

정3각 도형은 기독교의 삼위일체(三位一體) 교리와 같이, 이집트의 부부 신인 이시스, 오시리스, 그리고 그들의 아들인 호루스 셋을 상징하는 것이다. 원은 태양을 나타내는데, 삼각형 안에 들어가 있을 수도 있고, 삼각형이 원 속에 들어갈 수도 있다.

또다른 하나는 피라미드의 삼각형으로, 밑변의 각은 67도고, 꼭지각은 46도인데, 밑변을 10, 높이는 12로 만들고 경사진 면을 13이 되도록 하면 이와 가장 가까운 각도가 된다. 전시안을 나타낼 때에는 피라미드의 삼각형을 주로 사용한다.

▲ 영국 왕의 왕좌(王座) 등받이에 표시된 삼각형과 원 장식.

◀ 퀘벡 주 록아일랜드에 있는 한 연합교회 건물. 기독교 건물에도 삼각형과 원을 사용한 장식이 많다.

삼각형과 원의 상징은 프리메이슨에게는 매우 중요한 의미를 지녔다. 그래서 1달러짜리 뒷면의 피라미드도 원 속에 들어가 있는 것이다.

이 상징은 프리메이슨에 직접 관련된 기관뿐 아니라 종교나 학계 같은 곳에서도 자주 찾아볼 수 있는데, 예를 들면 클레몬트신학교 같은 곳에서도 이 상징물을 사용해 은연중에 자신들이 프리메이슨의 조직이라는 것을 나타내고 있으며, 심지어는 영국 왕실 왕좌의 등받이 제일 위에도 이 상징물이 있다.

여기서 독자들이 상기해야 할 점은, 대부분의 사람들은 그러한 상징이 무엇을 뜻하며 유래가 무엇인가 묻지 않고 무관심하다는 것이다.

정4각 도형과 이중 사각형

4각 도형은 영어로 스퀘어(square)다. 물론 어떻게 부르던 상관 없는 일이지만, 이 스퀘어라는 말은 공정하고 공평하며 올바르다는 뜻을 갖고 있다. 그렇기 때문에 서양에서는 스퀘어라는 단어를 사용하여 간

▲ 이중 사각형.

◀ 세계적으로 유명한 오일 회사 '쉐브론'의 상징. 상자 2개를 겹쳐 놓은 이중 사각형이다.

▶ 위에서 내려다본 피라미드 모양인 말타의 사각형. 유럽 왕실의 왕관에는 말타의 사각형 장식이 많이 쓰였다.

접적으로 공정하다는 의미를 표현한다.

예를 들어 'square meal'이란 '제대로 된 실속 있는 식사'를 말할 때 사용하는 표현이며, 'square deal'이라고 하면 협상이나 흥정에서 공평하게 합의를 보는 것을 말한다. 학교를 졸업할 때 사각모를 쓰는 이유도 공정하고 올바른 학식을 배운다는 의미다.

그런데 정4각 도형 2개를 45도 각도로 엇갈리게 덮어놓으면 꼭지가 8개 달린 8각 별이 되고, 2개를 쌓아 포개놓으면 마치 상자 2개를 쌓아 놓은 것처럼 보이는데, 이것을 이중 사각형이라고 부른다. 이중 사각형은 '혼란'을 뜻하며, 질서와 공정성이 없어진 상태를 말한다.

이러한 상징은 쉐브론(Chevron)이라는 석유 회사나 주유소의 로고에서 쉽게 찾아볼 수 있는데, 이 회사가 어떤 조직에 속해 있는지 짐작할 수 있게 해준다. 영국 상원의회 현관 로비의 바닥에도 이 이중 사각형이 그려져 있다.

그리고 정4각 도형 중에는 프리메이슨의 말타 파를 대표하는 사각형이 있다. 사각형의 대각선을 연결하면 삼각형 4개가 서로 맞붙어 사각형을 만든 꼴이 된다. 이 대각선 2개가 만나는 교차점 부근을 지우면 꼭지가 없어지는데, 이것을 말타의 사각형이라고 부른다. 이집트의 피라미드를 위에서 내려다본 모양도 이 모양이며, 영국 왕의 왕관에도 사각형이 2개 있다. 또 아코라는 석유 회사의 로고 역시 말타의 사각형으로 되어 있다.

정5각 도형과 5각 별

흔히 별을 그리라면 꼭지가 5개인 별을 그리는데, 대개 꼭지점 하나는 위를 향하여 중심을 잡고, 2개의 꼭지점이 사람 다리처럼 양쪽으로 버티고 서서 평형을 이루는 것이 올바른 형태다.

별이 이런 자세로 서 있을 때에는 양(陽)이고 선(善)이 되지만, 이를 뒤집어 꼭지 하나가 아래를 향하여 가운데 중심을 잡고 2개의 꼭지점이 V자 모양으로 하늘에서 곤두박질한 모양으로 되어 있을 때에는 음(蔭)이고 악(惡)으로 해석된다.

그래서 위로 향한 2개의 꼭지는 마귀의 두 뿔을 나타내고, 양 옆으로 향한 2개의 꼭지는 귀를 말하며, 아래의 꼭지는 악마의 턱수염인 괴수신으로 해석된다.

그렇기 때문에 세상을 뒤엎는 악한 업을 목적으로 할 때에는 이렇게 별을 거꾸로 세운다. 가끔 프리메이슨의 회당에 들어가면 거꾸로 선 별이 장식되어 있기도 하고, 유대교 회당인 시나고그에도 간혹 이런 표식이 있다. 또한 사교를 믿는 사람들은 이런 목걸이를 하고 다니기도 한다.

별 속의 정5각 도형(펜타그람)은 수학가·철학가로 유명한 피타고라스의 정의에 의하여 황금분할이라고도 불리는데, 침입 불가능한 성역으로 취급해 미 국방성을 펜타곤이라고 부른다.

스코틀랜드파의 거장인 앨버트 파이크는 근대 프리메이슨의 백과사전이라 할 수 있는 『윤리와 교리』를 1871년에 저술했는데, 이 책에서

▲ 유대교 회당 내부 모습. 시나고그 5 각 별을 상징으로 삼고 있다.

▲ 5각 별이 거꾸로 서 있을 때는 음(陰) 또는 악(惡)으로 해석된다. 거꾸로 선 5각 별로 나타낸 괴수신.

◀ PEI주의 마운트스튜어트에 있는 성요한 연합교회. 창문마다 5각 별을 장식했다.

정5각 도형에 대해서 서술한 내용을 소개한다.

펜타그람은 인간 본연을 초월한 의식을 나타내는 징표며, 예수의 탄생을 발견한 동방박사와 같은 현자들에게 비춰지는 별이고, 천기를 알려주는 별이며, 왕중왕의 완전한 지능을 말해 주는 상표다. 또한 그의 거룩한 말씀이 형체로 보이는 것이며, 모든 천기의 상징이고, 신령을 섬기는 모든 이들의 우상 중의 우상이며, 예언을 풀어주는 카발라의 모든 열쇠가 그 상징 속에 들어 있고, 우주의 삼라만상을 한데 묶은 절대적 결정인 것이다.

그리하여 정5각 도형은 미국의 백악관과 의회 건물에 많이 사용되었으며, 이것의 각도인 72도, 54도, 33도, 13도, 26도 같은 각도를 이용하여 도시를 건설했던 것이다.

6각 별

이것은 정3각 도형 두 개를 상하로 겹쳐 6개의 꼭지를 갖게 한 6각 별인데, 이스라엘 국기에도 들어 있고, 나치 독일 때 유대인들이 가슴에 단 노란 별이 6각 별이다.

유대교 시나고그의 들창이나 벽에 항상 장식되어 있는 별이고, 기독교인들이 흔히 '다윗의 별(Star of David)' 또는 '베들레헴의 별' 또는 '솔로몬의 인장'이라고 표현하는 별이기도 하다.

또다른 이름으로는 헥사그람(hexagram)이라고 부르며, 무한한 힘을 가진 지능과 절대 군주를 뜻하기도 한다. 집시들은 '지식의 별'이라고 부르기도 하며, 켈트족은 '죽음의 여신'으로 해석하기도 한다.

그러나 이 상징은 원래 인도의 '탄트라'에서 나온 것으로, 남성과 여성이 서로 결합되어 있는 것을 묘사한 것이다. 마찬가지로 이집트의 기원으로 보면, 즉 꼭지점 하나가 하늘을 향하고 밑변이 바닥에 깔려 있는 피라미드 형상의 삼각형은 남성을 상징하는 것으로, 위로 뽀족한 것은 남근이고, 양 옆으로 뽀족한 것은 2개의 불알을 상징한다.

그리고 반대로 아래로 뽀족한 삼각형은 여성으로, 아래의 꼭지는 음부이며 양 옆의 꼭지는 유방을 상징한다. 이 두 삼각형이 결합해 '위대한 우주' 또는 우리가 아는 삼라만상 전체를 다스리는 모든 기의 근원이 되며, 이 기 또는 힘으로 지상을 다스리게 된다.

이집트에서 유래한다는 것은 곧 『성경』과 연결이 된다는 것이고, 『성경』은 유대 민족의 역사와 연결된다. 또한 이 모든 것은 프리메이슨의 기본 사상과 직결된다.

7각 별

7각 별은 가톨릭교의 성체와 비교할 수 있으며 '신비의 별'이라고 부른다.

서양을 과학에 의한 이론적인 사회로만 알고 있는 이들이 많을 텐데, 기독교에서 말하는 마귀를 믿는 전통은 지금도 여전하다. 이것을 가장 철저하게 실행하고 지켜온 조직이 프리메이슨이라는 비밀 단체다. 미국에는 경찰·보안관·소방대 등의 조직 마크가 6각 별이나 7각

▲ 신비의 별인 7각 별.

별로 되어 있는 것이 많은데, 그런 상징이 있는 곳은 프리메이슨의 조직이라고 보면 된다. 그래서 아무리 똑똑한 백인이라도 이러한 조직에서는 메이슨이 아니면 높은 지위에 오르기 어렵다.

말타의 십자

이것은 4개의 같은 규격 사다리꼴 모양이 좁은 쪽을 중앙으로 향하고 모여 있는 모양이다. 중앙에 원이 있을 수도 있고 없을 수도 있으며, 각 사다리꼴의 바깥쪽이 꼭지로 패어 있을 수도 있고 직선으로 되어 있을 수도 있다. 서양의 공동 묘지에 있는 비석이나, 국가나 교황청에서 주는 훈장에 말타의 십자 모양이 많다.

또 서양에는 '성요한 앰뷸런스(St. John Ambulance)'라는 응급 구조대가 있는데, 그들의 마크가 전형적인 말타의 십자다.

나치스의 고급 장교들이 가슴에 많이 달고 다니던 '십자 훈장' 역시 말타의 십자다.

이중 십자

이중 십자(二重十字)는 영어로 '더블 크로스(Double Cross)'라고 한다. '크로스'는 '십자가'를 말하기도 하고 무엇이 서로 교차되는 것을 의미하기도 한다. 그런데 이중이라는 말은 십자가가 이중으로 되어 있다는 뜻이다. 옛날 서양에서 볼 때 동양이었던 동로마제국의 수도인 콘스탄티노플(Constantinople)의 동쪽에는 정교회(正敎會)가 융성했으며, 그들의 십자가가 이중 십자가다. 이것이 후에는 반역 또는 배반했다는 뜻을 담게 되었다.

이 이중 십자가는 사회 여러 곳에서 발견할 수 있다. 예를 들면 세계 결핵협회를 나타낼 때 이중 십자가를 사용하며, 엑손 석유 회사는 글씨로는 'EXXON'이라고 쓰지만, 로고를 보면 기둥 하나에 가로로 2개의 금을 그어 이중 십자를 상징화시켰다. 회사 자체가 프리메이슨의

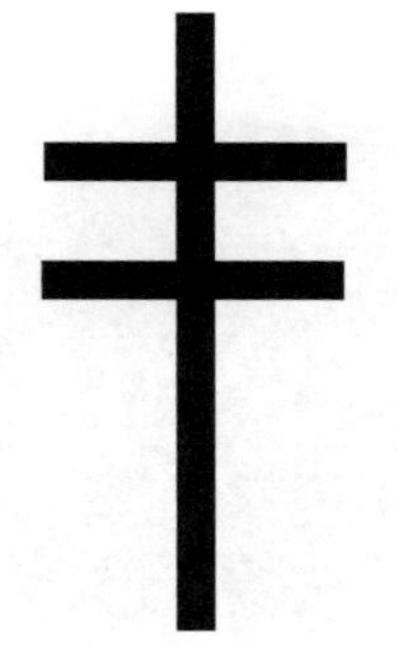

◀ 이중 십자가는 동유럽 정교회의 상징이다. 때문에 서유럽, 즉 로마 교황이 다스리던 세계에서는 정교회의 이중 십자가가 배반을 뜻한다.

◀ 전 스탠다드 오일사의 새로운 이름. 회사 로고에 이중 십자가가 들어 있다.

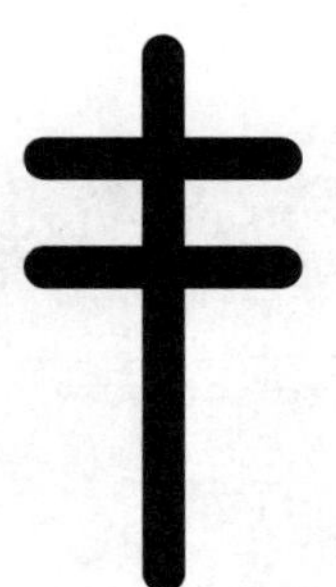

◀ 결핵협회(Lung Association)의 이중 십자가.

이중 십자를 말한다고 공공연하게 표현하고 있는 것이다.

파시스

파시스는 막대기 여러 개를 도끼와 함께 묶은 다발을 말한다. 고대 로마제국에서는 권위의 표식이었고, 권위에 복종하지 않는 자는 벌을 준다는 뜻을 내포한 상징이기도 했다. 또 여기에서 막대기들은 각 지역의 국가나 세력들을 뜻하여 이들을 도끼(권력)로 한데 묶어 하나의 큰 힘을 조성한다는 뜻을 지녔다.

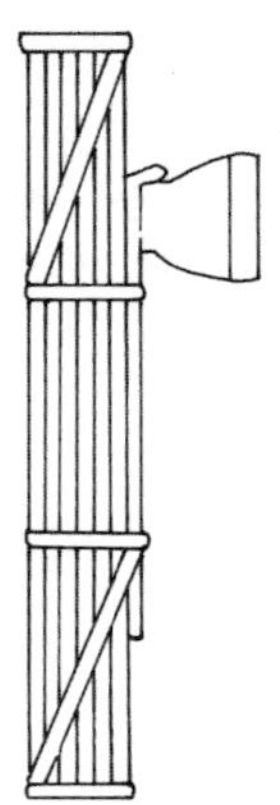

▲ 파시스.

▲ 얼마 전까지 사용하던 미국10센트짜리 동전에 들어 있는 파시스. 지금은 이 자리에 횃불이 대신 들어 있다.

▲ 미 상원의 정면 벽 옆을 장식한 파시스. 미국이 파시즘을 신봉하고 있다는 증거다.

이탈리아의 무솔리니가 사회주의와 공산주의를 혼합하여 정치의 기조를 삼은 '파시즘'이 바로 '파시스'에 기본을 둔 용어로, 당시 이탈리아에서 사용한 상징도 역시 파시스였다. 그래서 2차 세계대전 당시 이탈리아·독일·일본을 영어로 '추축(樞軸)의 힘(Axis Power)'이라 했는데, 이 파시스에 있는 도끼를 상징하여 그렇게 불렀다. 이렇게 파시스는 권위주의와 독재적인 절대 권력, 절대 군주를 상징하는 것이다.

그런데 제1의 민주주의 국가 미국의 상원의장 자리 양 옆으로 이 파시스 상징이 장식되어 있다. 미국 동전 10센트짜리 뒷면에도 역시 파시스 그림이 있다. 미국이 지향하는 바가 민주주의라기보다는 파시즘이라는 것을 입증한다고 할 수 있다.

왕관 속의 십자가

왕관이 있고 그 안에 십자가가 비스듬히 꽂혀 있는 모양은 요크파의 최정상급인 템플 기사단의 상징이다.

요크파는 기독교를 기본 터전으로 삼는 프리메이슨이기 때문에 감리교·장로교·루터교·여호와의 증인·기독교도 사이언스·몰몬교 등 여러 교파에 침투해 있다. 그래서 가끔 성서적인 성스러운 그림이나 상징과 섞여 이러한 프리메이슨의 상징이 있을 때가 많이 있다.

이런 상징이 하나라도 있으면 그 교파는 참된 그리스도의 성전이라기보다는 흔히 말하는 적그리스도일 수 있다.

참고로 말하자면, '여호와의 증인'이라는 종단을 처음 시작한 찰스 러셀(Charles T. Russell) 역시 프리메이슨이었으며, 약 30여 년 전까지 종단에서 발행했던 《깨어나라

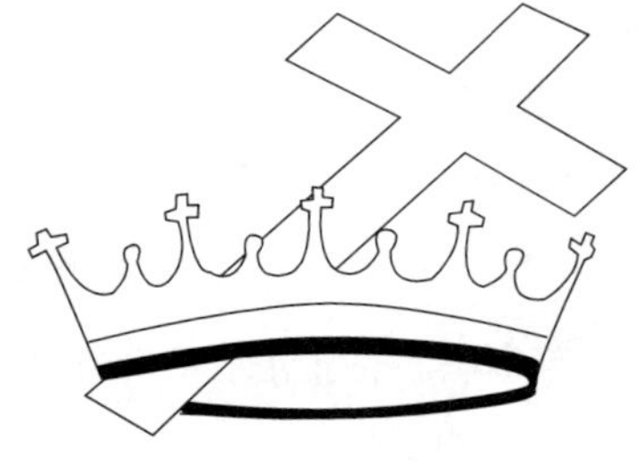

▲ 왕관 속의 십자가.

(Awake)》 또는 《파수대(Watchtower)》 같은 책자의 표지에 십자가가
비스듬히 들어 있는 왕관의 표식이 항상 있었다.

스와스티카

스와스티카의 의미는 "그렇게 되어 주소서" 또는 기독교에서 말하는
'아멘' 또는 불교의 '합장'과 마찬가지의 뜻으로, 기원전 약 1만 년 전
부터 사용해 왔다.

동양에서는 만(卍)자가 부처님과 관련된 표징이 되었지만 그리스나
로마에서는 위대한 여신을 상징했고, 13~20세기 초반까지는 유럽에
서 마술적인 힘을 가진 표징으로 사용되었다.

그 모양은 '인생의 윤회' 또는 '인생의 바퀴'를 상징하는데, 이는 수
레 바퀴가 발명되기 훨씬 전에 생긴 것이다. 이것이 시계 방향으로 위
치되어 있을 때는 '태양'을 표시하고, 시계 반대 방향으로 위치했을 때
는 '달·밤'을 표시하며 여성을 상징한다.

스와스티카는 독일 나치스가 유일하게 상징으로 삼은 것 같은데, 서
양의 역사상으로는 아주 오랫동안 사용해 왔던 상징이다.

컬럼비아

미국에서 '컬럼비아'라는 단어가 흔하게 쓰이기 시작한 것은 일루미
나티의 컬럼비아파가 신대륙인 미국에 상륙한 뒤부터였다. 그들은 수
도를 '워싱턴 D.C.'라고 명명하는 등 자신들과 관련된 많은 조직에 그
이름을 붙여 사용했다.

그래서 워싱턴 D.C.에 가면 프리메이슨들이 믿는 신앙의 규칙에 따
라 도시가 설계되어 있으며, 많은 길거리와 건물들도 프리메이슨의 신
비한 기하학적 상징물로 장식되어 있다.

컬럼비아라는 이름은 고대의 여신 컬럼바(Columba)에서 유래한 것
으로, 여신 아프로디테를 파괴하고 악한 일만 일삼는 부정적인 여신으

로 알려져 있다. 컬럼바의 뜻은 '비둘기'다. 그래서 '비너스 컬럼바 (Venus Columba)'라고 부르기도 하며, '비둘기 비너스'라고 표현하기 도 한다.

비둘기는 프리메이슨의 형제애를 나타낼 때 흔히 사용되며, 파괴와 혼란의 여신을 상징하는 것이지만, 대중들에게는 '평화의 상징'으로 알려졌다.

또 미국 신대륙을 발견했다는 '콜럼버스(Columbus)'는 본명이 콜론 (Colon)이어서 그의 서명을 보면 대개 '콜론'이라고 되어 있는데, 프 리메이슨에서 '콜럼버스'라는 이름을 만들어준 것이라고 한다.

국회의사당

워싱턴 D.C.의 국회의사당이 서 있는 곳을 캐피털 힐(Capitol Hill) 이라고 부른다. 이것은 고대 로마제국의 카피톨라인 언덕(Capitoline Hill)에서 따온 이름이며, 로마제국 프리메이슨들에게 아주 성스러운 장소였던 신전이 있던 곳이다.

때문에 지금의 울브라이트 국무장관이 취임 후 이탈리아에 첫 공식 방문을 했을 때 성지 순례하는 식으로 찾아간 곳이 캐피톨라인 언덕이 었다.

프리메이슨이 볼 때에는 미국의 국회의사당은 정치하는 곳이라기보 다는 회당으로서의 의미가 더 크다. 그들은 또 국회의사당을 원점으로 5각 별과 6각 별을 그리고, 부엉이의 형상으로 도시를 건설했다.

달러의 상징

미국의 조지 워싱턴 대통령은 1872년 '10월 13일' 백악관의 주춧돌 을 앉히는 행사를 했다. 550여 년 전인 1314년 그날, 프리메이슨의 그 랜드 마스터였던 드 몰레가 화형에 처해진 것을 기념하는 날이었다.

워싱턴은 그해 미국 돈의 단위를 달러(Dollar)라고 결정하면서, 'S'

자에 2개의 세로 막대를 겹쳐 달러의 상징으로 삼았다. 달러라는 호칭은 탈러(Thaler 또는 Taler)에서 온 말이고, 'S'자는 슬릭(Schlik 또는 Slik)이라는 말에서 온 것이다.

그 유래는 서부 보헤미아, 즉 지금의 체코슬로바키아의 크라이(Kraj) 산림지대에 있는 거대한 은광에서 시작된다. 1517년, 성요아킴(St. Joachim, Joakim 또는 Jehoiakim)의 흉상이 들어 있는 '요아킴스탈러(Joachimsthaler)'라는 은전을 이곳에서 만들어 전 유럽에 널리 통용시켰다. 이 은전을 '슬릭'이라 불렀고 돈의 단위는 '탈러'였던 것이다. '탈러'는 '계곡'이란 뜻으로, 광산이 크라이 계곡에 위치하고 있었기 때문에 붙은 이름이다.

여기서 성요아킴이라는 사람을 주목해야 하는데, 그는 12세기 사람으로 철학가·역사가·성서학자로도 유명하지만, 당시 이탈리아 플로렌스(Florence)를 중심으로 이루어진 플로렌시안종단의 창시자고, 가톨릭교 '프란체스코회의 아버지'라고 표현할 수도 있다.

조지 워싱턴은 달러의 명칭과 표식을 정할 때, 메이슨들의 위대한 지도자인 성요아킴을 기념하는 뜻에서 탈러를 계승하여 달러라고 영어 식으로 바꾸고, 독일어 'schlik' 또는 체코어 'slik'이라는 단어에서 'S'를 가져오면서, 그 'S'자에 솔로몬 성전에 세운 보아스(Boaz)와 야긴(Jachin)을 의미하는 2개의 기둥을 겹쳐 달러의 상징으로 정한 것이다.

그런데 근래에 와서 기둥 2개 대신 하나로 사용하는 이유는 간략하게 쓰기 위한 것일 뿐, 2개의 막대가 있는 것이 원칙이다.

'V'자의 상징

2차 세계대전 직후 승리의 영웅이 된 영국의 처칠 총리는 그를 열광적으로 반기는 군중에게 답례하는 표시로 두 손가락을 펴서 'V'자를 만들어 보였다. 손가락으로 '승리', 즉 'Victory'라는 뜻으로 'V'자를 만들어 보인 그 사진은 세계에 널리 알려졌고, 그후 'V'자 표시는 유행의 물결을 넘어 일상 생활 속에 자리잡았다.

그런데 이 'V'자는 'Victory'의 'V'를 나타낸다기보다는, 교회의 성직자들이나 찬양대들이 입는 성의나 학위를 받을 때 입는 법복 따위의 위에 걸치는 백색·청색·홍색·금색 등으로 된 'V'자 띠를 나타내며, 프리메이슨의 상징인 직각을 의미한다. 서양에 대학을 처음 세운 단체들이나 주동 인사들이 거의 메이슨들이었기 때문에, 이러한 예식이나 제도에 슬그머니 자기네들을 상징하는 표식을 넣었던 것이다.

프리메이슨의 직각에는 두 가지가 있다. 하나는 90도 직각이고, 또하나는 60도 각이다. 그러나 대강 이러한 각을 'V'자로 보이게 만들고 있다. 이 각들은 서양의 태극이라 할 수 있는 6각 별로 진화하는 기초 단계를 상징하기도 하고, 히브리 문화권에서 '인생의 축복'을 뜻하기도 한다.

그런데 그것을 처칠이 갑자기 대중 앞에서 사용한 이유는, 오리엔트 종단의 앨리스터 크롤리 마스터가 두 손가락으로 'V'자를 만드는 것과, 미국 공군 조종사들이 출격할 때 엄지손가락을 경례 대신 쳐들어 보이는 상징을 처칠에게 가르쳐주었기 때문이다.

컴퍼스와 각자

프리메이슨을 나타내는 가장 중요하고 독특한 상징은 위에 설명한 'G'라는 글자와 컴퍼스와 각자다.

그들은 과학의 절반은 기하학이고 나머지 절반은 기하학을 행하는 사람이라고 설명한다. 기하학에서 가장 중요한 도구는 수평과 수직을 잴 수 있고 각을 확인할 수 있는 각자고, 수학자 또는 지식을 가진 사람을 나타내는 상징은 컴퍼스다. 컴퍼스는 두 점 사이의 곡선을 그릴 수 있으며 끝없이 계속되는 원을 나타내고, 또 원은 중심에서부터 선까지의 거리가 항상 같다.

▲ 컴퍼스와 각자.

그리하여 모든 진실된 건물은 정4각 도형과 원이 가리키는 범위 안에 지어야 한다. 또 생각하는 선(線)과 욕망의 선이 서로 직각으로 만나면 빗변을 형성하는 삼각형, 즉 직각삼각형이 되어 두 종류의 선을 융화시킨다. 이 직각이라는 것은 항상 척도의 기준이 되는 '정확성'을 말하며, 생각이나 지식으로 아는 메이슨이 아니라 행동하는 메이슨이 되어야 한다는 뜻에서 직각자를 표상으로 나타내는 것이다. 또 각 꼭 지점과 변 그리고 원의 호(弧)는 12가지의 띠(12支)를 나타내어 여러 가지 복잡한 의미를 지니고 있는데, 이에 대한 설명은 너무 복잡하여 생략하기로 한다.

붉은 장미와 십자가

독자들은 세계적인 정치 지도자들이 중요한 회합에 나타날 때 간혹 붉은 장미 한 송이를 손에 쥐고 나타나든가 옷깃에 달고 나오는 모습을 본 일이 있을 것이다.

몇 사람 예를 들면 인도의 네루 총리, 캐나다의 트뤼도 총리, 소련의 흐루시초프, 쿠바의 카스트로, 유고슬라비아의 밀로셰비치 등이 장미

▲ 장미십자종단의 여러 가지 신비스런 표식들.

를 들고 나타났으며, 심지어는 현 미국 대통령인 클린턴도 장미를 갖고 공식석상에 나온 적이 있다.

이러한 일을 "서양에서는 그런 사람들이 멋으로 장미를 갖고 나오는가 보다" 하고 생각하기 쉽다. 그러나 그것은 그들이 비밀 조직인 로시 크루시스(Order of Rosae Crucis), 즉 '장미십자종단'에 속한 단원이라는 것을 나타낸다. 그들은 보통 붉은 장미나 흰색 십자가의 교차된 중앙에 붉은 장미를 장식한 것을 상징으로 사용하는데, 장미를 갖고 나타나 자신들의 위력과 동지애를 나타내고 충성을 표시하는 것이다.

이 장미십자종단은 근래에 공개적으로 미국 캘리포니아, 산호세에 큰 전당을 만들어 단원을 받고 있으며, 대학을 운용하면서 자신들의 사상을 일반에게 퍼뜨리고 있다. 물론 다른 비밀 조직과 마찬가지로, 대중에게 밝히는 부분이 있는가 하면 아직도 상부 조직 운영은 하급 단원들도 모르게 하고 있다.

이 책을 끝내면서

근래 각광을 받고 있는 TV 뉴스 방송사 CNN의 사주 테드 터너는 이런 명언을 했다.

"뉴스는 만드는 것이다."

우리 일반인들이 생각하면, 뉴스라는 것은 생기는 것이지 결코 만드는 것이 아니거늘 왜 그런 소리를 했을까?

그것은 우리가 보고 듣는 뉴스라는 것이, 언론사의 의도에 따라 긍정적이거나 부정적으로, 또는 중요하거나 하찮은 소식으로 조작된 것이라는 말이다. 사실 언론에서는 그렇게 하고 있다.

언론 매체들은 날이 갈수록 점점 더 사실을 왜곡하고 거짓을 소개하여 시청자나 독자들을 무식한 우스갯거리로 만들고 있다. 그것은 우리 모두가 그들에게 세뇌당하고 있다는 말과 다를 바 없다.

그런데 그들의 뒤에는 누상 정부, 프리메이슨이 존재하고 있다. 그들은 정의를 위하여 세상의 질서를 바로잡겠다면서, 인권·환경·기아 문제에서 목청을 높이고 있기 때문에 대중의 공감을 사고 성원을 받고 있다. 그러나 여기서 중요한 것은 이러한 단체들이 무슨 돈으로 운영되고 있는가 하는 점이다. 과연 시민들 몇천, 몇만 명이 몇십 달러씩 보내주는 성금으로 그 세계적인 단체들을 운영할 수 있을까?

예를 들어 공산혁명이 일어났을 때, 그들은 노동자·농민의 권익을 위해 투쟁한다는 기치를 내걸어 지주나 재벌가들 밑에서 핍박받는 이들의 열화와 같은 지지를 얻었고, 그럼으로써 혁명을 성공시킬 수 있었다. 그런데 일단 공산혁명이 성공하자, 그들은 태도가 돌변해 노동자·농민들을 위해 부를 나눠 갖지도 않았고 계급의 차별이 없는 공정한 세상을 만들지도 않았다.

이것과 마찬가지로, 그들은 계획을 추진할 때에는 항상 옳은 말만 한다. 그러나 목적을 달성한 후에는 완전히 정반대의 결과가 도출되고, 대중이 이러한 진실을 깨달았을 때는 이미 모든 것이 늦어 그 전 상황으로 되돌릴 방법이 없다. 내가 이 글을 쓴 목적도 이러한 내용을 전달하고자 하는 사명감에서다.

유권자들은 홍보를 잘하거나 선거 자금을 많이 쓰는 사람, 또는 혈연·지연·학연이 있는 후보에게 표를 던진다. 자신에게 혹시나 이득이 오지 않을까 하는 기대 때문이다. 바로 그러한 행태가 '누상'에 있는 사람들이 원하는 것이다. 그런 후보들이야말로 약점이 많은 만큼 협박하기도 쉽고 매수하기도 쉽기 때문이다.

따라서 옳은 지도자를 뽑기 위해서는 우선 세상을 직시하는 능력이 있어야 하며, 자신의 자그마한 이익보다 대중을 위한 커다란 이득을 위해 냉철하게 판단할 줄 알아야 한다. 또한 옳은 지도자를 뽑은 다음에도 지대한 관심을 갖고 지도자가 일할 수 있고 쉽게 목적을 달성할 수 있는 여건을 계속 조성해 주어야 하며, 다른 길로 들어서면 즉시 목청을 돋워 방향을 바로잡아 주어야 한다.

내가 알기로, 지구상에는 부분적이긴 하지만 자신들만의 세계를 갖고 국가 경영을 성공적으로 이끌고 있는 나라가 몇 있다. 유럽연합에 가입하지 않은 노르웨이는 유럽 경제와 유럽연합 국가들이 주저앉고 있을 때 오히려 발전하고 있으며, 프랑스의 노르망디 반도 근처에 있는 영국의 건지(Guernsey) 섬은 자기들만의 화폐를 갖고 살아가는데, 빚도 없고 인플레도 없는 독립된 경제 체제로 화평한 생활을 유지하고 있다.

이러한 일이 가능한 것은 그곳의 대다수 국민들이 각자 올바른 지식과 참여하는 정신이 있어, 정치가들이 누상 정부의 사람들에게 매수될 수 없도록 만들었기 때문이다.

여건이 허락된다면 다음에는 경제의 근본에서부터, 경제의 순환, 경제 공황, 허구적인 GNP·GDP 따위의 지수, 그리고 지금까지 우리가 알고 있던 세계 경제의 구조가 어떻게 이루어지고 있으며, 경제를 이용한 세계 정복은 어떻게 진행되고 있는지에 대해서 소개하고 싶다.

정치를 비롯한 모든 행동에는 '돈'이 있어야 하기 때문이다.

이 책을 마치면서 한 가지 아쉬운 점은 내용이 너무 방대하여 미처 다 소개하지 못한 내용들이 너무 많다는 사실이다.

- 국제적인 제약 회사들이 하는 일.
- WHO(세계보건기구)에서 에이즈와 에볼라바이러스를 만들어 예방주사를 통해 퍼뜨린 일.
- 기독교를 비롯한 종교 단체들이 하는 일.
- 대중 음악 로큰롤의 진정한 내용.
- 요한계시록에서 말하는 '666'의 의미.
- 마약과 프리섹스의 풍조와 루시퍼(Lucifer) 또는 사탄과의 관계.
- UFO 또는 외계인과 그들의 과학.

위와 같은 것들 또한 누상 정부의 엘리트들이 추진하는 단일 세계, 단일 종교, 단일 경제 계획의 일환이다. 그들이 왜 이러한 짓을 했는지는 각자의 상상에 맡기기로 하고, 기회가 닿으면 이런 것들에 대해서도 출간할 수 있기를 바란다.

숨겨진 절대 권력자들의 세계 지배 음모

그림자 정부

초판 1쇄 1999년 8월 25일
초판 18쇄 2004년 12월 30일
2판 1쇄 2005년 4월 25일
2판 12쇄 2007년 12월 20일
3판 1쇄 2008년 4월 20일
3판 17쇄 2025년 8월 10일

지은이 | 이리유카바 최
펴낸이 | 송영석

펴낸곳 | (株)해냄출판사
등록번호 | 제10-229호
등록일자 | 1988년 5월 11일

04042 서울시 마포구 잔다리로 30 해냄빌딩 5·6층
대표전화 | 326-1600 **팩스** | 326-1624
홈페이지 | www.hainaim.com

ISBN 978-89-7337-958-3
ISBN 978-89-7337-957-6(세트)

파본은 본사나 구입하신 서점에서 교환하여 드립니다.